全国高职高专“十三五”道路桥梁工程技术专业系列规划教材

工程检测技术

盛海洋　主　编

蒋英礼　王　琦　李鹏飞　副主编

蔡均球　张伦超　参　编

邢小兵　主　审

科学出版社

北　京

内 容 简 介

本书依据教育部对高等院校人才培养目标和培养模式相适应的知识、技能和素质要求进行编写，并结合全国交通类高等院校工程检测技术课程的教学改革成果和交通运输部最新的技术规范、标准、试验规程，具有较强的针对性。

本书由十五个章节组成，包括概论、实验检测数据与质量检验评定、路基路面强度指标检测、无机结合料稳定土的检测、结构混凝土强度检测、沥青混合料试验与检测、路基路面压实度检测、路面平整度检测、路面抗滑性能和渗水性能检测、路基路面几何尺寸及路面厚度、外观检测、路基路面排水与防护工程检测、桥梁基础检测、桥梁上部结构检测、桥梁荷载试验、隧道工程施工检测等。本书从培养工程技术、技能岗位的要求出发，注重知识结构和实践能力要求的培养，理论体系适度，组织结构合理，有较强的实用性。本书每章给出了学习目标、课时建议、学习引导，章后给出了课后小结和思考与练习，同时配套了“实训项目指导书”以便老师教学和方便学生对章节内容的掌握和学习。

本书既可作为高等职业院校交通土建工程类道路桥梁工程技术、工程监理、公路工程检测、公路养护与维修、港口工程技术、城市轨道交通工程技术、工程测量等相关专业的教材，也可作为有关机构进行工程技术人员培训的教材或相关从业者的学习参考用书。

图书在版编目（CIP）数据

工程检测技术/盛海洋主编. —北京：科学出版社，2017

（全国高职高专“十三五”道路桥梁工程技术专业系列规划教材）

ISBN 978-7-03-052359-4

Ⅰ.①工… Ⅱ.①盛… Ⅲ.①道路工程－检测－高等职业教育－教材 ②桥梁工程－检测－高等职业教育－教材 Ⅳ.①U41 ②U446

中国版本图书馆 CIP 数据核字（2017）第 054727 号

责任编辑：万瑞达 / 责任校对：刘玉靖

责任印制：吕春珉 / 封面设计：曹 来

科学出版社出版

北京东黄城根北街 16 号

邮政编码：100717

http://www.sciencep.com

百善印刷厂印刷

科学出版社发行 各地新华书店经销

*

2017 年 3 月第 一 版 开本：787×1092 1/16

2017 年 3 月第一次印刷 印张：24 3/4

字数：625 000

定价：58.00 元

（如有印装质量问题，我社负责调换〈百善〉）

销售部电话 010-62136230 编辑部电话 010-62135120-2001（VA03）

前　言

“工程检测技术”是高等职业院校土建工程类道路桥梁工程技术、工程监理、公路工程检测、公路养护与维修、港口工程技术、城市轨道交通工程技术、工程测量等相关专业的一门技能性较强的专业课程。

本书依据教育部对高等院校人才培养目标和培养模式相适应的知识、技能和素质要求进行编写，同时融入了国内高职高专“工程检测技术”课程的先进教学改革成果和最新的技术规范、标准、试验规程，具有较强的针对性。教材从培养行业技能人才的要求出发，注重知识结构和时实践能力要求的培养，理论体系适度，组织结构合理，有较强的实用性。

本书由十五个章节组成，包括概论、试验检测数据与质量检测评定、路基路面强度指标检测、无机结合料稳定土的检测、结构混凝土强度检测、沥青混合料试验与检测、路基路面压实度检测、路面平整度检测、路面抗滑性能和渗水性能检测、路基路面几何尺寸及路面厚度、外观检测、路基路面排水与防护工程检测、桥梁基础检测、桥梁上部结构检测、桥梁荷载试验、隧道工程施工检测等、同时每章给出了学习目标、课时建议、学习引导、课后小结和思考与练习，并配套“实训项目指导书”及立体化配套资源，方便老师教学和学生的学习。

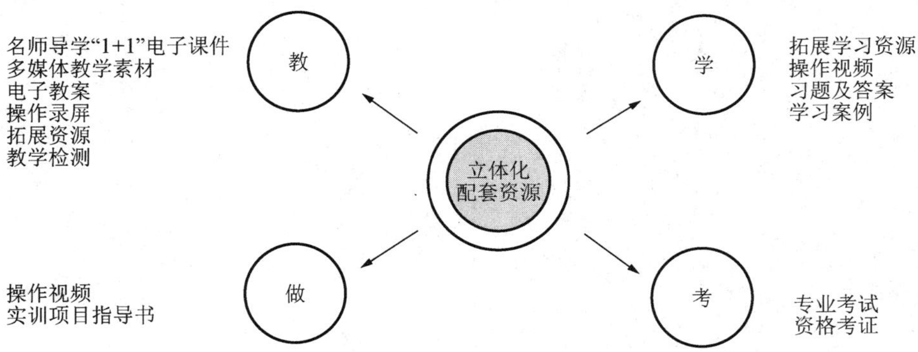

本书由福建船政交通职业学院盛海洋教授主编并统稿。广东交通职业技术学院蒋英礼、辽宁建筑职业学院王琦、辽宁建筑职业学院李鹏飞任副主编，广东省交通运输高级技工学校蔡均球、滁州职业技术学院张伦超参编，福建省交通建设工程试验检测中心高级工程师邢小兵主审。

具体编写分工情况：前言、第一章至第三章、第五章部分内容、第七章至第九章、第十章部分内容、第十一章由盛海洋编写；第四章蔡均球编写；第五章部分内容由张伦超编写；第六章、第十章部分内容由王琦编写；第十二章、第十五章由蒋英礼编写；第十三章、第十四章由李鹏飞编写。

本书在编写过程中，曾广泛征求相关院校及检测单位同行对编写大纲的意见，并得到了有关领导和部门的指导和帮助，同时参考了大量书籍，在此一并表示诚挚的谢意。

工程检测技术发展迅速，新的检测手段不断出现，技术标准不断更新，同时受编者水平所限，书中难免存在一些疏漏和错误，敬请广大读者批评指正，并提出宝贵意见，联系邮箱 2437509522@qq.com。

目　　录

第一章

概　　论

学习目标　1．知识目标

（1）了解试验检测标准和规程。

（2）了解现行主要公路工程试验检测规程名称。

（3）了解检测机构资质要求。

（4）掌握试验检测人员要求。

2．能力目标

（1）能理解试验检测工作的目的及对工程质量控制意义。

（2）能理解对检测人员的基本要求。

课时建议　2 课时

学习引导　工程建设质量是工程建设的关键，任何一个环节、任何一个部位出现问题，都会给工程的整体质量带来严重后果，直接影响到工程的使用效益，甚至返工重建，造成巨大的经济损失。

本章主要介绍试验检测的目的和意义、试验检测规程和细则、试验检测工作制度及对试验检测人员的要求。

案例导入　厦门地区，因工程建设质量的原因被责令拆除的几座桥梁（图 1-1）。

图 1-1　厦门地区因质量原因被责令拆除的桥梁

第一节 工程试验检测的目的和试验检测规程

一、工程试验检测的目的

工程试验检测工作是工程施工技术管理中的一个重要组成部分，同时，也是公路工程施工质量控制和竣工验收评定工作中不可缺少的一个主要环节。

通过试验检测能充分地利用当地原材料，能迅速推广应用新材料、新技术和新工艺；能用定量的方法科学地评定各种材料和构件的质量；能合理地控制并科学地评定工程质量。因此，工程试验检测工作对于提高工程质量、加快工程进度、降低工程造价、推动公路工程施工技术进步，将起到极为重要的作用。

工程试验检测技术是一门正在发展的新兴学科，它融试验检测基本理论和测试操作技能及工程相关学科基础知识于一体，是工程设计参数、施工质量控制、施工验收评定、养护管理决策及各种技术规范和规程修定的主要依据。

二、工程试验检测规程和细则

1. 试验检测标准和规程

质检机构必须具备所检测项目内容业务范围内的有关技术标准、操作规程、工作规范等技术文件，它是检测工作的依据，必须齐全。对于不具备正式标准的项目内容，也可以检测机构制定的有关内部暂行操作规程或技术文件为依据，对原材料或工程质量进行检测。但这要求有检测机构的正式文件，同时只有在受检单位同意后才能按这种标准或技术文件对原材料或工程质量作出是否合格的结论，否则只能按项目认证。

质检机构检测的依据是设计文件、技术标准及试验检测规程，特殊情况下可由用户提供检测要求。若现行标准缺少结果判断方法或结果判断方法不明确，用户应提供明确的结果判断方法。

（1）试验检测方法分类

若按试验检测目的分类，试验检测方法可分成：①作为学术研究手段进行的试验检测；②作为设计依据参数进行的试验检测；③作为工程质量控制检查或质量保证进行的试验检测；④作为竣工验收评定进行的试验检测；⑤作为积累技术资料进行的养护管理或后评估试验检测；⑥作为工程质量事故调查分析进行的试验检测。其中③、④是本书讨论的重点内容。

由于第③、④项具有检测验收、控制评定的作用，所以要求这种试验无论什么时候，由谁来做和在哪个地方做，数据都应有很好的重复性。对于工程试验检测而言，除了材料试验外，对结构部件来说还有结构试验检测，这就需要找出两者之间的内在联系。另外还要考虑结构试验检测的经济性和有重要意义的非破坏性试验检测方法。

在试验检测中求真值是非常困难的。由于在工程材料试验中施加于试件的条件单纯化，因而通常不能得到真值，一般只要得到满足一定误差要求的相对值就可以了。但是在分析工程材料特性时，只用相对值却不能达到预期的目的，因此怎样用试验检测的部分数据求算理论值就成为人们所关注的问题。

众所周知，由于试验条件的不同，数据往往有相当大的差别。以材料试验为例，试件的形状尺寸、试验加载方式、速度和养生状态等因素都对试验数据有较大的影响，而且试验机的种类、试验场地的环境条件对结果也会带来一定的影响。倘若这些影响能够消除，就可能从试验检测数据中找到材料性能的差异，可是通常根本无法消除这些因素，所以对于能控制的因素，常借助一定的条件，将这些影响因素限制在最小范围之内。具体方法就是按现行标准进行试验检测，即将可控制的因素固定在分散性为最小的条件中。在这个基础上，以共同的条件对材料进行比较，以便获得比较真实可靠的试验检测结果。

（2）试验检测规程名称

现行部颁主要公路工程试验检测规程与设计规范有：

1）《公路工程质量检验评定标准》（JTG F80/1—2004）。

2）《公路土工试验规程》（JTG E40—2007）。

3）《公路工程水泥及水泥混凝土试验规程》（JTG E30—2005）。

4）《公路工程技术标准》（JTG B01—2014）。

5）《公路工程沥青及沥青混合料试验规程》（JTG E20—2011）。

6）《公路路基路面现场测试规程》（JTG E60—2008）。

7）《公路工程无机结合料稳定材料试验规程》（JTG E51—2009）。

8）《公路工程集料试验规程》（JTG E42—2005）。

9）《公路路基设计规范》（JTG D30—2015）。

10）《公路排水设计规范》（JTG/T D 33—2012）。

11）《公路水泥混凝土路面设计规范》（JTG D40—2011）。

12）《公路水泥混凝土路面施工技术规范》（JTG/T F30—2014）等。

2. 试验检测工作细则

每项试验检测实施细则应根据有关国家或部委所颁现行最新技术标准、操作规程和有关行业工作规范制定。

（1）实施细则的制定

由于工程实际情况的复杂性和多样性及有些标准规定得不细，同时一些质检机构的检测操作人员有可能是新手，他们虽然已通过本单位的考核，但不一定很熟练，更重要的是质检机构的工作比工厂生产产品还要难，故每步都应该按规定要求进行详细的实施，为此必须制定有关实施细则。

（2）实施细则的内容

1）技术标准、规定要求、检测方法、操作规程等。

2）抽样方法及样本大小。

3）检测项目、被测参数大小及允许变化范围。

4）检测仪器设备的名称、型号、量程、准确度、分辨率。

5）检测人员组成和检测系统框图。

6）对检测仪器的检查标定项目和结果。

7）对检测仪器和样品或试件的基本要求。

8）对环境条件等的要求，以及从保证计量检测结果可靠角度出发所允许的变化范围的规定。

9）在检测过程中发生异常现象的处理办法。

10）在检测过程中发生意外事故的处理办法。

11）检测结果计算整理分析方法。

凡要求对整体工程项目或新产品进行质量判断的检测项目，均应进行抽样检测。凡送样检测的材料、产品，检测结果仅对样品负责，不对整体质量作任何评价。

（3）实施细则中的检测方法

1）抽样方法为随机抽样。确定样本大小后，由委托试验检测单位提供编号进行随机抽样。原则上抽样人不得与产品直接见面，样本应在生产单位或使用单位已经检测合格的基础上抽取。特殊情况下，也允许在生产场所已经检测合格的产品中抽取。

抽样前，不得事先通知被检产品单位，抽样结束后，样品应立即封存，连同出厂检测合格证一并送往指定试验检测地点。

2）样本大小的确定方法。凡产品技术标准中已规定样本大小的，按标准规定执行；凡产品技术标准中未明确规定样本大小的，按试验检测规程或相应技术标准中的方法确定，也可按百分比抽样方法进行。百分比抽样的抽样基数不得小于样本的 5 倍，在生产场所抽样时，当天产量不得小于均衡生产时的基本日均产量；在使用抽样时，抽样基数不得小于样本的 2 倍。

3）样本确定后，抽样人应以适当的方式封存，由样本所在部门以适当的方式运往检测部门，运输方式应不损坏样本的外观及性能。样品箱、样品桶、样品的包装也满足上述要求。

4）抽样结束后，由抽样人填写样品登记表，登记表应包括以下内容：产品生产单位、产品名称、型号、样品中单件产品编号及封样的编号、抽样依据、样本大小、抽样基数、抽样地点运输方式、抽样日期、抽样人姓名、封样人姓名。

（4）注意事项

1）对于比较重要的检测项目，若采用专用检测设备，应通过试验确定其检测数据的重复性。

2）对于某些比较简单的试验检测项目，如果标准规定得很细，能满足上述要求时，可不必制定实施细则。

三、试验检测原始记录处理

1）原始记录是试验检测结果的如实记载，不允许随意更改，不许删减。

2）原始记录应印成一定格式的记录表，其格式根据检测的要求不同可以有所不同。原始记录表主要应包括：产品名称、型号、规格、产品编号、生产单位、抽样地点、检测项目、检测编号、检测地点、温度、湿度、主要检测仪器名称、型号、编号、检测原始记录数据、数据处理结果、检测人，复核人、试验日期等。

注意：记录表中应包括所要求记录的信息及其他必要信息，以便在必要时能够判断检测工作在哪个环节可能出现差错，同时根据原始记录提供的信息，能在一定准确度内重复所做的检测工作。

3）工程试验检测原始记录一般不得用铅笔填写，内容应填写完整，应有试验检测人员和计算校核人员的签名。

4）原始记录如果确需更改，作废数据应划两条水平线，将正确数据填在上方，盖更改人印章。原始记录应集中保管，保管期一般不得少于两年。

5）原始记录经过计算后的结果即检测结果必须有人校核，校核者必须在本领域有五年以上工作经验。校核者必须在试验检测记录和报告中签字，以示负责。校核者必须认真核对检测数据，校核量不得少于所检测项目的5%。

四、试验检测结果的处理

试验检测结果的处理是试验检测工作中的一项重要内容。由于试验检测中得到的数值都是近似值，而且在运算过程中，还可能要运用无理数构成的常数，因此，为了获得准确的试验检测结果，同时也为了节省运算时间，必须按误差理论的规定和数字修改规则取舍所需要的数据。此外，误差表达方式反映了对试验检测结果的认识是否正确，也利于用户对试验检测结果的正确理解。由于目前尚未规定报告上必须注明不确定度，暂时可以不考虑。

1. 试验检测数据处理

数据处理应注意：检测数据有效位数的确定方法；检测数据异常值的判定方法；区分可剔除异常值和不可剔除异常值；处理后的数据应填入原始记录的相应部分。

1）检测数据的有效位数应与检测系统的准确度相适应，不足部分以“0”补齐，以便测试数据位数相等。

2）同一参数检测数据个数少于 3 时用算术平均值法；测试个数大于 3 时，建议采用数理统计方法，求算代表值。

3）测试数据异常值的判断，对于每一单元内检测结果中的异常值用格拉布斯法，检测各试验室平均值中的异常值用狄克逊法。

4）对比检测是用三台与原检测仪器准确度相同的仪器对检测项目进行重复性试验。

若检测结果与原检测数据相符，则证明此异常值是由产品性能波动造成的；若不相符，则证明此值是因仪器造成的可以剔除。

2. 试验检测结果判断

在工程质量检验评定中，施工质量的合格率是大家所关心的问题。由于所抽子样的数据都是随机变量，它们总是存在一定波动。看到数据有一些变化，或某检测数据低于技术规定要求，就认为施工质量或产品有问题，这样的判断方法是不慎重的，也是缺乏责任感觉的。

第二节 试验检测工作制度

工作制度是否健全，制度能否坚持贯彻执行，反映了一个单位的管理水平。对质检机构来说，它必然会影响到检测工作的质量。为了保证检测质量，从全面质量管理的观点出发，应对影响检测结果的各种因素（包括人的因素和物的因素）进行控制。除前面已提出的具体要求外，作为一个试验质检中心还需建立以下几个最基本的工作制度。

一、岗位责任制

岗位责任制是质检机构的一项重要制度，它应明确组织机构框图中列出的各部门的职责范围和权限。各部门的职责范围应对“质量检测机构计量认证评审内容及考核办法”中规定的管理功能、技术功能全部覆盖，做到事事有人管。明确各部门的质量职责，明确各类人员的职责，尤其对检测中心负责人、技术负责人、质量负责人和各部门负责人、各项目负责人、计量检定负责人、检测报告签发人等，应明确其职责范围权限及质量责任。

对计量检定人员和质量检测人员要根据其考核情况确定其检测工作范围。

1. 各部门的岗位职责

（1）检测办公室

试验检测中心办公室负责安排检测计划，对外签订检测合同；收发及保管文件；发送及登记检测报告；收发保管及检后处理样品；购置检测仪器设备及标准件；收检测费，进行财务管理；打印试验检测报告，复制资料；负责人事管理及保卫、安全、卫生及日常管理工作；制定各类人员的培训计划，并组织人员考核。

（2）检测资料室

负责收集保管国内外用于试验检测的产品标准、检测规范、检测细则、检测方法和计量检定规程、暂行校验方法及专用设备鉴定资料；保管检测报告、原始记录；保管产品技术资料、设计文件、图纸及其他有关资料；保存抽样记录、样品发放及处理记录；

保存全部文件及有关产品质量检测的政策、法令、法规。

（3）仪器设备室

负责计量标准器具和标准件的计量检定及日常维护保养；负责全部试验检测仪器设备的维修及保养等工作，及时检查在用检测仪器的状况；负责新购置检测仪器设备的验收工作；保管试验检测仪器设备的维修、使用、报废记录；保管检测仪器设备的计量检定证书和试验检测仪器设备的说明书；建立并保管检测仪器设备台账；负责大型精密设备的日常维修；制定试验检测仪器设备检定周期表并付诸实施。

2. 各类人员的岗位职责

（1）试验检测中心主任

贯彻执行上级有关的政策、方针、法规、条例和制度；确定本单位的方针和目标，决定本单位的发展规划和工作计划；对中心的检测工作计划完成情况及检测工作的质量负责；建立健全质量管理体系和质量保证体系，切实保证能公正、科学、准确地进行各类检测工作；协调各部门的工作，使之纳入全面质量管理的轨道；批准经费使用计划、奖金发放计划；批准检测报告；主持事故分析会和质量分析会；督促、检查各部门岗位责任制的执行情况；考核各类人员的工作质量；主管中心的人事工作及人员培训考核、提职、晋级工作；检查质量管理手册的执行情况，主持质量管理手册的制定、批准、补充和修改。

（2）试验检测技术负责人

在中心主任领导下，全面负责中心的技术工作；掌握本领域检测技术的发展方向，制订测试技术的发展计划；批准测试大纲、检测实施细则、检测操作规程、非标准设备和检测仪器的暂行校验方法；主持综合性非标准检测系统的鉴定工作；深入各试验检测室，随时了解并解决检测过程中存在的技术问题；组织各类人员的培训、负责各类人员的考核；签发检测报告。

（3）试验检测质量保证负责人

全面负责检测工作质量，定期向中心主任和技术负责人报告测试工作质量情况；负责质量事故的处理；负责检测质量争议的处理并向中心主任和技术负责人报告结果；检查各类人员的检测质量、工作质量；负责质量管理手册的贯彻执行。

（4）试验检测室主任

对本室工作全面负责；确定本室的质量方针及质量目标，组织完成各项试验检测任务；掌握本专业国内外的现状及发展趋势，根据需要和可能，提出新的检测方案；提出计量检测仪器设备的购置、更新、改造计划；提出计量检测仪器设备的维修、降级和报废计划；负责本室各类人员的技术培训和考核；对本室各类事故提出处理意见；审阅本室制定的检测大纲、检测细则；审阅各类检测报告及原始记录；考核本室人员的工作情况及质量状况；对本室人员晋级提出建议；负责本室的行政管理事务。

（5）试验检测人员（图 1-2）

对各自负责的试验检测工作的质量负责；严格按照检测规范、检测大纲、实施细则进行各项检测工作，确保检测数据的准确可靠；上报检测仪器设备的检定、维修计划，有权拒绝使用不合格检测仪器或超过检定周期的仪器；不断更新专业知识，掌握本专业检测技术及检测仪器的发展趋势和现状；按期填写质量报表，填写检测原始记录及检测证书；有权拒绝行政或其他方面的干预；有权越级向上级领导反映各级领导违反检测规程或对检测数据弄虚作假的现象；按时填写仪器设备操作使用记录；严格遵守检测人员纪律和实验室管理制度。

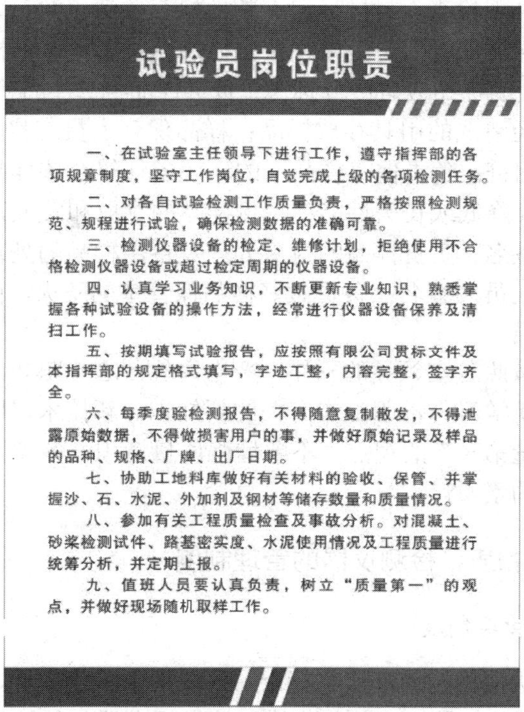

图 1-2　试验员岗位职责

（6）计量检定人员

正确使用计量标准器具、标准物质，并对它们按规定进行计量检定以保证其具备良好的技术状态；执行计量技术法规及计量器具规程或暂行校验方法，切实执行互检、互审制度；确保检定数据、检定结论正确，原始记录和检定证书应用钢笔填写、字迹工整、内容完整、签名齐全；不断学习计量学知识，经常学习计量法规、规程，学习误差理论，更新知识，不断提高理论技术水平；检查各检测室在用检测仪器的周期计量制度的执行情况，有权制止使用不合格仪器和超检定周期的检测仪器，并将有关情况向上级报告；遵守各项工作制度。

（7）资料保管人员

负责做好保密工作，严格遵守保密制度，不得随意复制散发检测报告，不得泄露原始数据，不得做损害用户的事；负责办理各类资料入库时登记手续，并且登记分类进行，入库手续齐全，送交人、整理人、接收人均应签名；负责对各类资料的查找工作，为检测人员做好技术服务工作；密切注意国内外有关检测工作的发展，负责随时收集最新的技术标准、检测规程、规范、细则、方法；负责对过期资料的销毁工作，应严格履行报批手续，并造册登记入档；丢失检测资料应视为质量事故处理，负责填写事故报告，并视情节轻重接受必要的处分；负责做好防火、防盗、防蛀工作，以防资料的损坏。

（8）样品保管人员

负责样品入库时外观检查、封样标记完整性检查并清点数量，核实无误后，登记入库，入库登记本应有样品保管人员签字；负责样品分类管理，未检、已检样品应有明显的标记，不同单位送交的样品应有区分标志；负责样品桶、样品箱、样品袋的清洁完好，不得用留有他物或未经清洗的用具存放样品；样品保管人员应将各类样品立账、设卡，做到账、物、卡三者相符；负责保存样品室的环境条件符合该样品的贮存要求，不使样品变质、损坏，不使其降低或丧失性能；负责样品的领取和发放，领取者和发放者都应检查样品是否完好并签名；负责样品的检后处理及备用样品的处理，应按有关规定办理手续，经办人及主管人员应签名；负责做好样品保管室的防火、防盗工作。

（9）其他各类人员

其他各类人员应按照各室领导的安排，严守岗位，忠于职守，对各自的工作质量负责；各类人员都要不断学习与本职工作有关的新知识、新技术，以适应工作的要求；各类人员都要树立“质量第一”的观点，不断增强质量意识；各类人员都要遵守本行业的职业道德，提高自己的素质。

二、计量标准、标准物质、检测仪器的管理制度

1. 计量标准器具管理制度

计量标准器具是质检机构最高实物标准，只能用于量值传递，特殊情况必须用于产品质量检测时，须经试验检测中心领导批准。计量标准器具的计量检定工作维护保养工作，由仪器设备室专人负责。计量标准器具的保存环境应满足其说明书的要求，应使其经常保持最佳状态。计量标准器具的使用操作人员必须经考核合格并取得操作证书，每次使用计量标准器具后均应作使用记录。

2. 标准物质

标准物质是质检机构进行标定计量的工作基准，也是一种标准器件。标准物质的购置由各使用单位提出申请，经中心主任批准后交办公室购买，不得购买无许可证的标准物质。标准物质的发放应履行登记手续。标准物质应按说明书（合格证）上规定的使用期限定期更换。

3. 检测仪器的管理

专管共用的检测仪器设备的保管人由中心确定，使用人在使用仪器设备前应征得保

管人同意并填写使用记录。使用前后，由使用人和保管人共同检查仪器设备的技术状态，经确认以后，办理交接手续。专管专用的仪器设备的使用人即为保管人。仪器设备的保管人应参加新购进仪器验收安装、调试工作，填写并保管仪器设备档案、仪器设备使用记录；负责仪器设备降级使用及报废申请等事宜。使用贵重、精密、大型仪器设备者，均应经培训考核合格，取得操作许可证。精密、贵重、大型仪器设备的安放位置不得随意变动，如确实需要变动，事先应征得仪器设备室的同意，重新安装后，应对其安装位置、安装环境、安装方式进行检查，并重新进行检定或校准。仪器设备保管人应负责所保管设备的清洁卫生，不用时，应罩上防尘罩。长期不用的电子仪器，每隔三个月应通电一次，每次通电时间不得少于半小时。检测仪器设备不得挪作他用，不得从事与检测无关的其他工作。仪器设备室除对所有仪器设备按周期进行计量检定外，还应对它们进行不定期的抽查，以确保其功能正常、性能完好，精度满足检测工作的要求。全部仪器设备的使用环境均应满足说明书的要求。有温度、湿度要求者，确保温度、湿度方面的要求。

4. 仪器设备的借用

1）计量标准器具一律不外借。

2）中心内部仪器的借用，由各室自行商定，但仪器设备所有权的调动应经中心领导同意，并在设备技术档案上备案。

3）外单位借用仪器设备应办理书面手续。

三、仪器设备购置、验收、维修、降级和报废制度

计量标准器具的购置由仪器设备室提出申请，中心主任批准后交办公室办理。测试仪器设备、标准物质的购置计划由各检测室提出，仪器设备室审核，经中心主任批准后交办公室办理。计量标准器具、标准物质、仪器设备到货后，由仪器设备室组织验收。验收合格的仪器设备，由仪器设备室填写设备卡片，不合格的产品，由办公室联系返修或退货。

测试仪器设备的维修由仪器设备室归口管理。各专业检测室根据检测仪器设备的技术状态和使用时间，填写仪器设备维修申请书，由仪器设备室在规定的时间内进行维修。在计量检定中发现仪器设备损坏或性能下降时，由仪器设备室直接进行维修，维修情况应填入设备档案。修理后的仪器设备均由仪器设备室按检定结果分别贴上合格（绿）、准用（黄）或停用（红）三种标志。其他人员均不得私自更改。材料试验机、疲劳试验机、振动台等试验设备的清洗和换油工作由各专业检测室的设备保管人负责，并在设备档案内详细记载。

当检测仪器设备的技术性能降低或功能丧失、损坏时，应办理降级使用或报废手续。凡降级使用的仪器设备均应由各专业检测室提出申请，由仪器设备室确定其实际检定精度，提出使用范围的建议，经中心主任批准后实施。降级使用情况应载入设备档案。凡报废的仪器设备均应由各专业检测室填写“仪器设备报废申请单”，经仪器设备室确认

后，由中心主任批准，并填入设备档案。已报废的仪器设备，不应存放在试验室内，其档案由资料室统一保管。

四、检测事故分析报告制度

1）检测过程中发生下列情况按事故处理：

① 样品丢失，零部件丢失，样品损坏。

② 样品生产单位提供的技术资料丢失或失密，检测报告丢失，原始记录丢失或失密。

③ 由于检测人员、检测仪器设备、检测条件不符合检测工作的要求，试验方法有误，数据差错，而造成的检测结论错误。

④ 检测过程中发生人身伤亡。

⑤ 检测过程中发生仪器设备损坏。

2）凡违反上述各项规定所造成的事故均为责任事故，可按经济损失的大小、人身伤亡情况分成小事故、大事故和重大事故。

3）重大或大事故发生后，应立即采取有效措施，防止事态扩大，抢救伤亡人员，并保护现场，通知有关人员处理事故。

4）事故发生后三天内，由发生事故部门填写事故报告单，报告办公室。

事故发生后五天内，由中心负责人主持，召开事故分析会，对事故的直接责任者作出处理，对事故作善后处理并制定相应的办法，以防类似事故产生。重大或大事故发生后一周内，中心应向上级主管部门补交事故处理专题报告。

五、技术资料文件的管理及保密制度

1）技术资料的管理由资料室负责。

2）长期保存的技术资料有：国家、地区、部门有关产品质量检测工作的政策、法令、文件、法规和规定；产品技术标准、相关标准、参考标准（国外和国内的）、检测规程、规范、大纲、细则、操作规程的方法（国外的、国内的或自编的）；计量检定规程、暂行校验方法：仪器设备说明书、计量合格证，仪器、仪表、设备的验收、维修、使用、降级和报废记录；仪器设备明细表和台账；产品检验委托书、设计文件及其他技术资料。

3）定期保存的技术资料有：各类原始记录；各类检测报告；用户反馈意见及处理结果；样品入库、发放及处理登记本。其保管期不少于2年。

4）长期保存的技术资料由资料室负责收集、整理、保存，其他各项技术资料由主管部门整理、填写技术资料目录，并对卷内资料进行编号由资料室装订成册。技术资料入库时应办理交接手续，统一编号填写资料索引卡片。

5）检测人员需借阅技术资料，应办理借阅手续，与检测无关的人员不得查阅检测报告和原始记录。检测报告和原始记录不允许复制。

6）资料室工作人员要严格为用户保守技术机密，否则以违反纪律论处。

7）超过保管期的技术资料应分门别类造册登记，经中心主任批准后才能销毁。

六、检测样品的管理制度

1. 样品的保管制度

样品保管室由办公室指定专人负责。样品到达后，由办公室所指定的负责人会同有关专业室共同开封检查，确认样品完好后，编号人样品保管室保存，并办理入库登记手续。样品上应有明显的标志，确保不同单位的同类品不致混淆，确保未检样品与已检样品不致混杂。样品保管室的环境条件应符合该样品必需的保管要求，不致使样品变质、损坏、丧失或降低其功能。样品保管室应做到账、物、卡三者相符。检测时由专业室填写样品领取单，到样品保管室领取样品，并会同样品保管员办理手续。

2. 样品的检后处理

检测工作结束，检测结果经核实后，应将样品送样品保管室保管，需保留样品的立即通知送检单位前来领取。检后产品的保管期一般为申诉有效期后的一个月。过期无人领取，则作无主物品处理。

破坏性检测后的样品，确认试验方法、检测仪器、检测环境、检测结果无误后，才准撤离试验现场。除用户有特殊要求，一般不再保存。不管是以哪种方式处理，均应办理处理手续，并由处理人签字确认。

七、试验室管理制度

1）试验室是进行检测、固定工作的场所，必须保持清洁、整齐、安静。

2）试验室内禁止随地吐痰、吸烟、吃东西，禁止将与检测工作无关的物品带入试验室；工作人员不得在恒温恒湿室内喝水，禁止用湿布擦地，禁止开启门窗。

3）要换鞋、换衣的试验室，不管任何人进入，都要按规定更换工作服、鞋。

4）试验室应建立卫生值日制度，每天有人打扫卫生，每周彻底清扫一次，空调通风管每季度彻底清扫一次。

5）下班后与节假日，必须切断电源、水源、气源，关好门窗，以保证试验室的安全。

6）仪器设备的零部件要妥善保管，常用工具应排列整齐，说明书、操作手册和原始记录表等应专柜保管。

7）带电作业应由两人以上操作，地面应采取绝缘措施。电烙铁应放在烙铁架上，电源线应排列整齐，不得横跨过道。

8）试验室内设置消防设施、消火栓和灭火桶。灭火桶应经常检查，任何人不得私自挪动位置，不得挪作他用。

第三节　试验检测人员配置及检测机构资质要求

质检机构的人员配置要合理，人员的配置包括行政管理人员、试验检测技术人员和其他工作人员三类，其中试验检测技术人员应由不同学科和不同职称的技术人员组成。检测部门人员、仪器设备、机构均应有相应的资质等级证书。

一、质检机构技术负责人、质量保证负责人及其他人员配置

质检机构的技术负责人要对整个质检机构的工作全部负责，业务上应该有较高的水平。另一方面，由于技术负责人在一定程度上决定了检测工作的质量，当技术负责人变动时，应检查在技术负责人变动后该机构的工作水平。质量保证负责人协助技术负责人对整个质检机构的全部检测工作的质量负责，在技术负责人不在时，代行其职权。小的质检机构，质检负责人可由技术负责人兼任。质量保证负责人不一定要求精通所管辖的每一项具体工作，但必须熟悉本单位的主要业务，并且有一定的质量管理方面的知识。质量保证负责人必须是该机构的主要负责人之一，这有助于质量工作中的有关决定的贯彻执行。

技术负责人、质量保证负责人及质量检测管理人员，应熟悉国家相关部门关于产品质量检测方面的政策、法令、法规、规定；应熟悉工程技术标准；应熟悉抽样理论，能熟练地应用各类抽样标准，确定其样本大小；具备编制审定检测实施细则、审查检测报告的能力；熟悉掌握检测质量控制理论，具有对检测工作进行质量诊断的能力；熟悉国内外工程质量的检测方法、检测技术的现状及发展趋势，掌握国内外检测仪器设备的信息；能不断学习新知识，不断进行知识更新。

质检机构的技术负责人应有工程师以上职称，具有十年以上专业工作的经验，精通所管辖的业务。质检机构的人员应按所进行的业务范围进行配置，各类工程技术人员、工程师以上人员不得低于20%。各业务岗位人员的配置应与所从事的检测项目相匹配，重要的检测项目应有两人，每人可兼做几个项目。

二、试验检测人员要求

试验检测人员应按各自的岗位分工，认真履行岗位职责，做好本职工作，确保检测工作质量。

1. 对试验检测人员的要求

1）检测操作人员应熟悉检测任务，了解被测对象和所用检测仪器设备的性能。检测人员必须经过考核合格，取得上岗操作证后，才能上岗操作。凡使用精密、贵重、大型检测仪器设备者，必须熟悉该检测仪器的性能，具备使用该仪器的知识，经过考核合格，取得操作证书才能操作。

2）检测人员应掌握所从事检测项目的有关技术标准，了解本领域国内外测试技术、检测仪器的现状及发展方向，具备制定检测大纲、采用国内外最新技术进行检测工作的能力。

3）检测人员应具有误差理论、数理统计方面的知识，能独立进行数据处理工作。

4）检测人员应对检测工作、数据处理工作持严肃的态度，以数据说话，不受行政或其他方面的干扰。

2. 对检测人员考核的主要内容

（1）工程质量检测专业知识

了解所用仪器设备的结构原理、性能及正确使用维护等知识；掌握所检测工程项目的质量标准和有关技术指标的程度；具有实际操作和数据处理的能力。

（2）计量基础知识

了解计量法常识；国际单位制基本内容；误差理论基本知识。

三、计量检定人员要求

1. 对计量检定人员的要求

1）凡从事计量检定工作的人员，必须具备从事计量检定工作所必备的知识和技能，且经上级计量行政部门考核合格并取得“检定员证”，才能从事所考核合格项目的计量检定工作。见习人员或学徒工、代培人员，不得独立从事检定工作，不得在检定证书上签字。

2）计量检定复核人员应真正起到复核的作用，复核人员必须是从事该项目两年以上具有工程师职称的人员或从事该项目五年以上的助理工程师。

3）计量检定人员必须具备高中以上文化程度，计量检定人员应不断学习新知识，随时了解国内外本领域计量技术的现状及检测仪器设备的信息。

2. 对计量检定人员考核的主要内容

（1）计量基础知识

计量法常识、国际单位制基本内容、误差理论基本知识。

（2）计量专业知识

了解本专业所用标准器具的结构原理和正确使用维护等知识，对本专业的检定系统和检定规程的理解和掌握的熟练程度，实际操作和数据处理能力。

四、试验检测人员纪律

1）认真学习贯彻国家相关部门有关公路工程质量方面的文件、政策、法令、法规，严格按产品技术标准、试验检测规程进行各项测试工作。

2）坚持原则、忠于职守，遵守质检机构规定的各项规章制度。

3）不准利用职权和工作条件接受检企业或单位的礼品。

4）不准擅自多抽或少抽样品，不准违章处理或使用样品。

5）不准受贿、不准假公济私、弄虚作假。

6）作风正派，秉公办事。

五、试验检测机构的资质要求

1）试验技术及检测人员均应通过交通行业的培训，并应持有经交通行政主管部门批准的相应资格证书。技术主管应具有工程师以上技术职称。

2）试验检测机构仪器设备（包括标准物质）均应经相应质量技术监督部门的计量认证、审查验收并取得合格证。

3）试验检测机构应具有相应交通行政主管部门批准的公路工程试验检测机构的相应等级资质证书，并在规定范围内进行试验检测工作。

课 后 小 结

“工程检测技术”是土建工程类道路桥梁工程技术、工程监理、公路工程检测、公路养护与维修、港口工程技术、城市轨道交通工程技术、工程测量等相关专业一门技能性较强的专业课，它融试验检测理论、测试操作技能及基础知识于一体，是工程设计参数、施工质量控制、施工验收评定、养护管理决策的主要依据。

在工程建设中，质量是工程建设的关键，任何一个环节、任何一个部位出现问题，都会给工程的整体质量带来严重后果，直接影响到公路的使用效益，甚至返工重建，造成巨大的经济损失。工程试验检测机构必须对工程项目或产品进行检测，根据检测的结果判断工程质量或产品质量状态。因此，完善工程试验检测机构的工作制度、制订试验检测工作细则、配置合理的试验检测人员具有重要的现实意义。

本章着重介绍试验检测工作对工程质量控制的意义，现行主要公路工程试验检测规程，试验检测人员要求及人员配置要求，工地试验检测机构（室）等内容。

思考与练习

一、选择题

1.《公路工程质量检验评定标准》适用于公路工程施工单位（　　）对公路工程质量的管理、监控和检验评定。

A．工程监理单位　　B．工程建设单位

C．工程质量检测机构　　D．工程质量监督部门

2．公路工程质量检验评定的依据为（　　）。

A．设计规范　　B．施工规范

C．质量检验评定标准　　D．试验规程

二、填空题

1．对试验检测人员的基本要求是_______、_______、_______、_______等。

2．工地试验室由_______、_______、_______、_______、_______、_______等室组成。

3．路面工程实测项目的质量标准按_______、_______和_______设定。

三、简答题

1．简述工程试验检测的目的及意义。

2．加强试验检测工作，对工程质量控制有何意义？

3．简述现行部颁试验检测规程的名称和相应内容。

4．试验检测工作实施细则的内容是什么？

5．完善试验检测工作制度，对工程质量检验评定有何意义？

6．你认为公路工程试验检测中心人员如何配置最合理？

7．对工地试验室试验用房有何要求？

8．试验原始记录应该注意的问题有哪些？

第二章

试验检测数据与质量检验评定

学习目标　1．知识目标

（1）掌握试验检测抽样检验基础知识。

（2）掌握试验检测数据的修约规则基础知识。

（3）掌握试验检测数据的统计特征与分布基础知识。

（4）掌握检测基础知识。

2．能力目标

（1）会进行试验检测数据的修约。

（2）能运用工程质量检验评定方法对公路工程质量进行评分。

课时建议　4课时

学习引导　工程质量的评价是以试验检测数据为依据的。试验检测采集得到的原始数据类多、量大，有时还有错误，因此，必须对原始数据进行分析处理才能得到可靠的试验检测结果。本章以概率论与数理统计为基础，介绍试验检测数据的处理方法和质量检验评定标准。

第一节 试验检测数据处理基础知识

一、抽样检验

抽样检验结构图见图 2-1。

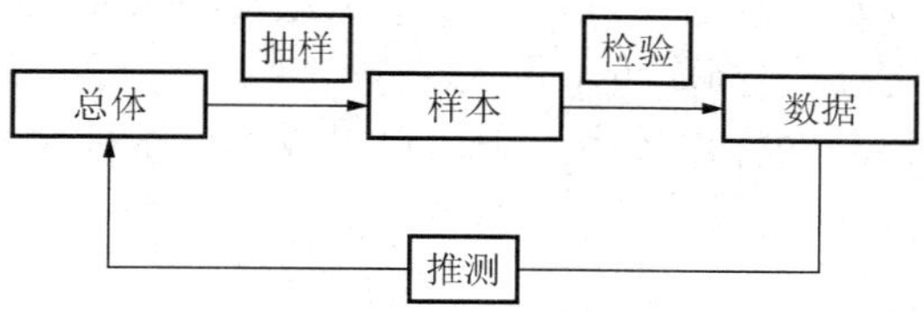

图 2-1 抽样检验结构图

1. 总体与样本

检验是质量管理工作的重要内容之一，常称质量检验，其主要功能是对产品的合格性进行控制。在工程质量检验中，对无限总体中的个体，逐一考察其某个质量特性显然是不可能的；对有限总体，若所含个体数量虽不大，但考察方法往往是破坏性的，同样不能采用全数考察。所以，通过抽取总体中的一小部分个体加以检验，以了解和分析总体质量状况，这是工程质量检验的主要方法。除特殊项目外，大多采用抽样检验，这就涉及总体与样本的概念。总体又称母体，是统计分析中所研究对象的全体，而组成总体的每个单元称为个体。例如，在沥青混合料拌和工地上需要确定某公司运来的一批沥青质量是否合格，则这批沥青就是总体。总体分为有限总体和无限总体，如果是一批产品，由于其数量有限，所以称其为有限总体；如果是一道工序，由于工序总在源源不断地生产出产品，有时是一个连续的整体，所以这样的总体称为无限总体。

从总体中抽取一部分个体就是样本（又称子样）。例如，从每一桶沥青中抽取两个试样，一批沥青有 100 桶，抽检了 200 个试样做试验，100 桶沥青称为总体，200 个试样就是样本。而组成样本的每一个个体，即为样品。样本中的某一个，就是该样本中的一个样品。

2. 抽样检验的意义

将用某种方法检验物品的结果与质量判定标准比较，判断出各个物品是“合格”还是“不合格”（图 2-2）。

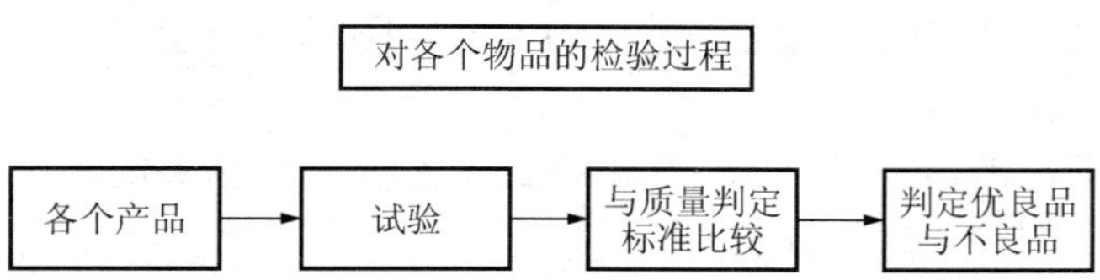

图 2-2 抽样检验过程

在产品检验中，全数检验的应用场合很少，大多数情况下是采取抽样检验。这是因为：

1）由于无破损检验仪具器械的种类少，性能难以稳定，在不采用无破损性检验时，就得采用破坏性检验，而破坏性检验是不可能对全部产品都做检验的。

2）当检验对象为连续性物体或粉块混合物时（如沥青、水泥等），在一般情况下不可能对全体物品的质量特性进行检测试验。

3）由于产品批的质量往往有所波动，采用全数检验实际上做不到，用无损检验也有可能导致由于产品不良品率高而带来重大经济损失。

4）抽样检验由于检验的样本较少，因而可以收集质量信息，提高检验的全面程度和促进产品质量的改善。

3. 抽样检验的条件

抽样检验是从批中抽取较少的样本进行检验，根据试验结果来判定全批产品是否合格或不合格。因此，为使抽样检验对判定质量好坏提供准确的信息，必须注意抽样检验应具备的条件。

（1）要明确批的划分

即要注意使同批产品在原材料、工艺条件、生产时间等方面具备基本相同的条件。例如，抽样检验水泥、沥青等物品的质量特性时，应将相同厂家、相同品种或强度等级的产品作为一个批次。

（2）必须抽取能代表批的样本

由于抽样检验是以样本检验结果来推断批的好坏，故样本的代表性尤为重要。为使所抽取的样本能成为批的可靠代表，常采用如下方法：

1）单纯随机取样。这是一种完全随机化的取样，它适用于对总体缺乏基本了解的场合。

2）分层取样。当批量或工序被分为若干层时，可从所有分层中按一定比例取样。例如有两台拌和机同时拌制原材料相同的同标号混凝土，为了检验生产混凝土的质量特性，采用抽样方法时，应注意对两台拌和机分别取样，这样便于了解不同“层”的产品质量特性，研究各层造成不良品率的原因，也可将甲、乙样品混合进行试验，了解混合产品的质量特性。

3）两级取样。当物品堆积在一起构成批量时，可先将若干箱中进行第一级随机取样，挑出部分箱物品，然后再从已挑选出的箱中对物品进行随机取样。

4）系统取样。当对总体实行单纯随机抽样有困难时，如测定公路路基的弯沉值，可采用一定间隔进行抽取的抽样方法，称为系统抽样。

（3）要明确检验标准

所谓检验标准，是指对于一批产品中不良品的质量判定标准。

（4）要有统一的检测试验方法

产品质量判定标准应与统一的检测试验方法所测定结果相比照。

二、数据的修约规则

1. 质量数据

质量数据的来源，主要是工程建设过程中的各种检验，即材料检验、工序检验、竣工验收等，只有通过对它的收集、处理、分析，才能达到对生产施工过程的了解、掌握及控制。没有质量数据，就不可能有现代化的科学的质量控制。

质量数据就其本身的特性来说，可以分为计量值数据和计数值数据。

（1）计量值数据

计量值数据是可以连续取值的数据，如长度、厚度等，一般都是可以用检测工具计量。

（2）计数值数据

有些反映质量状况的数据是不能用测量器具来度量的。为了反映或描述属于这类型内容的质量状况，而又必须用数据来表示时，便采用计数的办法，凡属于这样性质的数据即为计数值数据。如不合格品数、不合格的构件数等，以断定方法得出的数据和以感觉性检验方法得出的数据大多属于计数值数据。

计数值数据有两种表示方法：一是直接用计数出来的次数、点数来表示；二是把计数出来的次数、点数与总检查次（点）数相比，用百分数表示。

2. 有效数字

在测量工作中，由于测量结果总会有误差，因此表示测量结果的位数不宜太多，也不宜太少，太多容易使人误认为测量精度很高，太少则会损失精度。测量过程中，由于受到一系列不可控制和不可避免的主观和客观因素的影响，所获得的测量值必定含有误差，即获得的测量值仅仅是被测量的近似值。

另一方面，在数据处理过程中引入的诸如π、2 等一些常量，在大多数情况下，是以无穷小数形式的无理数来表示，这就需要确定一项原则，将测得的或计算的数截取到所需的位数。认为在一个数值中小数点后面的位数愈多，这个数值就愈准确；或者在计算中，保留的位数愈多，这个数值就愈准确的想法都是错误的。第一种想法的错误在于没有弄清楚小数点的位置不是决定准确与否的标准，而仅与所用计量单位的大小有关。如长度为 21.3mm 与 0.0213m，其准确程度完全相同；第二种想法的错误在于不了解所有测量，由于仪器和人们的感官只能做一定的准确程度。这个准确程度一方面决定于所用仪器刻度的精细程度；另一方面也与所用方法有关。因此在计算结果中，无论取多少位数都不可能把准确程度增加到超过测量误差所允许的范围。反之，表示一个数值时，如果书写的位数过少，即数值所取的有效位数少于实际所能达到的精度，不能把已经达到的精度表示出来，也是错误的。例如，不考虑测量误差，单从有效数字来考虑，在数学上 23 与 23.00 两个数是相等的。而作为表示测量结果的数值，两者相差是很悬殊的。用 23 表示的测量结果，其误差可能为±0.5；而 23.00 表示的测量结果，其误差可能是±0.005。再如，1 和 0.1 在数值上相差 10 倍，单从数值上看两数是不等的，而作为测量结果可能因所用单位不同，所表示的测量结果和所达到的精度是相同的。因此，在对测量数据的处理中，掌握有效数字的有关知识是十分重要的。有效数字的概念可表述为：由数字组成的一个数，除最末一位数字是不确切值或可疑值外，其他数字皆为可靠值或确切值，则组成该数的所有数字包括末位数字称为有效数字，除有效数字外其余数字为多余数字。对于“0”这个数字，它在数中的位置不同，可能是有效数字，也可能是多余数字。432 整数前面的“0”无意义，是多余数字。对纯小数，在小数点后，数字前的“0”只起定位，决定数量级的作用（相当于所取的测量单位不同），所以，也是多余数字。

（1）处于数字中间位置和后面位置的“0”的有效判断

处于数中间位置的“0”是有效数字。处于数后面位置的“0”是否算有效数字可分三种情况：

1）数后面的“0”，若把多余数字的“0”用 10 的乘幂来表示，使其与有效数字分开，这样在 10 的乘幂前面所有数字包括“0”皆为有效数字；

2）作为测量结果并注明误差值的数值，其表示的数值等于或大于误差值的所有数字，包括“0”皆为有效数字；

3）上面两种情况外的数后面的“0”则很难判断是有效数字还是多余数字，因此，应避免采用这种不确切的表示方法。一个数，有效数字占有的位数，即有效数字的个数，为该数的有效位数。

为弄清有效数字的概念，举例如下：

00713，0.0715，7.03，7.03×10^2，这四个数的有效位数均为 3，有效数字都是 3 个。

（2）有效数字位数判定

在测量或计量中应取多少位有效数字，可根据下述准则判定：

1）对不需要标明误差的数据，其有效位数应取到最末一位数字为可疑数字（也称不确切或参考数字）；

2）对需要标明误差的数据，其有效位数应取到与误差同一数量级。

3. 质量数据的修约规则

数据获得后，还涉及到数据的定位问题，也就是出现了对规定精确程度范围之外的数字如何取舍的问题。在统计中一般常用的数值修约规则如下：

（1）确定修约间隔

修约间隔的数值一经确定，修约值即应为该数值的整数倍。

例如：指定修约间隔为 0.1，修约值即应在 0.1 的整数倍中选取，相当于将数值修约到一位小数。

例如：指定修约间隔为 100，修约值即应在 100 的整数倍中选取，相当于将数值修约到“百”数位。

（2）进舍规则

1）拟舍弃数字的最左一位数字小于5，则舍去，保留其余各位数字不变。

例如：将13.2476修约到一位小数，得13.2；将13.2476修约到个数位，得13。

2）拟舍弃数字的最左一位数字大于5或者是5，而且后面的数字并非全部为0时，则进1，即保留的末位数字加1。

例如：将1167修约到“百”数位，得12×10^2（特定场合可写为1200）。注：本标准示例中，“特定场合”系指修约间隔明确时。

例如：将10.502修约到“个”数位，得11。

3）拟舍弃数字的最左一位数字为5，而后面无数字或全部为0时，若被保留的末位数字为奇数（1，3，5，7，9）则进1，为偶数（2，4，6，8，0）则舍弃。

例如：修约间隔为0.1（或10^{-1}）

拟修约数值	修约值
1.050	10×10^{-1}（特定场合可写成为1.0）
0.35	4×10^{-1}（特定场合可写成为0.4）

例如：修约间隔为1 000（或10^3）

拟修约数值	修约值
2 500	2×10^3（特定场合可写成为2 000）
3 500	4×10^3（特定场合可写成为4 000）

4）负数修约时，先将它的绝对值按上述三条规定进行修约，然后在修约值前面加上负号。

例如：将下列数字修约至“十”数位。

拟修约数值	修约值
−255	-26×10（特定时可写为−260）
−245	-24×10（特定时可写为−240）

例如：将下列数字修约到三位小数，即修约间隔为10^{-3}

拟修约数值	修约值
−0.036 5	-36×10（特定场合可写为−0.036）

（3）不允许连续修约

1）拟修约数字应在确定修约间隔或指定修约数位后一次修约获得结果，不得多次按“（2）”规则连续修约。

例如：修约97.46，修约间隔为1。

正确的做法：97.46→97

不正确的做法：97.46→97.5→98

例如：修约 15.454 6，修约间隔为 1。

正确的做法：15.4546→15;

不正确的做法：15.454 6→15.455→15.46→15.5→16。

为便于记忆，将上述规则归纳为以下几句口诀：四舍六入五考虑，五后非零则进一，五后为零视奇偶，奇升偶舍要注意，修约一次要到位。

2）在具体实施中，有时测试与计算部门先将获得数值按指定的修约数位多一位或几位报出，而后由其他部门判定。为避免产生连续修约的错误，应接下述步骤进行。

① 报出数值最右的非零数字为 5 时，应在数值右上角加“+”或加“-”或不加符号，分别表明已进行过舍，进或来舍未进。

例如：16.50^+表示实际值大于 16.50，经修约舍弃为 16.50；16.50^-表示实际值小于 16.50。经修约进一为 16.50。

② 如对报出值需进行修约，当拟舍弃数字的最左一位数字为 5，且其后无数字或皆为零对，数值右上角有“+”者进一，有“-”者舍去。

例如：将下列数字修约到个数位（报出值多留一位至一位小数）。

实测值	报出值	修约值
15.4546	15.5^-	15
−15.4546	-15.5^-	−15
16.5203	16.5^+	17
−16.5203	-16.5^+	−17
17.5000	17.5	18

三、数据的统计特征与分布

工程质量数据的统计特征量分为两类：一类表示统计数据的差异性，即工程质量的波动性，主要有极差、标准偏差、变异系数等；另一类是表示统计数据的规律性，主要有算术平均值、中位数、加权平均值等。

质量控制中，就是要应用数理统计方法，从反映工程质量的数据的差异性中寻找其规律性，从而预测和控制工程质量。

1. 算术平均值

算术平均值是表示一组数据集中位置最有用的统计特征量，经常用样本的算术平均值来代表总体的平均水平。样本的算术平均值则用 $\overline{x}$ 表示。如果 n 个样本数据为 x_1、x_2、x_3、…、x_n，那么，样本的算术平均值为

$$\overline{x}=\frac{1}{n}(x_1+x_2+\cdots+x_n)=\frac{1}{n}\sum_{i=1}^{n}x_i \tag{2-1}$$

【例 2-1】　某路段沥青混凝土面层抗滑性能检测，摩擦系数的检测值（共 10 个测点）分别为 58、56、60、53、48、54、50、61、57、55（摆值）。求摩擦系数的算术平均值。

解：由式（2-1）可知，摩擦系数的算术平均值为

$$\overline{F}_B=(58+56+60+53+48+54+50+61+57+55)/10=55.2 \text{（摆值）}$$

2. 中位数

在一组数据 x_1、x_2、…、x_n 中，按其大小次序排序，以排在正中间的一个数表示总体的平均水平，称之为中位数，或称中值 n 为奇数时，正中间的数只有一个；n 为偶数时，中间的数有两个，取这两个数的平均值作为中位数。

$$\overline{x}=\begin{cases} x\dfrac{n+1}{2} & (n\text{为奇数}) \\ \dfrac{1}{2}\left(x\dfrac{n}{2}+x\dfrac{n}{2}+1\right) & (n\text{为偶数}) \end{cases} \tag{2-2}$$

【例 2-2】　检测值同【例 2-1】，求中位数。

解：检测值按大小次序排列为：61、60、58、57、56、55、54、53、50、48（摆值），则中位数为

$$\overline{F}_B=\frac{F_{B(5)}+F_{B(6)}}{2}=\frac{56+55}{2}=55.5 \text{（摆值）}$$

3. 极差

在一组数据中最大值与最小值之差，称为极差，记作 R：

$$R=x_{\min}-x_{\max} \tag{2-3}$$

【例 2-3】　在【例 2-1】中的检测数据的极差为

$$R=F_{B\max}-F_{B\min}=61-48=13 \text{（摆值）}$$

极差没有充分利用数据的信息，但计算十分简单，仅适用于样本容量较小（n<10）的情况。

4. 标准偏差

标准偏差有时也称标准离差、标准差或称均方差，它是衡量样本数据波动性（离散程度）的指标。在质量检验中，总体的标准偏差（σ）一般不易求得。样本的标准偏差 S 按式（2-4）计算：

$$S=\sqrt{\frac{\left(x_1-\overline{x}\right)^2+\left(x_2-\overline{x}\right)^2+\cdots+\left(x_i-\overline{x}\right)}{n-1}}=\sqrt{\frac{\sum_{i=1}^{n}\left(x_i-\overline{x}\right)^2}{n-1}} \tag{2-4}$$

【例 2-4】　仍用【例 2-1】的数据，求样本标准偏差 5。

解：由式（2-4）可知，样本标准偏差为

$$S=\left\{\frac{1}{10-1}\left[(58-55.2)^2+(56-55.2)^2+(60-55.2)^2+(53-55.2)^2+(48-55.2)^2+(54-55.2)^2+(50-55.2)^2+(61-55.2)^2+(57-55.2)^2+(55-55.2)^2\right]\right\}^n=4.13(\text{摆值})$$

5. 变异系数

标准偏差是反映样本数据的绝对波动状况。当测量较大的量值时，绝对误差一般较大；测量较小的量值时，绝对误差一般较小，因此，用相对波动的大小，即变异系数更能反映样本数据的波动性。变异系数用 C_V 表示，是标准偏差 S 与算术平均值互的比值，即

$$C_V(\%)=\frac{S}{\bar{x}}\times 100 \tag{2-5}$$

【例 2-5】 若甲路段沥青混凝土面层的摩擦系算术平均值为 55.2（摆值），标准偏差为 4.13（摆值）；乙路段的摩擦系数算术平均值为 60.8（摆值），标准偏差 4.27（摆值）。则两路段的变异系数为

甲路段 $C_V=\dfrac{4.13}{55.2}=7.48\%$

乙路段 $C_V=\dfrac{4.27}{60.8}=7.02\%$

从标准偏差看，$J_{s甲}<I_{s乙}$。但从变异系数分析，$C_{V甲}>C_{V乙}$，说明甲路段的摩擦系数相对波动比乙路段的大，面层抗滑稳定性较差。

四、试验检测数据的统计特征与分布

质量数据具有一定的规律性，这种规律性一般用概率分布来描述。概率分布的形式很多，常用正态分布、t 分布。

1. 正态分布

正态分布是应用最多、最广泛的一种概率分布曲线，是其他概率分布的基础。

正态分布的概率密度函数为

$$f(x)=\frac{1}{\sqrt{2\pi}\cdot\sigma}e^{-\frac{(x-\mu)^2}{2\sigma^2}}\qquad(-\infty<x<+\infty) \tag{2-6}$$

式中：x——随机变量；

μ——正态分布的平均值；

σ——正态分布的标准偏差。

则称 x 服从参数为 μ，σ 的正态分布，记为 $X\sim N(\mu,\sigma^2)$。当已知 μ，σ 就可线以绘出正态分布曲线，如图 2-3 所示。

正态分布的特征：

1）正态曲线关于 $x=\mu$ 对称。

2）当 $x=\mu$ 时取到最大值，x 离 μ 越远，$f(x)$的值越小。

特别，当 $\mu=0$、$\sigma=1$ 时的正态分布，称之为标准正态分布，用 N（0，1）表示。其概率密度函数和分布函数分别用 $\varphi(x)$，$\phi(x)$ 表示，即有

$$\varphi(x)=\frac{1}{\sqrt{2\pi}}\mathrm{e}^{-\frac{x^2}{2}} \tag{2-7}$$

$$\phi(x)=\frac{1}{\sqrt{2\pi}}\int_{-\infty}^{x}\mathrm{e}^{-\frac{t^2}{2}}\mathrm{d}t \tag{2-8}$$

人们已经编制了 $\phi(x)$ 的函数表，可供查用。

对于正态分布 N（μ，σ），它的测量值落入区间（a，b）的概率 $P\{a<x<b\}$[即测量值落入区间（a，b）的可能性]是明确的，它等于 $x_1=a$，$x_2=b$ 时横坐标与曲线所围成的面积，用下式表示：

$$P\{a<x<b\}=\phi\left(\frac{b-\mu}{\sigma}\right)-\phi\left(\frac{a-\mu}{\sigma}\right) \tag{2-9}$$

根据图 2-4 所示，可求得双边置信区间的几个重要数据：

$P\{\mu-\sigma<x<\mu+\sigma\}$=68.26%

$P\{\mu-2\sigma<x<\mu+2\sigma\}$=95.44%

$P\{\mu-3\sigma<x<\mu+3\sigma\}$=99.73%

$P\{\mu-1.96\sigma<x<\mu+1.96\sigma\}$=95.00%

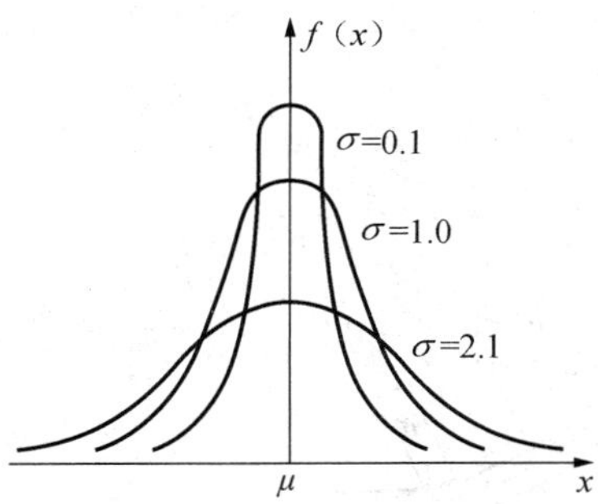

图 2-3　正态分布曲线

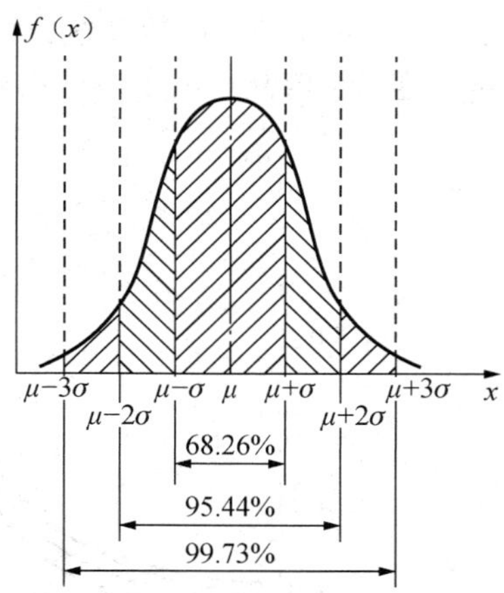

图 2-4　正态分布与置信区间

双边置信区间可统一写成：

$$\mu-u_{1-\beta/2}\cdot\sigma<x<\mu+u_{1-\beta/2}\cdot\sigma \tag{2-10}$$

式中：β——显著性水平；

　　$1-\beta$——置信水平；

$u_{1-\beta/2}$——双边置信区间的正态分布临界值；

$\mu-u_{1-\beta/2}\cdot\sigma$ 与 $\mu+u_{1-\beta/2}\cdot\sigma$——置信下限与上限。

同理可得，单边置信区间时：

$P\{x<\mu+\sigma\}=P\{x>\mu-\sigma\}=84.13\%$

$P\{x<\mu+2\sigma\}=P\{x>\mu-2\sigma\}=97.72\%$

$P\{x<\mu+3\sigma\}=P\{x>\mu-3\sigma\}=99.87\%$

$P\{x<\mu+1.645\sigma\}=P\{x>\mu-1.645\sigma\}=95.00\%$

其置信区间可表示为

$$x<\mu+u_{1-\beta}\cdot\sigma \text{ 或 } x>\mu-u_{1-\beta}\cdot\sigma \tag{2-11}$$

式中：$\mu-u_{1-\beta}\cdot\sigma$ 与 $\mu+u_{1-\beta}\cdot\sigma$——单边置信下限与上限。

在公路工程质量检验与评价中，把 μ 称为保证率系数（常用 Z_a 表示），其取值与公路等级有关，而且常常用样本的平均值 x、标准偏差 S 分别代替上述公式中 μ 与 σ。

2. *t* 分布

t 分布的概率密度函数为

$$t(x,n)=\frac{\Gamma(\frac{n+1}{2})}{\sqrt{\pi n}\Gamma(\frac{n}{2})}(1+\frac{t^2}{n})^{-(n+1)/2}，(-\infty<x<+\infty) \tag{2-12}$$

式中：x——随机变量；

n——样本容量，在数理统计学中称自由度。

当随机变量 x 服从自由度为 n 的 t 分布时，记作 $x\sim t$（n），其分布图形如图 2-5 所示。

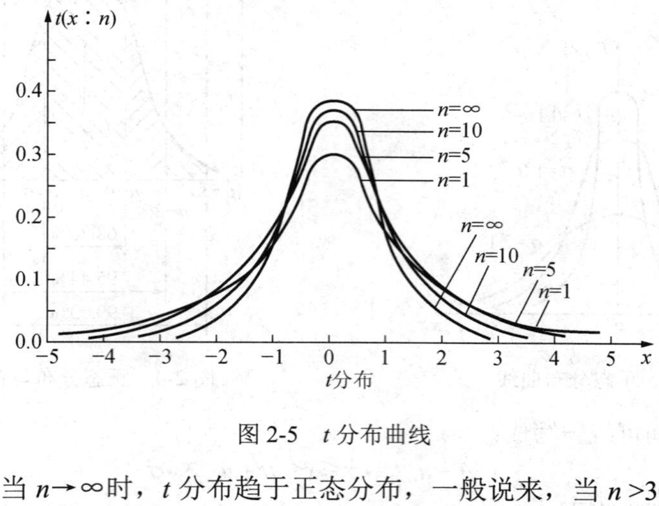

图 2-5　*t* 分布曲线

可以证明：当 $n\to\infty$ 时，t 分布趋于正态分布，一般说来，当 $n>30$ 时，t 分布与标准正态分布就非常接近了。但对较小的 n 值，t 分布与正态分布之间有较大的差异，且

$$P\{|T|\geqslant t_0\}\geqslant P\{|x|\geqslant t_0\} \tag{2-13}$$

其中 $X \sim N$（0，1），即在 t 分布的尾部比在标准正态分布的尾部有着更大的概率。

在施工质量评价中，常需要解决总体标准偏差 σ 未知，如何估计平均值置信区间的问题。为解决这一问题，一个很自然的想法，就是利用样本标准偏差 S 代替总体标准偏差 σ 。

设（x_1，…，x_n）来自正态分布总体，根据抽样分布定理可知

$$T = \frac{\overline{x} - \mu}{S / n} - t(n-1) \tag{2-14}$$

因此，根据给定的 β 和自由度 $n-1$，由《t 分布概率系数表》查得 $t_{1-\beta/2}(n-1)$ 之值，得平均值 μ 的双边置信区间：

$$[\overline{x} - t_{1-\beta/2}(n-1)\frac{S}{n},\ \overline{x} + t_{1-\beta/2}(n-1)\frac{S}{n}] \tag{2-15}$$

同理可得 μ 的单边置信区间：

$$\mu < \overline{x} + t_{1-\beta/2}(n-1)\frac{S}{n} \text{ 或 } \mu > \overline{x} - t_{1-\beta/2}(n-1)\frac{S}{n} \tag{2-16}$$

五、可疑数据处理

工程质量常会发生波动情况。由于质量的波动，自然会引起质量检测数据的参差不齐，有时还会发现一些明显过大或过小的数据，这些数据为可疑数据。因此，在进行数据分析之前，应用数理统计法判别其真伪，并决定取舍。常用的方法如下。

1. 拉依达法

当试验次数较多时，可简单地用 3 倍标准差（3S）作为确定可疑数据取舍的标准。当某一测量数据与其测量结果的算术平均值 $\overline{x}$ 之差大于 3 倍标准偏差时，用公式表示为

$$\left|x_i - \overline{x}\right| > 3S \tag{2-17}$$

则该测量数据应舍弃。

这是美国混凝土标准中所采用的方法，由于该方法是以 3 倍标准偏差为判别标准，所以亦称 3 倍标准偏差法，简称 3S 法。

取 3S 的理由是：根据随机变量的正态分布规律，在多次试验中，测量值落在 $\overline{x}-3S$ 与+3S 之间的概率为 99.73%，出现在此范围之外的概率仅为 0.27%，也就是在近 400 次试验中才能遇到一次，这种事件为小概率事件，出现的可能性很小，几乎是不可能，因而在实际试验中，一旦出现，就认为该测量数据是不可靠的，应将其舍弃。

另外，当测量值与平均值之差大于 2 倍标准偏差（即 $\left|x_i - \overline{x}\right| > 2S$ ）时，则该测量值应保留，但需存疑。如发现生产（施工）、试验过程中，有可疑的变异时，该测量值则应予舍弃。

【例 2-6】 试验室进行同配比的混凝土强度试验，其试验结果为（n=10）：23.1MPa、24.5MPa、26.0MPa、25.0MPa、24.8MPa、27.0MPa、25.5MPa、31.0MPa、25.4MPa、25.8MPa，试用 3S 法判别其取舍。

解：分析上述 10 个测量数据，$x_{\min}=23.0\text{MPa}$ 和 $x_{\max}=31.0\text{MPa}$ 最可疑。故应首先判别 $x_{\min}$ 和 $x_{\max}$

经计算：$\bar{x}=25.8\text{MPa}$，$S=2.1\text{MPa}$

由于 $|x_{\max}-\bar{x}|=|31.0-25.8|=5.2<3S=6.3\text{MPa}$

$|x_{\max}-\bar{x}|=|23.0-25.8|=2.8<3S=6.3\text{MPa}$

故上述测量数据均不能舍弃。

拉依达法简单方便，不需查表，但要求较宽，当试验检测次数较多或要求不高时可以应用，试检测次数较少时（如 $n<10$），在一组测量值中即使混有异常值，也无法舍弃。

2. 肖维纳特法

进行 n 次试验，其测量值服从正态分布，以概率 1、(2n) 设定一判别范围（$-k_nS_k$，k_nS），当偏差（测量值 x_i 与其算术平均值 $\bar{x}$ 之差）超出该范围时，就意味着该测量值 x_i 可疑的，应予舍弃。判断范围由下式确定，即

$$\frac{1}{2n}=1-\int_{-k_n}^{k_n}\frac{1}{\sqrt{2\pi}}\mathrm{e}^{-\frac{1^2}{2}}\mathrm{d}t \tag{2-18}$$

式中：K_n——肖维纳特系数，与试验次数 n 有关，可由正态分布系数表查得，见表 2-1。

表 2-1　肖维纳特系数

n	k_n	n	k_n	n	k_n	n	k_n	n	k_n	n	k_n
3	1.38	8	1.86	13	2.07	18	2.20	23	2.30	50	2.58
4	1.53	9	1.92	14	2.10	19	2.22	24	2.31	75	2.71
5	1.65	10	1.96	15	2.13	20	2.24	25	2.33	100	2.81
6	1.73	11	2.00	16	2.15	21	2.26	30	2.39	200	3.02
7	1.80	12	2.03	17	2.17	22	2.28	40	2.49	500	3.20

因此，肖维纳特法可疑数据舍弃的标准为

$$\frac{|x_i-\bar{x}|}{S}\geqslant K_n \tag{2-19}$$

【例 2-7】　试验结果同【例 2-6】，试用肖维纳特法判别取舍。

解：查表 2-1，当 $n=10$ 时 $k_n=1.96$。对于测量值 31.0，则有

$$\frac{|x_i-\bar{x}|}{S}=\frac{|31.0-25.8|}{2.1}=2.48>K_n=1.96$$

说明测量数据 31.0 是异常的，应予舍弃。这一结论与拉依达法的结果是不一致的。

肖维纳特法改善了拉依达法，但从理论上分析，当 $n\to\infty$，$K_n\to\infty$，此时所有异常值都无法舍弃。此外，肖维纳特系数与置信水平之间无明确联系。

3. 格拉布斯法

格拉布斯法假定测量结果服从正态分布，根据顺序统计量来确定可疑数据的取舍。进行 n 次重复试验，测得结果为 $x_1,x_2,\cdots,x_i,\cdots,x_n$ 从而 x_i 服从正态分布。

为了检验 x_i（i=1，2，…，n）中是否有可疑值，可将 x_i 按其值由小到大顺序重新排成，得

$$x_{(1)} \leqslant x_{(2)} \leqslant \cdots \leqslant x_{(n)}$$

根据顺序统计原则，给出标准化顺序统计量 g：

$$\left.\begin{aligned}&\text{当最小值}x_{(1)}\text{可疑时，则} \quad g_{(1)}=\frac{\overline{x}-x_{(1)}}{S}\\&\text{当最大值}x_{(n)}\text{可疑时，则} \quad g_{(n)}=\frac{x_{(n)}-\overline{x}}{S}\end{aligned}\right\} \tag{2-20}$$

根据格拉布斯统计量的分布，在指定的显著性水平 β（一般 β=0.05）下，求得判别可疑值的临界值 $g_0=(\beta,n)$，格拉布斯法的判别标准为

$$g \geqslant g_0(\beta \bullet n) \tag{2-21}$$

当时 $g \geqslant g_0(\beta \bullet n)$，该测量可疑值是异常的，应予以舍去。格拉布斯系数 $g_0(\beta,n)$ 列于表 2-2。

表 2-2 格拉布斯系数 $g_0(\beta,n)$

n \ β	0.01	0.05	n \ β	0.01	0.05	n \ β	0.01	0.05
3	1.15	1.15	13	2.61	2.33	23	2.96	2.62
4	1.49	1.46	14	2.66	2.37	24	2.99	2.64
5	1.75	1.67	15	2.70	2.41	25	3.01	2.66
6	1.94	1.82	16	2.74	2.44	30	3.10	2.74
7	2.10	1.94	17	2.78	2.47	35	3.18	2.81
8	2.22	2.03	18	2.82	2.50	40	3.24	2.87
9	2.32	2.11	19	2.85	2.53	50	3.34	2.96
10	2.41	2.18	20	2.88	2.56	100	3.59	3.17
11	2.48	2.24	21	2.91	2.58			
12	2.55	2.29	22	2.94	2.60			

利用格拉布斯法每次只能舍弃一个可疑值，若有两个以上的可疑数据，应该一个一个数据舍弃。舍弃第一个数据后，检测次数由 n 变为 $n-1$，以此为基础再判别第二个可疑数据。

【例 2-8】 试用格拉布斯法判别【例 2-7】测量数据的真伪。

解：1）测量数据按从小到大次序排列如下：

23.0　24.5　24.8　25.0　25.4　25.5　25.8　26.0　27.0　31.0

2）计算数据特征量：

$$\overline{x}=25.8\text{MPa} \qquad S=2.1\text{MPa}$$

3）计算统计量：

$$g_{(1)}=\frac{\overline{x}-x_{(1)}}{S}=\frac{25.8-23.0}{2.1}=1.33$$

$$g_{(n)} = \frac{x_{(n)} - \overline{x}}{S} = \frac{31.0 - 25.8}{2.1} = 2.48$$

由于 $g_{(10)} > g_{(1)}$ 首先判别 $x_{(10)} = 31.0$

4）选定显著性水平 β=0.05，并根据 β=0.05 和 n=10，由表 2-2 查得 g_0（0.05，10）=2.18

5）判别取舍：由于 $g_{(10)}$=2.48 > g_0（0.05，10）=2.18，所以 $x_{(10)} = 31.0$ 为异常值，应予舍弃，这一结论与肖维纳特结论是一致的。

仿照上述方法继续对余下的 9 个数进行判别，经计算没有异常值。

第二节　工程质量评定

一、术语

1）检验（inspection）。对检验项目中的性能进行量测、检查、试验等，并将结果与标准规定要求进行比较以确定每项性能是否合格所进行的活动。

2）评定（evaluation）。依据检验结果对工程质量进行评分并确定其等级的活动。

3）关键项目（dominant item）。分项工程中对安全、卫生、环境保护和公众利益起决定性作用的实测项目。

4）一般项目（general item）。分项工程中除关键项目以外的实测项目。

5）外观质量（quality of appearance）。通过观察和必要的量测所反映的工程外在质量。

6）权值（weight number）。对工程项目或检测指标根据其重要程度所赋予的数值。

二、一般规定

交通运输部颁发《公路工程质量检验评定标准》[JTG F80/1—2004（土建工程），JTG F80/2—2004（机电工程）] 适用于工程施工单位、工程监理单位、建设单位、质量检测机构和质量监督部门对公路工程质量的管理、监控和检验评定。它是公路工程检查与验收的质量评定依据。

《公路工程质量检验评定标准》（JTG F80/1—2004）适用于四级及四级以上公路新建、改建工程。工程质量评定过程如下。

1. 建设项目划分

建设单位应在施工准备阶段根据建设任务、施工管理和质量检验评定的需要，组织施工单位、工程监理单位按《公路工程质量检验评定标准》（JTG F80/1—2004）附录 A-1（表 2-3）将建设项目划分为单位工程、分部工程和分项工程。施工单位、工程监理单位应按相同的工程项目划分进行工程质量的监控和管理。

表 2-3　一般建设项目的工程划分

单位工程	分部工程	分项工程
路基工程（每 10km 或每标段）	路基土石方工程*[①]（1～3km 路段）[②]	土方路基*，石方路基*，软土地基*，土工合成材料处理层*等
	排水工程（1～3km 路段）	管节预制，管道基础及管节安装*，检查（雨水）井砌筑*，土沟，浆砌排水沟*，盲沟，跌水，急流槽*，水簸箕，捧水泵站等
	小桥及符合小桥标准的通道*，人行天桥，渡槽（每座）	基础及下部构造*，上部构造预制、安装或浇筑*，桥面*，栏杆，人行道等
	涵洞、通道（1～3km 路段）	基础及下部构造*，主要构件预制、安装或浇筑*，填土，总体等
	砌筑防护工程（1～3km 路段）	挡土墙*，墙背填土，抗滑桩*，锚喷防护*，锥、护坡，导流工程，石笼防护等
	大型挡土墙*，组合式挡土墙*（每处）	基础*，墙身*，墙背填土，构件预制*，构件安装*，筋带，锚杆、拉杆，总体*等
路面工程（每 10km 或每标段）	路面工程（1～3km 路段）*	底基层，基层*，面层*，垫层，联结层，路缘石，人行道，路肩，路面边缘排水系统等
桥梁工程[③]（特大、大中桥）	基础及下部构造*（每桥或每墩、台）	扩大基础，桩基*，地下连续墙*，承台，沉井*，桩的制作*，钢筋加工安装及安装，墩台身（砌体）浇筑*，墩台身安装，墩台帽*，组合桥台*，台背填土，支座垫石和挡块等
	上部构造预制和安装*	主要构件预制*，其他构件预制，钢筋加工及安装，预应力筋的加工和张拉*，梁板安装，悬臂拼装*，顶推施工梁*，拱圈节段预制，拱的安装，转体施工拱*，劲性骨架拱肋安装*，钢管拱肋制作*，钢管拱肋安装*，吊杆制作和安装*，钢梁制作*，钢梁安装，钢梁防护*等
	上部构造现场浇筑*	钢筋加工及安装，预应力筋的加工和张拉*，主要构件浇筑*，其他构件浇筑，悬臂浇筑*，劲性骨架混凝土*，钢管混凝土拱*等
	总体、桥面系和附属工程	桥梁总体*，桥面防水层施工，桥面铺装*，钢桥面铺装*，支座安装，搭板，伸缩缝安装，大型伸缩缝安装*，栏杆安装，混凝土护栏，人行道铺设，灯柱安装等
	防护工程	护坡，护岸*，导流工程*，石笼防护，砌石工程等
	引道工程	路基*，路面*，挡土墙*，小桥*，涵洞*，护栏等
互通立交工程	桥梁工程*（每座）	桥梁总体，基础及下部构造*，上部构造预制、安装或浇筑*，支座安装，支座垫石，桥面铺装*，护栏，人行道等
	主线路基路面工程*（1～3km 路段）	见路基、路面等分项工程
	匝道工程（每条）	路基*，路面*，通道*，护坡，挡土墙*，护栏等
隧道工程	总体	隧道总体*等
	明洞	明洞浇筑，明洞防水层，明洞回填*，等
	洞口工程	洞口开挖，洞口边仰坡防护，洞门和翼墙的浇（砌）筑，截水沟、洞口排水沟等
	洞身开挖	洞身开挖*，（分段）等
	洞身衬砌	（钢纤维）喷射混凝土支护，锚杆支护，钢筋网支护，仰拱，混凝土衬砌*，钢支撑，衬砌钢筋等
	防排水	防水层，止水带、捧水沟等
	隧道路面	基层*，面层*等
	装饰	装饰工程
	辅助施工措施	超前锚杆，超前钢管等

续表

单位工程	分部工程	分项工程
环保工程	声屏障（每处）	声屏障
	绿化工程（1～3km 路段或每处）	中央分隔带绿化，路侧绿化，互通立交绿化，服务区绿化，取弃土场绿化等
	标志*（5～10km 路段）	标志*
交通安全设施（每 20km 或每路段）标段	标线、突起路标（5～10km 路段）	标线*，突起路标等
	护栏*、轮廓标（5～10km	波形梁护栏*，缆索护栏*，混凝土护栏*，轮廓标等
	防眩设施（5～10km 路段）	防眩板、网等
	隔离栅、防落网（5～10km 路段）	隔离栅、防落网等
机电工程	监控设施	车辆检测器，气象检测器，闭路电视监视系统，可变标志，光电缆线路，监控（分）中心设备安装及软件调测，大屏幕投影系统，地图板，计算机监控软件与网络等
	通信设施	通信管道与光电缆线路，光纤数字传输系统，数字程控交换系统，紧急电话系统，无线移动通信系统，通信电源等
	收费设施	入口车道设备，出口车道设备，收费站设备及软件，收费中心设备及软件，IC 卡及发卡编码系统，闭路电视监视系统，内部有线对讲及紧急报警系统，收费站内光，电缆及塑料管道，收费系统计算机网络等
	低压配电设施	中心（站）内低压配电设备，外场设备电力电缆线路等
	照明设施	照明设施
	隧道机电设施	车辆检测器，气象检测器，闭路电视监视系统，紧急电话系统，环境检测设备，报警与诱导设施，可变标志，通风设施，照明设施，消防设施，本地控制器，隧道监控中心计算机控制系统，隧道监控中心计算机网络，低压供配电等
房屋建筑工程	（按其专业工程质量检验评定标准评定）	

① 表内标注*号者为主要工程，评分时给以 2 的权值；不带*号者为一般工程，权值为 1。

② 按路段长度划分的分部工程，高速公路、一级公路宜取低值，二级及二级以下公路可取高值。

③ 斜拉桥和悬索桥可参照《公路工程质量检验评定标准》（JTG F80/1—2004）附表 A-2 进行划分。

（1）单位工程

在建设项目中，根据业主下达的任务和签订的合同，具有独立施工条件，可以单独作为成本计算的对象称为单位工程。

（2）分部工程

在单位工程中，应按结构部位、路段长度及施工特点或施工任务划分为若干个分部工程。

（3）分项工程

在分部工程中，应按不同的施工方法、材料、工序及路段长度等划分为若干个分项工程。

2. 工程质量检验评定

在工程项目的基础上，进行质量检验评分。工程质量检验评分以分项工程为单元，采用 100 分制进行。在分项工程评分的基础上，逐级计算各相应分部工程、单位工程、合同段和建设项目评分值。

3．工程质量等级评定

在工程质量检验评分的基础上，进行工程质量等级评定。工程质量等级评定分为合格与不合格，应按分项工程、分部工程、单位工程、合同段和建设项目逐级评定。

此外，施工单位应对各分项工程按《公路工程质量检验评定标准》（JTG F80/1—2004）所列基本要求、实测项目和外观鉴定进行自检，按附录J中“分项工程质量检验评定表”及相关施工技术规范提交真实、完整的自检资料，对工程质量进行自我评定。工程监理单位应按规定要求对工程质量进行独立抽检，对施工单位检评资料进行签认，对工程质量进行评定。建设单位根据对工程质量的检查及平时掌握的情况，对工程监理单位所做的工程质量评分及等级进行审定。质量监督部门、质量检测机构可依据《公路工程质量检验评定标准》对公路工程质量进行检测评定。

三、工程质量评分

工程质量评分以分项工程为单元，采用100分制进行，在分项工程评分的基础上，按照《公路工程质量检验评定标准》（JTG F80/1—2004）（以下简称《检评标准》）中的方法逐级计算各相应分部工程、单位工程、合同段和建设项目评分值。

1．分项工程评分方法

分项工程质量检验内容包括基本要求、实测项目、外观鉴定和质量保证资料四个部分。只有在其使用的原材料、半成品、成品及施工工艺符合基本要求的规定，且无严重外观缺陷和质量保证资料真实并基本齐全时，才能对分项工程质量进行检验评定。

基本要求具有质量否决权，经检查基本要求不符合规定时，不得进行工程质量的检验和评定。

涉及结构安全和使用功能的重要实测项目为关键项目（在文中以“△”标识），其合格率不得低于 90%（属于工厂加工制造的交通工程安全设施及桥梁金属构件不低于95%，机电工程为100%），且检测值不得超过规定极值，否则必须进行返工处理。

实测项目的规定极值是指任一单个检测值都不能突破的极限值，不符合要求时该实测项目为不合格。

分项工程值取决于实测项目得分值，实测项目得分值的确定主要有两种：合格率评分法和数理统计评分法，具体见实测项目计分部分。

采用《检评标准》中附录B至附录I所列方法进行评定的关键项目，不符合要求时则该分项工程评为不合格。

分项工程的评分值满分为100分，按实测项目采用加权平均法计算。存在外观缺陷或资料不全时，须予减分。

$$分项工程得分=\frac{\sum[检查项目得分\times权值]}{\sum检查项目权值}$$

$$分项工程评分值=分项工程得分-外观缺陷减分-资料不全减分$$

（1）基本要求检查

分项工程所列基本要求，对施工质量优劣具有关键作用，应按基本要求对工程进行认真检查。经检查不符合基本要求规定时，不得进行工程质量的检验和评定。

（2）实测项目计分

对规定检查项目采用现场抽样方法，按照规定频率和下列计分方法对分项工程的施工质量直接进行检测计分。

检查项目除按数理统计方法评定的项目以外，均应按单点（组）测定值是否符合标准要求进行评定，并按合格率计分。

$$\text{检查项目合格率}(\%)=\frac{\text{检查合格的点(组)数}}{\text{该检查项目的全问检查(组)数}}$$

$$\text{检查项目得分}=\text{检查项目合格率}\times 100\%$$

（3）外观缺陷减分

对工程外表状况应逐项进行全面检查，如发现外观缺陷，应进行减分。对于较严重的外观缺陷，施工单位须采取措施进行整修处理。

（4）资料不全减分

分项工程的施工资料和图表残缺，缺乏最基本的数据，或有伪造涂改者，不予检验和评定。资料不全者应予减分，减分幅度可按《检评标准》3.2.4 条所列各款逐款检查，视资料不全情况，每款减 1～3 分。

2. 分部工程和单位工程质量评分

《检评标准》附录 A 所列分项工程和分部工程区分为一般工程和主要（主体）工程，分别给以 1 和 2 的权值。进行分部工程和单位工程评分时，采用加权平均值计算法确定相应的评分值。

$$\text{分部(单位)工程评分值}=\frac{\sum\left[\text{分项(分部)工程评分值}\times\text{相应权值}\right]}{\sum\text{分项(分部)工程权值}}$$

3. 建设项目工程质量评分方法

合同段和工程项目质量评分值按《公路工程竣（交）工验收办法》计算。

$$\text{合同段工程质量得分}=\frac{\sum\left[\text{单位工程得分}\times\text{单位工程投资额}\right]}{\sum\text{单位工程投资额}}$$

$$\text{合同段工程质量鉴定得分}=\text{合同段工程质量得分}-\text{内业扣分}$$

$$\text{建设项目工程质量评分值}=\frac{\sum\left[\text{合同段工程质量得分}\times\text{合同段工程投资额}\right]}{\sum\text{合同段工程投资额}}$$

4. 施工单位应提交的质量保证资料

施工单位应有完整的施工原始记录、试验数据、分项工程自查数据等质量保证资料，并进行整理分析，负责提交齐全、真实和系统的施工资料和图表。工程监理单位负责提交齐全、真实和系统的监理资料。质量保证资料应包括以下六个方面：

1）所用原材料、半成品和成品质量检验结果。

2）材料配比、拌和加工控制检验和试验数据。

3）地基处理、隐蔽工程施工记录和大桥、隧道施工监控资料。

4）各项质量控制指标的试验记录和质量检验汇总图表。

5）施工过程中遇到的非正常情况记录及其对工程质量影响分析。

6）施工过程中如发生质量事故，经处理补救后，达到设计要求的认可证明文件等。

四、工程质量等级评定

1. 分项工程质量等级评定

分项工程评分值不小于75分者为合格，小于75分者为不合格，机电工程、属于工厂加工制造的桥梁金属构件不小于90分者为合格，小于90分者为不合格。

评定为不合格的分项工程，经加固、补强或返工、调测，满足设计要求后，可以重新评定其质量等级，但计算分部工程评分值时按其复评分值的90%计算。

2. 分部工程质量等级评定

所属各分项工程全部合格，则该分部工程评为合格；所属任一分项工程不合格，则该分部工程为不合格。

3. 单位工程质量等级评定

所属各分部工程全部合格，则该单位工程评为合格；所属任一分部工程不合格，则该单位工程为不合格。

4. 合同段和建设项目质量等级评定

合同段和建设项目所含单位工程全部合格，其工程质量等级为合格，如所属任一单位工程不合格，则合同段和建设项目的工程质量评为不合格。

公路工程质量检验项目参见《公路工程质量检验评定标准》（JTG F80/1—2004）的规定。

课后小结

工程质量的评价是以试验检测数据为依据的。试验检测采集得到的原始数据类多、量大，有时还有错误，因此，必须对原始数据进行分析处理才能得到可靠的试验检测结果。本章以概率论与数理统计为基础，介绍试验检测抽样检验，试验检测数据的修约规则，试验检测数据的统计特征与分布等。学会运用试验检测数据的统计特征对公路工程质量进行评价，试验检测数据的处理方法和质量检验评定标准等。

思考与练习

一、选择题

1．含有（　　）误差的测量数据是不能采用的。

A．系统　　B．随机　　C．过失　　D．偶然

2．将 15.45 修约成三位有效数字，其修约值为（　　）。

A．16.0　　B．15.4　　C．15.0　　D．15.5

3．0.23 和 23.0 两个数的有效数字分别为（　　）个。

A．2，2　　B．3，3　　C．3，2　　D．2，3

4．可疑数据的取舍方法的基本思想是（　　），即认为有限次重复试验条件下，几乎是不可能的，如果试验中出现，就说明该检测数据不可靠，应该舍弃。

A．小概率事件　　B．大概率事件　　C．小数据　　D．大数据

5．（　　）可能引起系统误差。

A．判断误差　　B．环境变化　　C．干扰　　D．仪器校准误差

6．大型挡土墙工程应按（　　）进行质量检验与评定。

A．分项工程　　B．分部工程　　C．单位工程　　D．单项工程

7．根据“评定标准”规定，某一级公路土基压实度标准为 95%，当某测点的压实度为 92.5%时，评定结果为（　　）。

A．优良　　B．合格

C．不合格并扣分　　D．不合格并返工

8．水泥混凝土面层应按（　　）进行质量评定。

A．分项工程　　B．分部工程　　C．单位工程　　D．单项工程

9．沥青面层应按（　　）进行质量评定。

A．分项工程　　B．分部工程　　C．单项工程　　D．单位工程

10．公路工程质量检验评定的依据为（　　）。

A．设计规范　　B．施工规范

C．质量检验评定标准　　D．试验规程

11．不属于表示数据离散程度的统计特征量是（　　）。

A．标准偏差　　B．变异系数　　C．中位数　　D．极差

12．根据现行《公路工程质量检验评定标准》（JTG F80/1—2004）的划分，（　　）为分部工程。

A．软土地基　　B．小桥　　C．基层　　D．大型挡土墙

13．工程质量等级评定工作包括：①单位工程质量等级评定；②合同段和建设项目质量等级评定；③分项工程质量等级评定；④分部工程质量等级评定；正确顺序为（　　）。

A. ③④①②　　B. ④③①②　　C. ①③④②　　D. ③④②①

14. 工程质量评定等级分为（　　）。

A. 优良　　B. 中等　　C. 合格　　D. 不合格

15. 某分部工程的加权平均分为 90 分，那么该分部工程质量等级为（　　）。

A. 优良　　B. 合格　　C. 不合格　　D. 无法确定

16. 根据“评定标准”规定，某一级公路土基压实度标准为 95%，当某测点的压实度为 92.5%时，评定结果为（　　）。

A. 优良　　B. 合格

C. 不合格并扣分　　D. 不合格并返工

17. 用 n 表示检测次数，S 表示标准偏差、$\bar{x}$ 表示平均值，则变异系数 C_V 为（　　）。

A. $\frac{S}{n}$　　B. $\frac{n}{S}$　　C. $\frac{S}{\bar{x}}$　　D. $\frac{\bar{x}}{S}$

18. 属于数理统计方法评定计分的检查项目有（　　）。

A. 压实度　　B. 弯沉　　C. 平整度　　D. 结构层厚度

19. 路基单位工程包含（　　）等分部工程。

A. 路基土石方工程　　B. 小桥工程

C. 大型挡土墙　　D. 砌筑工程

20. 在路面分部工程中，属于主要分项工程的有（　　）等。

A. 面层　　B. 基层　　C. 底基层　　D. 垫层

21. 二灰砂砾基层应按（　　）进行质量评定。

A. 单位工程　　B. 单项工程　　C. 分部工程　　D. 分项工程

22. 建设项目工程质量等级评定，采用（　　）指标。

A. 单位工程合格率　　B. 单位工程合格率和建设项目质量评分值

C. 单位工程优良率　　D. 单位工程优良率和建设项目质量评分值

23. 不属于表示数据离散程度的统计特征量是（　　）。

A. 标准偏差　　B. 变异系数　　C. 中位数　　D. 极差

24. 工程质量评定按（　　）顺序逐级进行。

A. 分项工程、分部工程、单位工程　B. 分部工程、分项工程、单位工程

C. 单位工程、分部工程、分项工程　D. 单位工程、分项工程、分部工程

二、填空题

1. 修约间隔为 0.1，3.051 的修约值是_______；修约间隔为 0.2，0.53 的修约值是_______。

2. 检验方法的精确性是通过其_______和_______来测量。

3. 质量数据的统计特征量分为_______类：表示统计数据的差异性主要有：_______、____________和_______等。

4. 分项工程质量检验内容包括基本要求、_______、________和_______等四个部分。

5. 分项工程实测项目评分值之和为 100 分，对于______、______和______________

须予扣分。

6. 工程质量评定等级分为_______和_______，应按_______、_______、_______逐级评定。

7. 公路工程质量检验评分的评定单元为_______。

三、判断题（对者打“√”，错者打“×”）

1. 工程建设项目的质量等级是根据单位工程的优良率评定的。（　　）

2. 标准偏差是反映样本数据的绝对波动状况，而变异系数是反映样本数据的相对波动状况。（　　）

3. 工地试验时，所取试样质量越大越好，否则试样就不具有代表性。（　　）

4. 系统抽样、分层抽样属于非随机抽样方法。（　　）

5. 全数检验是抽样检验的极限，但只适用于有限总体和非破坏性试验。（　　）

6. 极差和标准偏差均表示数据的离散程度，但极差比标准偏差利用的数据信息少。（　　）

7. 小桥、涵洞工程属于路基单位工程中的主要分部工程。（　　）

8. 不合格的分项工程，经加固、补强、返工或整修后，当重新评定的评分值大于85分时，该分项工程可评为优良工程。（　　）

9. 现行《公路工程质量检验评定标准》（JTG F80/1—2004）规定，路肩工程应按路基工程的分项工程进行检查评定。（　　）

10. 每个合同段内的交通标志工程，应作为一个分部工程。（　　）

11. 质量检验评定中的实测项目是指涉及结构安全和使用功能的重要检测项目。（　　）

12. 工程质量评定中，工程监理单位应按规定要求对工程质量进行独立抽检。（　　）

13. 分项工程质量评定时，经检查不符合某些基本要求时，应给予扣分。（　　）

四、计算题

1. 弯沉检测时，某测点的百分表初读数为62.5（0.01 mm），终读数为29.0（0.01 mm），请问读数的有效数字有几个？该测点弯沉值又有几个有效数字？

2. 某路段垫层施工质量检查中，用标准轴载测得15个点的弯沉值分别为100、101、100、106、98、96、95、102、110、95、98、93、96、103、104（0.01mm），试计算该结构层弯沉值的算术平均值、中位数、极差、标准偏差和变异系数。

3. 某路段沥青混凝土面层抗滑性能检测，摩擦系数的检测值（共10个测点）分别多57、56、60、53、48、54、50、62、57、58（摆值）。求摩擦系数的算术平均值、中位数、极差、标准偏差、变异系数。

4. 某路段二灰碎石基层无侧限抗压强度试验结果（单位：MPa）为：0.792、0. 306、0.968、0.804、0.447、0.894、0.702、0.424、0.498、1.075、0.815，请分别用拉依达法、肖维纳特法和格拉布斯法对上述数据进行取舍判别。

5．某二级公路仅有路基、路面两个单位工程，经检验评定土方路基工程得分 91 分，路面工程得分 89 分，涵洞工程得 85 分，浆砌排水沟工程得 79 分，请评定此二级公路各分部工程和单位工程的质量等级。

6．某防护工程中护坡、护岸、导流工程、石笼防护、砌石工程的得分别为 92、83、90、95、98。试评定该防护工程的质量等级。

五、简答题

1．随机抽样方法有哪几种 ？

2．数据的统计特征有哪些？并用公式表达。

3．误差按其性质分为哪几类？

4．叙述数据的处理中后面是 5 的几种情况修约。

5．公路工程质量检验中如何区别单位工程、分部工程和分项工程？

6．分项工程质量检验内容包括什么？工程质量等级分为哪几种？应按什么进行逐级评定？

7．工程质量评定时，主要应填写哪些表格？

8．土方路基属于主要工程还是一般工程？权值为多少？进行外观鉴定时，在什么情况下应扣分？扣分多少？

9．简述工程质量评分方法及等级评定办法。

10．如何进行分项工程质量评分？

11．水稳碎石基层实测项目有哪几项？

12．沥青混凝土面层实测项目有哪项？

六、名词解释

1．有效数字、有效位数

2．总体、样本

3．检验、抽样检验

4．误差、绝对误差和相对误差

第三章

路基路面强度指标检测

学习目标　1. 知识目标

(1) 了解弯沉与弯沉值、回弹模量、CBR 值基本概念。

(2) 熟悉路基路面弯沉值的测试方法及适用范围。

(3) 熟悉贝克曼梁法的基本原理、计算公式及测定指标。

(4) 掌握贝壳曼梁法测定路基路面回弹弯沉的测试步骤。

(5) 掌握自动弯沉仪法测定弯沉的基本原理、适用范围和评定方法。

(6) 掌握路基路面施工或验收时回弹模量（承载板法）检测步骤。

(7) 掌握自动弯沉仪法测定弯沉的方法和步骤。

(8) 掌握落锤式弯沉仪法测定弯沉的方法与步骤。

(9) 掌握承载板法测量土基回弹模量的试验步骤和回弹模量的计算方法。

(10) 掌握 CBR 试验步骤。

2. 能力目标

(1) 能运用贝克曼梁法进行路基路面回弹弯沉测试。

(2) 会对回弹弯沉值进行修正。

(3) 会进行回弹弯沉评定。

(4) 能运用承载板、贝克曼梁、动力锥贯入仪测定路基路面回弹模量。

(5) 能进行 CBR 试验和土基现场 CBR 测试。

(6) 能进行承载板法测量土基回弹模量的试验。

课时建议　8 课时

学习引导　路基路面承载能力检测是工程现场经常要做的一个检测项目，是反映路基路面整体抗压强度的一个综合指标，国内外普遍采用回弹弯沉值来表示路基路面的承载能力。

目前，测量路基弯沉值的方法有多种，使用的仪器也多种多样，其中，贝克曼梁法比较成熟，本节首先采用此法进行弯沉值测试。

引例导入　××地区在建一级公路，面层为沥青混凝土，路基填土高度 0.5m，路基土为粉质中液限黏土，底基层为碎石土，基层为水泥稳定碎石。现在路基已经完成顶层填土，填土碾压完毕后，需要检测路基的弯沉值，以评价该段路基的承载能力。

第一节　路基路面回弹弯沉检测及评定

一、弯沉的基本概念

由于目前工程上广泛采用回弹弯沉值来表示路基路面的承载能力，回弹弯沉值越大，承载能力越小，反之越大。通常所说的回弹弯沉值是指标准后轴双轮组轮隙中心处的最大回弹弯沉值。在路表测试的回弹弯沉值可以反映路基、路面的综合承载能力。

1. 弯沉

弯沉是指在规定的标准轴载作用下，路基或路面表面轮隙位置产生的总垂直变形（总弯沉）或垂直回弹变形值（回弹弯沉），以 0.01mm 为单位。

2. 设计弯沉值

根据设计年限内一个车道上预测通过的累计当量轴次、公路等级、面层和基层类型而确定的路面弯沉设计值。

3. 竣工验收弯沉值

竣工验收弯沉值是检验路面是否达到设计要求的指标之一。当路面厚度计算以设计弯沉值为控制指标时，则验收弯沉值应小于或等于设计弯沉值；当厚度计算以层底拉应力为控制指标时，应根据拉应力计算所得的结构厚度，重新计算路面弯沉值，该弯沉值即为竣工验收弯沉值。

弯沉值的测试方法较多，目前用得最多的是贝克曼梁法，在我国已有成熟的经验，但由于受测试速度等因素的限制，各国都对快速连续或动态测定进行了研究，现在我国逐渐引进的有法国克鲁瓦式自动弯沉仪，丹麦等国家发明并几经改进形成的落锤式弯沉仪，美国的振动弯沉仪等。现将常用的几种方法各自的特点作简单的比较（表 3-1），采用贝克曼梁或自动弯沉仪测量弯沉值，每一双车道评定路段（不超过 1km）检查 80～100 个点，多车道公路必须按车道数与双车道之比，相应增加测点。

表 3-1　弯沉值的测试方法

方法	特点
贝克曼梁法	传统方法，速度慢，静态测试，比较成熟，目前属于标准方法
自动弯沉仪法	利用贝克曼梁原理快速连续，属于静态测试范畴，但测定的是总弯沉，因此使用时应用贝克曼梁进行标定换算
落锤式弯沉仪法	利用重锤自由落下的瞬间产生的冲击荷载测定弯沉，并能反算路面的回弹模量，快速连续，使用时应用贝克曼梁法进行标定换算

二、贝克曼梁测定路基路面回弹弯沉

本方法利用杠杆原理制成杠杆式弯沉仪测定轮隙弯沉，适用于测定各类路基路面的回弹弯沉，用以评定其整体承载能力，供路面结构设计使用。沥青路面的弯沉以沥青面层平均温度 20℃时为准，当路面平均温度在 20℃±2℃以内可不修正，在其他温度测试时，对厚度大于 5cm 的沥青路面，弯沉值应予温度修正。

1．检测器具与材料

（1）标准车

双轴、后轴双侧 4 轮的载重车，其标准轴荷载、轮胎尺寸、轮胎间隙及轮胎气压等主要参数应符合表 3-2 的要求。测试车可根据需要按公路等级选择，高速公路、一级及二级公路应采用后轴 100t 的 BZZ－100 标准车［图 3-1（a）］；其他等级公路可采用后轴 60kN 的 BZZ－60 标准车。

表 3-2　测定弯沉用得标准车参数

标准轴载等级	BZZ－100	BZZ－60
后轴标准轴载 P（kN）	100±1	60±1
一侧双轮荷载（kN）	50±0.5	30±0.5
轮胎充气压力（MPa）	0.70±0.05	0.50±0.05
单轮传压面当量圆直径（cm）	21.30±0.5	19.50±0.5
轮隙宽度	应满足能自由插入弯沉仪测头得测试要求	

（a）标准车　　（b）测点标记

图 3-1　标准车及检测方法

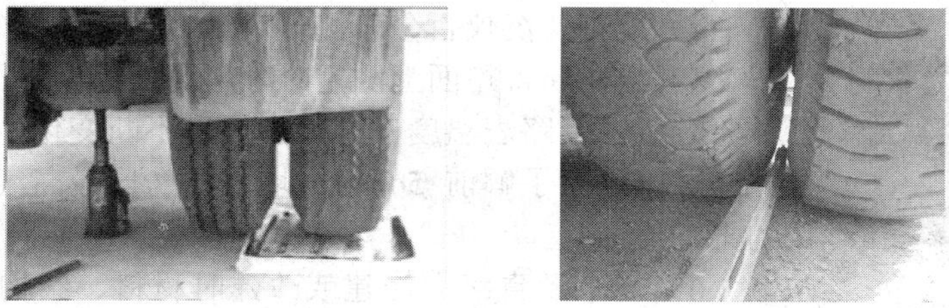

（c）测定轮胎接地面积　　（d）弯沉仪插入汽车后轮之间的缝隙处

图 3-1　标准车及检测方法（续）

（2）路面弯沉仪

由贝克曼梁、百分表及表架等组成，如图 3-2 所示。贝克曼梁由合金铝制成，上有水准泡，其前臂（接触路面）与后臂（装百分表）长度比为 2∶1。弯沉仪长度有两种：一种长 3.6m，前后臂分别为 2.4m 和 1.2m；另一种加长的弯沉仪长 5.4m，前后臂分别为 3.6m 和 1.8m。当在半刚性基层沥青路面或水泥混凝土路面上测定时，宜采用长度为 5.4m 的贝克曼梁弯沉仪，并采用 BZZ－100 标准车。弯沉采用百分表量得，也可用自动记录装置进行测量。

（3）接触式路表温度计

端部为平头，分度不大于 1℃。

（4）其他

皮尺、口哨、白油漆或粉笔、指挥旗等。

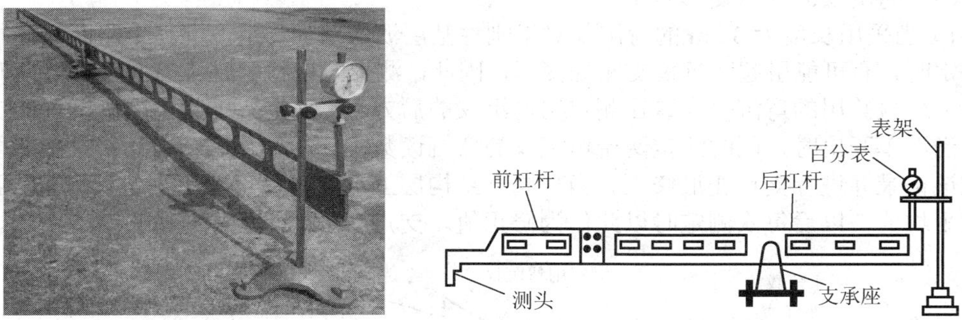

（a）路面弯沉仪实物照片　　（b）路面弯沉仪的构造图

图 3-2　路面弯沉仪

2. 检测方法

（1）准备工作

1）检查并保持测定用标准车况及刹车性能良好，轮胎内胎符合规定充气压力。

2）向汽车车槽中装载（铁块或集料），并用地磅秤量后轴总质量，符合要求地轴重规定。汽车行驶及测定过程中，轴载不得变化。

3）测定轮胎接地面积［图 3-1（c）］：在平整光滑地硬质路面上用千斤顶将汽车后轴顶起，在轮胎下方铺一张新的复写纸，轻轻落下千斤顶，即在方格纸印上轮胎印痕，用求积仪或数方格的方法测算轮胎接地面积，准确至 0.1cm^2。

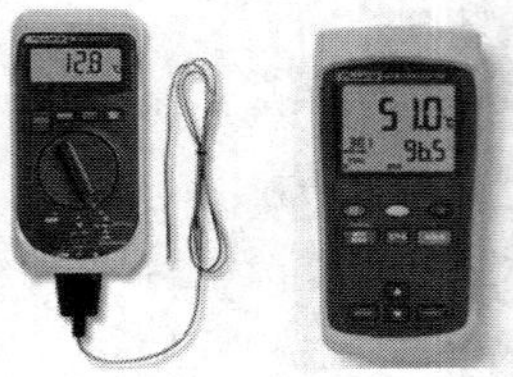

图 3-3　路表温度计

4）检查弯沉仪百分表测量灵敏情况。

5）当在沥青路面上测定时，用路表温度计（图 3-3）测定试验时气温及路表温度（一天中气温不断变化，应随时测定），并通过气象台了解前 5d 的平均气温（日最高气温与最低气温的平均值）。

6）记录沥青路面修建或改建时材料、结构、厚度、施工及养护等情况。

（2）测试步骤

1）在测试路段布置测点，其距离随测试需要而定。测点应在路面行车车道的轮迹带上，并用白油漆或粉笔画上标记。

2）将试验车后轮轮隙对准测点后 3～5cm 处的位置上。

3）将弯沉仪插入汽车后轮之间缝隙处［图 3-1（d）］，与汽车方向一致，梁臂不得碰到轮胎，弯沉仪测头置于测点上（轮迹中心前方 3～5cm 处），并安装百分表于弯沉仪的测定杆上。百分表调零，用手指轻轻叩打弯沉仪，检查百分表是否稳定回零。

弯沉仪可以是单侧测定，也可以是双侧同时测定。

4）测定者吹哨发令指挥汽车缓慢前进，百分表随路面变形的增加而持续向前移动。当表针转动到最大值时，迅速读取初读数 L_1。汽车仍在继续前进，表针反向回转，待汽车驶出弯沉影响半径（约 3cm 以上）后，吹口哨或挥动指挥红旗，汽车停止。待表针回转稳定后，再次读取终读数 L_2。汽车前进的速度宜为 5km/h 左右。

（3）弯沉仪的支点变形修正

1）当采用长度为 3.6m 的弯沉仪对半刚性基层沥青路面、水泥混凝土路面等进行弯沉测定时，有可能引起弯沉仪支座处变形，因此，测定时应检验支点有无变形，此时应用另一台检验用的弯沉仪安装在测定用弯沉仪的后方，其测定架于测定用弯沉仪的支点旁。当汽车开出时，同时测定两台弯沉仪的弯沉读数，如检验用弯沉仪百分表有读数，即应该记录并进行支点变形修正。当在同一结构层上测定时，可在不同位置测定 5 次，求取平均值，以后每次测定时以此作为修正值。支点变形修正的原理如图 3-4 所示。

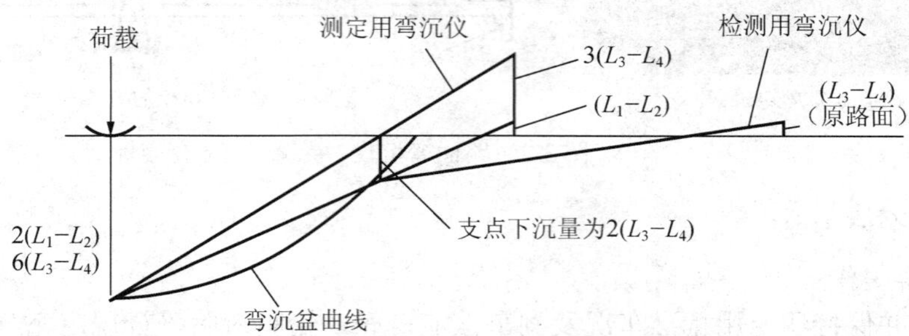

图 3-4　支点变形修正的原理图

2）当采用长度为 5.4m 的弯沉仪测定时，可不进行支点变形修正。

3. 结果计算及温度修正

1）路面测点的回弹弯沉值依下式计算：

$$L_t = (L_1 - L_2) \times 2 \tag{3-1}$$

式中：L_t——在路面温度 t 时的回弹弯沉值，0.01mm；

L_1——车轮胎中心临近弯沉仪测头时百分表的最大读数，0.01mm；

L_2——汽车驶出弯沉影响半径后百分表的终读数，0.01mm。

2）当需要进行弯沉仪支点变形修正时，路面测点的回弹弯沉值按式（3-2）计算（适用于测定弯沉仪支座处有变形，但百分表架处路面已无变形的情况）：

$$L_t = (L_1 - L_2) \times 2 + (L_3 - L_4) \times 6 \tag{3-2}$$

式中：L_t——在路面温度 t 时的回弹弯沉值，0.01mm；

L_1——车轮胎中心临近弯沉仪测头时百分表的最大读数，0.01mm；

L_2——汽车驶出弯沉影响半径后百分表的终读数，0.01mm；

L_3——车轮中心临近弯沉仪测头时检测用弯沉仪的最大读数，0.01mm；

L_4——汽车驶出弯沉影响半径后检验用弯沉仪的最终读数，0.01mm。

3）沥青面层厚度大于 5cm 的沥青路面，回弹弯沉值应进行温度修正，当沥青层厚度小于或等于 50mm 时，或路表温度在（20±2）℃范围内，可不进行温度修正。温度修正及回弹弯沉的计算宜按下列步骤进行：

① 测定时的沥青层平均温度按下式计算：

$$T = \frac{T_{25} + T_m + T_e}{3} \tag{3-3}$$

式中：T——测定时沥青层平均温度（℃）；

T_{25}——根据 T_0 由图 3-5 决定的路表下 25mm 处的温度（℃）；

T_m——根据 T_0 由图 3-5 决定的沥青中间深度的温度（℃）；

T_e——根据 T_0 由图 3-5 决定的沥青层底面处的温度（℃）。

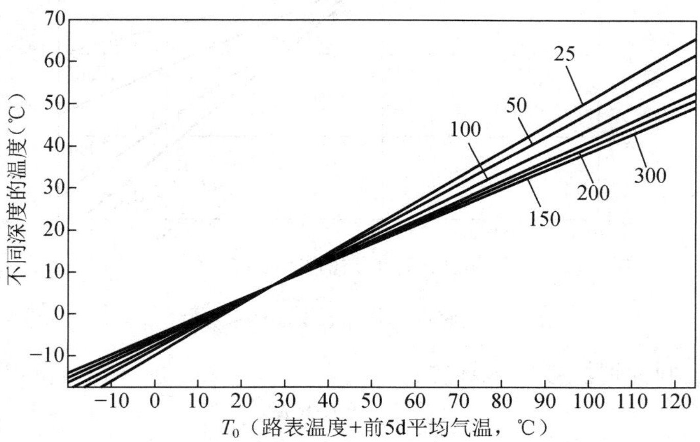

图 3-5　沥青层平均温度的决定

注：线上的数字为纵路表下的不同深度（mm）

图 3-5 中 T_0 为测定时路表温度与测定前 5d 日平均气温的平均值之和（℃），日平均气温为日最高气温与最低气温的平均值。

② 采用不同基层的沥青路面弯沉值的温度修正系 K，根据沥青层平均温度 t 及沥青层厚度，分别由图 3-6（适用于粒料基层及沥青稳定基层）和图 3-7（适用于无机结合料稳定的半刚性基层）求取。

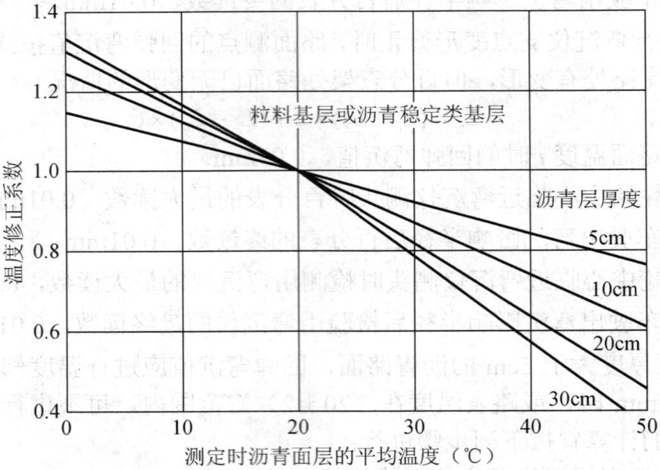

图 3-6　路面弯沉温度修正系数曲线

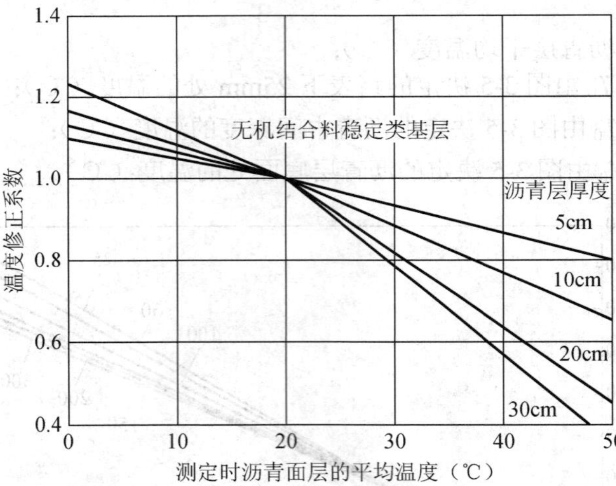

图 3-7　路面弯沉温度修正系数曲线

③ 沥青路面回弹弯沉按下式计算：

$$L_{20} = L_t \times K \tag{3-4}$$

式中：K——温度修正系数；

L_{20}——换算为 20℃的沥青路面回弹弯沉值，0.01mm；

L_t——测时定沥青面层内平均温度为 t 时的回弹弯沉值，0.01mm。

4）结果评定：

① 按下式计算每一个评定路段的代表弯沉：

$$L_r = \overline{L} \cdot Z_\alpha \cdot S \tag{3-5}$$

式中：L_r——一个评定路段的代表弯沉，0.01mm；

$\overline{L}$——一个评定路段内经各项修正后的各测点弯沉的平均值，0.01mm；

S——一个评定路段内经各项修正后全部测点弯沉的标准差，0.01mm；

Z_α——与保证率有关的系数。高速、一级公路，对于基层采用孔 Z_α =2.0；对于沥青混凝土面层采用 Z_α =1.645；二、三级公路对于路基采用 Z_α = 1.645；对于沥青混凝土面层采用孔 Z_α =1.50。

当路基和柔性基层、底基层的弯沉代表值不符合要求时，可将超出 $\overline{L}$ ±（2～3）S 的弯沉特异值舍弃，重新计算平均值和标准差。对舍弃的弯沉值大于 $\overline{L}$ +（2～3）S 的点，应找出其周围界限，进行局部处理。

② 弯沉代表值大于设计要求的弯沉值时相应分项工程为不合格。

若在非不利季节测定时，应考虑季节影响系数；若用两台弯沉仪同时进行左右轮弯沉值测定时，应按两个独立测点计，不能采用左右两点的平均值。

4．检测报告

报告应包括下列内容：每一个评定路段的各测点弯沉的平均值、标准差及代表弯沉，记录格式如表 3-3 所示。

表 3-3　回弹弯沉试验记录

试验者：　　　　记录者：　　　　校核者：　　　　检验日期：

承包单位				合同号			
监理单位				编号			
路面层次		测试时间			试验车型		
容许弯沉值（0.01mm）		天气温度			后轴重		
仪器型号		检验车道			后胎气压		
检验路段					路况描述		
测点桩号	读数值（0.01mm）				回弹弯沉值（0.01mm）		备注
	左轮		右轮		左轮	右轮	
	初读数	末读数	初读数	末读数			
总测点数 n（点）		平均弯沉值 L（0.01mm）					
标准差 S（0.01mm）		代表弯沉值 L_r（0.01mm）					

【例 3-1】 某新建高速公路竣工后，在不利季节测得某段路基的弯沉值见表 3-4，路面设计弯沉值为 40（0.01mm），试判断该路段的弯沉值是否符合要求？保证率系数 $Z_\alpha = 2.0$。

表 3-4 路基弯沉值

序号	1	2	3	4	5	6	7	8	9	10	11
L_i	30	29	31	28	27	26	33	32	30	30	31
序号	12	13	14	15	16	17	18	19	20	21	22
L_i	29	27	26	32	31	33	31	30	29	28	28

解：经计算：

$$\overline{L} = 29.6\text{（0.01mm）}，S=2.09\text{（0.01mm）}$$

代表弯沉值为弯沉检测值的上波动界限，即

$$L_r = \overline{L} + Z_\alpha \cdot S = 29.6 + 2 \times 2.09 = 33.80\text{（0.01mm）}$$

因为代表弯沉值 $L_r < L_d = 40.00$（0.011mm），所以该路段的弯沉值是满足要求的。

三、自动弯沉仪测定路面弯沉

利用贝克曼梁测定路面回弹弯沉值操作简便，应用广泛，我国路面设计及检测的标准方法和基本参数都是建立在这种试验方法基础之上的，但是，这种试验方法整个测试过程全是人工操作，测试结果受人为因素的影响较大，而且测速慢。自动弯沉仪是测定路面弯沉值的高效自动化设备，可对路面进行高密集点的强度测量，适用于路面施工质量控制、验收及路面养护管理。

1. 自动弯沉仪测定路面弯沉试验目的

1）采用自动弯沉仪在标准条件下每隔一定距离连续测试路面的总弯沉，及测定路段的总弯沉值的平均值。

2）用于尚无坑洞等严重破坏的道路验收检查及旧路面强度评价，可为路面养护管理系统提供数据，经过与贝克曼梁测定值进行换算后，也可用于路面结构设计。

2. 工作原理

自动弯沉仪的基本工作原理与贝克曼梁的原理是相同的，都是采用简单的杠杆原理。自动弯沉仪测定车在检测路段以一定速度行驶，将安装在测试车前后轴之间底盘下面的弯沉测定梁放到车辆底盘的前端并支于地面保持不动，当后轴双轮隙通过测头时，弯沉通过位移传感器等装置被自动记录下来，这时测定梁被拖动，以二倍的汽车速度拖到下一测点，周而复始地向前连续测定。通过计算机可输出路段弯沉检测统计计算结果。

3. 仪具与材料

自动弯沉仪测定车：由测试汽车、测量机构、数据采集处理系统三部分组成（图 3-8、图 3-9）所示，它安装在测试车底盘下面，测臂夹在后轴轮隙中间。汽车运行时测量机构提起，离开路面。

图 3-8　测量机构照片

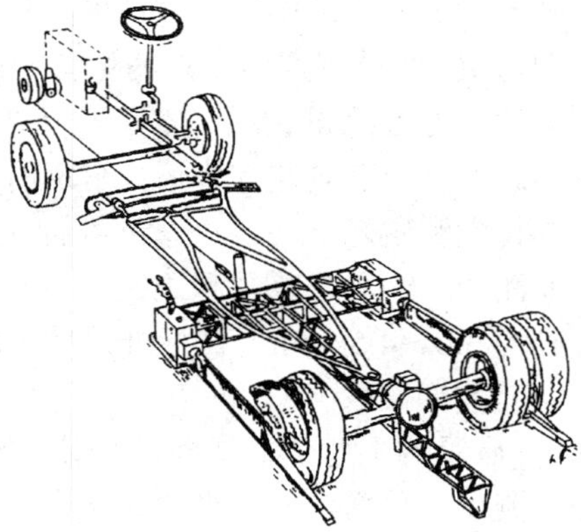

图 3-9　自动弯沉仪的测量机

自动弯沉仪测定车的主要技术参数如下：

测试车轴距	6.75m
测臂长度	1.75～2.40m
后轴荷载	100kN
测定车轮对路面的压强	0.7MPa
最小测试步距	4～10m
测试精度	0.01mm
测试速度	1.5～8.0km/h

4. *方法与步骤*

（1）测量准备

将自动弯沉仪测定车开到所测路段的测定车道（一般为行车道）上，测点应在路面行车道的轮迹带上。

（2）测量机放下步骤

汽车到达测试地点第一测点位置后，按下列步骤放下测量机：

1）关闭汽车发动机。

2）松开离合器转盘。

3）放下测量头，测量头位于测定梁（后轴）前方的一定距离上。

4）放下后支点，勾好把手。

5）放下测量架，销好把手。

6）放下导向机构。

7）插上仪器与汽车的连接销杆或开动液压转向同步系统。

8）检查钢丝绳一定要在离合器的槽内。

9）启动汽车发动机，在操作键盘上按动离合器开关，竖测量机构于最前端。

（3）开始测试

开始测试时，汽车以一定速度行进，测量头连续检测汽车后轴左右轮隙下产生的路面瞬间弯沉。通过测定梁支点的位移传感器将位移转换为电信号，并传送到数据记录器，待汽车后轮通过测量头后，监程器上显示弯沉盆或弯沉峰值，打印机输出弯沉峰值及测定距离。当第一点测定完毕后，车辆前面的牵引装置以两倍于汽车行进速度的速度把测量机构拉到测定轮前方，汽车继续行进，到达下一测点时，开始第二点测定。周而复始地向前测定，汽车在整个测试过程中应保持在规定的速度范围内稳定行驶，标准的行车速度应为3.0～4.5km/h。在标准速度下的测试步距不应大于10m。

（4）数据采取

1）显示器于弯沉盆或弯沉峰值。测定过程中按相应的功能键，显示器屏幕即可显示每一测点的总弯沉盆。当测定一段距离后，再按此键，将显示路段总弯沉均匀程度的弯沉峰值柱状图。

2）打印机输出。在测定车测定工作时，应打印出测点位置和左右弯沉峰值。

（5）测试结束

测定结束后，汽车停止前进，按下列步骤收起测量机构：

1）先提起导向机构。

2）提起测量架机构。

3）提起后支点。

4）最后挂起测头。

5. 数据处理

1）测定结果应按计算区间输出计算结果。计算区间长度要根据公路等级和测试要求确定，标准的计算区间为100m。

2）在测定时，随着打印机输出的同时，应将数据用文件方式同时记录在磁带或硬盘上，长期保存。通过计算机输出计算结果，包括每个计算区间的平均总弯沉值、标准差、代表总弯沉值。其中代表总弯沉值按$L_r = \overline{L} + Z_\alpha \cdot S$计算。如已进行过自动弯沉仪总弯沉与贝克曼梁回弹弯沉对比试验，则可据此计算出相应的回弹弯沉值。

3）计算一个评定路段的平均值、标准差、变异系数、代表总弯沉值，示例如表3-5所示。

表3-5　按计划区间列出的总弯沉测定示列表

记录号	路线号	公里桩	百米桩	平均总弯沉值（0.01mm）	标准差（0.01mm）	代表总弯沉值（0.01mm）
1	100	135	100	41	19.256	79
2	100	135	200	45	9.916	65
3	100	135	300	55	18.442	92
4	100	135	400	57	12.739	82
5	100	135	500	42	9.096	60

6. 自动弯沉仪与贝克曼梁弯沉对比试验步骤

（1）选择代表性路段

针对不同地区选择某种路面结构的代表性路段，进行两种测定方法的对比试验，以便将自动弯沉仪测定的总弯沉换算成贝克曼梁测定的回弹弯沉值。测定路段的长度为300～500m，并应使测定的弯沉值有一定的变化幅度（表3-6）。

表3-6　按计划区间列出的总弯沉测定示例表

记录号	路线号	公里桩	百米桩	平均总弯沉值（0.01mm）	标准差（0.01mm）	代表总弯沉（0.01mm）
1	107	1376	100	41	19.256	79
2	107	1376	200	45	9.916	65
3	107	1376	300	55	18.442	92
4	107	1376	400	57	12.739	82
5	107	1376	500	42	9.096	60

注：本表计算区间为100m，代表总弯沉按平均总弯沉加2倍标准差计算。

（2）对比试验步骤

1）采用同一辆自动弯沉仪测定车，使测定车型、荷载大小和轮胎作用面积完全相同。

2）用油漆标记对比路段起点位置。

3）用自动弯沉仪按前述的方法进行测定，同时仔细用油漆标出每一测点的位置。

4）在每一标记位置用贝克曼梁定点测定回弹弯沉，测点范围精确至$10cm^2$以内。

5）逐点对应计算两者的相关关系，得出回归方程式$L_B = a + bL_A$，式中L_B、L_A分别为贝克曼梁和自动弯沉仪测定的弯沉值。相关系数不得小于0.90。

注：由于不同路面结构和材料、路基状况、温度、水文条件、路面使用状况不同，对比关系也有所不同，为了提高数据的准确性，应分别情况作此项对比试验。

应当注意，自动弯沉仪测定的是总弯沉，因而与贝克曼梁测定的回弹弯沉有所不同。可通过自动弯沉仪总弯沉与贝克曼梁回弹弯沉对比试验，得到两者相关关系式，换算为回弹弯沉，用于路基、路面强度评定。

关于自动弯沉仪测定路面弯沉试验方法可详见《公路路基路面现场测试规程》（JTG E60—2008）。

7. 检测报告内容

1）按一个计算区间列出总弯沉测定表及弯沉峰值柱状图。

2）每一个评定路段的全部测点总弯沉的平均值、标准差、变异系数及代表弯沉。

3）如与贝克曼梁弯沉仪进行了对比试验，应列出相关关系式、相关系数及换算的回弹弯沉。

四、落锤式弯沉仪测定路面弯沉

落锤式弯沉仪（Falling Weight Deflectometer，FWD）它具有无破损、测速快、精度高等优点，并很好地模拟了行车荷载作用，检测结果为弯沉盆数据 ，因此在国际上的应用也日益广泛，其应用范围主要是在路面养护管理方面。

1. 试验目的

用于在落锤式弯沉仪（FWD）标准质量的重锤落下一定高度发生的冲击荷载的作用下，测定路基和路面所产生的瞬时变形，即测定在动态荷载作用下产生的动态弯沉及弯沉盆，并可由此反算路基路面各层材料的动态弹性模量，以作为设计参数使用。所测结果也可用于评定道路承载能力，调查水泥混凝土路面的接缝的传力效果，探查路面板下的空洞等。

2. 工作原理

FWD 由拖车（包括加载系统和位移传感器）与微机控制系统（包括控制及数据采集处理部分）组成，见图 3-10、图 3-11。

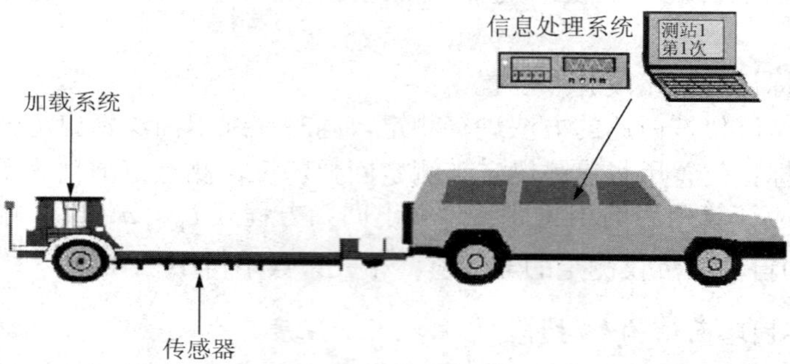

图 3-10　落锤装置工作原理示意图

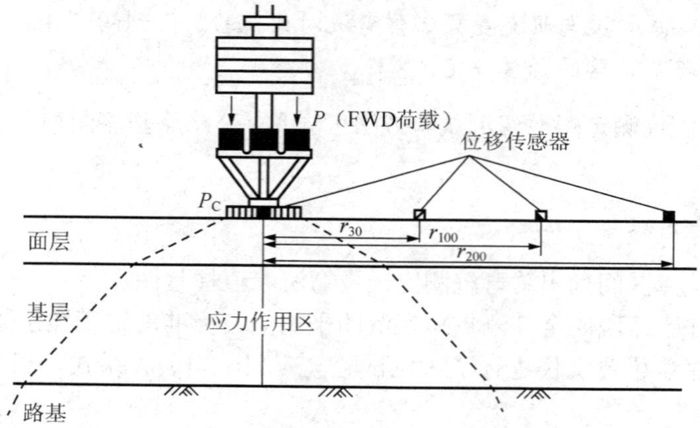

图 3-11　落锤式弯沉仪测量系统示意图

其工作原理是：在计算机控制下，把一定质量的重锤由液压传动装置提升至一定高度后自由落下，冲击力作用于承载板上并传递到路面，从而对路面施加脉冲荷载，导致路面表面产生瞬时变形，分布于距测点不同距离的传感器检测结构层表面的变形，记录系统将信号传输至计算机，即测定在动态荷载作用下产生的动态弯沉及弯沉盆。测试数据可用于反算路面结构层模量，从而科学地评价路面的承载能力。

3. 仪器设备

落锤式弯沉仪由荷载发生装置、弯沉检测装置、运算控制系统与车辆牵引系统等组成。其结构示意如图 3-12 所示。

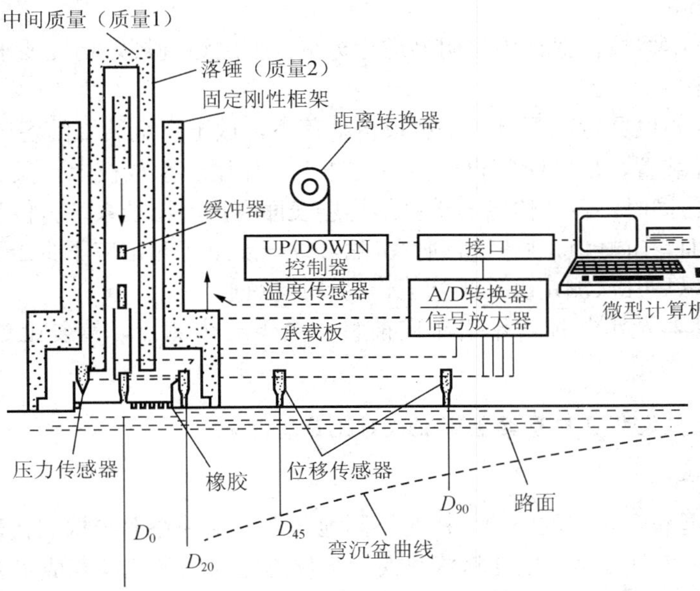

图 3-12　落锤式弯沉仪测量系统

1）荷载发生装置。重锤的质量及落高根据使用目的与道路等级选择，荷载由传感器测定。如无特殊需要，重锤的质量为（200±10）kg，可采用产生（50±2.5）kN 的冲击荷载。承载板宜为十字对称分开成四部分且底部固定有橡胶片的承载板，承载板的直径为 300mm。

2）弯沉检测装置。由一组高精度位移传感器组成，传感器可为差动变压器式位移计（LVDT），自中心开始，承载板沿道路纵向设置，隔开一定距离布设一组传感器，传感总数可为 5～7 个，根据需要及设备性能决定。

3）运算及控制装置。能在冲击荷载作用的瞬间内，记录冲击荷载及各个传感器所在位置测点的动态变形。

4）牵引装置。牵引 FWD 并安装有运算图及控制装置的车辆。

4. 评定道路承载能力的方法与步骤

（1）准备工作

1）调整重锤的质量及落高，使重锤的质量及产生的冲击荷载符合前述要求。

2）在测试路段的路基或路面的面各层表面布置测点，其位置或距离随测试需要而定。当在路面表面测定时，测点宜布置在行车车道的轮迹带上。测试时，还可利用距离传感器定位。

3）检查 FWD 的车况及使用性能，用手动操作检查，各项标准符合仪器规定要求。

4）将 FWD 牵引至测定地点，并将仪器打开，进入工作状态。牵引 FWD 行驶的速度不宜超过 50km/h。

5）对位移传感器按仪器使用说明书进行标定，使之达到规定精度要求。

（2）测定方法

1）承载板中心位置对准测点，承载板自动落下，放下弯沉装置的各个传感器。

2）启动落锤装置，落锤瞬间自由落下，冲击力作用于承载板上，又立即自动提升至原来位置固定。同时，各个传感器检测结构层表面变形，记录系统将位移信号传入计算机，并得到路面弯沉峰值，同时得到弯沉盆。每一点重复测定应不少于 3 次，除去第一个测定值，取以后几次测定值的平均值作为计算依据。

3）提起传感器及承载板，牵引车向前移动至下一个测点，重复上述步骤，进行测定。

5. 落锤式弯沉仪与贝克曼梁法弯沉仪对比试验步骤

（1）路段选择

选择结构类型完全相同的路段，针对不同地区选择某种路面结构的代表性路段，进行两种测定方法的对比试验，以便将落锤式弯沉仪测定的动弯沉换算成贝克曼梁法测定的回弹弯沉值选择的对比路段长度 300～500m，弯沉值应有一定的变化幅度。

（2）对比试验步骤

1）采用与实际使用相同且符合要求的落锤式弯沉仪及贝克曼梁法弯沉仪测定车。落锤式弯沉仪的冲击荷载应与贝克曼梁弯沉仪器测定车的后轴双轮荷载相同。

2）用油漆标标记对比路段起点位置。

3）布置测点位置，用贝克曼梁定点测定回弹弯沉，测定车开走后，用粉笔以测点为圆心，在周围画一个半径为 15mm 的圆，标明测点值。

4）将落锤式弯沉仪的承载板对准圆圈，位置偏差不超过 30mm，按前述方法进行测定。两种仪器对同一点弯沉测试的时间间隔不应超过 10min。

5）逐点对应计算两者的相关关系。

通过对比试验得出回归方程式 $L_{\mathrm{B}}=a+bL_{\mathrm{FWD}}$，式中 bL_{FWD}、L_{B} 分别为落锤式弯沉仪及贝克曼梁测定的弯沉值。回归方程式相关系数 R 应不小于 0.95。

注：由于不同路面结构的材料、路基状况、温度、水文条件、路面使用情况不同，

对比关系也又说不同，为了提高数据的准确性，应分别情况做此项对比试验。

6. 水泥混凝土路面板调查的方法与步骤

1）在测试路段的水泥混凝土路面板表面布置测点，当为调查水泥混凝土路面的接缝的传力效果时，测点布置在接缝的一侧，位移传感器分开在接缝两边布置。当为探查路面板下的空洞时，测点布置位置随测试需要而定，应在不同位置测定。

2）按前述方法进行测定。

7. 数据处理

1）按桩号记录各测点的弯沉及弯沉盆数据，计算一个评定路段平均值、桥准差、变异系数。

2）当为调查水泥混凝土路面接缝的传力效果时，利用分开在接缝两边布置的位移传感器测定值的差异及弯沉盘的形状，进行判断。

8. 检测报告内容

1）报告应包括下列内容：

① 各测点的最大弯沉及弯沉盆测定数据。

② 每一个评定路段全部测点弯沉的平均值、标准差、变异系数及代表弯沉。

2）如与贝克曼梁弯沉仪进行了对比试验，尚应列出相关关系式、相关系数和换算的回弹弯沉。

第二节　路基路面回弹模量检测

回弹模量是指路基、路面及筑路材料在荷载作用下产生的应力与其相应的回弹应变的比值，土基回弹模量表示土基在弹性变形阶段内，在垂直荷载作用下，抵抗竖向变形的能力，如果垂直荷载为定值，土基回弹模量值愈大则产生的垂直位移就愈小；如果竖向位移是定值，回弹模量值愈大，则土基承受外荷载作用的能力就愈大。因此，路面设计中采用回弹模量作为土基抗压强度的指标。路基是路面结构的支撑体，而路面回弹模量是其主要的控制参数，因此对其检测极其重要。《公路路基设计规范》（JTG D30—2015）规定高速、一级公路土基因弹模量值应大于 30MPa，特重交通土基回弹模量值应大于40MPa。

路基回弹模量设计值宜按下列方法确定：

1）新建公路初步设计时，宜根据查表法（或现有公路调查法）、室内试验法、换算法等，经综合分析、论证，确定沿线不同路基状况的路基因弹模量设计值。

2）当路基建成后，应在不利季节及路基最不利状况，实测各路段路基回弹模量代表值，以检验是否符合设计值的要求。现场实测方法宜采用承载板法，也可采用贝克曼梁弯沉仪法、便携式落锤弯沉仪法。若现场实测路基回弹模量代表值小于设计值，应采取翻晒补压、掺灰处理等方式加强路基或调整路面结构厚度的措施，以保证路基、路面的强度和稳定性。

一、贝克曼梁法测定路基回弹模量

1. 检测器具与材料准备

1）标准车：按规定选用。

2）路面弯沉仪：由贝克曼梁、百分表及表架组成，弯沉采用百分表量得。

3）路表温度计：分度不大于1℃。

4）接长杆：直径ϕ16mm，长 500mm。

5）其他：皮尺、口哨、粉笔、指挥旗等。

2. 方法与步骤

（1）准备工作

1）选择洁净的路面表面作为测点，要在测点处作好标记并编号。

2）无机结合料粒料基层的整层试验段（试槽）应符合下列要求：

① 整层试槽可修筑在行车带范围内或路肩及其他合适处，也可在室内修筑，但均应适用于汽车测定弯沉。

② 试槽应选择在干燥或中湿路段处，不得铺筑在软土基上。

③ 试槽面积不小于 3m×2m，厚度不宜小于 1m。铺筑先挖 3m×2m×1m（长×宽×深）的坑，然后用欲测定同一各面材料按有关施工规范规定的压实度分层铺筑并压实。直至顶面，使其达到要求的压实度标准。同时应严格控制材料组成，级配均匀一致，符合施工质量要求。

④ 试槽表面的测点间距可按图 3-13 布置在中间 2m×1m 的范围内，可测定 23 点。

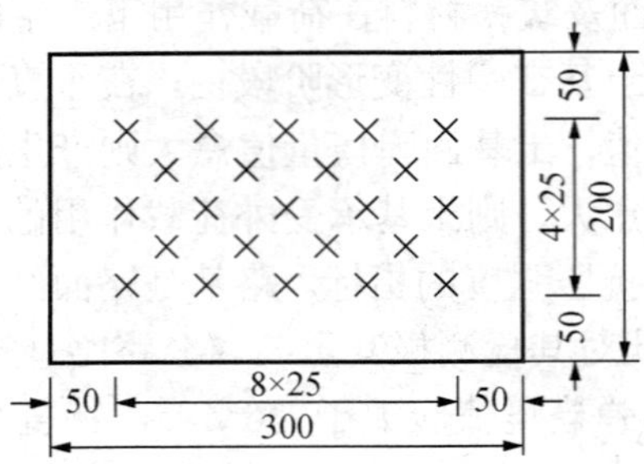

图 3-13 试槽表面的测点布置（单位；mm）

（2）测试步骤

按《贝克曼梁测定路基路面回弹弯沉试验方法》（T 0951—2008）的方法选择适当的标准车，实测各测点处路面回弹弯沉值 L_i。如在旧沥青路面上测定时，应读取温度，并测定弯沉值的温度修正，并按《贝克曼梁测定路基路面回弹弯沉试验方法》（T 0951—2008）规定的方法进行测定弯沉值的温度修正，得到标准温度 20℃时的弯沉值。

3. 计算

1）分别计算全部测定值的算术平均值$\overline{L}$、单次测量的标准差S_0和自然误差r_0，即

$$\overline{L}=\sum L_i/n \tag{3-6}$$

$$S=\sqrt{\frac{\sum(L_i-\overline{L})^2}{n-1}} \tag{3-7}$$

$$r_0=0.675\times S \tag{3-8}$$

式中：$\overline{L}$——回弹弯沉的平均值，0.01mm；

S——回弹弯沉值的标准差，0.01mm；

r_0——回弹弯沉值的自然误差，0.01mm；

L_i——各测点的回弹弯沉值，0.01mm；

n——测点总数。

2）计算各测定值与算术平均值的偏差值$d_i=L_i-\overline{L}$，并计算较大的偏差与自然误差之比d_i/r_0。当某个测点观测值的d_i/r_0值大于表 3-5 中 d/r 极限值时则应舍弃该测点，然后重复上述的步骤计算所余各测点算术平均值及标准差。

表 3-7　相应于不同观测次数的 d/r 极限值

N	5	10	15	20	50
d/r	2.5	2.9	3.2	3.3	3.8

3）按式（3-9）计算代表弯沉值，即

$$L_r=\overline{L}+S \tag{3-9}$$

式中：L_r——计算代表弯沉；

$\overline{L}$——舍弃不合要求的测点后所余各测点弯沉的算术平均值；

S——舍弃不符合要求的测点后所余各测点弯沉的标准差。

4）按式（3-10）计算土基、整层材料的回弹模量（E_1）或旧路的综合回弹模量，即

$$E_1=\frac{2p\delta}{L_1}(1-\mu^2)a \tag{3-10}$$

式中：E_1——计算的土基、整层材料的回弹模量或旧路的综合回弹模量（MPa）；

p——测定车轮的平均垂直荷载（MPa）；

δ——测定用标准车双圆荷载单轮传压面当量圆的半径（cm）；

μ——测定层材料的泊松比，根据路面设计规范的规定取用。我国土基通常采用 0.35，沥青材料通常采用 0.25；

a——弯沉系数，为 0.712。

4. 检测报告的内容

报告应包括弯沉测定表、计算代表弯沉、采用的泊松比及计算得到的材料回弹模量E_1等，对沥青路面应报告测试时的路面温度。

二、承载板测定土基回弹模量

1. 目的和适用范围

1）本方法适用于在现场土基表面，通过承载板对土基逐级加载、卸载的方法，测出每级荷载下相应的土基回弹变形值，经过计算求得土基回弹模量。

2）本方法测定的土基回弹模量可作为路面设计参数使用。

2. 仪具与材料

1）加载设施。载有铁块或集料等重物、后轴重不小于 60kN 的载重汽车一辆。在汽车大梁的后轴之后约 80cm 处，附设加劲小梁一根作反力架。汽车轮胎充气压力为 0.50MPa。

2）现场测试装置，由千斤顶、测力计（测力环或压力表）及球座组成，如图 3-14 所示。

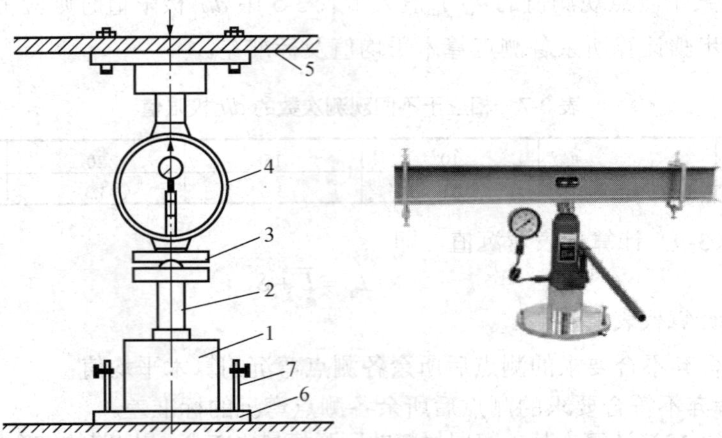

（a）构造图　　（b）实物图

图 3-14　承载板测试装置图

1-加载千斤顶；2-钢圆筒；3-钢板及球座；4-测力计；5-加劲横梁；6-承载板；7-立柱及支座

3）刚性承载板一块，板厚 20mm，直径为ϕ30cm，直径两端设有立柱和可以调整高度的支座供安放弯沉仪测头，承载板放在土基表面上。

4）路面弯沉仪两台，由贝克曼梁、百分表及其支架组成。

5）液压千斤顶一台，80～100kN，装有经过标定的压力表或测力环，其容量不小于土基强度，测定精度不小于测力计量程的 1/100。

6）秒表。

7）水平尺。

8）其他：细砂、毛刷、垂球、镐、铁锹、铲等。

3. 方法与步骤

（1）准备工作

1）根据需要选择有代表性的测点，测点应位于水平的路基上，路基土质均匀，不含杂物。

2）仔细平整土基表面，撒干燥洁净的细砂填平凹处，砂子不可覆盖全部土基表面，避免形成一层。

3）安置承载板，并用水平尺进行校正，使承载板处于水平状态。

4）将试验车置于测点上，在加劲小梁中部悬挂垂球测试，使之恰好对准承载板中心，然收起垂球。

5）在承载板上安装千斤顶，上面衬垫钢圆筒、钢板、并将球座置于顶部与加劲横梁接触，如用测力环时，应将测力环置于千斤顶与横梁中间，千斤顶及衬垫物必须保持垂直，以免加压时千斤顶倾倒发生事故并影响测试数据的准确性。

6）安放弯沉仪，将两台弯沉仪的测头分别置于承载板立柱的支座上（图 3-15、图 3-16），百分表对零或其他合适的初始位置上。

图 3-15　两台路面弯沉仪检测土基回弹模量

图 3-16　安放弯沉仪

（2）测试步骤

1）用千斤顶开始加载（图 3-17），注视测力环或压力表，至预压 0.05MPa，稳压 1min，使承载板土基紧密接触，同时检查百分表的工作情况是否正常，然后放松千斤顶油门卸载，稳压 1min 后，将指针对零或记录初始读数。

图 3-17　加载千斤顶

2）测定土基的压力-变形曲线，用千斤顶加载，采用逐级加载卸载法，用压力表或测控制加载量。荷载小于 0.1MPa 时，每级增加 0.02MPa，以后每级增加 0.04MPa 左右。为了使加载和计算方便，加载数值可适当调整为整数，每次加载至预定荷载（P）后，稳定 1min，立即读记两台弯沉仪百分表数值，然后轻轻放开千斤顶油门卸载至 0，待卸载稳定 1min 后再次读数。每次卸载后百分表不再对零，当两台弯沉仪百分表读数之差小于平均值的 30%时，取平均值，如超过 30%则应重测。当回弹变形值超过 1mm 时，即可停止加载。

3）各级荷载的回弹变形和总变形，按以下方法计算：

回弹变形 L=（加载后读数平均值–卸载后读数平均值）×弯沉仪杠杆比

总变形 L' =（加载后读数平均值–加载初始前读数平均值）×弯沉仪杠杆比

4）测定总影响量 α 。最后一次加载卸载循环结束后，取走千斤顶，重新读取百分表初读数，然后将汽车开出 10m 以外，读取终读数，两只百分表的初、终读数差之平均值即为总影响量 α 。

5）在试验点下取样，测定材料含水量，取样数量如下：

最大粒径不大于 4.75mm，试样数量约 120g；

最大粒径不大于 19mm，试样数量约 250g；

最大粒径不大于 31.5mm，试样数量约 500g。

6）在紧靠试验点旁边的适当位置，用灌砂法或环刀法等测定土基的密度。

4. 计算

1）各级压力的回弹变形值加上该级的影响量后，则为计算回弹变形值。表 3-8 是以后轴重 60kN 的标准车为测试车的各级荷载影响量的计算值。当使用其他类型的测试车时，各级压力下的影响量 α_i 按式（3-11）计算：

$$\alpha_{\mathrm{i}} = \frac{(T_1 + T_2)\pi D^2 P_{\mathrm{i}}}{4T_1 Q} \times \alpha \tag{3-11}$$

式中：α ——总影响量（0.01mm）；

T_1 ——测试车前后轴距（m）；

T_2 ——加劲小梁中点距后轴距离（m）；

D——承载板直径（m）；

Q——测试车后轴重（N）；

P_{i} ——各级荷载下的承载板压力（MPa）；

α_{i} ——各级荷载下的影响量压力的分影响量，0.01mm。

表 3-8　各级荷载影响量（后轴 60kN 车）

承载板压力（MPa）	0.05	0.1	0.15	0.2	0.3	0.4	0.5
影响量 α	0.06α	0.12α	0.18α	0.24α	0.36α	0.48α	0.60α

2）将各级计算回弹变形值点绘于标准计算纸上，排除显著偏离的异常点并绘出顺滑的 P～L 曲线，如曲线起始部分出现反弯，应按图 3-18 所示修正原点 O，O′ 则是修正的原点。

3）按式（3-12）计算相当于各级荷载下的土基回弹模量 E_i 值：

$$E_{\mathrm{i}} = \frac{\pi D}{4} \cdot \frac{P_{\mathrm{i}}}{L_{\mathrm{i}}}(1 - \mu_0^2) \tag{3-12}$$

式中：E_{i} ——相应于各级荷载下土基回弹模量（MPa）；

μ_0 ——土的泊松比，根据部颁路面设计规范规定选用；

D——承载板直径 30cm；

P_i——承载板单位压力（MPa）；

L_i——相对于荷载 P_i 时的计算回弹变形值（cm）。

4）取结束试验前的各回弹变形值按线性回归方法由按式（3-18）计算土基回弹模量 E_0 值：

$$E_0 = \frac{\pi D}{4} \cdot \frac{\sum P_i}{\sum L_i}(1-\mu_0^2) \tag{3-13}$$

式中：E_0——土基回弹模量（MPa）；

μ_0——土的泊松比，根据设计规范取用；

L_i——各级荷载下的实测弯沉值（cm）；

P_i——对应 L_i 的各级压力值。

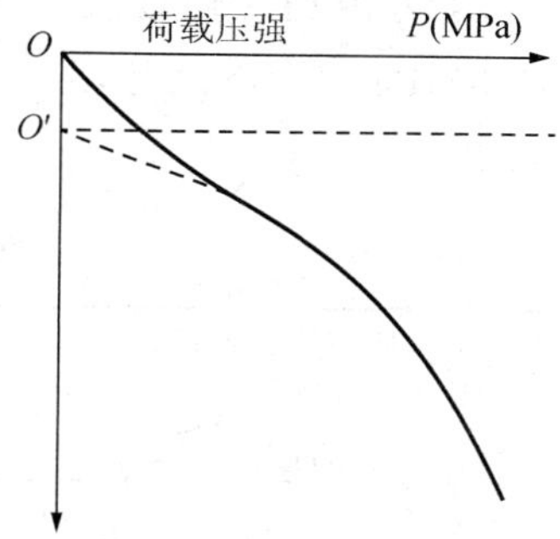

图 3-18　修正原点示意图

5. 检测报告内容

检测报告内容应记录下列结果：

1）试验时所采用的汽车类型。

2）近期天气情况。

3）试验时土基的含水量（%）。

4）土基密度和压实度。

5）相应于各级荷载下的土基回弹模量 E_i 值。

6）土基回弹模量 E_0 值（MPa）。

记录格式如表 3-9 所示。

表 3-9　承载板测定记录

路线和编号：　　　　　　路面结构：

测定层位：　　　　　　　测定用汽车型号：

承载板直径（cm）：　　　测定日期：　年　月　日

千斤顶读数	荷载 P（kN）	承载板压力 P（MPa）	百分表读数（0.01 mm）			总变形（0.01mm）	回弹变形（0.01mm）	分级影响量（0.01mm）	计算回弹变形（0.01mm）	E_i（MPa）
			加载前	加载后	卸载后					
总影响量 α										
土基回弹模量 E_0 值（MPa）										

【例 3-2】 通过表 3-10 计算，测得工作任务中某二级公路路基回弹模量 E_0 值为 18.8MPa，符合设计不小于 15MPa 的要求，各级荷载的回弹模量在表 3-8 中可以查出。

表 3-10 承载板测定土基回弹模量记录表

路线和编号： 泊松比 μ_0：0.35 承载板直径（cm）30						路面结构：/ 测定用的汽车型号：BZZ-100 测定日期：2013 年 4 月 6 日				
千斤顶读数	荷载 P（kN）	承载板压力 P（MPa）	百分表读数（0.01mm）			总变形（0.01mm）	回弹变形（0.01mm）	分级影响量（0.01mm）	计算回弹变形（0.01mm）	E（MPa）
			加载前	加载后	卸载后					
/	1.41	0.02	126	138	126	24	24	2	26	15.9
/	2.83	0.04	126	146	126	20	40	4	44	18.8
/	4.24	0.06	126	157	126	62	62	6	68	18.2
/	5.65	0.08	126	167	126	82	82	8	90	18.4
/	7.07	0.10	126	178	126	104	104	12	116	17.8
/	9.89	0.14	126	187	126	122	122	18	140	20.7
总影响量 c（0.01mm）			1							
土基回弹模量 E_0（MPa）			18.8							

第三节 加州承载比试验

一、承载比概念

CBR 又称加州承载比，是 California Bearing Ratio 的缩写，由美国加利福尼亚州公路局首先提出来，用于评定路基土和路面材料的强度指标，对路基填筑材料合理的选择具有重要的参考意义。根据该方法土基及路面材料的承载能力以材料抵抗局部荷载压入变形的能力表示，并采用标准碎石的承载能力为标准，以相对的百分数表示 CBR 值。一般采用贯入量为 2.5mm 时单位压力与标准压力之比作为材料的承载比。

$$\text{加州载重比}=\frac{\text{贯入土壤所需应力}}{\text{贯入标准夯实碎石应力}}\times 100\%$$

为了合理的选择路基填料，确保路基的强度和稳定性，相关设计与施工规范都规定了路基填料的最小强度（即 CBR 值）要求，如表 3-11 所列。在路基施工之前，必须对所用填料进行 CBR 试验。

表 3-11　路基填料设计要求

项目分类		路面底面以下深度（cm）	填料最小强度（CBR）（%）			填料最小粒径（mm）
			高速公路	二级公路	三级公路	
路堤	上路床	0～30	8	6	5	100
	下路床	30～80	5	4	3	100
	上路堤	80～150	4	3	3	150
	下路堤	150 以下	3	2	2	150
零填及路堑路床		0～30	8	6	5	100
		30～80	5	4	3	100

注：① 表列强度按《公路土工试验规程》（JTG E40—2007）规定的浸水 96h 的 CBR 试验方法测定。

② 三、四级公路铺筑沥青混凝土和水泥混凝土路面时，应采用二级公路的规定。

③ 表中上、下路堤填料最大粒径 150mm 的规定，不时用于填石路堤和土石路堤。

二、室内 CBR 试验

1．检测器具准备

1）圆孔筛。孔径 40mm、20mm 及 5mm 筛各 1 个。

2）试筒。内径 152mm、高 170mm 的金属圆筒（图 3-19）；套环，高 50mm；筒内垫块，直径 151mm、高 50mm；夯击底板，同击实仪。

3）贯入杆。端面直径 50mm、长约 100mm 的金属杆（图 3-20）。

图 3-19　承载比试筒实物图

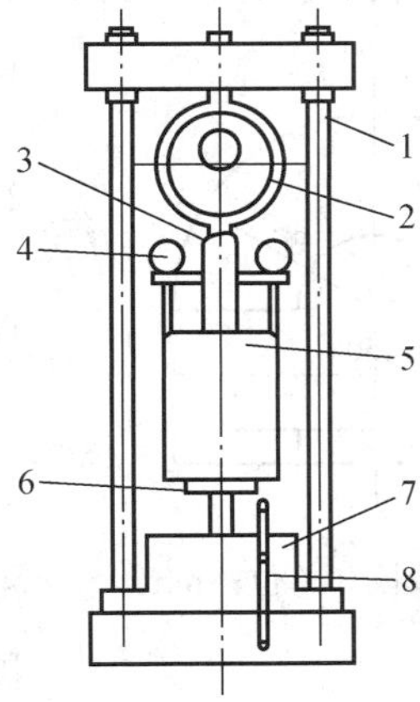

图 3-20　手摇测力计式荷载装置示意图

1-框架；2-量力环；3-贯入杆；4-百分表；5-试件；6-升降台；7-蜗轮蜗杆箱；8-摇把

4）夯锤和导管。夯锥的底面直径 50mm，总质量 4.5kg。夯锥在导管内的总行程为 450mm，夯锥的形式和尺寸与重型击实试验法所用的相同。

5）路面材料强度仪或其他荷载装置。能量小于 50kN，能调节贯入速度至每分钟贯入 1mm，可采用测力计式（图 3-20）。

6）百分表：3 个。

7）试件顶面上的多孔板。测试件吸水时的膨胀量，如图 3-21 所示。

8）多孔底板（试件放上后浸泡水中）。

9）测膨胀量时支承百分表的架子，如图 3-22 所示。

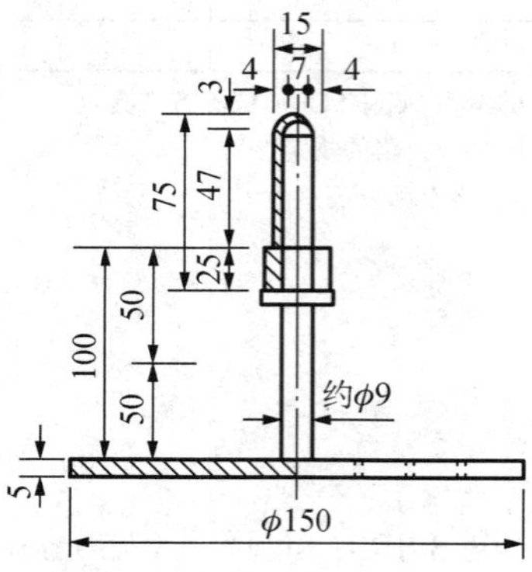

图 3-21　带调节杆的多孔板

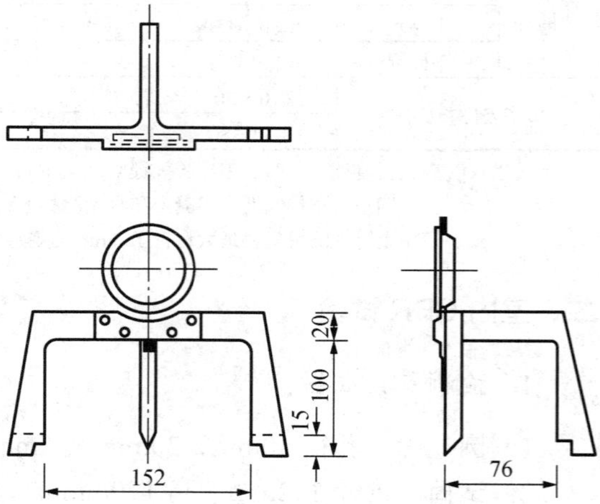

图 3-22　膨胀量测定装置

10）荷载板：直径 150mm，中心孔眼直径 52mm，每块质量 1.25kg 共 4 块，并沿直径分为两个半圆块，如图 3-23 所示。

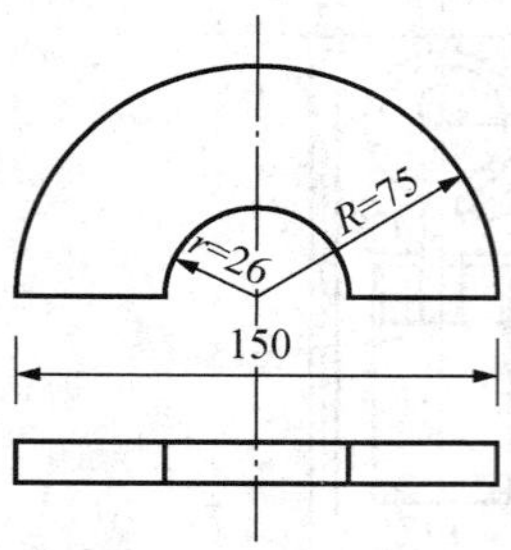

图 3-23　荷载板（单位：mm）

11）水槽：浸泡试件用，槽内水面高出试件顶面 25mm。

12）其他：台秤，感量为试件用量的 0.1%、拌和盘、直尺、滤纸、脱模器等与击实试验相同。

2. 试样准备

1）将具代表性的风干试料（必要时可在 50℃烘箱内烘干），用木碾捣碎，但应尽量注意不使土或粒料的单个颗粒破碎。土团均应捣碎到通过 5mm 的筛孔。

2）采取代表性的试料 50kg，用 40mm 筛筛除大于 40mm 的颗粒，并记录超尺寸颗粒的百分数。将已过筛的试料按四分法取出约 25kg，再用四分法将取出的试料分成 4 份，每份质量 6kg，供击实试验和制试件之用。

3）在预定做击实试验的前一天，取有代表性的试料测定其风干含水率，测定含水率用的试样数量可参照表 3-12 采取。

表 3-12　测定含水率用试样的数量

最大粒径（mm）	试样质量（g）	个数
<5	15～20	2
约 5	约 20	1
约 20	约 250	1
约 40	约 500	1

3．检测步骤

1）称试筒本身质量 m_1，将试筒固定在底板上，将垫块放入筒内，并在垫块上放一张滤纸，安上套环。

2）将 1 份试料，按 3 层装，每层击实 98 次，求试料的最大干密度和最佳含水滤。

3）将其余三份试料按最佳含水量制备 3 个试件，将一份试料铺于金属盘内，按式（3-14）计算得的该份试料应加的水量均匀地喷洒在试料上。

$$m_w = \frac{m_i}{1 + 0.01\omega_i} \times 0.01(\omega - \omega_i) \tag{3-14}$$

式中，m_w——所需的加水量（g）;

m_i——含水率 ω_i 时土样的质量（g）;

ω_i——土样原有含水率（%）;

ω——要求达到的含水率（%）。

用小铲将试料充分拌和到均匀状态，然后装入密闭器或塑料口袋内浸润备用。

浸润时间：重黏土不少于 24h，轻黏土可缩短到 12h，砂土可缩短到 lh，天然砂砾可缩短到 2h 左右。

制备每个试件时，都要取样测定试料的含水量。需要时，可制备三种干密度试件。如每种干密度试件制 3 个，则共制 9 个试件。每层击数分别为 30、50 和 98 次，使试件的干密度从低于 95%到等于 100%的最大干密度。这样，9 个试件共需试料约 55kg。

4）将试筒放在坚硬的地面上，取备好的试样分 3 次倒入筒内（视最大粒径而定）。按三层法时，每层需要试样 1700g 左右（其量应使击实后的试样高出 1/3 筒高 1～2mm）。整平表面，并稍加压紧，然后按规定的击数进行第一层试样的击实，击实时锤应自由垂直落下，锤迹必须均匀分布于试样面上。每一层击实完后，将试样层面“拉毛”然后再装入套筒。重复上述方法进行其余每层试样的击实，试筒击实制件完成后，试样不宜高出筒高 10mm。

5）卸下套环，用直刮刀沿试筒顶修平击实的试件，表面不平整处用细料修补，取出垫块，称试筒和试件的质量 m_2。

6）泡水测膨胀量的步骤如下：

① 在试件制成后，取下试件顶面的破残滤纸，放一张好滤纸，并在上安装附有调节杆的多孔板，在多孔板上加 4 块荷载板。

② 将试筒与多孔板一起放入槽内（先不放水）并用拉杆将模具拉紧，安装百分表，并读取初读数。

③ 向水槽内放水，使水自由进到试件的顶部和底部，在泡水期间，槽内水面应保持在试件顶面以上约 25mm。通常试件要泡 4 昼夜。

④ 泡水终了时，读取试件上百分表的终读数，并用式（3-15）计算膨胀量：

$$膨胀量（\%）=\frac{泡水后试件高度变化}{原试件高（120mm）}\times 100 \tag{3-15}$$

从水槽中取出试件，倒出试件顶面的水，静置 15min，让其排水，卸去附加荷载和多孔板、底板和滤纸，并称其质量 m_3，以计算试件的湿度和密度的变化（图 3-24）。

图 3-24　试件预压及泡水

7）贯入试验（图 3-25）。

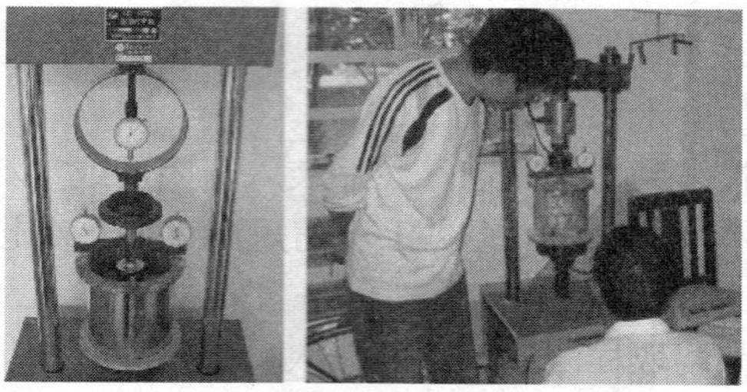

图 3-25　贯入试验

① 将泡水试验终了的试件放到路面材料强度试验仪的升降台上，调整偏球座，对准、整平并使贯入杆与试件顶面全面接触，在贯入杆周围放置 4 块荷载板。

② 先在贯入杆上施加 45N 荷载，然后将测力和测变形的百分表的指针都调至零点。并计录起始读数。

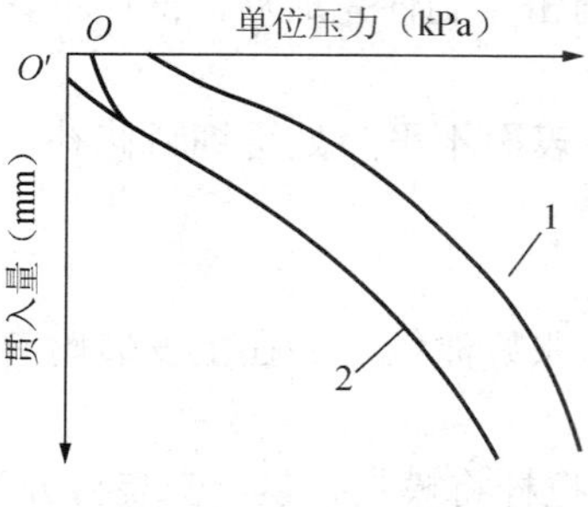

图 3-26　单位压力与贯入量的关系曲线

③ 加荷使贯入杆以 1～1.25mm/min 的速度压入试件，记录测力计内百分表某些整读数如 20、40、60 时的贯入量，并注意使贯入量为 250×10^{-2}mm 时，能有 5 个以上的读数。因此，测力计内的第一个读数应是贯入量 30×10^{-2}mm 左右。

4. 结果整理

1）以单位压力（P）为横坐标，贯入量（L）为纵坐标，绘制 P—L 关系曲线，如图 3-26 所示。

图上曲线 1 是合适的，曲线 2 开始段是凹曲线，需要进行修正。修正时，在变曲率点引一切线，与纵坐标交于 O' 点，O' 即为修正后的原点。

2）一般采用贯入量为 2.5mm 时的压力与标准压力之比作为材料的承载比（CBR），即

$$\text{CBR}=\frac{P}{7000}\times 100\% \tag{3-16}$$

式中：CBR——承载比（%）；计算至 0.1；

P——单位压力（kPa）。

同时计算贯入量为 5mm 时的承载比

$$\text{CBR}=\frac{P}{10500}\times 100\% \tag{3-17}$$

如贯入量为 5mm 时的承载比大于 2.5mm 时的承载比，则试验要重做，如结果仍然如此，则采用 5mm 时的承载比。

3）试件的湿密度用下式计算：

$$\rho=\frac{m_2-m_1}{2177} \tag{3-18}$$

式中：ρ——试件的湿密度（g/cm^3）；计算至 0.01；

m_2——试筒和试件合质量（g）；

m_1——试筒的质量（g）；

2177——试筒的容积（cm^3）。

4）试件的干密度用下式计算：

$$\rho_d=\frac{\rho}{1+0.01\omega} \tag{3-19}$$

式中：ρ_d——试件的干密度（g/cm^3）；计算至 0.01；

ω——试件的含水量。

5）泡水后试件的吸水量接下式计算：

$$\omega_a=m_3-m_2 \tag{3-20}$$

式中：ω_a——泡水后试件的吸水量（g）；

m_3——泡水后试筒和试件的合质量（g）；

m_2——试筒和试件的合质量（g）。

5. 数据处理

如根据 3 个平行试验结果计算得的承载比变异系数 C_V 大于 2%，则去掉一个偏离大的值，取其余 2 个结果的平均值。如 C_V 小于 12%，且 3 个平行试验结果计算的干密度偏差小于 0.03 g/cm^3，则取 3 个结果的平均值。如 3 个试验结果计算的干密度偏差超过 0.03 g/cm^3，则去掉一个偏离大的值，取其余 2 个结果的平均值。

6. 检测报告

1）材料的颗粒组成，最佳含水量（%）和最大干密度（g/cm^3）。

2）材料的承载比（%），承载比小于 100%，准确到 5%；承载大于 100%，准确到 10%。

3）材料的膨胀量（%）。

试验数据记录如表 3-13 和表 3-14 所示。

表 3-13　贯入试验记录

土样编号________　　试验者________

最大干密度　1.69g/cm³　　计算者________

最佳含水率　18%　　校核者________

每层击数　98　　试验日期________

试件编号________

量力环校正系数 $C = 0.2398\text{kN} / 0.01\text{mm}$，贯入杆面积 $A = 1.9635 \times 10^{-3}\text{m}^2$

$$P = \frac{C \times R}{A}$$

l=2.5mm 时，　P=611kPa　　$\text{CBR} = \frac{P}{7000} \times 100 = 8.7\%$

l=5.0mm 时，　P=690kPa　　$\text{CBR} = \frac{P}{10500} \times 100 = 6.6\%$

荷载测力计百分表		单位压力	贯入量百分表读数					贯入量
			左表		右表		平均值	
读数	变形值		读数	位移值	读数	位移值		
R'_i（0.01mm）	$R_1 = R'_{i+1} - R'_i$（0.01mm）	P（kPa）	R_{1i}（0.01mm）	$R_1 = R_{1i+1} - R_{1i}$（0.01mm）	R_{2i}（0.01mm）	$R_2 = R_{2i+1} - R_{2i}$（0.01mm）	$R_1 = \frac{1}{2}(R_1 + R_2)$（0.01mm）	l（mm）
0.0			0.0		0.0			
	0.9	110		60.4		60.6	60.5	0.61
0.9			60.4		60.6			
	1.8	220		106.5		106.5	106.5	1.07
1.8			106.5		106.5			
	2.9	354		151.1		150.9	151.0	1.51
2.9			151.1		150.9			
	4.0	489		193.9		194.1	194.0	1.94
4.0			193.9		194.1			
	4.8	586		240.4		240.6	240.5	2.41
4.8			240.4		240.6			
	5.1	623		286.1		285.9	286.0	2.86
5.1			286.1		285.9			
	5.4	660		335.0		335.0	335.0	3.34
5.4			335.0		335.0			
	5.6	684		383.0		383.0	383.0	3.83
5.6			383.0		383.0			
	5.6	684		488.0		488.0	488.0	4.88
5.6			488.0		488.0			

表 3-14　膨胀量试验记录

	试验次数	项目	计算式	1	2	3
膨胀量	筒号	(1)				
	泡水前试件（原试件）高度（mm）	(2)		120	120	120
	泡水后试件高度（mm）	(3)		128.6	136.5	133
	膨胀量（%）	(4)	$\frac{(3)-(2)}{(2)}$	7.167	13.75	10.83
	膨胀量平均值（%）	10.58				
密度	筒质量 m_1（g）	(5)		6660	4640	5390
	筒＋试件质量 m^2（g）	(6)		10900	8937	9790
	筒体积（cm^3）	(7)		2177	2177	2177
	湿密度 ρ_w（g/cm^3）	(8)	$\frac{(6)-(5)}{(7)}$	1.948	1.974	2.021
	含水量 ω（%）	(9)		16.93	18.06	26.01
	干密度 ρ_d（g/cm^3）	(10)	$\frac{(8)}{1+0.01\omega}$	1.666	1.672	1.604
	干密度平均值（g/cm^3）	1.647				
吸水量	饱水后筒＋试件合质量 m_3（g）	(11)		11530	9537	10390
	吸水量 ω_a（g）	(12)	(11)－(6)	630	600	600
	吸水量平均值（g）	610				

三、土基现场 CBR 值测试方

1．检测器具与材料准备

1）荷重装置：装载有铁块或集料等重物的载重汽车，后轴重不小于 60kN，在汽车大梁的后轴之后设有一加劲横梁作反力架用。

2）现场测试装置：如图 3-27 所示，由千斤顶（机械或液压）、测力计（测力环或压力表）及球座组成。千斤顶可使贯入速度调节成 1mm/min。测力计的容量不小于土基强度，测定精度不小于测力量程的 1/100。

3）贯入杆：直径ϕ50mm，长约 200mm 的金属圆柱体。

4）承载板：每块 1.25kg，直径ϕ150mm，中心孔眼直径ϕ52mm，不小于 4 块，并沿直径分为两个半圆块。

5）贯入量测定装置：由图 3-28 所示的平台及百分表组成，百分表量程 20mm，精度 0.01mm，数量 2 个，对称固定于贯入杆上，端部与平台接触，平台跨度不小于 50cm。此设备也可用两台贝可克曼梁弯沉仪代替。

6）细砂：洁净干燥的细干砂，粒径 0.3～0.6mm。

7）其他：铁铲、盘、直尺、毛刷、天平等。

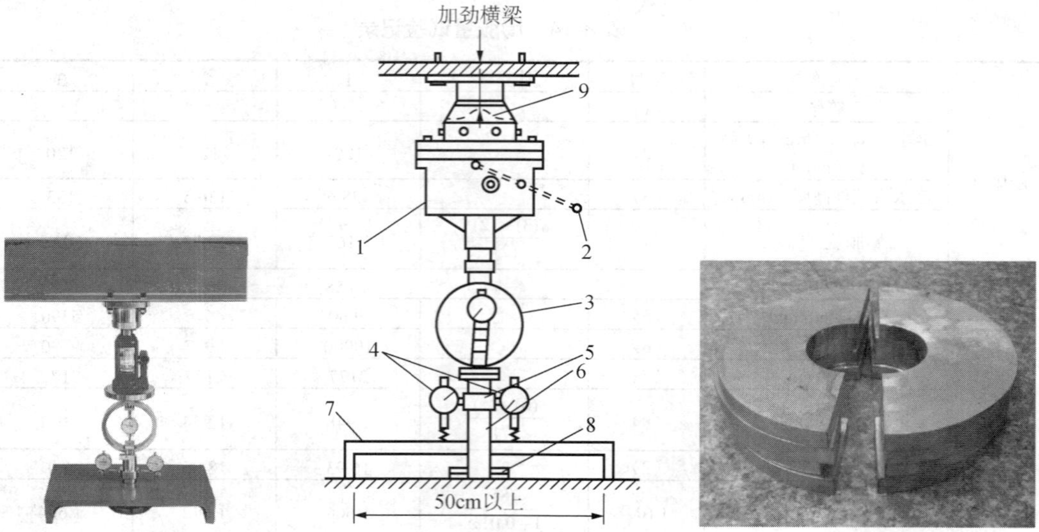

（a）实物图　（b）结构图　（c）承载板

图 3-27　CBR 现场测试装置

1-球座；2-手柄；3-测力计；4-百分表夹具；5-贯入杆；6-承载板；7-平台；8-百分表；9-加载千斤顶

2. *方法与步骤*

（1）准备工作

1）将试验地点约直径为 30cm 范围的表面找平，用毛刷刷净浮土。如表面为粗粒土时，应撒布少许洁净的干砂填平，但不能覆盖全部土基，避免形成夹层。

2）装置测试设备，按图 3-28 设备贯入杆及千斤顶，千斤顶顶在汽车后轴上且调节至高度适中，贯入杆应与土基表面紧密接触。

3）安装贯入量测定装置，将支架平台、百分表（或两台贝克曼梁弯沉仪）按图 3-28 安装好。

（a）安装好的仪具　（b）加载贯入试验

图 3-28　CBR 现场安装与加载试验

（2）测试步骤

1）在贯入杆位置安放 4 块 1.25kg 的分开成半圆的承载板（共 5kg）。

2）试验贯入前，先在贯入杆上施加 45N 荷载后，将调节测力计及贯入量百分表，调零，记录初始读数。

3）启动千斤顶，使贯入杆以 1mm/min 的速度压入土基，当相应于贯入量为 0.5mm、1.0mm、1.5mm、2.0mm、2.5mm、3.0mm、4.0mm、5.0mm、6.5mm、10.0mm 及 11.5mm 时，分别读取测力计读数。根据情况，也可在贯入量达 6.5mm 时结束测试。

用千斤顶连续加载，两个贯入量百分表及测力计均应在同时刻读数，当两个百分表读数不超过平均值的 30%时，以其平均值作为贯入量，当两个表读数差值超过平均值的 30%时，应停止试验。

4）卸除荷载，移去测定装置。

5）在试验点下取样，测定材料含水量。取样数量如下：

最大粒径不大于 4.75mm，试样数量约 120g；

最大粒径不大于 19.0mm，试样数量约 250g；

最大粒径不大于 31.5mm，试样数量约 500g。

6）在紧靠试验点旁边的适当位置，用灌砂法或环刀法等测定土基的密度。

3．计算

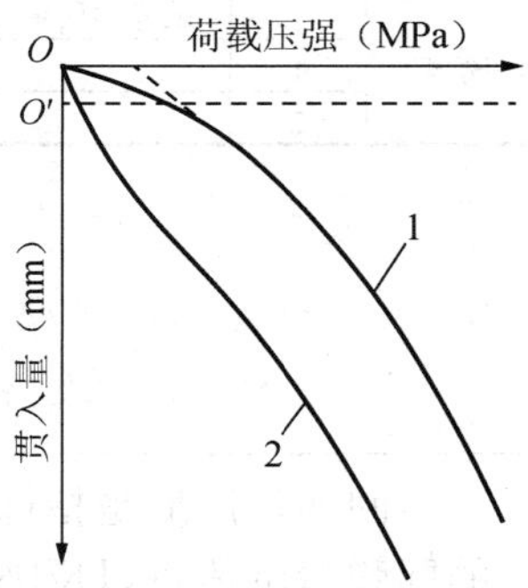

图 3-29　荷载压强-贯入量曲线

1）将贯入试验得到的等级荷重数除以贯入断面积（19.625cm^2），得到各级压强（MPa），绘制荷载压强-贯入量曲线，如图 3-29 所示。当图中曲线在起点处有明显凹凸的情况时，应在线的拐弯处作切线延长作贯入量修正，以与坐标轴相交的点 O' 作原点，得到修正后的压强-贯入量曲线。

2）从压强-贯入量曲线上读取贯入量为 2.5mm 及 5.0mm 时的荷载压强 P_1，计算现场 CBR 值。CBR 一般以贯入量 2.5mm 时的测定值为准，当贯入量 5.0mm 时的 CBR 大于 2.5mm 时的 CBR 时，应重新试验，如重新试验仍然如此时，则以贯入量 5.0mm 时的 CBR 为准。

$$\mathrm{CBR}=\frac{P_1}{P_0}\times 100\% \tag{3-21}$$

式中：P_1——荷载压强（MPa）；

P_0——标准压强，当贯入量为 2.5mm 时为 7MPa，当贯入量为 5.0mm 时为 10.5MPa。

4．检测报告

本试验数据记录见表 3-15。

表 3-15　现场 CBR 值测定记录表

路线和编号：　　　　　　　　　　　　路面结构：

测定层位：

承载板直径（cm）：　　　　　　　　　测定日期：　　年　　月　　日

	预定贯入量（mm）	贯入量百分表读数（0.01mm）			测力计读数	压强（MPa）
		1	2	平均		
加载记录	0					
	0.5					
	1.0					
	1.5					
	2.0					
	2.5					
	3.0					
	4.0					

CBR 计算	贯入断面面积：　　　cm^2 相当于贯入量 2.5mm 时的荷载压强：标准压强=7MPa　$CBR_{2.5}$=　　（%） 相当于贯入量 5.0mm 时的荷载压强：标准压强=10.5MPa　$CBR_{2.5}$=　　（%） 试验结果现场 CBR=（%）

含水量		湿土质量（g）	干土质量（g）	水质量（g）	含水量（%）	平均含水量（%）
	1					
	2					

密度		试样湿质量（g）	试样干质量（g）	体积（cm^3）	干密度（g/cm^3）	平均干密度（g/cm^3）
	1					
	2					

课 后 小 结

回弹弯沉值是指标准后轴双轮组轮隙中心处的最大回弹弯沉值。在路表测试的回弹弯沉值可以反映路基、路面的综合承载能力。采用回弹弯沉值来表征路基路面的承载能力，回弹弯沉值越大，承载能力越小，反之越大。

知道贝克曼梁法测定路基路面回弹弯沉的测试步骤，会对回弹弯沉值进行修正和回弹弯沉评定。知道路基路面施工或验收时回弹模量（承载板法）检测步骤，会进行回弹模量检测。会进行 CBR 试验。

思考与练习

一、选择题

1．用贝克曼梁法测定回弹模量时，各测点的测试值取舍的依据是（　　）。

A．3 倍标准偏差法　　　　　　　　B．拉依达法

C．肖维纳特法　　D．格拉布斯法

2．目前，回弹弯沉最常用的测试方法是（　　）。

A．承载板法　　B．贝克曼梁法

C．自动弯沉仪法　　D．落锤式弯沉仪法

3．回弹弯沉测定时，左轮百分表初读数 61、终读数 47；右轮初读数 94、终读数 81，则弯沉处理方法和计算结果正确的是（　　）。

A．左、右轮弯沉分别考虑，其值为 14、13（0.01mm）

B．左、右轮弯沉分别考虑，其值为 28、26（0.01mm）

C．取左右轮弯沉平均值，其值为 13.5（0.01mm）

D．取左右轮弯沉平均值，其值为 27（0.01mm）

4．当弯沉代表值小于设计弯沉值（或竣工验收弯沉值）时，其得分为（　　）。

A．100 分　　B．规定的满分

C．合格率×规定分　　D．零分

5．半刚性基层沥青面层弯沉测试中，当（　　）时应进行温度修正。

A．路面温度 15℃，沥青面层厚度 10cm

B．路面温度 15℃，沥青面层厚度 4cm

C．路面温度 20℃，沥青面层厚度 10cm

D．路面温度 20℃，沥青面层厚度 4cm

6．一般来说，用 5.4m 的贝克曼梁测得的回弹弯沉比用 3.6m 的贝克曼梁测得的（　　）。

A．大　　B．小　　C．一样　　D．不一定

7．在测定土基模量时，一般情况下要求采用细砂整平，如果细砂形成了一个薄的整层，测定的土基模量比真实值（　　）。

A．偏大　　B．偏小　　C．一样　　D．很难确定

8．采用贝克曼梁单侧测试路表弯沉时，如果已知待测路段在标准轴载作用下的弯沉曲率半径为 3.0m，采用（　　）测试是最适宜的。

A．一台 3.6m 贝克曼梁弯沉仪　　B．二台 3.6m 贝克曼梁弯沉仪

C．一台 5.4m 贝克曼梁弯沉仪　　D．二台 5.4m 贝克曼梁弯沉仪

9．现场采用承载板测定土基回弹模量时，如果不考虑总影响量，得到的土基回弹模量值与真实值比较，会（　　）。

A．偏大　　B．偏小　　C．相同　　D．偏大偏小无规律

10．测试回弹弯沉时，弯沉仪的测头应放置在（　　）位置。

A．轮隙中心　　B．轮隙中心稍偏前

C．轮隙中心稍偏后　　D．轮隙中任意位置

11．回弹弯沉测试中，应对测试值进行修正，但不包括（　　）修正。

A．温度　　B．支点　　C．季节　　D．原点

12．高等级公路沥青路面的弯沉值应在通车后的（　　）验收。

A．第一个最不利季节　　B．第一个夏季

C．第一个冬季　　D．第一个雨季

13．在交工验收时，（　　）应进行回弹弯沉检测。

A．沥青混凝土面层　　B．水泥混凝土面层

C．半刚性基层　　D．粒料类基层

14．贝克曼梁测定回弹弯沉，百分表初读数为 49，终读数为 24。那么回弹弯沉值为（　　）。

A．25（0.01mm）　　B．25（mm）

C．50（0.01mm）　　D．50（mm）

15．承载板法测定土基回弹模量时，有可能要对荷载-变形曲线（即 P-L 曲线）进行（　　）修正。

A．温度　　B．支点　　C．季节　　D．原点

16．关于水泥稳定碎石回弹模量试件养生的说法：①养生温度为南方（25+2）℃，北方（20+2）℃；②养生龄期 6 个月；③养生期间试件的质量损失不超过 10g；④养生期的最后一天，应将试件浸泡在水中；正确的是（　　）。

A．①②③　　B．①②④　　C．①③④　　D．①②③④

17．关于回弹弯沉的说法有：①回弹弯沉可以用来表征路基路面的承载力；②回弹弯沉越大，承载能力越高；③通常所说的回弹弯沉值是指标准后轴双轮组轮隙中心处的最大回弹弯沉值；④回弹弯沉值可以应用于新建路面结构的设计和施工控制；⑤回弹弯沉值可以用于旧路补强设计；正确说法有（　　）。

A．①②③④　　B．①③④⑤　　C．①②④⑤　　D．①②③④⑤

18．采用贝克曼梁对一级公路进行弯沉测试时，测试车后轴轴重应为（　　）。

A．120kN　　B．100kN　　C．80kN　　D．60kN

19．室内 CBR 试验中，贯入杆预压在 CBR 试件上的力是（　　）。

A．20N　　B．30N　　C．45N　　D．60N

20．采用承载板法测定土基回弹模量，当回弹变形值超过（　　）时，即可停止加载。

A．0.5mm　　B．1mm　　C．1.5mm　　D．2mm

21．贝克曼梁测试的路面弯沉值，在进行计算之前，应舍弃超出（　　）的特异值。

A．L 均值±（1～2）S　　B．L 均值±（2～3）S

C．L 均值±1.645S　　D．L 均值±1.5S

22．可以测得动态弯沉盆的检测设备是（　　）。

A．3.6m 贝克曼梁　　B．5.4m 贝克曼梁

C．落锤式弯沉仪　　D．自动弯沉仪

23．贝克曼梁测定路面弯沉时，测定应布置在（　　）位置。

A．路面中心线　　B．行车道中心线　C．行车道标线　　D．行车道轮迹带

24．贝克曼梁前臂（接触路面）与后臂（装百分表）长度之比为（　　）。

A．1∶1　　B．1∶2　　C．1∶3　　D．2∶1

25．级配碎石基层上的沥青混合料面层用贝克曼梁测定的回弹弯沉检测结果可能需

要进行（　　）。

A．支座修正　　B．温度修正　　C．季节修正　　D．基层类型修正

26．半刚性基层材料配合比设计时，应根据（　　）标准制作强度试样。

A．轻型击实　　B．重型击实

C．轻型或重型击实　　D．振动击实

二、填空题

1．贝克曼梁法中弯沉仪有_______和_______两种规格，杠杆比为_______。

2．弯沉测试方法有_______、_______和_______三种，目前应用最多的是_______。

3．采用贝克曼梁法检测路面回弹弯沉前应做_______、_______、_______等准备工作。

4．贝克曼梁法中对标准车要求有_______、_______、_______。

5．当沥青路面回弹弯沉进行温度修正时，有_______、_______两种方法。

6．弯沉值是指在规定的_______作用下，路基或路面表面轮隙中心处产生的_______，以_______为单位。

7．贝克曼梁测定回弹弯沉方法利用_______原理制成杠杆式弯沉仪测定_______弯沉，适用于测定各类路基路面的回弹弯沉，用以评定其_______，供路面结构设计使用。

8．承载板测定土基回弹模量试验时，当两台弯沉仪百分表读数之差小于_______时，取平均值，如超过_______则应重测。当回弹变形值超过_______时，即可停止加载。

9．CBR 试验分为_______试验和_______试验。

10．CBR 一般以贯入量_______mm 时的测定值为准，当贯入量_______mm 时的 CBR 大于_______mm 时的 CBR 时，应重新试验，如重新试验仍然如此时，则以贯入量_______mm 时的 CBR 为准。

三、判断题（对者打“√”，错者打“×”）

1．承载板测定土基回弹模量，当回弹变形值超过 1mm 时，即可停止加载。（　　）

2．沥青路面弯沉验收应在施工结束后立即检测。（　　）

3．弯沉测试中的自动弯沉仪法属于动态测试方法。（　　）

4．路表回弹模量越大，表示路基路面的整体承载能力越大。（　　）

5．采用贝克曼梁检测弯沉时，可以是双侧同时测定。但进行弯沉的分析评定时，应首先对双侧同时测定的弯沉取平均值后才能进行评定。（　　）

6．半刚性基层沥青面层弯沉测试时，可采用 5.4m 的贝克曼梁，不进行支点修正。（　　）

7．沥青路面回弹弯沉验收时，应在通车后第一个最不利季节测试。（　　）

8．弯沉测试中的落锤式弯沉仪（FWD）法属于动态测试方法。（　　）

9．根据“评定标准”规定，当土方路基施工路段较短时，分层压实度必须点点符合要求，且实际样本数不小于 7 个。（　　）

10．土基现场 CBR 值测试，当两个表读数差值超过平均值的 30%时，应停止试验。（　　）

11．当沥青路面结构层的厚度计算以层底拉应力控制时，竣工验收弯沉值较设计弯沉值小。（　　）

12．在非不利季节测定回弹弯沉值时，应考虑季节影响系数。（　　）

13．承载板测定回弹模量，采用逐级加载-卸载的方式进行测试。（　　）

14．竣工验收弯沉值是检验路面是否达到设计要求的指标之一。（　　）

15．承载板法测定回弹模量一般采用加载、卸载的办法进行试验，由于测试车对测定点处的路面会产生影响，故要进行总影响量测定，并在各分级回弹变形中加上该影响量值。（　　）

16．落锤式弯沉仪测定的是静态回弹弯沉可以直接用于路基路面评定。（　　）

四、计算题

1．某路段路面结构为 20cm 厚 4%水泥稳定碎石底基层、36cm 厚 6%水泥稳定碎石基层、沥青混凝土面层。在面层施工质量检查前 5 天气温平均值分别为：30℃、28℃、24℃、26℃、26℃，检测时气温为 28℃。检测中，标准轴载测得 10 点的弯沉值分别为 28、30、20、26、24、18、32、30、28、26（0.01mm），请完成试验记录表并判断该路段的弯沉值是否满足要求，保证率系数 $Z_{\alpha}=1.645$，容许弯沉值为 30（单位：0.01mm）。

2．某检测组对某一已完工的路基进行弯沉测试，共测得 27 个弯沉值，其数据如下：60、52、104、110、90、156、224、70、140、130、70、100、210、104、170、80、86、74、54、60、104、70、218、100、110、50、40（单位：0.01mm），请计算该路段的弯沉代表值。（采用 2S 法，取 $Z_{\alpha}=2.0$）。

3．某路段路基施工质量检查中，标准轴载测得 12 点的弯沉值分别为 186、148、196、172、168、191、183、192、200、174、179、188（单位：0.01mm），该路段的弯沉值是否满足要求？（保证率系数 $Z_A=2.0$，设计弯沉值 L_d 为 200（单位：0.01mm））

4．用贝克曼梁法测定某路段路基路面的综合回弹模量，经整理各测点弯沉值如下：38、45、32、42、36、37、40、44、52、46、42、45、37、41、44（单位：0.01mm）。其中，测试车后轴重 100kN（轮胎气压为 0.7MPa，当量圆半径为 10.65cm），请计算该路段的综合回弹模量[$E=0.712\times\dfrac{2p\delta}{L_r}(1-\mu^2), \mu=0.3$]。

五、简答题

1．弯沉值常用哪几种方法进行测定?各测定方法有何特点?

2．回弹模量的测定方法有哪些？它们各自适用在什么情况？

3．简述贝克曼梁法检测路基路面回弹弯沉的步骤。

4．贝克曼梁法检测路基路面回弹弯沉时在什么情况下需要进行支点修正和温度修正？

5．简述自动弯沉仪法的适用范围和检测步骤。

6．自动弯沉仪法在什么情况下弯沉值需要进行横坡修正？

7．简述锤式弯沉仪法的检测步骤。

8．简述承载板法测定土基回弹模量的要求。

9．简述路基路面施工或验收时回弹模量（承载板法）检测步骤。

10．请论述承载板法测定土基回弹模量的主要过程。

11．简述土基现场 CBR 值测试的步骤和要点。

12．怎样在现场进行 CBR 测试？

13．拟安排对某路段进行路基回弹模量检测，请撰写检测方案，包含检测器具的准备、人员安排、检测方法步骤等内容。

六、名词解释

1．CBR

2．弯沉值

第四章

无机结合料稳定材料的检测

学习目标 1．知识目标

（1）理解无机结合料稳定材料概念、分类、组成、各原材料的技术要求。

（2）掌握测定水泥和石灰稳定土中水泥和石灰的剂量，并能检查拌和与路面基层摊铺施工的均匀性。

（3）掌握无机结合料稳定材料击实试验定出最佳含水量和最大干密度。

（4）掌握无机结合料无侧限抗压和抗折强度试验及数据处理。

2．能力目标

（1）能进行无机结合料稳定类材料的组成设计。

（2）能进行无侧限抗压强度试验试件的制备、养生和强度试验。

（3）能根据各技术指标进行无机结合料稳定材料强度配合比设计与各项数量计算。

课时建议 4 课时

学习引导 无黏结粒料类混合料、无机结合料（水泥、石灰、粉煤灰）稳定类混合料在公路工程施工所用的材料中占很大比重。为了保障公路工程总体的质量，对该部分混合料的性能和质量进行控制和评价是十分必要的。本章仅就几种常见混合料的强度检测方法进行论述，原材料性能检测试验及混合料其他性能检测请查阅本书及《公路工程无机结合料稳定材料试验规程》（JTG E51—2009）相关章节。

第一节　无机结合料稳定材料的组成

一、无机结合料稳定材料概述

1. 无机结合料稳定材料概念

采用一定的技术措施，在经过粉碎的或原来松散的土中，掺入足量的无机结合料（如水泥、石灰等）和水，经拌和均匀，在压实和养生后得到的一种强度或耐久性符合规定要求的复合混合料，称为无机结合料稳定材料，又称无机结合料稳定土。

工程上用于无机结合料稳定的土，通常按照土中单个颗粒（包括碎石、砾石和砂颗粒，不包括土块或土团）的粒径大小组成，将土分为下列三种。

1）细粒土。颗粒最大粒径不大于4.75mm，公称最大粒径不大于2.36mm的土，包括各种黏质土、粉质土、砂和石屑等。

2）中粒土。颗粒最大粒径不大于26.5mm，公称最大粒径大于2.36mm且不大于19mm的土或集料，包括砂砾土、碎石土、级配砂砾、级配碎石等。

3）粗粒土。颗粒最大粒径不大于53mm，公称最大粒径大于19mm且不大于37.5mm的土或集料，包括砂砾土、碎石土、级配砂砾、级配碎石等。

2. 无机结合料稳定材料分类

（1）按无机结合料的种类分

1）水泥稳定材料。在经过粉碎的或原来松散的材料中，掺入足量的水泥和水，经拌和得到混合料，在压实和养生后，当其抗压强度符合规定的要求时，称为水泥稳定材料。

2）石灰稳定材料。在粉碎的或原来松散的材料（包括各种粗、中、细粒土）中，掺入足量的石灰和水，经拌和得到混合料，在压实和养生后，当其抗压强度符合规定的要求时，称为石灰稳定材料。

3）综合稳定材料。两种或两种以上无机结合材料稳定的强度符合要求的混合料。例如石灰粉煤灰级配碎石和石灰粉煤灰级配砂砾，简称二灰碎石和二灰砂砾。

（2）按土的粒径大小和组成分

按土的粒径大小和组成可分为无机结合料稳定土和无机结合料稳定粒料。

1）无机结合料稳定土。用无机结合料稳定细粒土而得到的混合料，如石灰稳定土、水泥稳定土、石灰粉煤灰稳定土（简称二灰土）等。

2）无机结合料稳定粒料。指无机结合料稳定中粒土或粗粒土等而得到的混合料。其中按粒料种类不同分为无机结合料稳定砂砾（用无机结合料稳定中粒土或粗粒土，原材料为天然砂砾或级配砂砾所得到的配合料）、无机结合料稳定碎石。

3. 无机结合料稳定材料的强度形成原理

（1）离子交换作用

所谓离子交换作用是指稳定剂中高价阳离子在一定的条件下替换土中某些低价金属离子（k+、Na+）等作用。通过离子交换，使土粒凝聚而增强了黏聚力，并使其水稳性提高，能发生离子交换作用的稳定剂有石灰，水泥等。其化学方程式如下：

$$\pm Na^{+}（或 K^{+}）+Ca^{2+}\rightarrow \pm Ca^{2} +Na^{-}（或 K^{+}） \tag{4-1}$$

（2）碳酸化作用

碳酸化指消解石灰或水泥水化产物 $Ca(OH)_2$ 吸附空气中的 CO_2 气体，生成碳酸钙的过程，其化学反应如下：

$$Ca(OH)_2 + nH_2O + CO_2 \rightarrow CaCO_3 + (n+1)H_2O \tag{4-2}$$

（3）结晶作用

当土中 $Ca(OH)_2$ 浓度达到一定值时

$$Ca(OH)_2 + NH_2O \rightarrow Ca(OH)_2 \cdot nH_2O \tag{4-3}$$

（4）火山灰反应

火山灰反应指活性 SiO_2 和 AL_2O_3 在 Ca（OH）$_2$ 激发下产生的化学反应，生成类似硅酸盐水泥的水化产物（水化硅酸钙和水化铝酸钙）的过程。其化学反应为

$$SiO_2 + (n-1)H_2O \rightarrow mCaO{\bullet}SiO_2{\bullet}nH_2O \tag{4-4}$$

$$mCa(OH)_2 + AL_2O_3 + (n-1)H_2O \rightarrow mCaO{\bullet}SiO_2{\bullet}AL_2O_3{\bullet}nH_2O \tag{4-5}$$

注：式中 *m* 表示 1 或 2。

火山灰作用的水化产物和结晶 $Ca(OH)_2$ 在土的团粒外围形成一层稳定的保护膜、具有很强的粘结力，同时阻止水分进入，使土的水稳定性提高。

（5）硬凝反应

此作用主要是水泥水化生成胶结性很强的各种物质，如水化硅酸钙、水化铝酸钙等，这种物质能将松散的颗粒胶结成整体材料。这种作用对于水泥稳定粗粒土和中粒土作用最显著。

（6）吸附作用

某些稳定剂加入土中后能吸附于土颗粒表面，使土颗粒表面具有憎水性或使土颗粒表面黏结性增加，如沥青稳定剂。

4. 无机结合料稳定材料的优缺点

（1）优点

1）具有良好的力学性能，其抗压强度和抗弯拉强度较高，强度与模量随龄期不断增长，水稳定性好，具有抗冻性，结构本身自成板块，在外力作用下变形小，因而又称为半刚性材料。

2）便于就地取材，易于实现机械化施工，养护费用低。

3）利用工矿企业废渣，既解决筑路材料来源的困难，又解决废渣的堆放处理问题。

（2）缺点

1）干缩或低温收缩容易产生裂缝。

2）耐磨性差，一般不宜用于路表面。

3）无机结合料稳定土的最大缺点是抗变形能力低，特别是在温度和湿度变化时容易产生裂缝。当采用无机结合料稳定土作为沥青路面的基层时，这些裂缝易于反射到面层，造成路面产生裂缝，进而严重影响沥青路面的使用性能。缩裂规律对减少裂缝的危害和防治裂缝具有十分重要的意义。

5. 无机结合料稳定土缩裂现象与裂缝防治措施

（1）无机结合料稳定土的缩裂现象

无机结合料稳定土的缩裂现象主要有干缩裂和温缩裂缝两种。

1）干缩裂缝。随着无机结合料稳定土强度的不断形成，水分逐渐消耗以及蒸发，体积发生收缩，收缩变形受到约束时，逐渐产生裂缝，称为干缩裂缝。试验研究表明，若以最佳含水量状态下各种无机结合料土的干缩系数的大小排序，则为石灰土＞石灰砂砾＞二灰土＞二灰砂砾＞水泥砂砾。无机结合料稳定土干缩裂缝的产生与结合料的种类与用量、含细粒土的多少及养护条件有关。石灰稳定土比水泥稳定土容易产生干缩裂缝。对于含细粒土较多的无机结合料稳定土，常以干缩为主，故应加强初期养护，保证石灰土表面潮湿，减轻稳定土的干缩裂缝。

2）温缩裂缝。无机结合料稳定土具有热胀冷缩性质。随着气候的降低，稳定土会产生冷却收缩变形，收缩变形受到约束时，逐渐会形成裂缝，称为温缩裂缝。试验研究表明，若以最佳含水量状态下各种无机结合料土的干缩系数的大小排序，则为石灰土＞石灰砂砾＞二灰土＞水泥砂砾＞二灰砂砾。无机结合料稳定土干缩裂缝的产生与结合料的种类与用量、土的粗细程度与成分以及养护条件有关。石灰稳定土比水泥稳定土的温缩大，细粒土比粗粒土的温缩大，掺入一定数量的粉煤灰可以降低温缩系数。早期养生良好的无机结合料稳定土易于成形，早期强度高，可以减少裂缝产生。

（2）无机结合料稳定土防治措施

1）改善土质。无机结合料稳定土的缩裂性质与用土的黏性有关。用土愈黏，则缩裂愈严重。故应采用黏性较小的土，或在黏性土中掺入砂土、粉煤灰等，以降低土的塑性指数。

2）控制压实含水量及压实度，稳定土因含水量过多产生的干缩裂缝显著，压实度小时产生的干缩要比压实度大时严重。因此，稳定土压实时含水量比最佳含水量略小为好，并尽可能达到最佳压实效果。

3）掺入粗粒料。掺入一定数量（掺入量 60%～70%），如砂、碎石、砾石、煤渣及矿渣等，使混合料满足最佳组成要求，提高其强度和稳定性，减少缩裂产生，同时可以节约结合料和改善碾压时的拥挤现象。

二、无机结合料稳定土组成材料的技术要求

为了保证无机结合料稳定土具有良好的技术性能和适用品质，必须正确选用原材料。

1. 无机结合料

无机结合料目前最常用的有水泥和石灰，它们（消石灰粉与磨细生石灰粉）是稳定土强度形成的主要来源，又是组成材料中价格最贵的。所以，无机结合料正确的选择原则是既要满足工程质量的要求又要满足经济性的要求。

（1）水泥

普通硅酸盐水泥、矿渣硅酸盐水泥和火山灰质硅酸盐水泥都可用于稳定土。为了满足施工操作工艺过程的需要，选用初凝时间 3h 以上和终凝时间 6h 以上的水泥。快硬水泥、早强水泥以及受潮变质的水泥不得使用，宜采用强度等级较低的水泥，如 32.5 级或 42.5 级。

（2）石灰

各种化学组成的石灰均可用于稳定土，但其中石灰质量应符合合格品以上标准。石灰放置时间过久，其有效钙和有效镁的含量会有很大损失，因此要尽量缩短石灰的存放时间。如需存放较长时间，应采用覆盖封存措施以妥善保管，最好在生产后三个月内投入使用，对于等级低于合格品标准的贝壳石灰或珊瑚石灰，可适当增加剂量，经试验其无侧限抗压强度必须满足要求，方可使用。对于高速公路和一级公路，为了获得良好的稳定效果，通常采用磨细生石灰粉。

2. 土质与粒料

对土的一般要求是易于粉碎，满足一定的级配要求，便于碾压成形。

（1）液限与塑性指数

1）水泥稳定土用做底基层时，单个粒径的最大粒径不应超过 53mm，水泥稳定土的组成应在表 4-1 所列范围内，土的均匀系数应大于 5。细粒土的液限不应超过 40%（一般适宜小于 25%），塑性指数不超过 17。对于中粒土和粗粒土，如土中小于 0.6mm 的颗粒含量在 30%以下，塑性指数可稍大。实际工作中，宜选用均匀系数大于 10、塑性指数小于 12 的土。塑性指数大于 17 的土，宜采用石灰稳定，或用水泥和石灰综合稳定。

表 4-1　用做底基层时水泥稳定土的颗粒组成范围

筛孔尺寸（mm）	53	4.75	0.6	0.075	0.002
通过质量百分率（%）	100	50～100	17～100	0～50	0～30

2）水泥稳定土用做基层时，单个颗粒的最大粒径不超过 37.5mm。水泥稳定土的颗粒组成应在表 4-2 范围内。集料中不应含有塑性指数的土。对于二级公路宜按接近级配范围的下限组配混合料或采用表 4-2 中的 2 号级配。

表 4-2　水泥稳定土的颗粒组成表

项目 ＼ 通过质量百分率（%）＼ 编号		1	2	3
筛孔尺寸（mm）	37.5	100	100	
	31.5		90～100	100
	26.5			90～100
	19		67～90	72～89
	9.5		45～68	47～67
	4.75	50～100	29～50	29～49
	2.36		18～38	17～35
	0.6	17～100	8～22	8～22
	0.075	0～30	0～7	0～7
液限（%）				<28
塑限指数				<9

注：集料中 0.5mm 以下细粒土有塑性指数时，小于 0.075mm 的颗粒含量不应超过 5%；细粒土无塑性指数时，小于 0.075mm 的颗粒含量不应超过 7%。

3）对于高速公路和一级公路，水泥稳定土所用的粗粒土和中粒土应满足如下要求：

① 水泥稳定土用做底基层时，单个颗粒的最大粒径不应超过 37.5mm。水泥稳定土的颗粒组成应在表 4-2 所列 1 号级配范围内，土的均匀系数应大于 5，细粒土的液限不应超过 40%，塑性指数不超过 17。对于中粒土和粗粒土，宜采用表 4-2 中 2 号级配，但小于 0.075mm 的颗粒含量和塑性指数可不受限制。

② 水泥稳定土用做基层时，单个颗粒的最大粒径不应超过 31.5mm。水泥稳定土的颗粒组成应在表 4-2 所列 3 号级配范围内。

（2）颗粒组成

用做基层时，颗粒的最大粒径不应超过 31.5mm，用做底基层时，颗料最大粒径不超过 53mm。最大粒径太大、拌和、摊铺、压实均有困难，表面平整度也难达到要求。最大粒径太小，则动稳定性不足投资增加。水泥稳定类材料用于底基层时，土的均匀系数大于 5，实际工程中均匀系数大于 10。水泥稳定类集料颗粒组成应满足表 4-3 的要求。二灰级配砂砾中粒料适宜的颗粒级配组成见表 4-4。二灰级配碎石中集料适宜的颗粒级配组成见表 4-5。

表 4-3　水泥稳定类粒料的颗粒组成范围

筛孔尺寸（mm）		37.5	31.5	26.5	19	9.5	4.75	2.36	0.6	0.075
通过百分率（%）	1	100					50～100		17～100	0～30
	2	100	90～100		67～90	45～68	29～50	18～38	8～22	0～7
	3		100	90～100	72～89	47～67	29～49	17～35	8～22	0～7

注：粒料中 0.5mm 以下细粒土有塑性指数时，小于 0.075mm 的颗粒含量不应超过 5%；细粒土无塑性指数时，小于 0.075mm 的颗粒含量不应超过 7%。

表中 3 号级配可用于基层，1、2 号可用于底基层。

表 4-4 二灰级配砂砾中粒料的颗粒组成范围

编号	通过下列筛孔（mm）的质量百分比（%）								
	37.5	31.5	19.0	9.50	4.75	2.36	1.18	0.60	0.075
1	100	85～100	65～85	50～70	35～55	25～45	17～35	10～27	0～15
2		100	85～100	55～75	39～59	27～47	17～35	10～25	0～10

表 4-5 二灰级配碎石中集料的颗粒组成范围

编号	通过下列筛孔（mm）的质量百分率（%）								
	37.5	31.5	19.0	9.50	4.75	2.36	1.18	0.60	0.075
1	100	90～100	72～90	48～68	30～50	18～38	10～27	6～20	0～7
2		100	81～98	52～70	30～50	18～38	10～27	6～20	0～7

（3）压碎值

无机结合料稳定土所用的碎、砾石应具有一定的抗压碎能力。二级和二级以下公路的粒料压碎值不大于 35%（底基层可放宽至 40%），高速公路和一级公路的粒料压碎值不大于 30%。

（4）硫酸盐与腐殖质

水泥稳定类有机质含量不应大于 2%，硫酸盐含量不应大于 0.25%。有机质含量超过 2%以及塑性指数偏高的土，不应单用水泥稳定，若需采用这种土，必须用石灰进行处理后，方可用水泥稳定。石灰及二灰稳定土的有机质含量不应超过 10%，硫酸盐含量不应超过 0.8%。

3．工业废料

（1）粉煤灰

1）粉煤灰中 SiO_2、Al_2O_3 和 Fe_2O_3 的总含量应大于 70%。

2）粉煤灰的烧失量不应超过 20%，粉煤灰的比表面积宜大于 $2500cm^2/g$。

3）干粉煤灰和湿粉煤灰都可以用使用，干粉煤灰若堆在地上，应加水湿润，防止飞扬造成污染；湿粉煤灰的含水量不宜超过 35%。使用时将凝固的粉煤灰块打碎或过筛，同时清除有害杂质。

（2）煤渣

1）煤渣是煤经锅炉燃烧后所得到的残渣，它的主要成分是 SiO_2、Al_2O_3。

2）松干密度：700～$1100kg/m^3$。

3）最大粒径应不大于 26.5mm，其颗粒组成宜有一定级配，不宜含有杂质。

4）纯粗颗粒不宜碾压密实，纯细颗粒施工对含水量变化很敏感。

4．水

饮用水，遇到可疑水源时，应进行试验鉴定。

第二节　水泥或石灰稳定材料中水泥或石灰剂量测定方法（EDTA 滴定法 T 0809—2009）

水泥的剂量是指水泥质量占全部粗细土干质量的百分率。测定方法分为 EDTA 滴定法和直接式测钙仪法。随着水泥剂量的增加，强度随水泥剂量的增加而增长，过多使用水泥虽获得强度增加，同时也使温缩和干缩现象增多，经济成本增加。水泥剂量控制在4%～10%较为合理。

土质：除有机质或硫酸盐含量高的土以外，其他土质均可使用。

石灰的剂量：石灰的剂量是指石灰稳定土中石灰的质量占全部粗细土干质量的百分率。其测定方法有 EDTA 滴定法和直接式测钙仪法。石灰剂量小于 3%～4%，石灰主要起稳定作用，使土的塑性、膨胀性、吸水性降低，具有一定的水稳定性。随着剂量的增加，石灰稳定土的强度和稳定性均提高。当剂量超过一定范围，过多石灰在土中以自由灰形式存在，导致稳定土的强度下降。因此，石灰稳定土中石灰存在一个最佳剂量，随土质不同而异，也于养生龄期有关。一般情况下最佳剂量的选用范围是黏性土及粉性土为 8%～16%；砂性土则为 10%～18%。

一、适用范围

1）本方法适用于在工地快速测定水泥和石灰稳定土中水泥和石灰的剂量，并可用以检查拌和和摊铺的均匀性。

2）本方法适用于在水泥终凝之前的水泥含量测定，现场土样的石灰剂量应在路拌后尽快测试，否则需要用相应龄期的 EDTA 二钠标准溶液消耗量的标准曲线确定。

3）本方法也可以用来测定水泥和石灰综合稳定材料中结合料的剂量。

二、仪器设备

1）滴定管（酸式）：50mL，1 支。

2）滴定台：1 个。

3）滴定管夹：1 个。

4）大肚移液管：10mL，50mL、10 支。

5）锥形瓶（即三角瓶）：200mL，20 个。

6）烧杯：2000mL（或 1000mL），1 只；300mL，10 只。

7）容量瓶：1000mL，1 个。

8）搪瓷杯：容量大于 1200mL，10 只。

9）不锈钢棒（或粗玻璃棒）：10 根。

10）量筒：100mL 和 5mL，各 1 只；50mL，2 只。

11）棕色广口瓶：60mL，1 只（装钙红指示剂）。

12）电子天平：量程不小于 1500g，感量 0.01g。

13）秒表：1 只。

14）表面皿：ϕ 9cm，10 个。

15）研钵：ϕ 12～13cm，1 个。

16）洗耳球：1 个。

17）精密试纸：pH12～14。

18）聚乙烯桶：20L（装蒸馏水和氯化铵及 EDTA 二钠标准溶液）3 个，5L（装氢氧化钠）1 个；5L（大口桶）10 个。

19）毛刷、去污粉、吸水管、塑料勺、特种铅笔、厘米纸。

20）洗瓶（塑料）500mL，1 只。

三、试剂

1）0.1mol/m^3 乙二胺四乙酸二钠（简称 EDTA 二钠）标准液（简称 EDTA 二钠标准溶液）：准确称取 EDTA 二钠（分析纯）37.23g，用 40～50℃的无二氧化碳蒸馏水溶解，待全部溶解并冷至室温后，定容至 1000mL。

2）10%氯化铵（NH_4Cl）溶液：将 500g 氯化铵（分析纯或化学纯）放在 10L 的聚乙烯桶内，加蒸馏水 4500mL，充分振荡，使氯化铵完全溶解。也可以分批在 1000mL 的烧杯内配制，然后倒入塑料桶内摇匀。

3）1.8%氢氧化钠（内含三乙醇胺）溶液：用电子天平称 18g 氢氧化钠（NaOH）（分析纯），放入洁净干燥的 1000mL 烧杯中，加 1000mL 蒸馏水使其全部溶解，待溶液冷至室温后，加入 2mL 三乙醇胺（分析纯），搅拌均匀后储于塑料桶中。

4）钙红指示剂：将 0.2g 钙试剂羟酸钠（分子式 $C_{21}H_{13}N_2NaO_7S$，分子量 460.39）与 20g 预先在 105℃烘箱中烘 1h 的硫酸钾混合。一起放入研钵中，研成极细粉末，储于棕色广口瓶中，以防吸潮。

四、准备标准曲线

1）取样：取工地用石灰和土，风干后用烘干法测其含水量（如为水泥，可假定其含水率为 0）。

2）混合料组成的计算

① 公式：

$$\text{干料质量} = \frac{\text{湿料质量}}{1+\text{含水量}} \tag{4-6}$$

② 计算步骤：

a.

$$\text{求干混合料质量} = \frac{\text{湿料质量}}{1+\text{最佳含水量}} \tag{4-7}$$

b. $干土质量=\frac{干混合料质量}{1+石灰（或水泥）剂量}$ （4-8）

c. 干石灰（或水泥）质量＝干混合料质量－干土质量 （4-9）

d. 湿土质量＝干土质量×(1＋土的风干含水量） （4-10）

e. 湿石灰质量＝干石灰质量×(1＋石灰的风干含水量） （4-11）

f. 石灰土中应加入的水=湿混合料质量－湿土质量－湿石灰质量 （4-12）

3）准备 5 种试样，每种 2 个样品（以水泥稳定材料为例），如为水泥稳定中，粗粒土，每个样品取 1000g 左右（如为细粒土，则可称取 300g 左右）准备实验。为了减少中、粗粒土的离散，宜按设计级配单份掺配的方式备料。

5 种混合料的水泥剂量应为：水泥剂量为 0，最佳水泥剂量左右、最佳水泥剂量±2%和+4%①，每种剂量取两个（为湿质量）试样，共 10 个试样，并分别放在 10 个大口聚乙烯桶（如为稳定细粒土，可用搪瓷杯或 1000mL 具塞三角瓶；如为粗粒土，可用 5L 的大口聚乙烯桶）内。土的含水量应等于工地预期达到的最佳含水量，土中所加的水应与工地所用的水相同。

注① 准备标准曲线的水泥剂量可为 0、2%、4%、6%、8%，如水泥剂量较高或较低，应保证工地实际所用水泥或石灰的剂量位于标准曲线时所用剂量的中间。

4）取一个盛有试样的盛样器，在盛样器内加入两倍试样质量（湿料质量）体积的 10%氯化铵溶液（如湿料质量为 300g，则氯化铵溶液为 600mL，如湿料质量为 1000g，则氯化铵溶液为 2000mL）。料为 300g，则搅拌 3 min（每分钟搅 110～120 次）；料为 1000g，则搅拌 5min。如用 1000mL 具塞三角瓶，则手握三角瓶（瓶口向上）用力振荡 3min（每分钟 120 次±5 次）以代替搅拌棒搅拌。放置沉淀 10min②，然后将上部清液转移到 300mL 烧杯内，搅匀，加盖表面皿待测。

注② 如 10min 后得到的是混浊悬浮液，则应增加放置沉淀时间，直到出现无明显悬浮颗粒的悬浮液为止，并记录所需的时间。以后所有该种水泥（或石灰）稳定材料的试验，均应以同一时间为准。

5）用移液管吸取上层（液面上 1～2cm）悬浮液 10.0mL 放入 200mL 的三角瓶内，用量筒量取 1.8%氢氧化钠（内含三乙醇胺）溶液 50mL 倒入三角瓶中，此时溶液 pH 值为 12.5～13.0（可用 pH12～14 精密试纸检验），然后加入钙红指示剂（质量约为 0.2 g），摇匀，溶液呈玫瑰红色。记录滴定管中 EDTA 二钠标准溶液的体积 V_1，然后用 EDTA 二钠标准溶液滴定，边滴定边摇匀，并仔细观察溶液的颜色；在溶液颜色变为紫色时，放慢滴定速度，并摇匀；直到纯蓝色为终点，记录滴定管中 EDTA 二钠标准溶液体积 V_2（以 mL 计，读至 0.1mL）。计算 V_1-V_2，即为 EDTA 二钠标准溶液的消耗量。

6）对其他几个盛样器中的试样，用同样的方法进行试验，并记录各自的 EDTA 二钠标准溶液的消耗量。

7）以同一水泥或石灰剂量稳定材料 EDTA 二钠标准溶液消耗量（mL）的平均值为纵坐标，以水泥或石灰剂量（%）为横坐标制图。两者的关系应是一根顺滑的曲线，如素土，水泥或石灰改变，必须重做标准曲线。

五、试验步骤

1）选取有代表性的无机结合料稳定材料，对稳定中、粗粒土取试样 3000g，对稳定细粒土取试样约 1000g。

2）对水泥或石灰稳定细粒土，称 300g 放在搪瓷杯中，用搅拌棒将结块搅散，加 10%氯化铵溶液 600mL（图 4-1）。对水泥或石灰稳定中、粗粒土，可直接称取 1000g 左右，放入 10%氯化铵溶液 2000mL，然后按前述步骤进行试验。

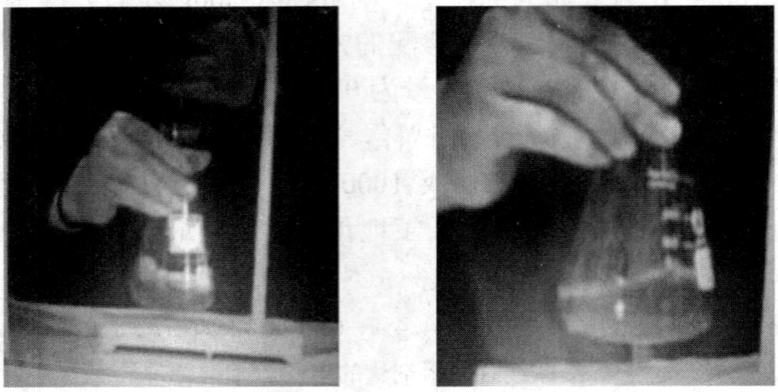

图 4-1　水泥或石灰稳定细粒土试验

3）利用所绘制的标准曲线，根据 EDTA 二钠标准溶液消耗量，确定混合料中的水泥或是石灰剂量。

六、结果整理

本试验应进行两次平行测定（表 4-6），取算术平均值，精确至 0.1mL。允许重复性误差不得大于均值的 5%，否则，重新进行试验。

七、报告

试验报告应包括以下内容：

1）无机结合料稳定材料名称。

2）试验方法名称。

3）试验数量 n。

4）试验结果极小值和极大值。

5）试验结果平均值 X。

6）试验结果标准差 S。

7）试验结果变异系数 C_V。

表 4-6　水泥或石灰剂量测定记录表

平行试样	1			2			平均 EDTA 二钠标准溶液消耗量（mL）
剂量	V_1（mL）	V_2（mL）	EDTA 二钠标准溶液消耗量（mL）	V_1（mL）	V_2（mL）	EDTA 二钠标准溶液消耗量（mL）	
画标准曲线							

试样编号	V_1（mL）	V_2（mL）	EDTA 二钠标准溶液消耗量（mL）	平均 EDTA 二钠标准溶液消耗量（mL）	结合料剂量（%）
1					
2					

第三节　无机结合料稳定土的击实试验

无机结合料稳定材料进行击实或振实试验时，在含水量-干密度坐标系上给出各个对应点，连成圆滑的曲线，曲线的峰值点对应的含水量和干密度即为最佳含水量和最大干密度。

无机结合料稳定土的强度、水稳定性、抗冻性及缩裂现象等均与密实度有关。一般稳定土的密实度每增加 1%，强度增加 4%左右，同时其水稳定性和抗冻性也会提高，缩裂现象减少，由此可见提高密实度的重要意义。

现行《公路路面基层施工技术规范》（JTJ 034—2000）规定，采用重型击实试验确定无机结合料稳定土的最佳含水量和最大干密度，以规定工地实际压实机械碾压时的合适含水量和应达到的最大干密度。同时，为确定制备承载比试验试件的材料含水量。规范规定的各种稳定土的压实度如表 4-7 所示。

测定方法：无机结合料稳定材料含水率试验、击实试验、压实度试验。

表 4-7　无机结合料稳定材料的压实度（%）

公路等级		高速公路、一级公路		二级和二级以下公路	
		中粒土和粗粒土	细粒土	中粒土和粗粒土	细粒土
水泥稳定材料	基层	98	98	97	93
	底基层	97	95	95	93
石灰稳定材料	基层	—	—	97	93
	底基层	97	95	95	93
石灰工业废渣稳定材料	基层	98	98	97	93
	底基层	97	95	95	93

一、含水率试验方法（T 0801—2009 烘干法）

1. 使用范围

本方法适用于测定水泥、石灰、粉煤灰及无机结合料稳定材料的含水量。

2. 仪器设备

（1）水泥、粉煤灰、生石灰粉、消石灰和消石灰粉、稳定细粒土

1）烘箱：量程不小于 110℃，控温精度±2℃。

2）铝盒：直径约 50 mm，高 25～30mm。

3）电子天平：量程不小于 150g，感量 0.01g。

4）干燥器：直径 200～250mm，并用硅胶做干燥剂①。

（2）稳定中土粒

1）烘箱：同上 1）。

2）铝盒：能放样品 500g 以上。

3）电子天平：量程不小于 1000g，感量 0.1g。

4）干燥器：同上 4）。

（3）稳定粗粒土。

1）烘箱：同上 1）。

2）大铝盒：能放样品 2000g 以上。

3）电子天平：量程不小于 3000g，感量 0.1g。

4）干燥器：同上 4）。

注① 用指示硅胶做干燥剂，而不用氯化钙。因为许多黏土烘干后能从氯化钙中吸收水分。

3. 试验步骤

（1）水泥、粉煤灰、生石灰粉、消石灰和消石灰粉、稳定细粒土

1）取清洁干燥的铝盒，称其质量 m_1，并精确至 0.01g，取约 50g 试样（对生石灰粉、消石灰和消石灰粉取 100g），经手工木锤粉碎后松放在铝盒中，应尽快盖上盒盖，尽量避免水分散失，称其质量 m_2，并精确至 0.01g。

2）对于水泥稳定材料，将烘箱温度调到 110℃；对于其他材料①，将烘箱调到 105℃。待烘箱达到设定的温度后，取下盒盖，并将盛有试样的铝盒放在盒盖上，然后一起放入烘箱中进行烘干，需要的烘干时间随试样种类和试样数量而改变。当冷却试样连续两次称量的差（每次间隔 4h）不超过原试样质量的 0.1%②时，即认为样品已烘干。

3）烘干后，从烘箱中取出盛有试样的铝盒，并将盒盖盖紧。

4）将盛有烘干试样的铝盒放入干燥器内冷却③。然后称铝盒和烘干试样的质量 m_3，并精确 0.01g。

注① 某些含有石膏的土在烘干时会损失其结晶水，用此方法测定对其含水量有影响。每 1%石膏对含水量的影响约为 0.2%。如果土中有石膏，则试样应该在不超过 80℃的温度下烘干，并可能要烘更

长时间。

② 对于大多数土，通常烘干 16～24h 就足够了，但是，某些土或试样数量过多或试样很潮湿，可能需要烘更长时间。烘干的时间也与烘箱内试样的总质量、烘箱的尺寸及其通风系统的效率有关。

③ 如铝盒的盖密闭，而且试样在称量前放置时间较短，则可以不放在干燥器中冷却。

（2）稳定中粒土

1）取清洁干燥的铝盒，称其质量 m_1，并精确至 0.1g，取 500g 试样（至少 300g）经粉碎后松放在铝盒中，盖上盒盖，称其质量 m_2，并精确至 0.1g。

2）对于水泥稳定材料，将烘箱温度调到 110℃；对于其他材料，将烘箱调到 105℃。待烘箱达到设定的温度后，取下盒盖，并将盛有试样的铝盒放在盒盖上，然后一起放入烘箱中进行烘干、需要的烘干时间随土类和试样数量而改变。当冷却试样连续两次称量的差（每次间隔 4h）不超过原试样质量的 0.1%时，即认为样品已烘干。

3）烘干后，从烘箱中取出盛有试样的铝盒，并将盒盖盖紧，放置冷却。

4）称铝盒和烘干试样的质量 m_3，并精确至 0.1g。

（3）稳定粗粒土

1）取清洁干燥的铝盒，称其质量 m_1，并精确至 0.1g，取约 2000g 试样经粉碎后松放在铝盒中，盖上盒盖，称其质量 m_2，并精确至 0.1g。

2）对于水泥稳定材料，将烘箱温度调到 110℃；对于其他材料，将烘箱调到 105℃。待烘箱达到设定的温度后，取下盒盖，并将盛有试样的铝盒放在盒盖上，然后一起放入烘箱中进行烘干，需要的烘干时间随试样种类和试样数量而改变。当冷却试样连续两次称量的差（每次间隔 4h）不超过原试样质量的 0.1%时，即认为样品已烘干。

3）烘干后，从烘箱中取出盛有试样的铝盒，并将盒盖盖紧，放置冷却。

4）称铝盒和烘干试样的质量 m_3，并精确至 0.1g。

4. 计算

用下式计算无机结合料稳定材料的含水量。

$$\omega = (m_2 - m_3) / (m_3 - m_1)100\% \tag{4-13}$$

式中：ω——无机结合料稳定材料的含水量（%）；

m_1——铝盒的质量（g）；

m_2——铝盒和湿稳定材料的合计质量（g）；

m_3——铝盒和干稳定材料的合计质量（g）。

5. 结果整理

本试验应进行两次平行测定（表 4-8），取算术平均值，保留至小数点后两位。允许重复性误差应符合表 4-9 的要求。

表 4-8　无机结合料稳定材料含水率测定记录表（烘干法）

盒号		
盒的质量 m_1（g）		
盒+湿试样的质量 m_2（g）		
盒+干试样的质量 m_3（g）		
水的质量 m_2-m_3（g）		
干试样的质量 m_3-m_1（g）		
含水量（%）		
平均含水量（%）		

表 4-9　含水量测定的允许值重复性误差值

含水量（%）	允许误差（%）	含水量（%）	允许误差（%）
≤7	≤0.5	>40	≤2
>7，≤40	≤1		

二、无机结合料稳定材料的击实试验方法（T 0804—94）

1. 适用范围

1）本试验法适用于在规定的试筒内，对水泥稳定材料（在水泥水化前）、石灰稳定材料及石灰（或水泥）粉煤灰稳定材料进行击实试验，以绘制稳定材料的含水量—干密度关系曲线，从而确定其最佳含水量和最大干密度。

2）试验集料的公称最大粒径宜控制在 37.5mm 以内（方孔筛）。

3）试验方法类别：本试验方法分三类，各类击实方法的主要参数列于表 4-10。

表 4-10　试验方法类别

类别	锤的质量（kg）	锤击面直径（cm）	落高（cm）	试筒尺寸			锤击层数	每层锤击次数	平均单位击实功（J）	容许最大公称粒径（mm）
				内径（cm）	高（cm）	容积（cm^3）				
甲	4.5	5.0	45	10	12.7	997	5	27	2.687	19.0
乙	4.5	5.0	45	15.2	12.0	2177	5	59	2.687	19.0
丙	4.5	5.0	45	15.2	12.0	2177	3	98	2.677	37.5

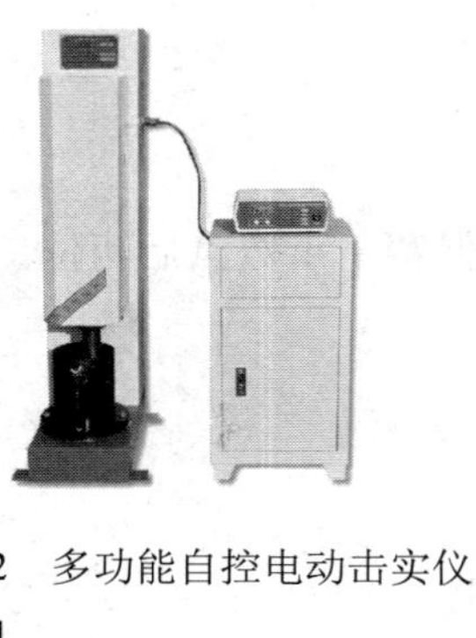

图 4-2　多功能自控电动击实仪

2. 仪器设备

1）击实筒：小型，内径 100mm、高 127mm 的金属圆筒，套环高 50mm，底座；大型，内径 152mm、高 170mm 的金属圆筒，套环高 50mm，直径 151mm 和高 50mm 的筒内垫块，底座。

2）多功能自控电动击实仪（图 4-2）：击锤的底面直径为 50mm，总质量为 4.5kg，击锤在导管内的总行程为 450mm。可设置击实次数，并保证击锤自由垂直落下，高度应为 450mm，锤迹均匀分布于试样面。

3）电子天平：量程 4000g，感量 0.01g。

4）电子天平：量程 15 kg，感量 0.1g。

5）方孔筛：孔径 53mm、37.5mm、26.5mm、19mm、4.75mm、2.36mm 的筛各 1 个。

6）量筒：50mL、100mL、500mL 的量筒各 1 个。

7）直刮刀：长 200～250mm，宽 30mm 和厚 3mm，一侧开口的直刮刀，用以刮平和修饰粒料大试件的表面。

8）刮土刀：长 150～200mm，宽约 20mm 的刮刀，用以刮平和修饰小试件的表面。

9）工字形刮平尺：30mm×50mm×310mm，上下两面和侧面均刨平。

10）拌和工具：约 400mm×600mm×70mm 的长方形金属盘、拌和用平头小铲等。

11）脱模器。

12）测定含水量用的铝盒、烘箱等其他用具。

13）游标卡尺。

3. 试料准备

1）将具有代表性的风干试样（必要时，也可以在 50℃的烘箱内烘干）用木锤捣碎或木碾碾碎。土团均应破碎到能通过 4.75mm 的筛孔，但应注意不使粒料的单个颗粒破碎或不使其破碎程度超过施工中拌和机械的破碎率。

2）如试料是细粒土，将已捣碎的具有代表性的土过 4.75mm 的筛备用（用甲法或乙法做试验）。

3）如试料中含有粒径大于 4.75mm 的颗粒，则先将试料过 19mm 的筛，如存留在筛孔 19mm 筛的颗粒的含量不超过 10%，则过 26.5mm 筛，留作备用（用甲法或乙法做试验）。

4）如试料中粒径大于 19mm 的颗粒含量超过 10%，则将试料过 37.5mm 的筛。如果留在 37.5mm 筛上的颗粒的含量不超过 10%，则过 53mm 的筛备用。

5）每次筛分后，均应记录超尺寸颗粒的百分率 P。

6）在预定做击实试验的前一天，取有代表性的试料测定其风干含水量。对于细粒土，试样应不少于 100g；对于中粒土，试样应不少于 1000g；对于粗粒土的各种集料，试样不应少于 2000g。

7）在试验前用游标卡尺准确测量试模的内径、高和垫块的厚度，以计算试筒的容积。

4. 试验步骤

（1）准备工作

在试验前应将试验所需要的各种仪器设备准备齐全，测量设备应满足精度要求，调试击实仪器，检查其运转是否正常。

（2）甲法

1）将已筛分的试样用四分法逐次分小，至最后取出约10～15kg试料，再用四分法将已取出的试料分成5～6份，每份试料的干质量为2.0kg（对于细粒土）或2.5kg（对于各种中粒土）。

2）预定5～6个不同的含水量，依次相差0.5%～1.5%[①]，且其中至少有两个大于和两个小于最佳含水量。

注① 对于中、粗粒土，在最佳含水量附近取0.5%，其余取1%。对于细粒土，取1%，但对于黏土，特别是重黏土，可能需要取2%。

3）按预定含水量制备试样。将1份试料平铺于金属盘内，将事先计算得的该份试料中应加的水量均匀地喷洒在试料上，用小铲将试料充分拌和到均匀状态（如为石灰稳定材料、石灰粉煤灰综合稳定材料、水泥粉煤灰综合稳定材料和水泥、石灰综合稳定材料，可将石灰、粉煤灰和试样一起拌匀），然后装入密闭容器或塑料口袋内浸润备用。

浸润时间要求：黏质土12～24h；粉质土6～8h、砂类土、砂砾土、红土砂砾、级配砂砾等可以缩短到4h左右；含土很少的未筛分碎石、砂砾和砂可缩短到2h。浸润时间一般不得超过24h。

应加水量可按式（4-14）计算：

$$m_w=\left(\frac{m_n}{1+0.01\omega_n}+\frac{m_c}{1+0.01\omega_c}\right)\times 0.01\omega-\frac{m_n}{1+0.01\omega_n}\times 0.01\omega_n-\frac{m_c}{1+0.01\omega_c}\times 0.01\omega_c \quad (4\text{-}14)$$

式中：m_w——混合料中应加的水量（g）；

m_n——混合料中素土（或集料）的质量（g），其原始含水量为ω_n，即风干含水量（%）；

m_c——混合料中水泥或石灰的质量（g），其原始含水量为ω_c（%）；

ω——要求达到的混合料的含水量（%）。

4）将所需要的稳定剂水泥加到浸润后的试样中，并用小铲、泥刀或其他工具充分拌和到均匀状态。水泥应在土样击实前逐个加入。加有水泥的试样拌和后，应在1h内完成下述击实试验，拌和后超过1h的试样，应予作废（石灰稳定材料和石灰粉煤灰稳定材料除外）。

5）试筒套环与击实底板应紧密联结。将击实筒放在坚实地面上，用四分法取制备好的试样400～500g（其量应使击实后的试样等于或略高于筒高的1/5）倒入筒内，整平其表面并稍加压紧，然后将其安装到多功能自控电动击实仪上，设定所需锤击次数，进行第1层试样的击实。第1层击实完后，检查该层高度是否合适，以便调整以后几层的试样用量。用刮土刀或螺丝刀将已击实层的表面“拉毛”，然后重复上述做法，进行其余 4 层试样的击实。最后一层试样击实后，试样超出试筒顶的高度不得大于 6mm，超出高度过大的试件应该作废。

6）用刮土刀沿套环内壁削挖（使试样与套环脱离）后，扭动并取下套环。齐筒顶细心刮平试样，并拆除底板。如试样底面略突出筒外或有孔洞，则应细心刮平或修补。最后用工字形刮平尺齐筒顶和筒底将试样刮平。擦净试筒的外壁，称其质量 m_1。

7）用脱模器推出筒内试样。从试样内部从上到下取两个有代表性的样品（可将脱出试件用锤打碎后，用四分法采取），测定其含水量，计算至 0.1%。两个试样含水量的差值不得大于 1%。所取样品的数量见表 4-11。如只取一个样品测定含水量，则样品的质量应为表列数值的 2 倍）。擦净试筒，擦净试筒，称其质量 m_2。

表 4-11　测稳定土含水量的样品数量

公称最大粒径（mm）	样品质量（g）
2.36	约 50
19	约 300
37.5	约 1000

烘箱的温度应事先调整到 110℃左右，以使放入的试样能立即在 105～110℃的温度下烘干。

8）按第 3～7 的步骤进行其余含水量下稳定材料的击实和测定工作。

凡已做过的试样，一律不再重复使用。

（3）乙法

在缺乏内径 10cm 的试筒时，以及在需要与承载比等试验结合起来进行时，采用乙法进行击实试验。本法更适宜于公称最大粒径达 19mm 的集料。

1）将已过筛的试料用四分法逐次分小，至最后取出约 30kg 试料。再用四分法将所取的试料分成 5～6 份，每份试料的干质量约为 4.4kg（细粒土）或 5.5kg（中粒土）。

2）以下各步的做法与甲法第 2～8 步骤相同，但应该先将垫块放入筒内底板上，然后加料并击实。所不同的是，每层需取制备好的试样约 900g（对于水泥或石灰稳定细粒土）或 1100g（对于稳定中粒土），每层的锤击次数为 59 次。

（4）丙法

1）将已过筛的试料用四分法逐次分小，至最后取出约 33kg 试料。再用四分法将所取的试料分成 6 份（至少要 5 份），每份质量约 5.5kg（风干质量）。

2）预定 5～6 个不同的含水量，依次相差 0.5%～1.5%。在估计最佳含水量左右可只差 0.5%～1%①。

注①　对于水泥稳定类材料，在最佳含水量附近取 0.5%；对于石灰、二灰稳定类材料，根据具体情况在最佳含水量附近取 1%。

3）同甲法第 3 步。

4）同甲法第 4 步。

5）将试筒、套环与夯击底板紧密地联结在一起，并将垫块放在筒内底板上。击实筒应放在坚实地面上，取制备好的试样 1.8kg 左右[其量应使击实后的试样略高于（高出 1～2mm）筒高的 1/3]倒入筒内，整平其表面，并稍加压紧。然后按将其安装多功能自控电动击实仪上，设定所需锤击次数，进行第 1 层试样的击实。第 1 层击实完后检查该层的高度是否合适，以便调整以后两层的试样用量。用刮土刀或螺丝刀将已击实的表面“拉毛”，然后重复上述做法，进行其余两试样的击实。最后一层试样击实后，试样超出试筒顶的高度不得大于 6mm。超出高度过大的试件应该作废。

6）用刮土刀沿套环内壁削挖（使试样与套环脱离）后，扭动并取下套环。齐筒顶细心刮平试样，并拆除底板，取走垫块。擦净试筒的外壁，称质量 m_1。

7）用脱模器推出筒内试样。从试样内部从上到下取两个有代表性的样品，测定其含水量，计算至 0.1%。两个试样的含水量的差值不得大于 1%。所取样品的数量应不少于 700g，如只取一个样品测定含水量，则样品的数量应不少于 1400g。烘箱的温度应事先调整到 110℃左右，以使放入的试样能立即在 105～110℃的温度下烘干。擦净试筒的外壁，称质量 m_2。

8）按本法第 3～7 步进行其余含水量下稳定土的击实和测定。凡已用过的试样，一律不再重复使用。

5. 计算

（1）稳定土湿密度计算

按下式计算每次击实后稳定土的湿密度：

$$\rho_w = \frac{m_1 - m_2}{V} \tag{4-15}$$

式中：ρ_w——稳定土的湿密度（g/cm^3）；

m_1——试筒与湿试样的合质量（g）；

m_2——试筒的质量（g）；

V——试筒的容积（cm^3）。

（2）稳定土干密度计算

按下式计算每次击实后稳定土的干密度：

$$\rho_d = \frac{\rho_w}{1 + 0.01\omega} \tag{4-16}$$

式中：ρ_d——试样的干密度（g/cm^3）；

ω——试样的含水量（%）。

（3）绘图

1）以干密度为纵坐标，以含水量为横坐标，绘制含水量—干密度曲线。曲线必须为凸形的，如试验点不足以连成完整的凸形曲线，则应该进行补充试验。

2）将试验各点采用二次曲线方法拟合曲线，曲线的峰值点对应的含水量及干密度即为最佳含水量和最大干密度。

（4）超尺寸颗粒的校正

当试样中大于规定最大粒径的超尺寸颗粒的含量为5%～30%时，按下式对试验所得最大干密度和最佳含水量进行校正（超尺寸颗粒的含量小于5%时，可以不进行校正）[①]。

1）最大干密度按下式校正：计算精确至$0.01g/cm^3$

$$\rho_d' = \rho_d(1-0.01p) + 0.9\times 0.01pG_a' \tag{4-17}$$

式中：ρ_d'——校正后的最大干密度（g/cm^3）；

ρ_d——试验所得的最大干密度（g/cm^3）；

p——试样中超尺寸颗粒的百分比（%）；

G_a'——超尺寸颗粒的毛体积相对密度。

2）最佳含水量按下式校正：

$$\omega_o' = \omega_o(1-0.1p) + 0.01p\omega_a \tag{4-18}$$

式中：ω_o'——校正后的最佳含水量（%）；

ω_o——试验所得的最佳含水量（%）；

p——试样中超尺寸颗粒的百分率（%）；

ω_a——超尺寸颗粒的吸水量（%）。

注① 超尺寸颗粒的含量少于5%时，它对最大干密度的影响位于平行试验的误差范围内。

6. 结果整理

1）应做两次平行试验，取两次试验的平均值作为最大干密度和最佳含水量。两次重复试验最大干密度的差不应超过$0.05g/cm^3$（稳定细粒土）和$0.08 g/cm^3$（稳定中粒土和粗粒土），最佳含水量的差不应超过0.5%（最佳含水量小于10%）和1.0%（最佳含水量大于10%）。超过上述规定值，应重做试验，直到满足精度要求。

2）混合料密度计算应保留小数点后3位有效数字，含水量应保留小数点后1位有效数字。

7. 报告

试验报告应包括以下内容：

1）试样的最大粒径、超尺寸颗粒的百分率；

2）无机结合料类型及剂量；

3）所用试验方法类别；

4）最大干密度（g/cm^3）；

5）最佳含水量（%），并附击实曲线。

8. 记录

本试验的记录格式见表4-12。

表 4-12　稳定材料击实实验记录表

工程名称________________　　结合料含水量（%）____________

试验编号________________　　试验方法______________

混合料名称______________　　试验者______________

结合料剂量（%）__________　　校核者______________

集料含水量（%）__________　　试验日期____________

	试验序号	1	2	3	4	5	6
干密度	加水量（g）						
	筒+湿试样的质量（g）						
	筒的质量（g）						
	湿试样质量（g）						
	湿密度（g/cm^3）						
	干密度（g/cm^3）						
含水量	盒号						
	盒+湿试样的质量（g）						
	盒+干试样的质量（g）						
	盒的质量（g）						
	水的质量（g）						
	干试样的质量（g）						
	含水量（%）						
	平均含水量（%）						
	画击实曲线						

第四节　无机结合料稳定土无侧限抗压强度试验

无机结合稳定材料的无侧限抗压强度是试件单位面积上能承受的最大压力。

要求按最佳含水量和工地预期达到的压实度计算出干密度及材料用量，制备直径高等于 1∶1 的圆柱试件，在规定条件下保湿养生 6d，浸水 1d，进行无侧限抗压强度试验。做平行试验的试件数量应符合表 4-13 中的规定。在整个养生期间试验规定温度应保持 20℃±2℃，相对湿度在 95%以上。

表 4-13　最少的试件数量

稳定土类型	下列偏差系数时的试件数量		
	小于 10%	10%～15%	15%～20%
细粒土	6	9	
中粒土	6	9	13
粗粒土		9	13

一、无机结合料稳定材料试件制作方法（T 0843—2009）

1．适用范围

本方法适用于无机结合料稳定材料的无侧限抗压强度、间接抗拉强度、室内抗压回弹模量、动态模量、劈裂模量等试验的圆柱形试件。

2．仪器设备

图 4-3　试模

1）方孔筛。孔径 53mm、37.5mm、31.5mm、26.5mm、4.75mm 和 2.36mm 的筛各一个。

2）试模（图 4-3）。细粒土试模的直径×高=ϕ 50mm×ϕ 50mm；中粒土试模的直径×高=ϕ 100mm×100mm；粗粒土试模直径×高=ϕ 150mm×150mm。

3）电动脱模器。

4）反力架。反力为 400kN 以上。

5）液压千斤顶。200～1000kN。

6）钢板尺。量程 200mm 或 300mm，最小刻度 1mm。

7）游标卡尺。量程 200mm 或 300mm。

8）电子太平。量程 15kg，感量 0.1g；量程 4000g，感量 0.01g。

9）压力试验机。可代替千斤顶和反力架，量程不小于 2000kN，行程、速度可调。

3．实验准备

1）试件的径高比一般为 1∶1，根据需要也可以成型 1∶1.5 或 1∶2 试件。试件的成型根据需要的压实度水平，按照体积标准，采用静力压实法制备。

2）将具有代表性的风干试料（必要时，可以在 50℃烘箱内烘干），用木锤振捣或用木棍碾碎，但应避免破坏粒料的原粒径。按照公称最大粒径的大一级筛，将土过筛并进行分类。

3）在预定做实验的前一天，取有代表的试料测定其风干含水量。对于细粒土，试样应不少于 100g；对于中粒土，试样应不少于 1000g；对于粗粒土不少于 2000g。

4）按照 T 08004—1994 确定无机结合料稳定材料的最佳含水量和最大干密度。

5）根据击实结果，称取一定质量的风干土，其质量随试件大小而变。对 ϕ 50mm×50mm 的试件，1 个试件约需干土 180～210g；对于 ϕ 100mm×100mm 的试件，1 个试件约需干土 1700～1900g；对于 ϕ 150mm×150mm 的试件，1 个试件约需干土 5700～6000g。对于细粒土，一次可称取 6 个试件的土；对于中粒土，一次宜可称取一个试件的土；对于粗粒土，一次只称取一个试件的土。

6）将准备好的试料分别装入塑料袋中备用。

4．试验步骤

1）调试成型所需要的各种设备，检查是否运行正常。将成型用的模具擦拭干净，并涂抹机油。成型中、粗粒土时，试模筒的数量应与每组试件的个数相配套。上下垫块应与试模筒相配套，上下垫块能够刚好放入试筒内上下自由移动（一般来说，上下垫块直径比试筒内径小约 0.2mm）且上下垫块完全放入试筒后，试筒内未被上下垫块占用空间体积能满足径高比为 1∶1 的设计要求。

2）对于无机结合料稳定细粒土，至少应该制备 6 个试件；对于无机结合料稳定中粒土和粗粒土，至少应该分别制备 9 个和 13 个试件。

3）根据击实结果和无机结合料的配合比按式（4-19）计算每份料的加水量、无机结合料的质量。

4）将称好的土放在长方盘（约 400mm×600mm×70mm）内。向土中加水搅料、闷料。石灰稳定材料、水泥和石灰综合稳定材料、石灰粉煤灰综合稳定材料、水泥粉煤灰综合稳定材料，可将石灰或粉煤灰和土一起拌和，将拌和均匀后的试料放在密闭容器或塑料袋（封口）内浸润备用。

对于细粒土（特别是黏性土），浸润时的含水量应比最佳含水量小 3%；对于中粒土和粗粒土，可按最佳含水量；对于水泥稳定类材料，加水量应比最佳含水量小 1%～2%。

应加水量可按式（4-19）计算：

$$m_{\mathrm{w}}=\left(\frac{m_n}{1+0.01\omega_n}+\frac{m_{\mathrm{c}}}{1+0.01\omega_{\mathrm{c}}}\right)\times 0.01\omega-\frac{m_n}{1+0.01\omega_n}\times 0.01\omega_n-\frac{m_{\mathrm{c}}}{1+0.01\omega_{\mathrm{c}}}\times 0.01\omega_{\mathrm{c}} \tag{4-19}$$

式中：m_{w}——混合料中应加的水量（g）；

m_n——混合料中素土（或集料）的质量（g），其原始含水量为ω_n（风干含水量）（%）；

m_{c}——混合料中水泥或石灰的质量（g），其原始含水量为ω_{c}（%）（水泥的含水量通常很少，也可以忽略不计）；

ω——要求达到的混合料的含水量（%）。

浸润时间：黏质土 12～24h，粉质土 6～8h，砂类土、砂砾土、红土砂砾、级配砂砾等可以缩短到 4h 左右，含土很少的为筛分的碎石，砂砾及砂可以缩短到 2h，浸润时间一般不超过 24h。

5）在试件成型前 1h 内，加入预定数量的水泥并拌和均匀。在拌和过程中，应将预留的水（对于细粒土为 3%，对于水泥稳定类 1%～2%）加入土中，使混合料达到最佳含水量。拌和均匀的加有水泥的混合料应在 1h 内按下述方法制成试件，超过 1h 的混合料应该作废。其他结合料稳定材料，混合料虽不受此限，但也应尽快制成试件。

6）用反力架和液压千斤顶，或采用压力试验机制件。

将试模配套的下垫块放入试模的下部，外露 2cm 左右。将称量的规定数量 m_2 的稳定材料混合料分 2～3 次灌入试模中，每次灌入后用夯棒轻轻均匀插实。如制取 ϕ 50mm×50mm 的小试件，则可以将混合料一次倒入试模中，然后将与试模配套的上垫块放入试模内，也可以使其外露 2cm 左右（即上、下垫块露出试模外的部分应该相等）。

7）将整个试模（连同上、下垫块）放到反力架内的千斤顶上（千斤顶下应放一扁球座）或压力机上，以 1mm/min 的加载速率加压，直到上下压柱都压入试模为止。维持压力 2min。

8）解除压力后，取下试模，并放到脱模器上将试件顶出。用水泥稳定有黏结性的材料（如黏质土）时，制件后可以立即脱模；用水泥稳定无黏结性细粒土时，最好过 2～4h 在脱模；对于中、粗粒土的无机结合料稳定材料，也最好过 2～6h 脱模。

9）在脱模器上取试件时，应用双手抱住试件侧面的中下部，然后沿水平方向轻轻旋转，待感觉到试件移动后，再将试件轻轻抱起，放置到实验台上。切勿直接将试件向上拔起。

10）称试件的质量 m_2，小试件精确至 0.01g，中试件精确至 0.01g，大试件精确至 0.1g。然后用游标卡尺测量试件高度 h，精确至 0.1mm。检查试件的高度质量，不满足成型标准的试件的为废件。

11）试件称量后应立即放在塑料袋中封闭，并用潮湿的毛巾覆盖，移放至养生室。

5．计算

单个试件的标准质量：

$$m_0 = V \times \rho_{\max} \times (1 + \omega_{\text{opt}}) \times \gamma \tag{4-20}$$

考虑到试件成型过程中的质量损耗，实际操作过程中每个试件的质量可增加 0～2%，即

$$m_0' = m_0 \times (1 + \delta) \tag{4-21}$$

每个试件的干料（包括干土和无机结合料）总质量：

$$m_1 = \frac{m_0'}{1 + \omega_{\text{opt}}} \tag{4-22}$$

每个试件的无机结合料质量：

外掺法

$$m_2 = m_1 \times \frac{\alpha}{1 + \alpha} \tag{4-23}$$

内掺法

$$m_2 = m_1 \times \alpha \tag{4-24}$$

每个试件中的干质量：

$$m_3 = m_1 - m_2 \tag{4-25}$$

每个试件的加水量：

$$m_{\text{W}} = (m_2 + m_3) \times \omega_{\text{opt}} \tag{4-26}$$

验算：

$$m_0' = m_2 + m_3 + m_\omega \tag{4-27}$$

式中：V——试件体积（cm^3）；

ω_{opt}——混合料最佳含水量（%）；

$\rho_{\max}$——混合料最大干密度（g/cm^3）；

γ——混合料压实度标准（%）；

m_0、m_0'——混合料质量（g）；

m_1——干混合料质量（g）；

m_2——无机结合料质量（g）；

m_3——干土质量（g）；

δ——计算混合料质量的冗余量（%）；

α——无机结合料掺量（%）；

m_W——加水量（g）。

6. 结果整理

1）小试件的高度误差范围应为-0.1～0.1cm，中试件的高度误差范围应为-0.1～0.15cm，大试件的高度误差范围应为-0.1～0.2cm。

2）质量损失：小试件不应超过标准质量 5g，中试件应不超过 25g，大试件应不超过 50g。

7. 记录

稳定材料圆柱形试件成型记录表见表 4-14。

表 4-14　稳定材料圆柱形试件成型记录表

工程名称＿＿＿＿＿＿　　混合料名称＿＿＿＿＿＿

土质类型＿＿＿＿＿＿　　结合料类型及剂量（%）＿＿＿＿＿＿

最佳含水量（%）＿＿＿＿＿＿　　最大干密度（g/cm^3）＿＿＿＿＿＿

试件压实度（%）＿＿＿＿＿＿　　试件标准质量（g）＿＿＿＿＿＿

试验人员＿＿＿＿＿＿　　试验日期＿＿＿＿＿＿

编号	直径（mm）				高度（mm）				质量（g）	误差（g）
	1	2	3	平均	1	2	3	平均		
1										
2										
3										
4										
5										
6										

二、无机结合料稳定材料养生试验方法（T 0845—2009）

1. 适用范围

1）本方法适用水泥稳定材料类和石灰、二灰稳定材料类的养生。

2）标准养生方法是指无机结合料稳定材料在规定的标准温度和湿度环境下强度增长的过程。快速养生是为了提高试验效率，采用提高养生温度缩短养生时间的养生方法。

3）本方法规定了无机结合料稳定材料的标准养生和快速养生的试验方法和步骤，在采用快速养生时，应建立快速养生条件下与标准养生条件下，混合料的强度发展的关系曲线，并确定标准养生的长龄期强度对应的快速养生短龄期。

2. 仪器设备

1）标准养护室：标准养护室温度 20℃±2℃，相对湿度在 95%以上。

2）高温养护室：能保持试件养生温度 60℃±1℃，相对温度 95%以上，容积能满足试验要求。

3. 试验步骤

（1）标准养生方法

1）试件从试模内脱出并量高称质量后，中试件和大试件应装入塑料袋内。试件装入塑料袋后，将袋内的空气排除干净，扎紧袋口，将包好的试件放入养护室。

2）标准养生的温度为 20℃±2℃，标准养生的湿度为≥95%。试件宜放在铁架或木架上，间距至少 10～20mm。试件表面应保持一层水膜，并避免用水直接冲淋。

3）对无侧限抗压强度试验，标准养生龄期是 7d，最后一天浸水，对弯拉强度、间接抗拉强度，水泥稳定材料类的标准养生龄期是 90d，石灰稳定材料的标准养生龄期是 180d。

4）在养生期的最后一天，将试件取出，观察试件的边角有无磨损和缺块，并量高称质量，然后将试件浸泡于 20℃±2℃水中，应使水面在试件顶上约 2.5cm。

（2）快速养生方法

1）快速养生龄期的确定。

① 将一组无机结合料稳定材料，在标准养生条件下（20℃±2℃，湿度≥95%）养生 180d（石灰稳定类材料养生 180d，水泥稳定类材料养生 90d）测试抗压强度值。

② 将同样的一组无机结合料稳定材料，在高温养生条件下（60℃±1℃，湿度≥95%）下养生 7d、14d、21d、28d 等，进行不同龄期的抗压强度试验，建立高温养生条件下强度—龄期的相关关系。

③ 在强度—龄期关系曲线上，找出标准养生长龄期强度对应的高温养生的短龄期。并以此作为快速养生的龄期。

2）快速养生试验步骤。

① 将高温养护室的温度调至规定的稳定 60℃±1℃，湿度也保持在 95%以上，并能自动控温控湿。

② 将制备的试件量高称质量后，小心装入塑料袋内。试件装入塑料袋后，将袋内的空气排除干净，并将袋口扎紧、将包好的试件放入养护箱中。

③ 养生期的最后一天，将试件从高温养护室内取出，晾至室温（约 2h），再打开塑料袋取出试件，观察试件有无缺损，量高称质量后，浸入 20℃±2℃恒温水槽中，水面高出试件顶 2.5cm，浸水 24h 后，取出试件，用软布擦去可见自由水、称质量、量高后，立即进行相关的试验。

4. 结果整理

1）如养生期间有明显的边角缺损，试件应该作废。

2）对养生 7d 的试件，在养生期间，试件质量损失应符合规定：小试件不超过 1g，中试件不超过 4g，大试件不超过 10g，质量损失超过规定的试件，应予作废。

3）对养生 90d 和 180d 的试件，在养生期间，试件质量的损失应符合下列规定：小试件不超过 1g，中试件不超过 10g，大试件不超过 20g。质量损失超过此规定的试件，应予作废。

5. 报告

试验报告应包括以下内容：

1）材料的颗粒组成。

2）水泥的种类和强度等级，或石灰的等级。

3）重型击实的最佳含水量（%）和最大干密度（g/cm³）。

4）无机结合料类型及剂量。

5）试件干密度（保留小数点后 3 位，g/cm³）。

6）该材料在高温下龄期与强度的对应关系。

7）与标准长龄期强度所对应的快速养生的龄期。

6. 记录

本试验的记录格式根据所养生的试件类型，采取圆柱形式试件的记录表格，圆柱形试件养生记录见表 4-15。在记录内容里增加养生的起始日前和终止日期，养生的温度，湿度和养生结束后的试验内容。

表 4-15 稳定材料圆柱形试件养生记录表

工程名称__________ 混合料名称__________

土质类型__________ 结合料类型及剂量（%）__________

最佳含水量（%）__________ 最大干密度（g/cm³）__________

试件压实度（%）__________ 试件标准质量（g）__________

养生开始日期__________ 饱水日期__________

养生温度__________ 养生湿度__________

试验人员__________ 试验目的__________

编号	直径（mm）				高度（mm）				质量（g）	误差（%）
	1	2	3	平均	1	2	3	平均		
1										
2										
3										
4										
饱水前质量和尺寸										
1										
2										
3										
4										
饱水后质量和尺寸										
1										
2										
3										
4										

三、无机结合料稳定土的无侧限抗压强度试验方法（T 0805—94）

1. 适用范围

本试验方法适用于测定无机结合料稳定料（包括稳定细粒土、中粒土和粗粒土）试件的无侧限抗压强度。

2. 仪器设备

1）标准养护室。

2）水槽。深度应大于试件高度 50mm。

3）压力机或万能试验机（也可用路面强度试验仪和测力计）。压力机应符合现行《液压式压力机试验机》（GB/T 3159—2008）及《试验机通用技术要求》（GB/T 2611—2007）中的要求，其测量精度为±1%，同时具有加载速率指示装置或加载速率控制装置。上下压板平整并有足够刚度，可以均匀为连续加载卸载，可以保持固定荷载。开机停机均灵活自如，能够满足试件吨位要求，且压力机加载速率可以有效控制在 1mm/min。

4）电子天平。量程 15kg，感量 0.1g，量程 4000g，感量 0.01g。

5）量筒。拌和工具、大小铝盒、烘箱等。

6）球形支座。

7）机油。若干。

3. 试件制备和养护

1）细粒土：试模直径×高：ϕ 50mm×50mm；中粒土：试模直径×高：ϕ 100mm×100mm；粗粒土：试模直径×高=ϕ 150mm×150mm。

2）按照本规程 T 0843—2009 方法成型径高比为 1∶1 的圆柱形试件。

3）按照本规程 T 0845—2009 的标准养生方法进行 7d 的标准养生。

4）将试件两顶面用刮刀刮平，必要时可用快凝水泥砂浆抹平试件顶面。

5）为保证实验结果的可靠性和准确性，每组试件的数目要求为：小试件不小于 6 个，中试件不小于 9 个，大试件不小于 13 个。

4. 试验步骤

1）根据实验材料的类型和一般的工程经验，为选择合适量程的测力计和压力机，试件破坏荷载应大于测力量程的 20%且小于测力量程的 80%。球形支座和上下顶板涂上机油，使球形支座能够灵活转动。

2）将已浸水一昼夜的试件从水中取出，用软布吸去试件表面的水分，并称试件的质量 m_4。

3）用游标卡尺测量试件的高度 h，精确至 0.1mm。

4）将试件放在路面材料强度试验仪或压力机上，并在升降台上放一扁球座，进行抗压试验。实验过程中，应保持加载速率为 1mm/min，记录试件破坏时的最大压力 P(N)。

5）从试件内部取有代表性的样品（经过打破）按照 T 0801—2009 方法，测定其含水量 ω。

5. 计算

试件的无侧限抗压强度按式计算：

$$R_c = P / A \tag{4-28}$$

式中：R_c——试件的无侧限抗压强度（MPa）；

P——试件破坏时的最大压力（N）；

A——试件的截面积（mm^2），$A = 1/4\pi D^2$；

D——试件的直径（mm）。

6. 结果整理

1）抗压强度保留一位小数。

2）同一组试件试验中，采用 3 倍均方差方法剔除异常值，小试件可以允许有 1 个异常值，中试件 1～2 个异常值，大试件 2～3 个异常值。异常值数量超过上述规定的试验重做。

3）同一组实验的变异系数 C_v（%）符合下列规定方为有效试验：小试件 $C_v \leqslant 6\%$；中试件 $C_v \leqslant 10\%$，大试件 $C_v \leqslant 15\%$。如不能保证试验结果的变异系数小于规定的值，则应按允许误差 10%和 90%概率重新计算所需的试件数量，增加试件数量并另做新试验，新试验结果与老试验结果一并重新进行统计评定，直到变异系数满足上述规定。

7. 报告

试验报告应包括以下内容（表 4-16）：

1）材料的颗粒组成。

2）水泥的种类和强度等级，或石灰的等级。

3）重型击实的最佳含水量（%）和最大干密度（g/cm^3）。

4）无机结合料类型及剂量。

5）试件干密度（保留 3 为小数，g/cm^3）或压实度。

6）吸水量以及测抗压强度时的含水量（%）。

7）抗压强度，保留 1 位小数。

8）若干个试验结果的最小值和最大值、平均值 $\overline{R}_c$、标准差 S、变异系数 C_v 和 95%保证率的值 $R_{c0.95}$（$R_{c0.95} = \overline{R}_c - 1.6455$）。

表 4-16 无侧限抗压强度试验记录表

工程名称______________ 试件尺寸（cm）__________

路段范围______________ 养生龄期（d）______________

混合料名称____________ 加载速率（mm/min）_______

结合料剂量（%）________ 试验者____________________

最大干密度（g/cm^3）__________ 校核者____________________

试件压实度（%）______________ 试验日期__________________

试件号					
试件制备方法					
制作日期					
养生前期试件质量 m_2（g）					
浸水前试件质量 m_3（g）					
浸水后试件的质量 m_4（g）					
养生期间的质量损失* m_2-m_3（g）					
吸水量 m_4-m_3（g）					
养生前试件的高度 h（cm）					
浸水后试件的高度 h（cm）					
试验的最大压力 P（N）					
无侧限抗压强度 R_c（MPa）					
平均值（MPa）		变异系数（%）		代表值（MPa）	

注：*指水分损失。如养生后试件掉粒或掉块，不作为水分损失。

说明：在进行强度试验时，试件需放置在竖向荷载的中心位置，如采用测力计，测力计中心、球形支座、上压板、试件及压板（或半球形支座）应处在同一条直线上，避免偏载对实验的影响。

实验前，试件表面应用刮刀刮平，避免试件表面不均匀的突起物在实验过程中造成应力集中，导致试验数据失真。必要时，可用快凝的水泥砂浆抹面处理。如需要抹面，应在试件饱水前完成，然后进行饱水。

目前抗压强度标准试件规格的径高比为 1∶1。有研究表明，此规格试件容易产生顶端应力紊乱现象，因此有些科研单位采用径高比为 1∶1.5 或 1∶2 的试件。表 4-17 为不同径高比试件无侧限抗压强度试验结果。由此看出，对于相同材料，试件径高比不同，其强度相差比较明显，这是值得注意的问题。同时，进行强度试验时，尽管试件表面进行了处理等，但由于试件与上、下压块之间，在荷载施加过程中仍会产生较大的摩擦力，对试验结果仍会产生比较显著的影响。为此，应采用必要措施消除这种影响，即首先将甘油与滑石粉的混合物（质量比 2∶1）涂在试件的上、下顶面上，再用 60℃左右的熔蜡将两端封闭，可封闭两次，蜡膜厚度 1～2mm，然后进行强度测试。表 4-18 为有关的试验结果，由表 4-18 可以看出，两端进行处理后，基本消除了界面摩擦力，试件强度大幅度降低，尽管仍为 1∶1 试件，但其强度水平基本上与 1∶2 试件相当。

表 4-17　不同方法得到试件强度比较

强度代表值	强度（MPa）	变异系数（%）	强度（MPa）	变异系数（%）	强度（MPa）	变异系数（%）	强度（MPa）	变异系数（%）
完整试件	ϕ10cm×10cm		ϕ10cm×15cm		ϕ10cm×20cm		ϕ10cm×30cm	
正常界面	4.35	13.07	3.55	7.57	3.08	8.05	2.55	18.93
10×30 切割	ϕ10cm×10cm		ϕ10cm×15cm		ϕ10cm×20cm			
正常界面	3.98	10.69	2.73	6.80	2.94	11.56		

表 4-18　试件顶端部状况对于强度的影响

级配	顶端部状	平均值（MPa）	C_v（%）	代表值（MPa）
U	饱水后端部涂甘油	4.12	10.16	3.43
	饱水后两端封蜡	2.21	7.16	1.95
	饱水后单位封蜡	2.57	9.39	2.17
	饱水后正常界面	4.19	9.00	3.57
W	饱水后端部涂甘油	5.35	1.63	5.20
	饱水后两端封蜡	2.59	6.67	2.31
	饱水后单位封蜡	2.75	6.46	2.46
	饱水后正常界面	5.79	5.89	5.22
Y	饱水后端部涂甘油	4.46	9.09	3.79
	饱水后两端封蜡	2.16	7.34	1.92
	饱水后单位封蜡	2.26	7.97	1.96
	饱水后正常界面	5.28	9.72	4.44

由于目前设计指标是采用以往的试验方法测试得的，如采用顶面处理方法测定强度，其强度标准将会大幅度降低，工程技术人员还难以接受，工程操作存在一定困难。为此，本规程仍采用以往试验方法，但顶面处理方法暴露出的问题值得引起重视。

除特殊目的外，试件的干密度应与规定的施工过程中必须达到的干密度（压实度×最大干密度）相一致。

根据《公路路面基层施工技术规范》（JTJ 034—2000），在施工前和施工过程中对稳定材料混合料进行材料组成设计，只用 7d 龄期的抗压强度。如需要不同龄期混合料的强度，则按要求延长养生期。

四、水泥石灰稳定类材料配合比设计

1. 材料组成设计

材料组成设计也称混合料设计，是路面设计和施工质量管理的重要组成部分。

材料组成设计是指根据对某种材料规定的技术要求，选择合适的原材料，确定结合料的种类和数量及混合料的最佳含水量。通过设计，使铺筑的路面在技术上可靠，经济上合理。

2. 混合料的强度标准

规定的强度标准。

3. 材料组成设计步骤

（1）原材料试验

1）各种土性质。粗粒土和中粒土应做筛分或压碎值试验，以检验材料的颗粒组成和颗粒强度。

2）稳定剂。测定石灰的钙、镁含量和水泥的强度等级及终凝时间。

（2）拟定混合料配合比

1）选定不同的石灰（或水泥）剂量，规范建议的剂量见表 4-19、表 4-20。

表 4-19　初拟配合比时规范建议的水泥剂量（%）

层位	土类	水泥稳定土				
基层	中、粗粒土	3	4	5	6	7
	塑性指数小于 12 的细粒土	5	7	8	9	11
	其他细粒土	8	10	12	14	16
底基层	中、粗粒土	3	4	5	6	7
	塑性指数小于 12 的土	4	5	6	7	9
	其他细粒土	6	8	9	10	12

表 4-20　初拟配合比时规范建议的石灰剂量（%）

层位	土类	石灰稳定土				
基层	砂砾土和碎石土	3	4	5	6	7
	塑性指数小于 12 的黏性土	10	12	13	14	16
	塑性指数大于 12 的黏性土	5	7	9	11	13
底基层	塑性指数小于 12 的黏性土	8	10	11	12	14
	塑性指数大于 12 的黏性土	5	7	8	9	11

注：采用石灰粉煤灰土做基层或底基层时，石灰与粉煤灰的比例常用（1∶2）～（1∶4）（对于粉土，以 1∶2 为合适），石灰粉煤灰与细粒土的比例可以是（30∶70）～（10∶90）；

采用石灰粉煤灰集料做基层时，石灰与粉煤灰的比例常用（1∶2）～（1∶4），石灰粉煤灰与中粒土和粗料土的比应是（20∶80）～（15∶85）。

2）确定最佳含水量和最大干密度。至少做三组不同结合料剂量的混合料击实试验，即最小剂量、中间剂量和最大剂量。其他两个剂量混合料的最佳含水量和最大干密度，用内插法确定。

（3）试件的强度试验

试件在规定温度 20℃±2℃下保湿养生 6d，浸水 1d，共 7d，然后进行无侧限抗压强度试验。

按规定的压实度要求计算制备试件进行强度试验时，作为平行试验的试件数量应符合表 4-21 的规定。

表 4-21 最少的试验数量

稳定土类型	试件尺寸（mm）	下列偏差系数时的试验数量		
		＜10%	10%～15%	15%～20%
细粒土	ϕ 50×50	6	9	—
中粒土	ϕ 100×100	6	9	13
粗粒土	ϕ 150×150	—	9	13

注：如试验结果的偏差系数大于表中规定的值，则应重做试验，找出原因，加以解决。如不能降低偏差系数，则应增加试验数量。

（4）选定合适的结合料剂量

根据的强度标准（表 4-22），选定合适的结合料剂量。此剂量的试件室内试验结果的平均抗压强度 $\bar{R}$，应符合下式的要求：

$$\bar{R} \geqslant \frac{R_{\mathrm{d}}}{1-Z_{\alpha}C_{\mathrm{v}}} \tag{4-29}$$

式中：R_{d}——设计抗压强度；

C_{v}——试验结果的偏差系数（以小数计）；

Z_{α}——标准正态分布表中随保证率（或置信度 α）而变的系数，高速公路和一级公路应取保证率 95%，此时 Z_{α}=1.645；其他公路应取保证率 90%，此时 Z_{α}=1.282。

表 4-22 无机结合料稳定土的抗压强度标准

公路等级		二级和二级以下公路	高速公路和一级公路
石灰	基层	≥0.8MPa	—
	底基层	0.5～0.7MPa	≥0.8MPa
水泥	基层	2.5～3.0MPa	3.5～5.0MPa
	底基层	1.5～2.0MPa	1.5～2.5MPa
石灰粉煤灰（1∶2～1∶4）	基层	0.6～0.8MPa	0.8～1.1MPa
	底基层	≥0.5MPa	≥0.6MPa

5. 调整

考虑到室内试验和现场条件的差别，工地实际采用的结合料剂量应较室内试验确定的剂量多 0.5%～1.0%。拌和机械的拌和效果好，可只增加 0.5%，如拌和机械的拌和效果较差，则需要增加 1.0%。

【例 4-1】 某一级公路采用水泥稳定碎石路面基层，试按现行技术规范所要求的方法进行水泥稳定碎石混合料配合比设计。

[设计资料]

1）某一级公路，路线所经地区属暖温带气候，基层水泥稳定碎石 30cm 厚，7d 无侧限抗压强度要求值为 4.0MPa。

2）施工时混合料采用厂拌，铺筑现场采用摊铺机摊铺，分两层碾压成型，下层厚 18cm，上层厚 12cm，压实度指标按 98%控制。

[设计步骤]

1. 原材料检验及选定

1）水泥：选用32.5级普通硅酸盐水泥，经检验各项指标均符合规范要求。

2）碎石：当地某石料场可提供10～30mm碎石、5～10mm碎石和小于5mm的石屑，碎石集料压碎值分别为27.0%、25.3%和26.8%，石屑中小于0.5mm料塑性指数为8。碎石集料压碎值不大于30%，碎石集料中小于0.5mm材料的塑性指数小于9，碎石集料级配应符合表4-23规定的级配要求。

表4-23　碎石集料级配规定范围

筛孔（mm）	31.5	19.0	9.5	4.75	2.36	0.60	0.075
通过量（%）	100	72～89	47～67	29～49	17～35	8～22	0～7

对三种规格碎石材料进行筛分试验，根据筛分结果通过试算法组配混合石料，经计算混合石料级配满足设计要求，计算结果如表4-24。碎石材料的风干含水量实测值为0.42%，在此例计算中碎石料的含水量按零计。

表4-24　集料筛分和集料级配计算结果表

筛孔（mm）	集料筛分（通过量）结果（%）						集料级配（%）	集料级配要求值	
	10～30料		5～10料		<5料			中值	范围
	100%	20%	100%	45%	100%	35%			
31.5	100.0	20.0	100.0	45.0	100.0	35.0	100	100	100
19.0	54.8	11.0	100.0	45.0	100.0	35.0	91.0	93.5	72～89
9.5	1.5	0.3	65.4	29.4	100.0	35.0	64.7	67.0	47～67
4.75	1.1	0.2	5.9	2.7	97.8	34.2	37.1	39.0	29～49
2.36	0	0	0.7	0.3	78	27.3	27.6	26.0	17～35
0.60	—	—	0	0	32.5	11.4	11.4	15	8～22
0.075	—	—	—	—	13.7	4.8	4.8	3.5	0～7

2. 确定水泥剂量的掺配范围

水泥稳定级配碎石路面基层，设计要求7d无侧限饱水抗压强度不小于4.0MPa，根据经验，水泥剂量按4%、5%、6%、7%四种比例配制混合料，即水泥：碎石为4∶100，5∶100，6∶100，7∶100。

3. 确定最佳含水量和最大干密度

对四种不同水泥剂量的混合料做标准击实试验，确定出最大干密度和最佳含水量，见表4-25。

表4-25　混合料标准击实试验结果表

水泥剂量（%）	4	5	6	7
最佳含水量（%）	5.9	6.0	6.2	6.4
最大干密度（g/cm^3）	2.325	2.330	2.335	2.340

4. 测定 7d 无侧限抗压强度

1）制作试件：对水泥稳定级配碎石路面基层混合料强度试件的制备，按现行技术规范规定采用 ϕ 150mm×150mm 的圆柱体试体，每种水泥剂量按 13 个试件配制，工地压实度按 98%控制，现将制备试件所需的基本参数计算如下。

① 制备一个试件需要混合料的数量：

$$m = V\rho_d k(1+C_v) = \frac{\pi \times 15^2}{4} \times 15 \times 2.325 \times 98\%(1+5.9\%) = 6390.0\text{g}$$

② 配制一种剂量一个试件所需的各种原材料数量。

考虑到试验过程的可操作性和配料计算的简便性，配制一个试件的混合料数量按 7000 g 计算，取水泥和碎石材料的含水量为 0，先计算水泥剂量为 4%的各种材料数量：

$$\text{水泥：} 7000 \times \frac{4}{100+4} = 269.2\text{ g}$$

$$\text{集料：} 7000 \times \frac{100}{100+4} = 6730.8\text{ g}$$

$$\text{需加水量：} 7000 \times 5.9\% = 413.0\text{ g}$$

③ 用同样的方法对水泥剂量为 5%、6%和 7%的混合料制件参数进行计算，计算结果列入表 4-26 中。

表 4-26 混合料制件计算结果表

水泥剂量（%）			4	5	6	7
试件干密度（g/cm³）			2.279	2.283	2.288	2.293
一个试件所需材料数量（g）	水泥		269	333	396	458
	碎石	10～30（20%）	1346	1333	1321	1308
		5～10（45%）	3029	3000	2972	2944
		<5（35%）	2356	2333	2311	2290
	需加水量		413	420	434	448
一个试件混合料数量（g）			6390	6404	6417	6431

2）测定无侧限抗压强度，试件经 6d 标准养生 1d 浸水，按规定方法测得 7d 无侧限抗压强度结果见表 4-27。

表 4-27 抗压强度试验结果汇总表

水泥剂量（%）	4	5	6	7
强度平均值 $\bar{R}$（MPa）	3.92	4.13	5.75	6.48
强度标准差 σ（MPa）	0.410	0.426	0.561	0.728
强度偏差系数 C_v（%）	10.5	10.6	9.8	11.2
$\frac{R_d}{1-Z_\alpha C_v}$（MPa）	4.84	4.84	4.77	4.90
是否满足公式 $\bar{R} \geqslant \frac{R_d}{1-Z_\alpha C_v}$	否	否	是	是

注：表中 Z_α 取 1.645 计算。

5. 确定试验室配合比

1）比较强度平均值和设计要求值，根据试验结果，水泥剂量为 5%、6%、7%时试件强度平均值均满足不低于 4.0 MPa 设计值要求。

2）考虑到试验数据的偏差和施工中的保证率，对水泥剂量 5%、6%、7%时的强度数据通过公式 $\overline{R} \geqslant \dfrac{R_d}{1-Z_\alpha C_v}$ 验算，对一级公路，取 95%的保证率，则系数 $Z_\alpha=1.645$，通过计算，水泥剂量为 6%和 7%强度能满足强度指标要求。

3）从工程经济性考虑，6%的水泥剂量为满足强度指标要求的最小水泥用量，为最佳水泥用量。

则试验室配合比为:

水泥∶集料=6∶100，混合料的最佳含水量为 6.2%，最大干密度为 2.335g/cm^3。施工时压实度按 98%控制。

6. 确定生产配合比

根据施工现场情况，对试验室确定的配合比进行调整，对集中厂拌法施工，水泥剂量要增加 0.5%，对粗粒土拌和，含水量要较最佳含水量大 0.5%～1.0%，所以经调整后得到的生产配合比为:

水泥∶集料=6.5∶100，混合料含水量 7.0%，最大干密度为 2.338g/cm^3。施工时压实度按 98%控制。

本例在配合比设计计算时对集料含水量忽略不计，但在工地施工时集料的含水量不能忽略不计，在施工时可根据具体情况对上述生产配合比进行调整，得出最终的施工配合比。

课 后 小 结

无机结合料稳定材料包括水泥稳定土、石灰稳定土、水泥石灰综合稳定土、石灰粉煤灰稳定土、水泥粉煤灰稳定土和水泥石灰粉煤灰稳定土。它们在公路工程施工所用的材料中占很大比重，所以，对该部分混合料的性能和质量进行控制和评价是十分必要。

知道无机结合料稳定材料概念、分类、组成、各原材料的技术要求。掌握测定水泥和石灰稳定土中水泥和石灰的剂量，并能检查拌和与路面基层摊铺施工的均匀性。掌握无机结合料稳定材料击实试验定出最佳含水量和最大干密度。掌握无机集合料无侧限抗压强度试验的操作过程。

思考与练习

一、选择题

1．无机结合料稳定材料的配合比设计是以（　　）d 饱水抗压强度作为标准。

A．3　　B．7　　C．14　　D．28

2．无机结合料稳定材料的（　　）及缩裂现象等均与密实度有关。

A．强度　　B．抗冻性　　C．水稳定性　　D．湿密度

3．无机结合料的缺点是（　　）。

A．抗冻性差　　B．水稳性差

C．干缩或低温收缩　　D．强度低

4．无机结合料击实试验中水泥的浸润时间应不大于（　　）h。

A．1　　B．2　　C．3　　D．6

5．水泥稳定土的含水量测试时，烘箱的温度开始时为（　　）。

A．室温　　B．65～70℃　　C．75～80℃　　D．105～110℃

6．无机结合料稳定土击实试验结果整理时，若有超粒径的土颗粒，则（　　）。

A．均可按照规范的公式修正

B．超粒径百分含量小于 30%可以按规范的公式修正

C．不需要进行修正

D．修正不修正都可以

7．关于石灰稳定土劈裂强度试验有以下说法：①试件是高径比为 1∶1 的圆柱体；②试件以最佳含水量和最大干密度静压成型；③粗粒土试模直径为 15cm；④南方地区试件养生温度为 25℃±2℃；⑤用于应力检验时试件保湿保温养生 90 天进行强度试验；正确的说法有（　　）。

A．①②③　　B．③④⑤　　C．①③④　　D．①②③④⑤

8．公路工程中应用的粉煤灰要求控制的指标有（　　）。

A．氧化硅，氧化铝，三氧化二铁总含量

B．烧失量

C．比表面积

D．有效氧化钙，氧化镁含量

9．无机结合料稳定类基层质量检验时，需检测（　　）。

A．立方体抗压强度　　B．无侧限抗压强度

C．抗折强度　　D．劈裂强度

10．在石灰路面中，当其条件相同时，石灰剂量（　　）。

A．越小越好　　B．越大越好

C．应有一定范围　　D．与剂量多少无关

11．二灰量指（　　）两种材料。

A．水泥、石灰　　B．石灰、粉煤灰

C．石灰、煤渣　　D．水泥、粉煤灰

12．热拌和沥青混合料摊铺温度须（　　）。

A．>110℃，<165℃　　B．>80℃，<120℃

C．>100℃，<140℃　　D．>140℃，<180℃

13．石料抗冻性试验测试指标包括（　　）。

A．抗压强度　B．耐冻系数　C．质量损失率　D．吸水率

14．碎（卵）石必试项目包括（　　）。

A．筛分　B．含泥量　C．抗压强度　D．压碎值

二、判断题（对者打“√”，错者打“×”）

1．石灰稳定土基层交工验收时，含水量作为实测项目之一，需进行检测和评定。（　　）

2．有机质含量超过 2%的细粒土，用石灰处理后才能用水泥稳定。（　　）

3．采用 EDTA 滴定法可以快速测定水泥稳定土中的水泥剂量，但应严格控制首次确定的标准曲线，以后每次测定时只需配制 EDTA 溶液和代表性混合料滴定，达到快速测定目的。（　　）

4．石灰稳定土基层交工验收时，含水量作为实测项目之一，需进行检测和评定。（　　）

5．碱集料反应对混凝土危害有膨胀、开裂甚至破坏。（　　）

三、计算题

1．一组二灰土试件无侧限抗压强度试验结果为：0.77MPa、0.78MPa、0.67MPa、0.64MPa、0.73MPa、0.81MPa，设计强度 R_d=0.60MPa，取保证率系数 Z_α=1.645，判断该组二灰土强度是否合格（取小数 2 位）。该实测项目（强度）评分值为多少？

2．某工地，经测定风干土的含水量为 4.5%，风干石灰的含水量为 2.1%。现要配制 300g 含水量为 17%的石灰细粒土，灰剂量为 6%（外掺法），请问需风干土、风干石灰、水各多少？

四、简答题

1．试列表比较无机结合料稳定土无侧限抗压强度与弯拉强度试验器具的不同之处？

2．查阅相关资料想想为什么要对无机结合料弯拉强度试验数据进行变异系数是否满足要求的分析？

第五章

结构混凝土强度检测

学习目标

1．知识目标

（1）能描述混凝土结构检测的项目、方法和评定标准。

（2）掌握回弹法测定结构混凝土强度的基本原理及强度评定方法。

（3）掌握超声、回弹综合法测定结构混凝土强度的基本原理及强度评定方法。

（4）了解测定结构混凝土的碳化深度的方法、意义。

2．能力目标

（1）能按照《混凝土结构试验方法标准》进行水泥混凝土强度检测。

（2）学会使用回弹仪、超声波仪测定结构混凝土强度方法。

课时建议　4 学时

学习引导

为了加强对混凝土质量的监测与控制，做为结构工程质量检测的内容之一就是现场检测混凝土的强度。

混凝土测定强度技术按照对混凝土强度的影响程度分为破损法和非破损法。破损法以不影响结构或构件的承载能力为前提，在结构或构件上直接进行局部破坏性试验，或直接钻取芯样进行破坏性试验，主要方法有钻芯法，拔出法，射击法等。此类方法较直观可靠。测试结果易为人们接受，但对混凝土结构造成局部破坏，不宜大范围检测，且费用较高，因而受到种种限制。非破损（无损）法以混凝土强度与某些物理量之间的相关性为基础，检测时在不影响结构或构件混凝土任何性能的前提下测试这些物理量，然后根据相关推算被测混凝土的强度推定值。其主要方法有回弹法、超声波、超声综合回弹法、射线法、成熟度法等。此类方法所用仪器简单、操作方便、费用低廉、同时便于大范围检测，在有严格的测强曲线的条件下，其测试精度较高。

第一节　回弹法测水泥混凝土抗压强度

一、目的和适用范围

回弹法是利用一弹簧驱动的重锤，通过弹击杆，弹击混凝土表面，并测出重锤被反弹回来的距离，是以回弹值作为与强度相关的指标来推定混凝土强度的一种方法。所检测的水泥混凝土厚度不得小于 100mm，温度不应低于 10℃。检测结果可作为试块强度的参考，不宜作为仲裁试验或工程验收的最终依据。

目前适用规程是《回弹法检测混凝土抗压强度技术规程》（JGJ/T 23—2011），适用于普通混凝土抗压强度的检测，不适用于表层与内部质量有明显差异或内部存在缺陷的混凝土强度检测。水泥混凝土的回弹值是用回弹仪在混凝土表面测得，并经碳化深度修正后的回弹值，无量纲。

二、技术规定和一般要求

1）满足下列情况之一时，方可用回弹法评定混凝土强度：

① 缺乏同条件试块或标准试块数量不足。

② 试块的质量缺乏代表性。

③ 试块的试压结果不符合现行标准、规范，规程所规定的要求，并对该结果持有怀疑。

2）满足下列情况之一时，方可按本法评定其强度：

① 测试前表层遭受短期湿润的混凝土，应经风干后测试。

② 遭受冻结的混凝土，应待解冻后测试。

③ 蒸汽养护的混凝土，应在构件出池经自然养护 14d 后测试。

④ 体积小，刚度大或测试部位厚度＜100mm 的构件（当测试中不能确保其无颤动时，均应设置支撑加以可靠的固定后测试）。

3）满足下列情况下，不宜采用回弹法检测结构混凝土强度：

① 遭受冻害、化学腐蚀、火灾、高温损伤的混凝土。

② 被测构件厚度小于 10cm。

③ 结构表面温度低于-4℃或高于 60℃。

④ 其他表层与内部质量有明显差异或内部存在缺陷的混凝土结构或构件。

三、检测器具

1）混凝土回弹仪：指针直读式的混凝土回弹仪，构造和主要零件见图 5-1，也可采用数字显示仪或自动记录式的回弹仪。以 N 型（中型）应用最广泛。

2）酚酞酒精溶液，浓度为 1%。

3）钢砧（图 5-2）。

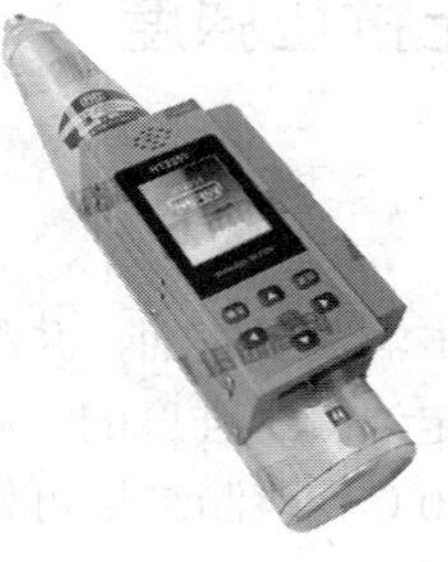

图 5-1　混凝土回弹仪

图 5-2　钢砧

4）手提式砂轮。

5）其他：凿子锤、卷尺、钢尺、毛刷等（图 5-3）。

图 5-3　其他检测器具

四、回弹仪的检定与保养

1）回弹仪有下列情况之一时，应进行常规保养：

① 弹击超过 2000 次。

② 对检测值有怀疑时。

③ 在钢砧上的率定值不合格。

2）回弹仪有下列情况之一时，应送检定单位检定：

① 新回弹仪启动前。

② 超过检定有效期（有效期为半年）。

③ 累计弹击次数超过 6000 次。

④ 经常规保养后钢砧率定值不合格。

⑤ 遭受严重撞击或其他损害。

3）回弹仪有下列情况之一时，应在钢砧上进行率定试验：

① 进行构件测试前后，如连续数天测试，可在每天测试完毕后率定一次。

② 测定过程中对回弹值有怀疑时。率定试验宜在室温 25℃±5℃条件下进行。率定时，钢砧应稳定的平放在刚度大的混凝土地坪上。回弹仪向下弹击时，弹击杆应分四次旋转 90°，取连续弹击三次的稳定回弹值进行平均，弹击杆每旋转一次的率定平均应符合 80±2 的要求。

4）常规养护下应符合要求：使弹击锤脱钩后，取出机芯，然后卸下弹击杆，冲压弹簧，弹击锤（连同弹击拉簧和拉簧座）刻度尺，指针轴和指针。

用清洗剂清洗机芯的中心导杆、弹击拉簧、拉簧座弹击杆及其内孔、缓冲压簧弹击锤及其内孔和冲击面、指针块及其内孔、指针轴、刻度尺、卡环以及机壳的内壁和指针导槽等。经过清洗后的零件，除中心导杆薄薄地抹上一层钟表油或其他无腐蚀性的清油外，其他零部件均不得抹油，应保持弹击拉簧前端钩入拉簧座的孔位，不得旋转尾盖上以固定紧固的调零螺钉，不得自制或更换机芯部位的零件和指针轴，指针片，指针块挂钩及凋零螺钉等。

五、试验准备工作

1. 资料准备

需进行非破损法测试的结构或构件，在检测前，应具备下列有关资料：

1）工程名称、设计单位、施工单位、监理单位、建设单位名称及检测原因等。

2）结构或构件名称、编号、数量、施工图（或平面图）及混凝土类型、强度等级。

3）水泥品种、强度等级、用量、出厂厂名、砂石品种、粒径、水泥安定性、外加剂、掺和料品种、掺量以及混凝土配合比等。

4）施工模板类型、混凝土浇筑、浇筑时间、养生情况以及成型日期等。

5）必要的设计图纸和施工记录。

6）结构或构件存在的质量问题，混凝土试块抗压强度实验报告等。

2. 被检测结构或试件准备

对于混凝土生产工艺、强度等级相同，原材料、配合比、养护条件基本一致且龄期相近的一批同类构件的检测应采用批量检测。当按批抽样检测时，凡符合下列条件的构件，才可作为同批构件：①混凝土强度等级相同；②混凝土原材料、配合比、成型工艺、养护条件及龄期基本相同；③构建种类相同；④在施工阶段所处状态相同。

按批量进行检测时，应随机抽取构件，抽检数量不宜少于同批构件总数的 30%且不宜少于 10 件。当检验批构件数量大于 30 个时，抽样构件数量可适当调整，并不得少于国家现行有关标准规定的最少抽样数量。

检测结构或构件时，需要布置测区，因为测区是进行测试的单元。测区布置应符合下列规定：

1）按单个构件测试时，应在构件上均匀布置测区，且不少于 10 个，当受检构件数量大于 30 个且不需要提供单个构件推定强度或受检构件某一方向尺寸不大于 4.5m 且另一方向尺寸不大于 0.3m，每个构件的测区数量可适当减少，但不应少于 5 个。

2）当对同批构件抽样检测时，构件抽样数不小于同批构件的 30%，且不少于 10 件，同时每个构件测区数不少于 10 个。

3）对长度小于 3m 且高度低于 0.6m 的构件，其测区数量可适当减少，但不应少于 5 个。

4）测区宜布置在构件的两个对称的可侧面上，当不能布置在对称的可测面上时，也可布置在同一可测面上，且应均匀分布。在构件的重要部位及薄弱部位应布置测区，并应避开预埋件。

5）测区宜选在能使回弹仪处于水平方向的混凝土浇筑侧面。当不能满足这一要求时，也可选在使回弹仪处于非水平方向的混凝土浇筑表面或底面。

6）测区应均匀分布，相邻两测区的间距不应大于 2m，测区离构件端部或施工缝边缘的距离不宜大于 0.5m，且不宜小于 0.2m。测区的面积不宜大于 $0.04m^2$。测区尺寸宜为 20cm×20cm，每一测区宜测 16 个测点，相邻两测点间距宜≥3cm。

7）测区宜避开钢筋密集区和预埋铁件，对于弹击时产生颤动的薄壁、小型构件，应进行加固。

8）测区表面应为混凝土原浆面，并应清洁、平整，不应有疏松层、浮浆、油垢、涂层及蜂窝麻面等。

9）结构或构件上的测区应注明编号，并记录测区所处的位置和外观质量情况。梁、柱、墙测区布置示意图如图 5-4 所示。

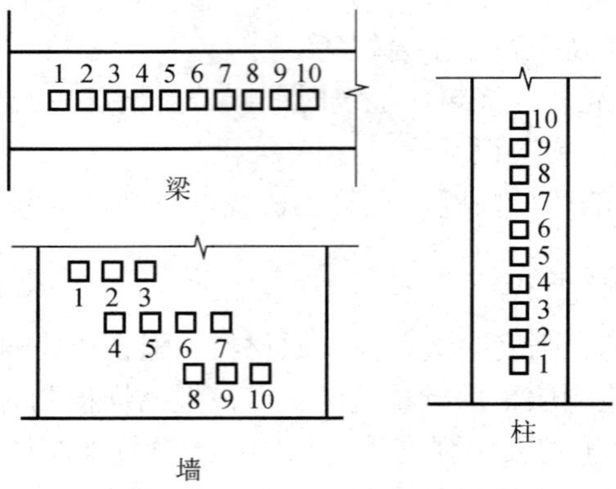

图 5-4　回弹仪测区布置示意

六、试验步骤

1. 回弹值的测试

用回弹仪测试时，宜使仪器处于水平方向测试混凝土浇筑的侧面，该情况下测试修正值为 0。如不能满足这一要求，也可以非水平状态测试混凝土的浇筑顶面或底面，但其回弹值应进行修正。修正角度的确定见图 5-5。

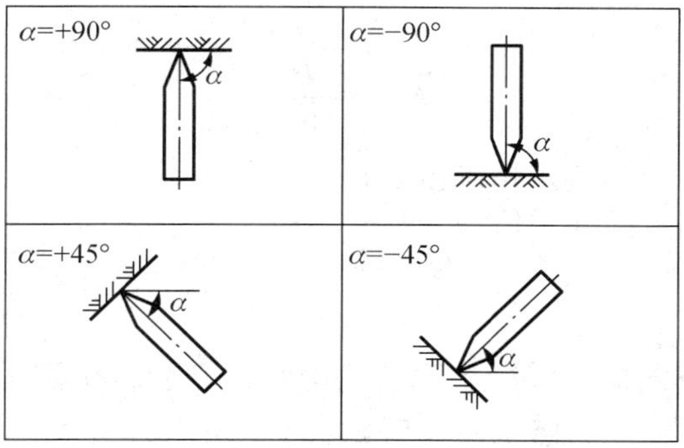

图 5-5 回弹仪修正角度示意

使用时，将弹击杆顶住混凝土的表面，轻压仪器，松开按钮，弹击杆徐徐伸出，使仪器对混凝土表面缓慢均匀施压，待弹击锤脱钩冲击弹杆后回弹，带动指针向后移动并停留在某一位置上，即为回弹值。

继续顶住混凝土表面并在读取和记录回弹值后，逐渐对仪器减压，使弹击杆从仪器内伸出，改变测点重复上述操作，即可测得被测构件或结构的若干回弹值。操作中注意仪器的轴线应始终垂直于构件土表面混凝，如图 5-5 所示。

同一测区的两个测面用回弹仪弹击 8 点，若一个测区只有一个测面，则需要测 16 点，每一测点的回弹值读数准确至 1 个单位。回弹测点宜在测区均匀分布，但不得打在气孔或外露石子上。同一测点只允许弹击一次，回弹仪的轴线方向应与测试面相垂直。

2. 混凝土碳化深度的测试

回弹后即测量构件的碳化深度，用合适的工具在测区的表面形成直径约为 15mm 的孔洞（其深度略大于混凝土的碳化深度），清除洞中粉末和碎屑后（注意不能用液体冲洗孔洞）立即用酚酞酒精溶液滴在混凝土孔洞内壁的边缘处，垂直测量未变色部分的深度（碳化部分变成玫瑰红色），该距离即为混凝土的碳化深度值，准确至 0.5mm。

一个测区选择 1～3 处测量混凝土的碳化深度值。当相邻测区的混凝土质量或回弹值与它基本相同时，也可以代表相邻测区的碳化深度值。

七、检测数据的处理

1. 测区回弹值的计算

当回弹仪水平方向测试混凝土浇筑侧面时，应从每一测区的 16 个回弹值中剔除其中 3 个最大值和 3 个最小值，取余下 10 个回弹面的平均值作为该测区的平均回弹值，精确至 0.1。

其计算公式为：

$$\overline{N} = \frac{\sum N_{\text{i}}}{10} \tag{5-1}$$

式中：$\overline{N}$——测区平均回弹值，精确至 0.1；

N_{i}——第 i 个测点的回弹值。

2. 测试角度修正

当回弹仪非水平方向测试混凝土浇筑侧面时，则应将所测得数据按式（5-2）进行修正，计算非水平方向测定的修正回弹值如表 5-1 所示。

$$\overline{N_{\text{c}}} = \overline{N} + \Delta N \tag{5-2}$$

式中：$\overline{N}$——测区平均回弹值，精确至 0.1；

$\overline{N_{\text{c}}}$——经非水平测定修正的测区平均回弹值；

ΔN——由表 5-1 查出的不同测试角度的回弹值修正值，精确至 0.1。

表 5-1　非水平方向测定的修正回弹值

$\overline{N}$	与水平方向所成的角度							
	+90°	+60°	+45°	+30°	−30°	−45°	−60°	−90°
20	−6.0	−5.0	−4.0	−3.0	+2.5	+3.0	+3.5	+4.0
30	−5.0	−4.0	−3.5	−3.0	+2.0	+2.5	+3.0	+3.5
40	−4.0	−3.5	−3.0	−2.5	+1.5	+2.0	+2.5	+3.0
50	−3.0	−3.0	−2.5	−1.5	+1.0	+1.5	+2.0	+2.5

注：表中未列出的 $\overline{N}$ 值可用内插法求得。

3. 测试面修正

当回弹仪水平方向测试混凝土浇筑表面或底面时，应将测得回弹值按式（5-3）进行修正。

$$\overline{N_{\text{c}}} = \overline{N} + \Delta N \tag{5-3}$$

式中：$\overline{N}$——测区平均回弹值，精确至 0.1；

$\overline{N_{\text{c}}}$——回弹仪测混凝土表面或底面测区平均回弹值；

ΔN——由表 5-2 查出的不同测试角度的回弹值修正值，精确至 0.1。

表 5-2 不同浇筑面的回弹值修正值

$\overline{N}$	ΔN		$\overline{N}$	ΔN	
	表面	底面		表面	底面
20	+2.5	−3.0	40	+0.5	−1.0
25	+2.0	−2.5	45	0	−0.5
30	+1.5	−2.0	50	0	0
35	+1.0	−1.5			

如果测试仪器即非水平方向而又非混凝土浇筑侧面，则应对回弹值先进行角度修正，然后进行浇筑面修正。

4. 碳化深度的计算

每一测区的平均碳化深度值，按下式计算：

$$\overline{H}=\frac{\sum_{i=1}^{n}H_{\mathrm{i}}}{n} \tag{5-4}$$

式中：$\overline{H}$——测区平均碳化深度值，精确至 0.5mm；

H_{i}——第 i 次测量的碳化深度值（mm）；

n——测区的碳化深度值测点数。

如平均碳化深度值小于或等于 0.4mm，按无碳化深度处理（即平均碳化深度为 0）；如平均碳化深度值大于等于 6mm 时，取 6mm；对于新浇筑混凝土龄期不超过 3 个月，可视为无碳化。

5. 测区混凝土强度值的确定

根据每一测区的回弹平均值及碳化深度值，查阅专用曲线，或地区曲线，或统一曲线编制的测区混凝土强度换算表，见表 5-3，所查出的强度值即为该测区混凝土的强度。当强度低于 50MPa 或高于 10MPa 时，表中未列入的测区强度值，可采用内插法求得。

6. 混凝土强度推算

当需要将回弹值换算为混凝土强度时，宜采用下列方法：

1）有试验条件时，宜通过试验建立实际的测强曲线，但测强曲线仅适用于材料质量、成型、养护和龄期等条件基本相同的混凝土。具体请参阅规程《回弹法检测混凝土抗压强度技术规程》（JGJ/T 23—2011）。

2）当无足够的试验数据或相关关系的推定式不够满意时，可按式（5-5）推算混凝土抗压强度：

$$R_n=0.025\overline{N_{\mathrm{c}}^2} \tag{5-5}$$

式中：R_n——构件混凝土强度推定值（MPa），精确至 0.1MPa；

$\overline{N_{\mathrm{c}}^2}$——测区混凝土平均回弹值。

3）在没有条件通过试验建立实际的测强曲线时，每个测区混凝土的抗压强度可平均回弹值及平均碳化深度由表 5-3 查出。

表 5-3　测区混凝土抗压强度值换算表

平均回弹值 $\overline{N_c}$	测区混凝土抗压强度值 R_i（MPa）												
	平均碳化深度值（mm）												
	0	0.5	1.0	1.5	2.0	2.5	3.0	3.5	4.0	4.5	5.0	5.5	6.0
20	10.3	10.1											
21	11.4	11.2	10.8	10.5	10.0								
22	12.5	12.2	11.9	11.5	11.0	10.6	10.2						
23	13.7	13.4	13.0	12.6	12.1	11.6	11.2	10.8	10.5	10.1			
24	14.9	14.6	14.2	13.7	13.1	12.7	12.2	11.8	11.5	11.0	10.7	10.4	10.1
25	16.2	15.9	15.4	14.9	14.3	13.8	13.3	12.8	12.5	12.0	11.7	11.3	10.9
26	17.5	17.2	16.6	16.1	15.4	14.9	14.4	13.8	13.5	13.0	12.6	12.2	11.6
27	18.9	18.5	18.0	17.4	16.6	16.1	15.5	14.8	14.6	14.0	13.6	13.1	12.4
28	20.3	19.7	19.2	18.4	17.6	17.0	16.5	15.8	15.4	14.8	14.4	13.9	13.2
29	21.8	21.1	20.5	19.6	18.7	18.1	17.5	16.8	16.4	15.8	15.4	14.6	13.9
30	23.3	22.6	21.9	21.0	20.0	19.3	18.6	17.9	17.4	16.8	16.4	15.4	14.7
31	24.9	24.2	23.4	22.4	21.4	20.7	19.9	19.2	18.4	17.9	17.4	16.4	15.5
32	26.5	25.7	24.9	23.9	22.8	22.0	21.2	20.4	19.6	19.1	18.4	17.5	16.4
33	28.2	27.4	26.5	25.4	24.3	23.4	22.6	21.7	20.9	20.3	19.4	18.5	17.4
34	30.0	29.1	28.0	26.8	25.6	24.6	23.7	23.0	22.1	21.3	20.4	19.5	18.3
35	31.8	30.8	29.6	28.0	26.7	25.8	24.8	24.0	23.2	22.3	21.4	20.4	19.2
36	33.6	32.6	31.2	29.6	28.2	27.2	26.2	25.2	24.5	23.5	22.4	21.4	20.2
37	35.5	34.4	33.0	31.2	29.8	28.8	27.7	26.6	25.9	24.8	23.4	22.4	21.3
38	37.5	36.4	34.9	33.0	31.5	30.3	29.2	28.1	27.4	26.2	24.8	23.6	22.5
39	39.5	38.2	36.7	34.7	33.0	31.8	30.6	29.6	28.8	27.4	26.0	24.8	23.7
40	41.6	39.9	38.3	36.2	34.5	33.3	31.7	30.8	30.0	28.4	27.0	25.8	25.0
41	43.7	42.0	40.2	38.0	36.0	34.8	33.2	32.3	31.5	29.7	28.4	27.1	26.2
42	45.9	44.1	42.2	39.9	37.6	36.3	34.9	34.0	33.0	31.2	29.8	28.5	27.5
43	48.1	46.2	44.2	41.8	39.4	38.0	36.6	35.6	34.6	32.7	31.3	29.8	28.9
44	50.4	48.4	46.4	43.8	41.3	39.8	38.3	37.3	36.3	34.3	32.8	31.2	30.2
45	52.7	50.6	48.5	45.8	43.2	41.6	40.1	39.0	37.9	35.8	34.3	32.7	31.6
46	55.0	52.8	50.6	47.9	45.2	43.5	41.9	40.8	39.7	37.5	35.8	34.2	33.1
47	57.5	55.2	52.9	50.0	47.2	45.2	43.7	42.6	41.4	39.1	37.4	35.6	34.5
48	60.0	57.6	55.2	52.2	49.2	47.4	45.6	44.4	43.2	40.8	39.0	37.2	36.0
49		60.0	57.5	54.4	51.3	49.4	47.5	46.2	45.0	42.5	40.6	38.8	37.5
50			59.9	56.7	53.4	51.4	49.5	48.2	46.9	44.3	42.3	40.4	39.1
51				59.0	55.6	53.5	51.5	50.1	48.8	46.1	44.1	42.0	40.7
52					57.8	55.7	53.6	52.1	50.7	47.9	45.8	43.7	42.3
53					60.0	57.8	55.6	54.2	52.7	49.8	47.6	45.4	43.9
54							57.8	56.3	54.7	51.7	49.4	47.1	45.6
55							59.9	58.4	56.8	53.6	51.3	48.9	47.3
56									58.9	55.6	53.2	50.7	49.1
57										57.6	55.1	52.5	50.8
58										59.7	57.0	54.4	52.7
59											59.0	56.3	54.5
60												58.3	56.4

7. 结构或构件混凝土抗压强度的推定和评定

1）结构（或构件）混凝土的平均强度按式（5-6）计算：

$$\overline{R_n}=\frac{\sum R_{\mathrm{i}}}{n} \tag{5-6}$$

式中：$\overline{R_n}$——结构（或构件）混凝土强度的平均值（MPa），精确至0.1MPa；

R_{i}——第 i 个测区结构混凝土的抗压强度（MPa）；

n——测区数，对于单个评定的结构或构件，取一个试件的测区数；对于抽样评定的结构或构件，取抽检试样测区数之和。

2）当测区数 $n\geqslant$时，按式（5-7）计算标准差：

$$S_n=\sqrt{\frac{\sum_{i=1}^{n}\left(R_{\mathrm{i}}-\overline{R_n}\right)^2}{n-1}} \tag{5-7}$$

式中：S_n——结构（或构件）混凝土强度的平均值（MPa），精确至0.1MPa；

R_{i}——第 i 个测区结构混凝土的抗压强度（MPa）；

$\overline{R_n}$——结构（或构件）混凝土强度的平均值（MPa），精确至0.1MPa。

3）结构（或构件）混凝土强度的评定

用回弹法检测的混凝土结构（或构件），多属重要结构，应用数理统计方法进行评定。结构或构件的混凝土强度推定值（R_n）应按下列公式确定：

① 当该结构或构件的测区数 n<10 时：

$$R_n=\left(R_{\mathrm{i}}\right)_{\min} \tag{5-8}$$

式中：$\left(R_{\mathrm{i}}\right)_{\min}$——构件中最小的测区混凝土强度值。

② 当该结构或构件的测区强度值中出现小于10.0MPa时：

③ 当该结构或构件测区数 $n\geqslant10$ 或按批量检测时，应按式（5-9）计算：

$$R_n=\overline{R_n}-1.645R_n \tag{5-9}$$

4）对按批量检测的构件，当该批构件混凝土强度标准差出现下列情况之一时，则该批构件全部按单个构件检测：

① 当该批构件混凝土强度平均值小于25MPa：

$$S_n>4.5\text{MPa} \tag{5-10}$$

② 当该批构件混凝土强度平均值不小于25MPa且不大于60MPa：

$$S_n>5.5\text{MPa} \tag{5-11}$$

8. 检测报告

检测报告应包括：测区混凝土平均回弹值，测强曲线、回弹值与抗压强度的相关关系式、相关系数，各测区的抗压强度推定结果，推定的混凝土抗压强度平均值、标准差、变异系数。

测区混凝土抗压强度值查表 5-4。

表 5-4　测区混凝土抗压强度值换算表

平均回弹值 $\bar{N}$	测区混凝土抗压强度值 R_i（MPa）平均碳化深度值 L（mm）												
	0	0.5	1.0	1.5	2.0	2.5	3.0	3.5	4.0	4.5	5.0	5.5	6.0
20	10.3	9.9											
21	11.4	10.0	10.5	10.1									
22	12.5	12.0	11.5	11.0	10.6	10.2	9.8						
23	13.7	13.1	12.6	12.1	11.6	11.1	10.7	10.2	9.8				
24	14.9	14.3	13.7	13.2	12.6	12.1	11.6	11.2	10.7	10.3	9.8		
25	16.2	15.5	14.9	14.3	13.7	13.1	12.6	12.1	11.6	11.1	10.7	10.3	9.9
26	17.5	16.8	16.1	15.4	14.8	14.2	13.7	13.1	12.6	12.1	11.6	11.1	10.7
27	18.9	18.1	17.4	16.7	16.0	15.8	14.7	14.1	13.6	13.0	12.5	12.0	11.5
28	20.3	20.9	20.1	19.2	18.5	17.7	17.0	16.3	15.7	15.0	14.4	13.8	13.3
29	21.8	20.9	20.1	19.2	18.5	17.7	17.0	16.3	15.7	15.0	14.4	13.8	13.3
30	23.3	22.4	21.5	20.6	19.8	19.0	18.2	17.5	16.8	16.1	15.4	14.8	14.2
31	24.9	23.9	22.9	22.0	21.1	20.3	19.4	18.7	17.9	17.2	16.5	15.8	15.2
32	26.5	25.5	24.4	23.5	22.5	21.6	20.7	19.9	19.1	18.3	17.6	16.9	16.2
33	28.2	27.1	26.0	25.0	23.9	23.0	22.0	21.2	20.3	19.5	18.7	17.9	17.2
34	30.0	28.8	27.6	26.5	25.4	24.4	23.4	22.5	21.6	20.7	19.9	19.1	18.3
35	31.8	30.5	29.8	28.1	27.0	25.9	24.9	23.8	22.9	21.9	21.0	20.2	19.4
36	33.6	32.3	31.0	29.7	28.5	27.4	26.3	25.2	24.2	23.2	22.3	21.4	20.5
37	35.5	34.1	32.7	31.4	30.1	28.9	27.8	26.6	25.6	24.5	23.5	22.6	21.7
38	37.5	36.0	34.5	33.1	31.8	30.0	29.3	28.1	27.0	25.9	24.8	23.8	22.9
39	39.5	37.9	36.4	34.9	33.5	32.2	30.9	29.6	28.4	27.8	26.2	25.1	24.1
40	41.6	39.9	38.3	36.7	35.3	33.8	32.5	31.2	29.9	28.7	27.5	26.4	25.4
41	43.7	41.9	40.2	38.6	37.0	35.6	34.1	32.7	31.4	30.1	28.9	27.8	26.0
42	45.9	44.0	42.2	40.5	38.9	37.8	35.8	34.4	33.0	31.6	30.4	29.1	28.0
43	48.1	46.1	44.3	42.5	40.8	39.1	37.5	36.0	34.6	33.2	31.8	30.6	29.3
44		48.3	46.4	44.5	42.7	41.1	39.5	37.9	36.4	34.9	33.3	32.0	30.7
45			48.5	46.6	44.7	42.9	41.1	39.5	37.9	36.4	34.9	33.5	32.1
46				48.7	46.7	44.8	43.0	41.3	39.6	38.0	36.5	35.0	33.6
47					48.8	46.8	44.9	43.1	41.3	39.7	38.1	36.5	35.1
48						48.8	46.8	44.9	43.1	41.4	39.7	38.1	36.6
49							48.8	46.9	45.0	43.1	41.4	39.7	38.1
50								48.8	46.8	44.9	43.1	41.4	39.7
51									48.7	46.8	44.9	43.1	41.8
52										48.6	46.8	44.8	43.0
53											48.6	46.5	44.6
54												48.3	46.4
55													48.1

八、试验注意事项

1）回弹仪必须具有制造厂的产品合格证及检定单位的检定合格证，并应在回弹仪的明显位置上标有下列标志：名称、型号、制造厂（商标）、出厂编号、出厂日期和 CMC 标志及编号等。

2）回弹仪的检定周期为半年，当回弹具有下列情况之一时，应由法定计量检定机构按现行行业标准《回弹仪检定规程》（JJG 817—2011）进行检定：

① 新回弹仪启用前。

② 超过检定有效期限（半年）。

③ 数字式回弹仪数字显示的回弹值与指针直读示值相差大于 1。

④ 经保养后，在钢砧上的率定值不合格。

⑤ 遭受严重撞击或其他损害。

3）回弹仪有下列情况之一时，应进行常规保养：

① 弹击超过 2000 次。

② 对检测值有怀疑时。

③ 在钢砧上的率定值不合格等。

第二节 超声回弹综合法测定水泥混凝土强度

综合法测定混凝土强度的方法较多，研究与应用较广的是超声回弹综合法。超声回弹综合法是指同时采用超声仪和回弹仪进行测定。与单一测试方法（如回弹法）相比综合法具有如下优点：减少了龄期和含水率的影响，提高了测试精度。

采用综合法测定混凝土强度时应符合以下几个原则：

① 单一法的仪器性能、测试技术和测试误差都应满足规定的要求。

② 在已查明单一法测强影响因素的基础上，应当采取对测强影响较大且相反的单一法进行综合，以便抵消或减少一些影响因素。

③ 综合法比单一法应具有较小的测试误差和较宽的适用范围。

④ 综合法适用于确定内部无缺陷部位的混凝土强度。

图 5-6 混凝土超声仪

一、主要仪器设备简介

1）回弹仪、钢钻、钢尺。

2）混凝土超声仪（图 5-6）。

主要由电脉冲发生器、一对换能器、一具放大器和测量由发射换能器发出电脉冲的始点起到接收换能器接收到脉冲始点止的时间间隔的电子记时装置等组成。发射换能器发射的超声波经耦合进入混凝土，在混凝土中传播后通过接收换能器所接收并转换成电信号，电信号被送至超声仪，经放大后显示在示波屏上，同时测量超声波有关参数，如声传播时间（声时）、接收波振幅（波幅）、频率等功能（图 5-7）。

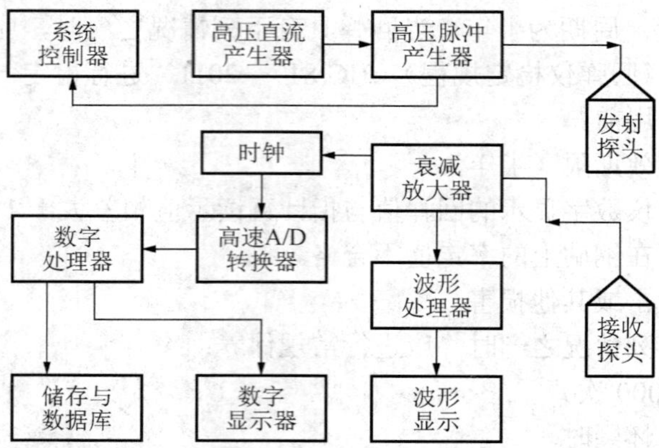

图 5-7　超声波测强主要结构示意图

超声仪应满足以下要求：

① 具有波形清晰，显示稳定的示波装置。声时可测量范围应为 0.5～9999 μs，测试精度为 0.1 μs。

② 数字显示稳定，声时显示调节在 20～30 μs 范围内时，2h 内声时显示漂移不得大于±0.2 μs。

③ 仪器接收放大频率响应范围（频率）应有足够的宽度，一般应不小于 10.2kHz。

④ 仪器宜具有示波屏显示波形和游标测读功能。若采用整形自动测读时，检测混凝土测距不宜超过 1m（以软件判别方法自动测读的智能超声仪除外）。

⑤ 适用于一般现场测试情况下的温度、电源变化条件。

二、检测技术

1. 资料准备

见回弹法中所介绍内容。

2. 测区测点的布置

① 按规定随机选择的水泥混凝土板，将每一块水泥混凝土路面板作为一个试样，均匀布置 10 个测区，每个测区不宜小于 150mm×550mm，测试面应清洁、干净、平整，不得有蜂窝、麻面，对浮浆和油垢以及粗糙处应清洗或用砂轮片磨平，并擦净残留粉尘。

② 每个测区的测点宜在测区范围内均匀分布，但不得布置在气孔或外露石子上，

相邻两测点的距离不宜小于 30mm。

3. 测试技术

（1）回弹值及碳化深度值的测量与计算

见回弹法测定混凝土抗压强度相关内容。

（2）声学参数测量

1）声时值的测量。测量前应视测距大小将仪器的发射电压器调在某一挡，将仪器"增益"调至较大位置保持不动。仪器接通电源前应检查电压，接上电源后，仪器宜预热 10min。

对仪器进行标定：换能器与标定棒应耦合良好，对于有示波器的应将首波波幅调节至 30～40mm，并将游标调至首波起始位置后测读声时值。对于有调零装置的仪器，应调节零电位器以扣除初读数。声时值测量时，测点布置在回弹测试的同一测区内。先在测点上涂少许耦合剂（如黄油、凡士林等），再将发射与接收换能器分别耦合在测区同一测点对应位置上，且发射与接收换能器应在同一轴线上（即对测），如图 5-8（a）所示。发射与接收换能器轴线应互相平行，且两换能器间隔为定值（即平测）如图 5-8（b）所示。

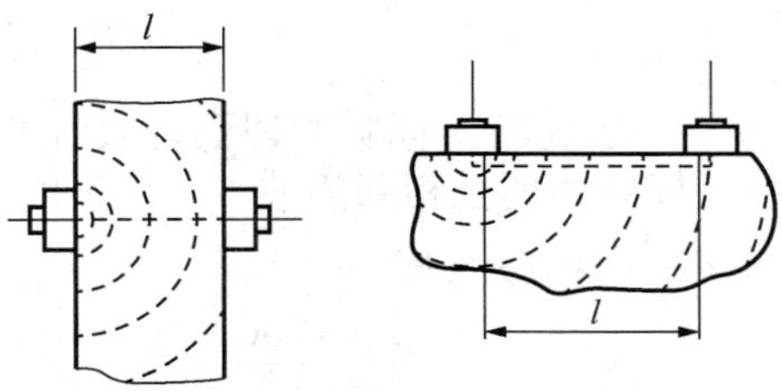

（a）对测示意图　　（b）平测示意图

图 5-8　省时值测量

每个测区内的相对测试面上，应各布置 3 个测点。没测点测试时均应将接收信号的首波波幅调整好，并将游标调至首波前沿基线弯曲的起始位置，可读取声时值（精确到 0.1 μs ），并记录该测点的声时值。对特殊构件应准确量取两换能器的距离以确定测距。具体步骤如下：

① 在进行回弹测试的同一测区内布置三条轴线（图 5-9），作为换能器布置区。

② 在换能器处置处抹上耦合剂。

③ 将换能器分别处置轴线 I 的 1 点及 2 点处，换能器与路面混凝土应充分接触，耦合良好，发射和接收两换能器直径与测轴线重合，边缘与测距相切。超声波振幅应调到规定振幅。测读声时值 t_1，准确至 0.1 μs 。

④ 1 点处的换能器不动，将放置在 2 点处的换能器移至 3 点处，再测读声时为 t_{12}，准确至 0.1 μs 。

⑤ 按上述方法测量轴线 II 、III，分别得声时为 t_{21}、t_{22}、t_{31}、t_{32}。

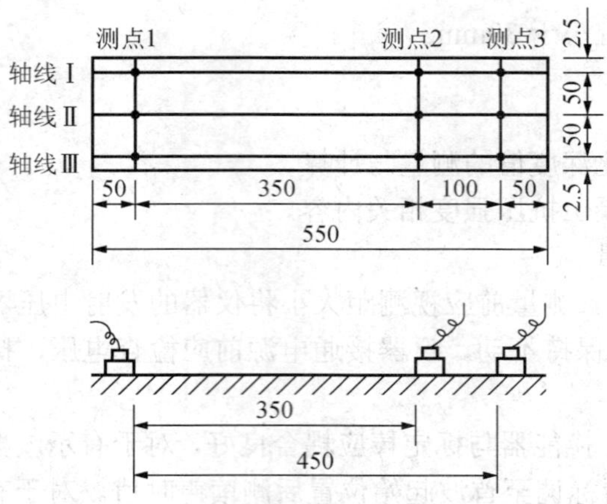

图 5-9 换能器布置图

2）波幅测量。波幅测量时，应在保持换能器良好耦合状态下采用下列两种方法进行之一进行读取：

① 刻度法：将衰减器固定在某一衰减位置，从仪器示波屏上读取首波幅度（格数）。

② 衰减值法：采用衰减器将直拨波幅度调至一定高度（如 5mm 或刻度一格），读取衰减器上的 dB 值。

3）频率测量。频率测量时，应先将游标脉冲调至首波前半个周期的波谷（或波峰），读取声时值 t_1（μs），再将游标脉冲调至相邻的波谷（或波峰），读取声值 t_2（μs），由此即可按下式计算出地 i 点第一周期波的频率：

$$f_{\mathrm{i}}=\frac{1000}{t_2-t_1} \tag{5-12}$$

4）波形观察。主要观察接收信号的波形是否畸变或包络线的形状，必要时可描绘或拍照。仪器使用完毕，应及时做好清理工作，换能器应擦拭干净单独存放。换能器的耦合面应避免磨损。

4. 计算

① 声速值按下式计算：

$$v_{\mathrm{i1}}=\frac{350}{t_{\mathrm{i1}}} \tag{5-13}$$

$$v_{\mathrm{i2}}=\frac{450}{t_{\mathrm{i2}}} \tag{5-14}$$

$$v_{\mathrm{i}}=\frac{v_{\mathrm{i1}}+v_{\mathrm{i2}}}{2} \tag{5-15}$$

$$v=\frac{v_1+v_2+v_3}{3} \tag{5-16}$$

式中：v_{i1}——第 i 条轴线 1 点与 2 点 350mm 测距声速（km/s），i=1～3；

v_{i2}——第 i 条轴线 1 点与 3 点 450mm 测距声速（km/s），i=1～3；

v_i——第 i 条轴线平均声速（km/s），i=1～3；

v——测区平均声速（km/s），精确至 0.01；

t_{i1}——第 i 条轴线 350mm 测距声时（μs）；

t_{i2}——第 i 条轴线 450mm 测距声时（μs）。

当三条测轴线平均声速中有两条测轴线平均声速与测区的平均声速之差都超过测区平均声速的 15%时，该测区检测结果无效。

② 测区回弹值按前面所述方法计算，并按式（5-17）对实测回弹值进行碳化深度修正 计算：

$$N' = 0.8795N - 1.4443L + 4.48 \tag{5-17}$$

式中：N'——修正后的测区回弹值，当 L=0 时，$N' = N$；

N——实测的测区平均回弹值；

L——碳化深度（mm）。

5. 混凝土抗弯强度推算

（1）测强曲线方程的确定

建立专用测强曲线方程。取用与路面混凝土相同的原材料，设计几种不同水灰比的混凝土配合比（一般设计 4 种配合比，其中包括路面施工时的配合比），对每种配合比制成 150mm×150mm×550mm 的梁式试件（不少于 6 个），在标准条件下养护 28d 后，按上述方法进行超声及回弹检测，并按水泥混凝土实验规程进行抗折强度试验，再用二元非线性方程按式（5-18）回归，确定回归系数，得出测强曲线方程，相对标准误差 e_r 应不大于 12%。

$$R_f = av^b e_r^c N \tag{5-18}$$

式中：R_f——混凝土抗弯强度（MPa）；

v——超声声速（km/s）；

N——修正后的回弹值；

a、b、c——回归系数；

e_r—相对标准误差（%）；按（5-19）计算

$$e_r = \sqrt{\frac{\sum\left(\frac{R'_{fi}}{R_{fi}} - 1\right)^2}{n-1}} \times 100\% \tag{5-19}$$

式中：R'_{fi}——第 i 块试件实测抗弯强度（MPa）；

R_{fi}——第 i 块试件由超声、回弹推算的抗弯强度（MPa）；

n——试件数（按块计）。

（2）混凝土路面抗弯强度推定

每一段中每一幅为一个单位作为抗折强度评定对象；

评定抗弯强度第一条件和第二条件值按下式计算：

$$R_{n1}=1.18\left(\overline{R_n}-m\times S_n\right) \tag{5-20}$$

$$R_{n2}=1.18(R_{fi})_{min} \tag{5-21}$$

以第一条件值计第二条件值中的较小者作为混凝土抗弯强度评定值 R_n 。

$$R_n=\min\left|R_{n1},R_{n2}\right| \tag{5-22}$$

式中：R_{n1} ——抗弯强度第一条件值（MPa），准确至 0.1MPa；

R_{n2} ——抗弯强度第二条件值（MPa），准确至 0.1 MPa；

S_n ——抗弯强度标准差（MPa），准确至 0.1MPa；

$$S_n=\sqrt{\frac{\sum\left(R_{fi}\right)^2-n\left(\bar{R}_n\right)^2}{n-1}} \tag{5-23}$$

m ——合格率判断系数，当 n=10～14 时，K=1.7；当 n=15～24 时，K=1.65；当 n≥25 时，K=1.60；

$\bar{R}_n$ ——抗折强度平均值（MPa），按式（5-24）计算准确至 0.1MPa；

$$\bar{R}_n=\frac{1}{n}\sum R_{fi} \tag{5-24}$$

（R_{fi}）$_{min}$——所有推算的抗折强度中的最小值；

n——测区数。

6. 检测结果记录（表 5-5 和表 5-6）

表 5-5　水泥混凝土抗折强度检测记录

施工单位________　施工日期________　工程名称________　检测单位________

检测日期________　检 验 者________　记 录 者________　校 核 者________

项目桩号	回弹值 N_i	实测回弹值	碳化深度（mm）	平均碳化深度（mm）	测距声时	v_{i1}（km/s）	v_{i2}（km/s）	v_i（km/s）	v（km/s）	折算抗折强度 R_f（MPa）

表 5-6　水泥混凝土抗折强度实测表

序号	回归波速（km/s）	回弹值	破坏强度（MPa）	计算强度（MPa）	误差
1	4.738	41.4	5.85	5.81	0.006
2	4.568	37.2	5.18	4.96	0.044
3	4.448	39.1	5.08	4.95	0.026
4	4.566	27.2	4.44	4.95	−0.103
5	4.55	40.7	6.12	5.36	0.142
6	4.830	42.2	6.15	6.09	0.010
7	4.693	44.4	5.72	6.09	-0.061

以上实测表为一级公路某段水泥混凝土路面（普通硅酸盐水泥与石灰岩粗集料碎石结构，设计抗折强度为4.5MPa），用超声回弹综合法（平测法）进行检测的摘录，仅供学生对该方法进行了解。

第三节　钻孔取芯法测定混凝土强度

一、目的和适用范围

钻孔取芯法是利用钻机从混凝土结构中钻取芯样以检测混凝土强度或观察混凝土内部质量的方法。由于它对结构混凝土造成局部损伤，因此是一种有损伤的现场检测手段。

这种方法利用钻芯法检测混凝土抗压强度，无需进行某种物理量与强度之间的换算，普遍认为它是一种直观、可靠和准确的方法，但由于在检测时会对混凝土结构造成局部损伤，而且成本较高，因此大量取芯往往受到一定限制。近年来，国内外都主张把钻芯法与其他非破损检测方法综合使用，一方面利用非破损法可以大量测试而不损伤结构；另一方面又可利用钻芯法提高非破损检测的精度，使两者相辅相成。

1. 钻芯法的特点

用钻芯法检测混凝土的强度、裂缝、接缝、分层、孔洞或离析等缺陷，具有直观、精确高等特点，但也有一定的局限性：

1）钻芯时结构造成局部损伤，因而对钻芯位置的选择及钻芯数量等均受到一定限制，而且它所代表的区域也是有限的。

2）钻芯机及芯样加工配套机具与非破损测试仪器相比，其比较笨重，移动不方便，测试成本较高。

3）钻芯后的孔洞要修补，尤其当钻断钢筋时，更是增加了修补工作困难。

2. 钻芯法的适用范围

在正常生产情况下，混凝土结构应按《水泥混凝土路面施工及验收规范》（GBJ 97—87）的要求，制作立方体标准养护试块进行混凝土强度评定和验收。只有在下列情况下才可以进行钻取芯样检测其强度，并作为处理混凝土质量事故的主要技术依据：

1）对立方体试块的抗压强度产生质疑，如试块强度很高，而结构混凝土的外观质量很差；试块强度较低，而结构混凝土外观质量很好；因试块现状、尺寸、养护等不符合要求，而影响了试验结果的准确性。

2）混凝土结构因水泥、砂石质量较差或因施工、养护不良发生质量事故。

3）检测部位的表层与内部的质量有明显差异，或在使用期限内遭受冻害的混凝土。

4）使用多年的混凝土结构，如需要加固或因工艺流程的改变导致荷载发生了变化。

5）对施工有特殊要求的结构和构件，如测路面混凝土结构层厚度等。

二、检测器具

1．钻芯机

常见的钻芯机（图 5-10）：轻便型取芯机（取芯直径ϕ12～75mm）、轻型钻机（取芯直径ϕ12～200mm）、重型钻机（取芯直径ϕ200～450mm）、超重型钻机（取芯直径ϕ330～700mm）。为了满足钻孔机和取芯工作的需要，不论哪种钻芯机都应具备以下 5 个基本功能：

1）向钻芯头传递压力，推动钻头前进或后退。

2）驱动钻头旋转，并应具有一定范围的转速，以便保证所需要的线速度。

3）为了冷却钻头及冲钻头过程中产生的磨削碎屑，应不断供给冷却水。

4）钻机应具有足够的刚性和稳定性。

5）钻机移动、安装和拆卸方便。

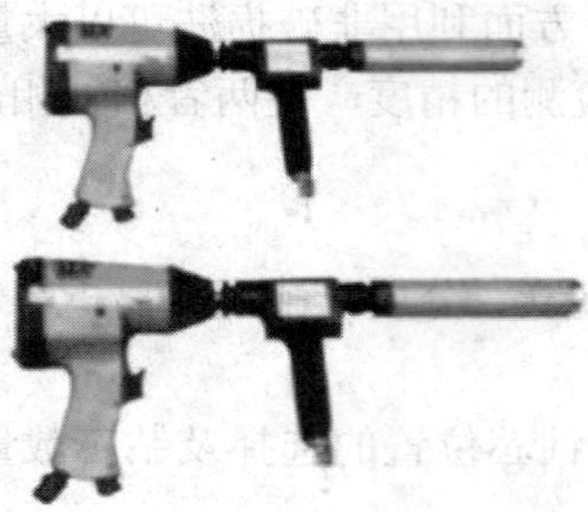

（a）轻便型

（b）重型

图 5-10　取芯钻机

2．芯样切割机

当检测混凝土强度时，应将芯样用切割机加工成具有一定尺寸的抗压试件。切割方式可分为两种类型，一种是圆锯片不动，工作台可动；另一种是锯片平行移动，工作台不动。也可使用简易芯样切割机，如图 5-11 所示。

3．人造金刚石空心薄壁钻头

空心薄壁钻头主要由钢体和胎环部分组成，钢体一般由无缝钢管车制而成。钻头的胎环是由钢系、青铜系、钨系等冶金粉末和适量的人造金刚石浇铸而成。在胎环上加工若干排水槽，取芯机钻头的构造如图 5-12 所示。

钻头与钻孔机的连接方式，主要由钻头的直径和钻机的构造决定。一般可分为柄式、螺纹连接式和卡连接式三种。

图 5-11 芯样切割机

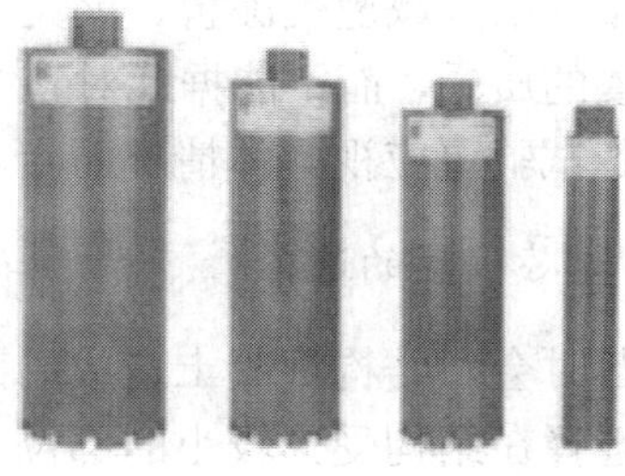

图 5-12 取芯机钻头

4. 压力试验机

能够满足试件破坏吨位的要求。

三、钻芯前的准备

1. 调查了解工程质量情况

1）工程名称或代号，以及设计、施工、建设单位名称。

2）结构或构件种类、外形尺寸及数量。

3）混凝土强度等级，混凝土的成型日期、水泥品种、集料粒径、砂石产地及施工配合比等。

4）混凝土试块的抗压强度。

5）结构或构件的现场质量状况以及施工或使用中存在的质量问题。

6）有关的结构设计图和施工图。

2. 钻心机具准备及钻头直径的选择

一般根据被测构件的体积及钻取部位确定钻芯的深度，据此选择合适的钻机及钻头，应根据检测的目的选择适宜尺寸的钻头。当钻取的芯样是为了进行抗压强度试验时，则芯样的直径与混凝土粗集料粒径之间应保持一定的比例关系。在一般情况下，芯样直径为粗集料粒径的 3 倍。在钢筋过密或因取芯位置不允许钻取较大芯样的特殊情况下，钻芯直径可为粗集料的 2 倍。在工程中的梁、柱、板、基础等现浇混凝土结构中，一般使用粗集料的最大粒径为 32mm 或 40mm，这样采用内径为 100mm 或 150mm 的钻头可满足要求。

3. 芯样数量的确定

取芯的数量，应视检测的要求而定。进行强度检测时，一般可分为以下两种情况：

1）单个构件进行强度检测时，在构件上的取芯个数一般不少于 3 个；当构件的体积或截面积较小时，取芯过多会影响结构承载能力，这时可取 2 个。

2）对构件某一指定局部区域的质量进行检测时，取芯数量应根据这一区域的大小而定，如某一区域遭受冻害、火灾、化学腐蚀或质量可疑等情况，这时检测结果仅代表取芯位置的质量，而不能据此对整个构件或结构物强度作出整体评价。至于检查内部缺陷的取芯试验更应视具体情况而定。

4. 取芯位置的选择

取芯时会对结构混凝土造成局部损伤，因此在选择取位置时要特别慎重。其原则是：应尽量选择在结构受力较小的部位。对于一些重要构件或一些构件的主要区域，尽量不在这些部位取芯，以免对结构安全造成不利影响。

在一个混凝土构件中由于施工条件、养护情况及不同位置的影响，各部分的强度并不是均匀一致的。在选择钻芯位置时，应考虑这些因素，以使取芯位置混凝土的强度具有代表性。如有条件时，应首先对结构混凝土进行超声或超声回弹综合法测试，然后根据检测目的与要求来确定钻芯位置。

四、检测技术

1. 芯样钻取

混凝土芯样的钻取是钻芯法测强度试验的首要环节，是技术性很强的工作。芯样质量的好坏，钻头和钻机的使用寿命以及工作效率，都与操作者的熟练程度和经验有关。因此，熟练地操作技术，合理调节各部位装置，将会获得较好的钻取效果。

先将钻机安放稳固（钻机的稳固定方法有配重法、真空吸附法、顶杆支撑法和膨胀螺栓法等）并调至水平后，安装好钻头，接通水源，启动电动机，然后操作加压手柄，使钻头慢慢接触混凝土表面。当混凝土表面不平时，下钻更应特别小心，待钻头入槽稳定后，方可适当加压进钻。

在进钻过程中应保持冷却水的畅通，水流量宜为 3～5L/mim，出口水温不宜超过30℃。冷却水的作用：一是防止金刚石温度升高烧毁钻头；二是及时排除钻孔中产生的大量混凝土碎屑，以利钻头不断切削新的、工作面和减少钻头的磨损。

水流量的大小与进钻速度和直径成正比，以达到料屑能快速排出，又不致四处飞溅为宜。当钻头钻至芯样要求长度后，退钻至离混凝土表面 20～30mm 时停电停水，然后将钻头全部退出混凝土表面。如停电停水过早，则容易发生卡钻现象，尤其在深孔作业时更应特别注意。

移开钻机后，用带弧度的钢钎插入圆形槽并用锤敲击，此时由于弯矩的作用，使芯样在底部与结构断离，然后将芯样提出。取出的芯样应及时编号，并检查外观质量情况，做好记录后，妥善保管，以备割成标准尺寸的芯样试件。

为了保证安全操作，取芯机操作人员心须穿戴绝缘鞋及其他防护用品。

2. 芯样加工

（1）芯样尺寸要求及测量方法

1）平均直径：在钻芯过程中，由于受到钻机振动钻头偏摆等因素的影响，沿芯样高度的任一直径并不是均匀一致的，也就是说同一芯样其直径有的部位大有的部位小。为了方便计算芯样的截面积，故以平均直径为代表。测量平均直径（图 5-13d）用游标卡尺测量芯样中部，在互相垂直的两个位置，取其两次测量的算术平均值作为平均直径，测量精度为 0.5mm。对于直径为 ϕ100mm 的芯样，当直径测量误差为 0.5mm 时，芯样的截面积误差只有 0.89%，对抗压强度的计算影响不大。当沿芯样高度任一直径与平均直径相差达 2mm 以上时，由于对抗压强度的影响难以估计，故这样的芯样不能作为抗压试件使用。

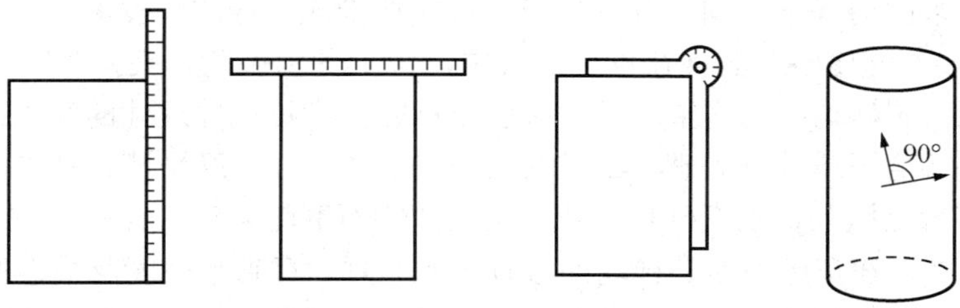

（a）　（b）　（c）　（d）

图 5-13　芯样尺寸量取示意图

2）芯样高度［图 5-13（a）］：通常采用高径比为 2 的圆柱体作为混凝土抗压试验的标准圆试件，其他尺寸或高径比的芯样统称为非标准圆试件。由于芯样尺寸（主要指高度）对抗压强度有较大影响，当采用非标准圆试件时，其抗压强度必须乘以相应的修正系数（表 5-7）后才能换算成标准圆试件的强度。

表 5-7　抗压强度尺寸修正系数表

高径比（h/d）	修正系数	说明
2.00	1.00	当 h/d 为表列中间值时，修正系数可用内插循序渐进以求得
1.75	0.98	
1.50	0.96	
1.25	0.93	
1.00	0.89	

3）端面平整度：芯样端面与立面方体试块的侧面一样，是进行抗压强度试验时的承压面，其平整度对抗压强度影响很大。端面不平时，向上比向下引起的应力集中更为剧烈，如同劈裂抗拉强度破坏一样，强度下降更大。当中间凸出 1mm 时，其抗压强度只有平整试件的 1/2 左右，因此国内外标准对芯样端面平整度有严格要求。测量端面平整度［图 5-13（b）］是用钢板尺紧靠在芯样端面上，一面转动钢板尺一面用塞尺测量与芯样之间的缝隙，在 100mm 长度范围内不超过 0.05 为合格。

4）垂直度：芯样两个端面应互相平行且应垂直于轴线。芯样端面与轴线间垂直度偏差过大抗压时会降低强度，其影响程度还与试验机的球座及试件的尺寸大小有关。大部分规定垂直度偏差不得超过±1°。垂直度测量［图 5-13（c）］的方法是用游标量角器分别测量两个端面与轴线间的夹角，在 90°±2° 时为合格，测量精度为 0.10。承压线凹凸不应大于 0.25mm。

（2）芯样切割加工与端面的修整

1）芯样切割。采用切割机和人造金刚石圆锯片进行切割加工。芯样切割部位的选择和切割机操作正确与否，是保证芯样切割质量的重要环节。芯样加工时切除部分和保留部分应根据检测的目的确定。在一般情况下，应将影响强度试验的缺边、掉角、孔洞、疏松层、钢筋等部分切除，但是，在一些特殊情况下，如为了检测混凝土受冻或疏松层的强度时，在切割加工中要注意保留这一部分混凝土。为了抗压强度试验的方便，在满足试件尺寸要求的前提下，同一批试件应尽可能切割成同样的高度。

2）芯样端面的修整。芯样在锯切过程中，由于受到振动、夹持不紧或圆锯片偏斜等因素的影响，芯样端面的平整度及垂直度很难完全满足试件尺寸的要求。此时，需采用专用机具进行磨平或补平处理。芯样端面修整基本可分为磨平法和补平法。磨平法是在磨平机的磨盘上撒上金刚石砂粒（或直接用金刚石磨轮）对芯样两端进行磨平处理，或采用金刚石车、在车床卜对芯样端面进行车光处理，直到平整度及垂直度达到要求时为止。补平法是用补平材料对芯样端面进行修整，根据所用材料可分为硫磺补平、硫磺胶泥、硫磺砂浆、水泥净浆、水泥砂浆补平等。

芯样直径两端侧面测定钻取后芯样的高度及端面加工或端面加工后的高度，其尺寸差应在 0.25mm 之内。

3. 抗压强度试验

芯样在进行抗压强度试验时，可分为潮湿状态和干燥状态两种试验方法。在干燥状态下试验的试件通常比经过浸湿的芯样强度高。为了使芯样试件与被测结构混凝土的湿度在基本一致的条件下进行试验，在钻芯法试验规程中，规定了芯样试件可在两种湿度状态下进行试验，如结构工作条件比较干燥，芯样试件应以自然干燥状态进行试验；结构工作条件比较潮湿，芯样试件应以潮湿状态进行试验。此外，统一了试验标准并规定了试验状态条件：对于干燥状态，即芯样试件在受压前，应在室内自然干燥 3d；在潮湿状态进行试验时，芯样试件应在（20±2）℃的清水中浸泡 40～48h。抗压试验用的试件长度（端面加工后）不应小于直径的 0.95 倍，也不应大于直径的 2.1 倍。芯样端面必须平整，必要时应磨平或补平试件端面。

（1）抗压强度试验步骤

1）取出试件，清除表面污垢，擦去表面水分，仔细检查后，在其中部量出高度和宽度，精确至 1mm。在准备过程中，要求保持试件温度无变化。

2）在压力机下、压板上放好试件，几何对中，球座最好放在试件顶面并凸面朝上。

3）加载施压。加载速度选择，混凝土强度等级小于 C30 时，取 0.3～0.5MPa /s；混凝土强度等级大于或等于 C30 时，取 0.5～0.8MPa /s。当试件临近快速变形破坏时，应停止调整试验机油门，直至试件破坏，记下最大荷载。

（2）记录计算

混凝土芯样抗压强度 R_c 按式（5-25）计算：

$$R_c=\frac{P}{A}=\frac{4P}{\pi d_m^2} \qquad (5\text{-}25)$$

式中：R_c——混凝土芯样抗压强度（MPa），精确到 0.1MPa；

P——极限荷载（N）；

A——受压面积（mm^2）；

d——芯样截面的平均直径（mm）。

圆柱体试件与方块试件抗压强度关系如表 5-8。

表 5-8　圆柱体试件与方块试件抗压强度关系表

混凝土强度等级	28d 抗压强度（MPa）	
	圆柱体 ϕ150mm×300mm	方块 150mm×150mm×150mm
C2/2.5	2.0	2.5
C4/5	4.0	5.0
C6/7.5	6.0	7.5
C8/10	8.0	10.0
C10/12.5	10.0	12.5
C16/20	10.0	20
C20/25	20.0	25.0
C25/30	25.0	30.0
C30/35	30.0	35.0
C35/40	35.0	40.0
C40/45	40.0	45.0
C45/50	45.0	50.0
C50/55	50.0	55.0

注：上表遇中间值换算时可直线插入。

4. 水泥混凝土路面芯样劈裂抗拉强度

用钻孔取芯法测定混凝土路面劈裂抗拉强度的仪器的设备有：压力机、钻孔取芯机、切割机、磨平机、劈裂夹具、木质三合板垫条，如图 5-14 所示。

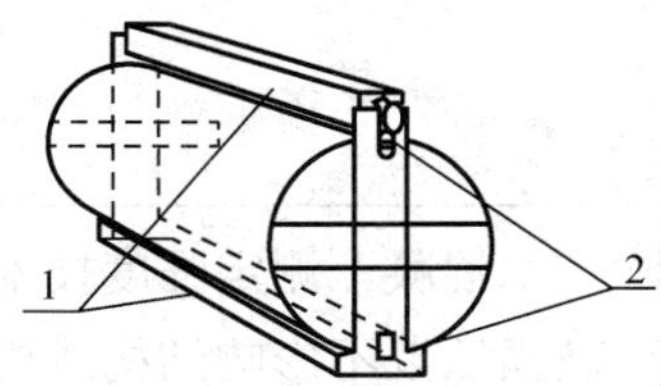

图 5-14　芯样劈裂试验装置示意

1-定位架；2-垫条

（1）芯样钻取及试件加工

要求及方法同前所述，但芯样长度与路面厚度相等。

（2）检查

1）外观检查。每个芯样应详细描述有关裂缝、接缝、分层、麻面或离析等不均匀性，必要时应记录以下事项。

① 集料情况：估计集料的最大颗粒、行状态及种类，粗细集料的比例和级配。

② 密实性：检查并记录存在的气孔、气孔的位置、尺寸与分布情况，必要时应拍下照片。

2）测量。同前所述。

（3）劈裂抗拉强度检测步骤

1）试件制作、试件湿度控制均同前所述。

2）检测步骤。将试件、劈裂夹具、垫条和垫层放在压力机上，借助夹具两侧杆、将试件对中。然后开动压力机，当压力机压板与夹具垫条接近时，调整球座，使压力均匀接触试件。当压力加到 5kN 时，将夹具的侧杆抽出，以 60N 左右的速度连续、均匀加荷，直至试件劈裂为止，记下破坏荷载，精确至 0.1N。

（4）计算和结果整理

芯样劈裂抗拉强度 R_{ct} 按式（5-26）计算：

$$R_{ct}=\frac{2P}{A\pi}=\frac{2P}{\pi d_m \times L_m} \tag{5-26}$$

式中：R_{ct}——芯样劈裂抗拉强度（MPa），精确至 0.1MPa；

P——极限荷载（N）；

A——芯样劈裂面面积（mm^2）；

d_m——芯样截面的平均直径（mm）；

L_m——芯样平均长度（mm）。

五、试验注意事项

1）钻芯确定单个构件的混凝土强度推定值时，有效芯样试件的数量不应少于 3 个，对于较小构件，有效芯样试件的数量不得少于 2 个。

2）单个构件的混凝土强度推定值不再进行数据的舍弃，而应按有效芯样试件混凝土抗压强度值中的最小值确定。

课 后 小 结

混凝土测定强度技术按其对混凝土强度的影响程度分为破损法和非破损法。破损法以不影响结构或构件的承载能力为前提，在结构或构件上直接进行局部破坏性试验，或直接钻取芯样进行破坏性试验，主要方法有钻芯法，拔出法，射击法等。非破损（无损）法，以检测结构或构件混凝土的物理量，间接推算被测混凝土的强度推定值，其主要方法有回弹法、超声波、超声综合回弹法、射线法、成熟度法等。

思考与练习

一、选择题

1．关于石灰稳定土劈裂强度试验有以下说法，正确的有（　　）。

A．粗粒土试模直径为 15cm

B．南方地区试件养生温度为 25℃±2℃

C．试验前试件浸水 1 昼夜

D．用于应力检验时试件保湿保温养生 6 个月进行强度试验

2．水泥稳定基层及底基层材料时宜采用强度等级为（　　）。

A．325　　B．425　　C．32.5　　D．42.5

3．水泥混凝土芯样劈裂强度试验确定的是水泥混凝土试件的（　　）强度。

A．抗压　　B．抗剪　　C．抗弯拉　　D．间接抗拉

4．水泥混凝土路面是以（　　）d 龄期的强度为评定依据。

A．7　　B．14　　C．28　　D．90

5．水泥混凝土路面是以（　　）为控制指标。

A．抗压强度　　B．抗弯拉强度　　C．抗拉强度　　D．抗剪强度

6．半刚性基层材料无侧限抗压强度应以（　　）d 龄期的强度为评定依据。

A．7　　B．14　　C．28　　D．90

7．在洛氏硬度 HRC 为 60±2 的钢砧上，回弹仪的率定值应为（　　）。

A．80　　B．80±1　　C．80±2　　D．80±3

8．用回弹法检验水泥混凝土的强度，需测出碳化深度，当用 1%酚酞酒精溶液滴在孔的内壁，发现该混凝土已碳化，碳化后的颜色是未变色（　　）。

A．玫瑰红　　B．蓝色　　C．白色　　D．黑色

9．调试超声波检测仪时，测得 t_0=5μs，已知某测点声距 L=40cm，仪器显示声时为 105μs，则超声波在混凝土中传播的声速为（　　）m/s。

A．3636　　B．3810　　C．4000　　D．3000

10．普通混凝土必试项目有（　　）。

A．坍落度试验和抗压强度试验

B．坍落度试验和抗压强度试验及抗拉强度试验

C．抗压强度试验和抗折强度试验

D．水灰比和抗压强度

11．混凝土试块养生条件应为（　　）。

A．20℃±3℃，相对湿度>90%　　B．23℃±5℃，相对湿度>95%

C．20℃±5℃，相对湿度>95%　　D．23℃±5℃，相对湿度>90%

12．（　　）所用粗骨料除进行压碎指标试验外，对碎石尚应进行岩石立方体抗压

强度试验。

A．抗冻混凝土　　B．高强混凝土

C．大体积混凝土　　D．抗渗混凝土

13．回弹值测量完毕后，应选择不小于构件（　　）的测区在有代表性的位置上测量碳化深度值。

A．30%　　B．50%　　C．80%　　D．10%

14．某一组水泥砂浆试块抗压强度测试分别为 5.3，8.2，9.0，9.5，10.1，14.3；则该组评定强度应为（　　）。

A．9.4　　B．9.2　　C．8.42　　D．9.25

15．目前的回弹测强曲线不适应（　　）。

A．特殊混凝土　　B．浸水混凝土

C．薄壁混凝土构件　　D．大体积混凝土

16．回弹测区的选择应符合（　　）。

A．测区数不少于 10 个　　B．每测区在 20cm×20cm 范围内

C．避开预埋件　　D．避开外露粗骨料

二、填空题

1．混凝土测定强度的技术按其对混凝土结构的影响程度分为_______和_______，其主要方法分别有_______和_______。

2．实测项目一般按合格率计分，但是对于_______、_______、_______、_______以及水泥混凝土抗压强度和抗折强度应采用数理统计方法进行评定计分。

3．混凝土试块的标准养生条件应为温度_______，相对温度≥_______。

4．混凝土试块的_______是间接测试混凝土抗拉强度的试验方法。

5．钻芯取样法评定混凝土强度时，芯样的长度与直径之比应在_______范围之内。

6．混凝土超声探伤判别缺陷的依据有_______、_______、_______、波形畸变。

7．超声波在正常混凝土中传播的波速为_______。

8．回弹法检测混凝土构件强度时，每测区应在_______范围之内。

9．钻芯取样法检验混凝土强度时，其芯样直径应为粗集料粒径的_______倍，任何情况下不得小于粗集料的_______倍。

10．混凝土试块的劈裂试验是间接测试其_______的试验方法。

三、判断题（对者打“√”，错者打“×”）

1．半刚性基层材料在北方地区以 25℃湿养 6d、浸水 1d 后进行无侧限抗压强度试验。（　　）

2．对于水泥混凝土路面，应测定其抗压强度。（　　）

3．水泥混凝土强度等级是根据立方体抗压强度值来确定。（　　）

4．半刚性基层配合比设计时，无侧限抗压强度试验用的试件的密实度应与工地预定达到的密实度相同。（　　）

5．石料的抗压试验需在试块饱水状态下进行。（　　）

6．若混凝土试块中有两个测值与中值的差值均超过中值的 15%时，则该组混凝土强度不合格。（　）

7．混凝土芯样的高度与直径之比对所测抗压强度有明显影响。（　）

8．在按数理统计方法评定结构混凝土强度等级时，试块组数越多，可信度越高。（　）

9．采用回弹法确定的混凝土强度误差一般在 5%以内。（　）

10．测定混凝土碳化深度值时，应先用水把凿成的孔洞冲洗干净。（　）

11．混凝土同超声换能器接触面之间的充分声耦合是很重要的。（　）

12．常根据测距来选择超声波的发射频率。（　）

13．在制取混凝土试块时，一般应采用振动台振捣。（　）

14．在计算出测区回弹平均值后，应先进行浇筑面修正。（　）

15．超声波在混凝土内部的衰减程度与其频率大小成正比。（　）

四、计算题

水泥混凝土路面芯样劈裂强度试验结果如下：4.6、5.5、5.6、4.7、5.2、3.8、3.6、4.8、5.2、4.7、4.2、3.2（MPa）。试对该段路面混凝土强度进行分析评定。（设计抗折强度为 4.5 MPa，折算成劈裂强度为 3.0 MPa；合格判断系数 K=0.75）。

五、简答题

1．何为无损检测？无损检测在哪些情况下比较适用？

2．简述用回弹法和超声、回弹综合法测定结构混凝土强度的基本原理及强度评定方法。

3．如何测定结构混凝土的碳化深度？测定其碳化深度的意义是什么？

4．试述水泥混凝土芯样劈裂强度试验方法。

5．无机结合料稳定土抗压强度试件及测定方法是否与水泥混凝土抗压强度的试件及测定方法相同？

6．水稳碎石无侧限抗压强度制件时试件数量如何确定？

第六章

沥青混合料试验与检测

学习目标　1．知识目标

（1）了解沥青混合料的含义、作用及组成。

（2）掌握马歇尔试验目的和适用范围。

（3）掌握车辙试验方法。

（4）掌握水稳性试验、黏附性试验、浸水性试验的目的和适用范围。

2．能力目标

（1）会使用马歇尔试验仪、车辙试验机、轮碾机等仪器设备进行马歇尔试验、车辙试验、劈裂试验、水稳性试验、黏附性试验、浸水马歇尔试验及冻融劈裂试验操作。

（2）会对各项试验数据进行整理（计算稳定度、动稳定度、残留稳定度、劈裂抗拉强度等），并进行材料等级评定。

课时建议　4 课时

学习引导　沥青混合料是一种复杂的，由多种成分组成的材料，是典型的弹一黏一塑性体。沥青混合料的强度是由内摩阻力和黏结力组成的。如沥青混合料的原材料选定后，沥青混合料的强度，又取决于各组成材料之间的比例。正确合理地进行沥青混合料的组成设计是保证沥青混合料质量的重要环节。

矿质混合料的级配组成可以按照《公路沥青路面施工技术规范》（JTG F40—2004）推荐的工程设计级配范围，将已知级配的碎石、砂和矿粉用图解法或数解法进行配比设计。高速公路和一级公路也可用电子计算机的电子表格用试配法进行配比设计，而沥青的最佳用量确定方法是马歇尔试验法。为了确保沥青混合料的路面性能，还应对沥青混合料进行车辙试验和水稳性试验。

第一节　沥青混合料的马歇尔稳定度试验

一、目的与适用范围

主要是检验沥青混合料的高温稳定性，即在夏季高温（60℃）条件下，经车辆荷载长期重复作用后，沥青路面不产生车辙和波浪等病害的性能。以及受水损害时的抗剥落能力，检验热拌沥青混合料配合比设计的可行性，为确定沥青最佳用量提供试验数据。

马歇尔稳定试验是按标准击实的试件在规定的温度和速度条件下受压，测定沥青混合料的稳定度和流值等指标所进行的试验。该方法用于标准马歇尔稳定度试验和浸水马歇尔稳定度试验。标准马歇尔稳定度试验用于沥青混合料的配比设计及沥青路面施工质量检验。浸水马歇尔稳定度试验（根据需要，也可做真空饱水浸水马歇尔试验）主要是检验沥青混合料的水稳性。

本方法所用试件应按《公路工程沥青及沥青混合料试验规程》（JTG E20—2011）中T0702（击实法）制作。其标准试件尺寸为直径ϕ（101.6±0.25）mm、高（63.5±1.3）mm的圆柱体。当制备大马歇尔试件时，其尺寸为直径ϕ（152.6±0.25）mm、高（95.3±1.3）mm。

二、仪具与设备

1）沥青混合料搅拌机：要能保证拌和温度并充分拌和均匀，可控制拌和时间，宜采用容量10～30L。

2）电动马歇尔击实仪：由击实锤、ϕ98.5mm平圆形压实头及带手柄的导向棒组成。落距为（457.2±1.5）mm，锤质量（4536±9）g。

3）脱模器：手动和电动，可无破损地推出圆柱体试件，备有标准圆柱体试件及大型圆柱体试件尺寸的推出环。

4）试模：由高碳钢或工具钢制成，每组包括内径（101.6±0.2）mm，高87mm的圆柱形金属筒、底座（直径约120.6mm）和套筒（内径101.6mm、高70mm）各一个。

5）沥青混合料马歇尔试验仪（或带数字显示和用X～Y记录荷载—位移曲线的自动马歇尔试验仪）：其主要技术参数有：最大荷载不小于25kN，测定精度100N，加载速率能保持（50±5）mm/min，有测定荷载与试件变形的压力环（或传感器），流值计（或位移计），钢球直径16mm，上下压头曲度半径为50.8mm。

6）恒温水槽：要能保持水温于测定温度±1℃的水槽，深度不小于150mm。

7）烘箱：大、中型各一台，装有温度调节器。

8）天平或电子秤：感量不大于0.1g。

9）温度计：分度1℃。

10）其他：如游标卡尺、棉纱、黄油等。

三、马歇尔标准试件的制备

1）按T 0702—2011要求拌和沥青混合料。实验室成型的一组试件的数量不得少于4个，必要时宜增加至5～6个。试件尺寸应符合试件直径不小于集料公称最大粒径的4倍，厚度不小于集料公称最大粒径的1～1.5倍的规定。

2）将拌好的沥青混合料，均匀称取一个试件所需的用量（约1200g）。当一次拌和几个试件时，宜将其倒入经预热的金属盘中，用小铲适当拌和均匀，并分成几份，分别取用。

3）从烘箱中取出预热的试模及套筒，用蘸有少许黄油的棉纱擦拭套筒、底座及击实锤底面，将试模装在底座（也可垫一张圆形的吸油性小的纸），按四分法从四个方向用小铲将混合料铲入试模中，用插刀或大螺丝刀沿周边插捣15次，中间10次。插捣后将沥青混合料表面整平成凸圆弧面。

4）插入温度计，至混合料中心附近，检查混合料温度。

5）待混合料温度达到110～130℃的压实温度后，将试模连同底座一起放在击实台上固定（也可在装好的混合料上垫一张吸油性小的圆纸），再将装有击实锤及导向棒的压头插入试模中，然后开启马达或人工将击实锤从457mm的高度自由落下，击实到规定的次数（75次、50次或35次）。对大型马歇尔试件，击实次数为75次或112次。

6）试件击实一面后，取下套筒，将试模掉头，装上套筒，然后以同样的方法和次数击实另一面。

乳化沥青混合料试验在两面击实后，将一组试件在室温下横向放置24h，另一组试件置烘箱（105±5）℃中养生24h。将养生试件取出后再立即两面锤击各25次。

7）试件击实结束后，如上下面垫有圆纸，应立即用镊子取掉，用卡尺量取试件离试模上口的高度并由此计算试件高度，如高度不符合要求时，试件应作废，调整试件的混合料数量，以保证高度符合（63.5±1.3）mm的要求。

$$\text{调整后混合料数量} = \frac{\text{要求试件高度} \times \text{原用混合料数量}}{\text{所得试件的高度}} \tag{6-1}$$

卸去套筒和底筒，将装有试件的试模横向放置冷却至室温后，置脱模机上脱出试件，用作现场马歇尔指标检验的试件，在施工质量检验过程中如急需试验，允许采用电风扇吹冷1h或浸水冷却（通常不少于3min）的方法冷却脱模（但浸水脱模法不能测得密度、空隙率等各项物理指标）。

8）将试件仔细置于干燥洁净的平面上，在室温下静置过夜（12h以上）供试验用。

四、马歇尔试验

1. 准备工作

1）用游标卡尺准确量测试件的直径与高度。用卡尺测量试件中部的直径，用卡尺在十字对称的方向量测离试件边缘10mm处的高度，准确0.1mm，并以其平均值作为试件的高度，如试件高度不符合要求，此试件应作废。

2）按《公路工程沥青及沥青混合料试验规程》（JTG E20—2011）中T0705～T0708规定方法测定试件的密度。

3）将恒温水浴调节至要求的试验温度。其中，黏稠石油沥青或烘箱养生的乳化沥青混合料为（60±1）℃；煤沥青混合料（37.8±1）℃；空气养生的乳化沥青或液体沥青混合料为（25±1）℃。

2. 试验步骤

1）将试件置于已达规定温度（60℃）的恒温水槽中保温30～40min。试件应垫起，离容器底部不小于5cm。

2）将马歇尔试验仪上下压头放入水槽或烘箱中达到同样的温度，将上下压头从水槽或烘箱中取出拭干内面，为使上下压头滑动自如，可在下压头的导棒上涂少量黄油，再将试件取出置下压头上，盖上上压头，然后装在加载设备上。

3）将流值测定装置安装在导棒上，使导向套管轻轻地压住上压头，同时将流值计读数调零。

4）在上压头的球座上放要钢球，并对准荷载测定装置（应力环或传感器）的压头，然后调整应力环中百分表对准零或将荷重传感器的读数复位为零。

5）启动加载设备，使试件承受荷载，加载速度为（50±5）mm/min。当实验荷载达到最大值得瞬间，取下流值计，同时读取压力环中百分表或荷载值得时间，不应超过30s。

6）从恒温水槽中取出试件到测出最大荷载值的时间，不应超过30s。

7）当用自动马歇尔试验仪试验时，可同时读取稳定度（MS）和流值（FL）。

3. 测定并计算各物理指标和体积指标

1）测定沥青混合料试件的表现或毛体积密度。可根据混合料的类型和吸水情况选用表干法、水中重法、蜡封法、体积法来测。下面计算是以下水中重法为例，如用其他方法可查阅《公路工程沥青及沥青混合料试验规程》（JTG E20—2011）相关内容：

$$\gamma_f = \frac{m_a}{m_f - m_w} \tag{6-2}$$

式中：γ_f——试件的实测毛体积相对密度，取3位小数；

m_a——干燥试件在空气的质量（g）；

m_w——试件在水中的质量（g）。

2）确定沥青混合料试件的最大理论相对密度。当对非改性的普遍沥青混合料，在成型马歇尔试件的同时用真空法实测各组沥青混合料的最大理论相对密度。当只对其中一组油石比测定最大理论相对密度时可按下式计算：

$$\left.\begin{aligned}\gamma_t &= \frac{100+P_a}{\dfrac{100}{\gamma_{se}}+\dfrac{P_a}{\gamma_b}}\\ \gamma_t &= \frac{100+P_a+P_x}{\dfrac{100}{\gamma_{se}}+\dfrac{P_a}{\gamma_b}+\dfrac{P_x}{\gamma_x}}\end{aligned}\right\} \tag{6-3}$$

式中：γ_t——计算沥青混合料对应油石比的理论最大相对密度，无量纲；

P_a——油石比，即沥青质量占矿料总质量的百分比（%）；

$$P_a = [P_b / (100 - P_b)] \times 100$$

P_x——纤维用量，即纤维质量占矿料总质量的百分比（%）。

γ_x——25℃时纤维的相对密度，由厂方提供或实测得到，无量纲；

γ_{se}——合成矿料的有效相对密度，无量纲；

γ_b——25℃时沥青的相对密度，无量纲。

3）按下式计算试件的空隙率，取 1 位小数：

$$VV = \left(1 - \frac{\gamma_f}{\gamma_t}\right) \times 100\% \tag{6-4}$$

式中：VV——试件的空隙率（%）；

γ_f——试件的实测毛体积相对密度；

γ_t——试件的理论最大相对密度。

4）按下式计算试件的矿料间隙率，取 1 位小数：

$$VMA = \left(1 - \frac{\gamma_f}{\gamma_{sb}} \times p_s\right) \times 100\% \tag{6-5}$$

式中：γ_{sb}——$\dfrac{100}{\dfrac{p_1}{r_1}+\dfrac{p_2}{r_2}+\cdots+\dfrac{p_n}{r_n}}$，矿料合成毛体积相对密度，无量纲；

p_s——各种矿料占沥青混合料总质量的百分率之和，其值为 $p_s = 100 - p_b\%$；

$r_1, r_2, \cdots, r_n$——各种矿料的毛体积相对密度。

5）按下式计算试件有效沥青饱和度，取 1 位小数：

$$VFA = \frac{VMA - VV}{VMA} \times 100 \tag{6-6}$$

五、马歇尔试验评价

在进行马歇尔试验时，当一组试件中某个数据与平均值之差大于标准差的 k 倍，该测定值应予舍弃，并以其余测定值的平均值作为试验结果。当试数数目为 3、4、5、6 个时，k 值分别为 1.15、1.46、1.67、1.82。

进行马歇尔试验的主要目的是确定沥青的最佳用量。最佳沥青用量将保证沥青混合料的技术性能达到最好，而技术性能要通过稳定值、流值、密度和空隙率等来反映。

稳定度是指沥青混合料抵抗荷载破坏的能力，是反映沥青混合料强度的指标。流值是指混合料在荷载作用下的变形数量，是反映沥青混合料变形的指标。流值过低而稳定度过高的混合料，一般沥青含量少，沥青混合料刚度大，柔性低，不仅影响公路的舒适性，且耐久性差，易渗水，路面在荷载作用下易产生剥落松散等破坏。流值过高而稳定度低的沥青混合料的强度低，变形大，高温稳定性不足。同样会缩短路面的使用寿命。密度与空隙率对于道路的使用寿命也很重要。密度小而空隙率大的路面容易进入空气和水、加速路面老化和剥落。但也要求留有一定的空隙，使荷载作用下，路面进一步压实时为沥青提供一定的流动空间，否则会出现泛油现象。

沥青混合料的沥青最佳用量要通过试验后绘制沥青用量与各物理-力学指标关系曲线来确定，在此不再赘述。

在设计与施工规范中，密级配沥青混凝土混合料马歇尔试验技术标准要求见表 6-1 所列。

表 6-1　密级配沥青混凝土混合料马歇尔试验技术标准

试验指标		高速公路、一级公路				其他等级公路	行人道路
		夏炎地区		夏热区及夏凉区			
		中轻交通	重载交通	中轻交通	重载交通		
击实次数（双面次）		75				50	
稳定度不小于（kN）		8				5	3
流值 *FL*（mm）		2～4	1.5～4	2～4.5	2～4	2～4.5	2～5
空隙率（深 90mm 以内）（%）		3～5	4～6	2～4	3～5	3～6	2～4
矿料间隙率不小于 VMA（%）	设计空隙（%）	相应于以下公称最大粒径（mm）最小 VMA 及 VFA 技术要求（%）					
		26.5	19	16	13.2	9.5	4.75
	2	10	11	11.5	12	13	15
	3	11	12	12.5	13	14	16
	4	12	14	13.5	14	15	17
	5	13	14	14.5	15	16	18
	6	14	15	15.5	16	17	19
沥青饱和度（%）		55～70	65～75			70～85	

注意：

① 对空隙率大于规定的夏炎热区重载交通路段，施工时应至少提高压实度 1 个百分比。

② 当设计的空隙率不是整数时，由内插法确定要求的 VMA 最小值。

③ 对改性沥青混合料，马歇尔试验的流值可适当放宽。

④ 其他混合料的技术标准参照《公路沥青路面施工技术规范》（JTG F40—2004）执行。

第二节　沥青混合料的车辙试验

一、目的与适用范围

本方法适用于测定沥青混合料的高温抗车辙能力，供沥青混合料配合比设计的高温稳定性检验使用。试验基本要求是在规定温度条件下（通常为 60℃），用一块碾压成型的板块试件（通常尺寸为 300mm×300mm×50mm），以轮压 0.7MPa 的实心橡胶轮胎在其上往返碾压行走，测定试件在变形稳定时期，每增加 1mm 变形需要碾压行走的次数，以此作为沥青混合料车辙试验结果，称为动稳定度，以次/mm 表示。当然，车辙试验的试验温度与轮压还可根据有关规定和需要选用，非经注明，试验温度为 60℃，轮压为 0.7MPa。根据需要，如在寒冷地区也可采用 45℃，在高温条件下采用 70℃等，但应在报告中注明。计算动稳定度的时间原则上为试验开始后 45～60min。

本方法适用于按 T 0703 用轮碾成型。压成长 300m、宽 300mm、厚 50～100mm 的标准板块状试件，也使用于现场切割制作的标准块试件。根据需要，试件的厚度也可采用 40mm。

二、仪器与材料

1. 车辙试验机

车辙试验机（图 6-1、图 6-2）主要由下列几个部分组成：

1）试件台。可牢固地安装两种规定宽度（300mm 及 150mm）的尺寸试件的试模。

2）试验轮。橡胶制的实心轮胎，外径ϕ200mm，轮宽 50mm，橡胶层厚 15mm。橡胶硬度（国际标准硬度）20℃时为 84±4，60℃时为 78±2。试验轮行走的距离为 230mm±10mm，往返碾压速度为 42 次/min（21 次往返/min）。允许采用曲柄连杆驱动试验台运动（试验轮不移动）或链驱动试验轮运动（试验台不动）的任何一种方式。

3）加载装置。使试验轮与试件的接触压强在 60℃时为 0.7MPa±0.05MPa，施加的总荷载为 780N 左右，根据需要可以调整。

4）试模。钢板制成，由底板及侧板组成，试模内侧尺寸长为 300mm，宽为 300mm，厚为 50mm（试验室制作），亦可固定 150mm 宽的现场切制试件。

5）变形测量装置。自动检测车辙变形并记录曲线的装置，通常用 LVDT、电测百分表或非接触位移计。

图 6-1　车辙试验机

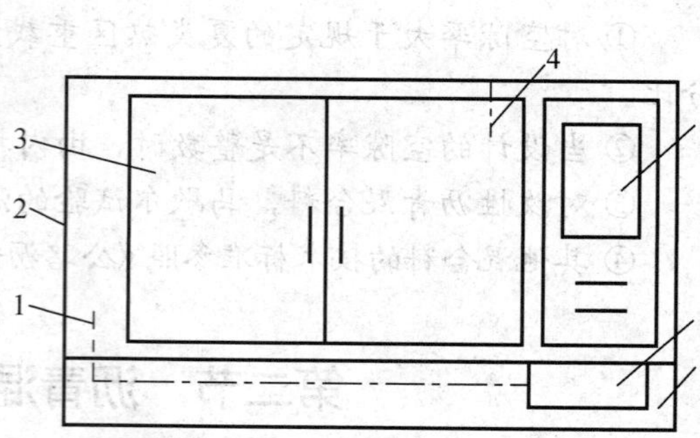

图 6-2　车辙试验机结构示意图

1-避风口；2-外壳；3-恒温室门；4-出风口；5-显示窗口；6-电加热器、鼓风机；7-底座

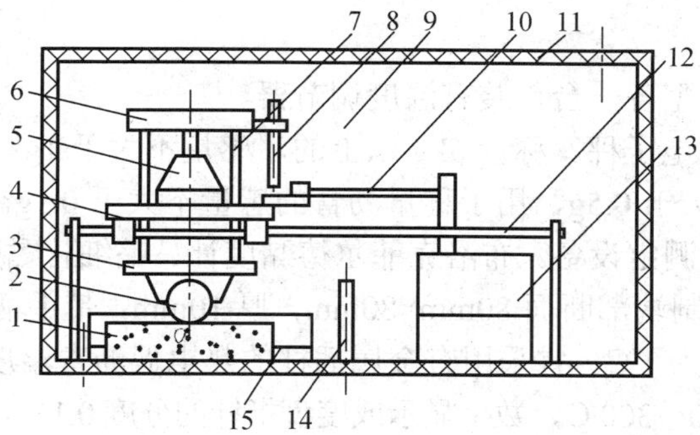

图 6-3　车辙试验机内部结构示意图

1-试件；2-试验轮；3-试验轮支架；4-滑动板；5-升降装置；6-配重；7-立柱；8-位移传感器；9-恒温室；10-凿槽连杆；11-保温层；12-运行导轨；13-变速器；14-侧温传感器；15-试验台

6）温度检测装置。自动检测并记录试件表面及恒温室内温度的温度传感器、温度计，精密度±0.5℃。

7）恒温室：车辙试验机必须整机安放在恒温室内，装有加热器、气流循环装置及装有自动温度控制设备，能保持恒温室温度 60℃±0.5℃，根据需要亦可为其他需要的温度。用于保温试件并进行试验。温度应能自动连续记录。

2. 轮碾成型机

轮碾成型机（图 6-4）具有与钢筒式压路机相似的圆弧形碾压轮，轮宽 300mm，压实线荷载为 300N/cm，碾压行程等于试件长度，经碾压后的板块状试件可达到马歇尔试验击实密度的 100%±1%，当无轮碾成型机时，可用手动碾代替，手动碾宽与试件同宽，备有 10kg 砝码 5 个，以调整载重（手动碾成型的试件厚度不大于 50mm）。在施工现场也可以采用压路机代替。

3. 其他仪器与材料

图 6-4　轮碾成型机

1）试验室用沥青混合料拌和机。能保证拌和温度并充分拌和均匀，可控制拌和时间，宜采用容量大于 30L 的大型沥青混合料拌和机，也可采用容量大于 10L 的小型拌和机。

2）手动碾压成型车辙试件的试模架。硬木或钢板制，内部尺寸 300mm×300mm×50mm，平面能与试模边缘齐平。

3）切割机。试验室用金刚石锯片锯石机（单锯片或双锯片切割机）或现场用路面切割机，有淋水冷却装置，其切割厚度不小于试件厚度。

4）钻孔取芯机。用电力或汽油机、柴油机驱动，有淋水冷却装置。金刚石钻头的直径根据试件的直径选择（通常为 100mm，根据需要也可为 150mm）。钻孔深度不小于试件厚度，钻头转速不小于 1000r/min。

5）烘箱。大、中型各一台，装有温度调节器。

6）台秤、天平或电子秤。称量 5kg 以上的，感量不大于 1g；称量 5kg 以下时，用于称量矿料的感量不大于 0.5g，用于称量沥青的感量不大于 0.1g。

7）沥青运动黏度测定设备。布洛克菲尔德黏度计、毛细管黏度计或赛波特黏度计。

8）小型击锤。钢制端部断面 80mm×80mm，厚 10mm，带手柄，总质量 0.5kg 左右。

9）温度计。分度为 1℃。宜采用有金属插杆的热电偶沥青温度计，金属插杆的长度不小于 300mm，量程 0～300℃，数字显示或度盘指针的分度 0.1℃，且有留置读数功能。

10）干冰。主要是固体 CO_2。

11）其他。电炉或煤气炉、沥青熔化锅、拌和铲、标准筛、滤纸、胶布、卡尺、秒表、粉笔、垫木、棉纱等，试模、烘箱、黏度计、击实锤、温度计等。

三、试验方法与步骤

轮碾法适用于 300mm×300mm×50mm（或 40mm）或 300mm×300mm×100mm 板块试件的成型，由此板块状试件用切割机切制成棱柱体试件，或在试验室用芯样钻机钻取试样，成型试件的密度符合马歇尔标准击实试件密度 100%±1%的要求。

沥青混合料试件制作时的试件尺寸应符合如下要求：对轮碾板块试件，碾压层厚度不小于公称最大集料粒径的 4 倍，宽度或厚度不小于公称最大集料粒径的 1～1.5 倍，对轮碾成型板厚 50mm 的试件，矿粉规格及试件数量应符合《公路工程沥青及沥青混合料试验规程》（JTG E20—2011）的规定，但当试件厚度大于或等于 100mm 时，亦可用直接法制作试件。

1. 准备工作

1）按《公路工程沥青及沥青混合料试验规程》（JTG E20—2011）的方法决定制作沥青混合料试件的拌和与压实温度。

2）按《公路工程沥青及沥青混合料试验规程》（JTG E20—2011）在拌和厂或施工现场采集沥青混合料试样，如混合料温度符合要求，可直接用于成型。

3）将金属试模及小型击实锤等置 100℃左右烘箱中加热 1h 备用。常温沥青混合料用试模不加热。

4）按规程 T 0702 的方法拌制沥青混合料，混合料及各种材料数量由每块试件的体积按马歇尔标准击实密度乘以 1.03 的系数求算。对试验室试验研究、配合比设计检验及采用机械拌和施工的工程，不得用人工炒拌法拌制沥青混合料，当采用大容量沥青混合料拌和机时宜全量一次拌和，当采用小型混合料拌和机时，可分两次拌和。

2. 轮碾成型试件步骤

1）试验室用轮碾成型机制备试件，试件尺寸通常为 300mm×300mm×50mm（或

40mm）。根据需要也可采用其他尺寸。但一层碾压的厚度不得超过 100mm。将预热的试模从烘箱中取出，装上试模框架，在试模中铺一张裁好的普通纸（可用报纸），使底面及侧面均被纸隔离，将拌和好的全部沥青混合料（注意不得散失，分两次拌和的应倒在一起）用小铲稍加后均匀地沿试模由边至中按顺序转圈装入试模，中部要略高于四周。

2）取下试模架，用预热的小型击实锤由边至中转圈夯实一遍，整平成凸圆弧形。

3）插入温度计，待混合料稍冷至 110～130℃的压实温度（为使冷却均匀，试模底下可用垫木支起）时，在表面铺一张裁好尺寸的普通纸。

4）当用轮碾压时，宜先将碾压轮预热到 100℃左右（如不加热，应铺牛皮纸）。然后，将盛有沥青混合料的试模置于轮碾机的平台上，轻轻放下碾压轮，调整总荷载 9kN（线荷载 300N/cm）。

5）启动轮碾机，先在一个方向碾压 2 个往返（4 次），卸荷，再抬高碾压轮，将试件调转方向，再加相同荷载碾压至马歇尔标准密实度 100%±1%为止。试件正式压实前，应经试压，决定碾压次数，一般 12 个往返（24 次）左右可达要求。如试件厚度 100mm 时，宜按先轻后重的原则分层碾压。

6）当用手动碾碾压时，先用空碾碾压，然后逐渐增加砝码荷载，直至将 5 个砝码全部加上，进行压实，至马歇尔标准密度 100%±1%为止。碾压方法及次数应由试压决定，并压至无轮迹为止。

7）压实成型后，揭去表面的纸，用粉笔在试件表面注明。

8）试件成型后，连同试模一起在长温条件下放置的时间不得少 12h。对聚合物改性沥青混合料，放置的时间以 48h 为宜，使聚合物改性沥青充分固化后方可进行车辙实验，但室温放置时间也不得长于一周（注：为试件与试模紧密接触应记住四边的方向位置不变）。

3. 车辙实验

1）将试件脱模按规程规定的方法测定密度及空隙率等各项物理指标。如经水浸，应用电扇将其吹干，然后再装回原试模中。

2）将试件连同试模一起，置于已达到实验温度 60℃±1℃的恒温室中，保温不少于 5h，也不得多于 24h。在试件的试验轮不行走的部位上，粘贴一个热电偶温度计（也可在试件制作时预先将热电偶导线埋入试件一脚角），控制试件温度稳定在 60℃±0.5℃。

3）将试件连同试模移至与车辙实验机的试验台上，试验轮在试件的中央部位，其行走方向须与试件碾压或行车方向一致。开动车辙变形自动记录仪，然后启动实验机，使试验轮往返行走，时间约 1h，最大变形达到 25mm 时为止。实验时，记录仪自动记录变形曲线（图 6-5）及试件温度。

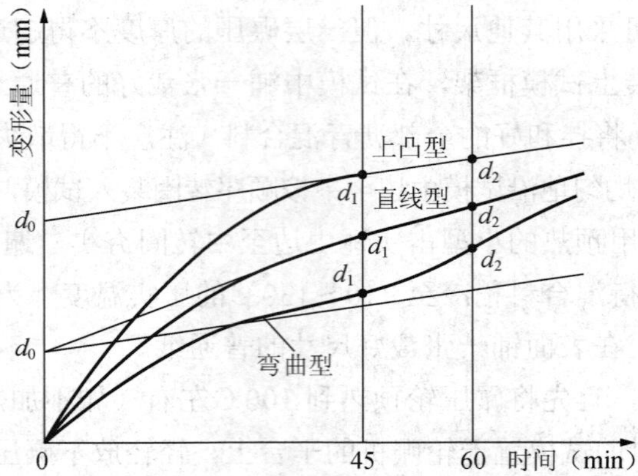

图 6-5　车辙试验自动记录的变形曲线

四、结果计算

1）从图 6-4 上读取 45min（t_1）及 60min（t_2）时的车辙变形 d_1 及 d_2，准确至 0.01mm。当变形过大，在未到 60min 变形已达 25mm 时，则以达到 25mm（d_2）时的时间记为 t_2，将其前 15min 记为 t_1，此时的变形量为 d_1。

2）沥青混合料试件的动稳定度按下式计算：

$$\mathrm{DS}=\frac{(t_2-t_1)\times N}{d_2-d_1}\times C_1\times C_2 \tag{6-7}$$

式中：DS——沥青混合料的动稳定度（次/mm）；

d_1——对应时间 t_1 变形量（mm）；

d_2——对应时间 t_2 变形量（mm）；

C_1——试件机类型修正系数，曲柄连杆驱动试件的变速行走方式为 1.0，链驱动的等速方式为 1.5；

C_2——试件系数，试验室制备的宽 300mm 的试件为 1.0，从路面切割的宽 150mm 的试件为 0.8；

N——试验轮往返碾压速度，通常为 42 次/min。

五、数据处理及实验报告

数据处理及实验报告的有关要求如下：

1）同一沥青混合料或同一路段的路面，至少平行实验 3 个试件，当 3 个试件动稳度变异系数小于 20%时取平均值作为结果。当大于 20%时分析原因，并增加实验次数。高速路、一级路大于 800 次/mm，其他公路大于 600 次/mm。如计算动稳定度值大于 1000 次/mm 时，记作：＞1000 次/mm。

2）实验报告应注明实验温度、实验轮接地压强、试件密度、空隙率及试件的制作方法等。

六、精密度或允许差

重复性实验动稳定度变异系数的允许差为20%。

第三节　沥青混合料水稳定性试验检测

由水引起的沥青路面损坏通称为水损坏。在评价沥青路面水稳性方面，通常采用的方法可分为两大类：第一类是沥青与矿料的黏附性试验，主要判别矿料与沥青的黏结能力，黏附性试验有水煮法和浸水法。第二类是沥青混合料水稳性试验，主要检验沥青混合料在水的作用下力学性质发生变化的过程，方法有浸水马歇尔试验、真空饱水马歇尔试验以及冻融劈裂试验。

一、沥青与矿料的黏附性检测

1. 目的和适用范围

本法用于测定沥青与矿料表面在水的作用下，产生剥离以评定沥青与集料的黏附能力。对于小于13.2mm集料用水煮法试验，大于或等于13.2mm的集料用水浸法试验测定。对同一种料源既有大于又有小于13.2mm的不同粒径的集料时，取大于13.2mm集料，用水煮法试验为标准，对粒径式沥青混合料以浸水法试验为标准。

2. 仪器与材料

1）天平：称量550g，感量不大于0.01g。
2）恒温水槽：能保持温度80℃±1℃。
3）拌合用于小型容器5mL。
4）烧杯：100mL。
5）试验架。
6）细线：尼龙线或棉线、铜丝线。
7）铁丝网。
8）标准筛：9.5mm、13.2mm、19mm各1个。
9）烘箱：装有自动温度调节器。
10）电炉燃气炉。
11）玻璃板：200mm×200mm左右。
12）搪瓷盘：300mm×400mm左右。
13）其他：拌和铲、石棉网、纱布、手套等。

3. 适用于大于13.2mm粗集料的检测方法（水煮法）

（1）准备工作
1）将集料用13.2mm、19mm的筛过筛，取粒径13.2～19mm形状接近正方形的规则集料 5 个，用洁净水洗净、置温度为 105℃±5℃烘箱中烘干，然后放在干燥器中备用。

2）将大烧杯中盛水，并置于加热炉的石棉网上煮沸。

（2）检测步骤

1）将集料用线在中部系牢，再置于 105℃±5℃烘箱内 1h，准备沥青试样。

2）逐个取出加热的矿粉颗粒用线提起，浸入预先加热的沥青（石膏沥青 130～150℃）试样中 45s 后，轻轻拿出，使集料颗粒完全为沥青膜包裹。

3）将裹覆沥青的集料颗粒悬挂于实验架上，下面垫一张，使多余的沥青流掉，并在室温下冷却 15min。

4）待集料颗粒冷却后，逐个用线提起，浸入沸水的大烧杯中央，调整加热炉，使烧杯内的水保持微沸状态，但不允许有沸开的泡沫。

5）浸沸 3min 后，将集料从水中取出，观察矿料颗粒上沥青膜的剥落程度，并按表 6-2 所列评定其黏附性等级。

表 6-2　沥青与集料黏附性的等级评定

试验后石料表面上沥青膜剥落情况	粘附性等级
沥青膜完全保存，剥离面积百分率接近于 0	5
沥青膜少部分被水所移动，厚度不均匀，剥离面积百分率少于 10%	4
沥青膜局部明显地被水所移动，基本保留在料表面上，剥离面积百分率少于 30%	3
沥青膜大部分被水所移动，局部保留在料表面上，剥离面积百分率少于 30%	2
沥青膜完全被水所移动，石料基本裸露，沥青完全浮于水面上	1

6）同一试验应平行试验 5 个集料颗粒，并由两名以上经验丰富的试验人员分别评定，取平均等级作为试验结果。

4. 适用于粒径≤13.2mm 粗集料的检测方法（水浸法）

（1）准备工作

1）将集料用 9.5mm、13.2mm 的筛过筛，取粒径 9.5～13.2mm 的形状规则的集料 200g，用洁净水洗净，并置 105℃±5℃烘箱中烘干备用。

2）准备沥青试样，将沥青热至与矿料的拌和温度。

3）将煮沸过的热水注入恒温水浴中，维持 80℃±1℃恒温。

（2）检测步骤

1）按四分法称取颗粒 100g 置搪瓷盘中，连同搪瓷盘一起放入已升至沥青拌和温度以上 5℃的烘箱中持续加热 1h。

2）按每 100g 矿料加入沥青 5.5g±0.2g 的比例称取沥青，准确至 0.1g 放入小型拌和容器中，一起置入同一烘箱中加热 15min。

3）将搪瓷中的集料倒入拌和容器的沥青中后，从烘箱中取出拌和容器，立即用金属铲均匀拌和 1～1.5min，使集料完全被沥青膜裹覆。然后，立即将裹有沥青的集料取出 20 个，用小铲移至玻璃板上摊开，并置室温下冷却 1h。

4）将放有集料的玻璃板浸入温度为 80℃±1℃恒温水槽中，保持 30min，并将剥离及浮于水面的沥青，用纸片捞出。

5）由水中小心取出玻璃板，浸入水槽内的冷水中，仔细观察裹覆集料的沥青薄膜的剥落情况。由2名以上经验丰富的试验人员目测，评定剥离面积的百分率，评定后用平均值表示。为使估计的剥离面积百分率较为正确，宜先制取若干个不同剥离率的样本，用比照法目测评定。不同剥离率的样本，可用加不同比例抗剥离剂的改性沥青与酸性集料拌和后浸水得到，也可由同一种沥青与不同集料品种拌和后浸水得到，样本的剥离面积百分率逐个仔细计算得出。

6）由剥离面积百分率按表6-2所列评定沥青与集料黏附性的等级，试验结果应报告采用的方法及集料粒径。

二、浸水马歇尔试验方法

浸水马歇尔试验方法的要求如下：

1）浸水马歇尔试验方法是沥青混合料试件在60℃±1℃恒温水槽中保温48h，然后测其稳定度。其余方法与标准马歇尔试验方法相同。

2）试件的浸水马歇尔稳定度和标准马歇尔稳定度的比为残留稳定度，以百分比表示。

三、真空饱和马歇尔试验方法

将试件先放入真空干燥器中，关闭进水胶管，开动真空泵，使干燥器的真空度达到97.3kPa（73cmHg）以上并维持15min，然后打开进水胶管，靠负压进入冷水流使试件全部浸入水中，浸水15min后恢复常压，取出试件后再放入规定稳定度的恒温水槽中保温48h，进行马歇尔试验，同标准马歇尔试验。测真空饱水稳定度与标准马歇尔稳定度的比即为真空饱水残留稳定度，以百分数表示。

四、冻融劈裂试验方法

1. 目的与适用范围

1）本方法适用于在规定条件下对沥青混合料进行冻融循环，测定混合料试件在受到水损害前后劈裂破坏的强度比，以评价沥青混合料的水稳定性。非经注明，试验温度为25℃，加载速率为50mm/min。

2）本方法采用马歇尔击实法成型的圆柱体试件，击实次数为双面各50次，集料公称最大粒径不得大于26.5mm。

2. 仪具与材料

1）试验机。能保持规定加载速率的材料试验机，也可以采用马歇尔试验仪。试验机负荷应满足最大测定荷载不超过其量程的80%且不小于其量程的20%的要求，宜采用40kN或60kN传感器，读数精密度为10N。

2）恒温冰箱。能保持温度为-18℃，当缺乏专用的恒温冰箱时，可采用家用电冰箱的冷冻室代替，控温准确度为2℃。

3）压条。上下各一根，试件直径100mm时，压条宽度为12.7mm，内侧曲率半径50.8mm，压条两端均应磨圆。

4）劈裂试验夹具。下压条固定在夹具上，上压条可上下自由活动。

5）其他如塑料袋、卡尺、天平、记录纸、胶皮手套等。

3. 试验方法与步骤

1）同马歇尔制件方法，试件形状同马歇尔试件，试件数量不少于8个。

2）同样测定各试件的密度、空隙率等各项物理指标。

3）将试件随机分成两组，每组不少于4个，将第一组试件置于平台上，在室温下保存备用。将第二组试件按真空法泡水，在真空条件下保持15min，然后打开阀门，恢复常压，试件在水中放置30min。

4）取出试件放入塑料袋中，加入约10mL的水，扎紧口袋，将试件放入恒温冰箱，冰箱温度为－18℃±2℃，保持16h±1h。

5）将试件取出后，立即放入已保温为60℃±0.5℃恒温水槽中，撤去塑料袋，保温24h。

6）将第一组与第二组全部试件浸入温度为25℃±0.5℃恒温水槽中不少于2h，水温高时可适当加入冷水或冰块调节，保温时试件之间的距离不小于10mm。

7）取出试件立即测定劈裂抗拉强度。即在马歇尔仪上装一压条，压条宽度为12.7mm内侧曲率半径为50.8mm，压条均应磨平。将两压条对齐进行劈裂试验，得到最大荷载。然后按下式计算劈裂抗拉强度。

$$R_{T1} = 0.006\,287 P_{T1} / h_1 \tag{6-8}$$

$$R_{T2} = 0.006\,287 P_{T2} / h_2 \tag{6-9}$$

$$R_0 = \frac{R_2}{R_1} \times 100 \tag{6-10}$$

式中：R_{T1}——未进行冻融循环的第一组试件的劈裂抗拉强度（MPa）。

R_{T2}——经受冻融循环的第二组试件的劈裂抗拉强度（MPa）；

P_{T1}——第一组试件的试验荷载的最大值（N）；

P_{T2}——第二组试件的试验荷载的最大值（N）；

h_1——第一组试件的高度（mm）；

h_2——第二组试件的高度（mm）；

R_0——冻融劈裂抗拉强度比。

冻融劈裂抗拉强度比，比值越大，抵抗水损害性能越好。

4. 试验报告

1）每个试验温度下，一组试验的有效试件不得少于3个，取得平均值作为试验结果。当一组测定值中某个数据与平均值之差大于标准差的k倍时，该测定值应予舍弃，并以其余测定值的平均值作为实验结果。当试件数目 n 为 3、4、5、6 个时，k 值分别为 1.15、1.46、1.67、1.82。

2）试验结果应注明试件尺寸、成型方法、试验温度、加载速率。

第四节　沥青混合料的劈裂强度试验

一、目的和适用范围

本方法适用于测定沥青混合料在规定温度和加载速率时劈裂破坏或处于弹性阶段时的力学性质，亦可供沥青路面结构设计选择沥青混合料力学设计参数（即劈裂强度）及评价沥青混合料低温抗裂性能时使用。实验温度与加载速率可由当地气候条件根据实验目的或有关规定选用，但实验温度不得高于 30℃，如无特殊规定，宜采用试验温度 15℃±0.5℃，加载速率为 50mm/min。当用于评价沥青混合料低温抗裂性能时宜采用试验温度-10℃±0.5℃及加载速率 1mm/min。

本方法测定时采用沥青混合料的泊松比 μ 值如表 6-3 所列，其他试验温度的 μ 值由内插法决定。

表 6-3　劈裂实验使用的泊松比 μ

试验温度（℃）	≤10	15	20	25	30
泊松比 μ 值	0.25	0.30	0.35	0.40	0.45

本方法也由实验实测的垂直变形及水平变形计算实际的 μ 值，但计算的 μ 值必须在 0.2～0.5 范围内。

本方法采用的圆柱体件应符合下列要求：

1）最大粒径不超过 26.5mm（圆孔筛 30mm）时，用马歇尔标准击实法成型的直径为 ϕ101.6mm ± 0.25mm，高为 63.5mm±1.3mm 的圆柱体试件。

2）从轮碾机成型的板块试件或从道路现场钻取直径 ϕ100mm ± 2mm 或 ϕ40mm ± 5mm 的圆柱体试件。

二、仪具与材料

1. 试验机

能保持规定的加载速率及实验温度的材料试验机，当采用 5.0mm/min 的加载速率时，也可采用具有相当传感器的自动马歇尔实验仪代替。但均匀必须配置有荷载及试件变形的测试记录装置。荷载由传感器测定，应满足最大测定荷载不超过其量程的 80%且不小于其量程的 20%的要求，一般采用 40kN 或 60kN 传感器，测定精密度为 10N。

2. 位移传感器

位移传感器可采用 LVDT 或电测百分表，水平变形宜用非接触式位移传感器测定，其量程应大于预计最大变形的 1.2 倍，通常不小于 5mm，测定垂直变形精密度不低于 0.01mm，测定水平变形的精密度不低于 0.005mm。

3. 数据采集系统或 X-Y 记录仪

能自动采集传感器及位移计的电测信号，在数据采集系统中储存或 X-Y 记录仪上绘制荷载与跨中扰度曲线。

4. 恒温水槽或冰箱、烘箱

用于试件保温，温度范围能满足试件要求，控温程度±0.5℃。当摄氏温度低于 0℃时，恒温水槽可采用 1∶1 的甲醇水溶液或防冻液作冷媒介质，恒温水槽中的液体应能循环回流。

5. 压条

如图 6-6 所示，上下各一根压条，试件直径为 100mm±2mm 或 101.6mm±0.25mm 时，压条宽度为 12.7mm，内侧曲率半径 50.8mm，试件直径为 150mm±2.5mm 时，压条宽度为 19mm，内侧曲率半径 75mm，压条两端均应磨圆。

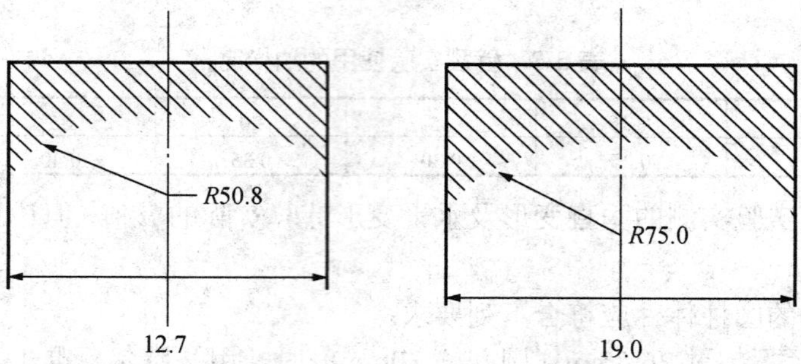

图 6-6 压条形状（单位 mm）

6. 劈裂试验夹具

下压条固定在夹具上，上压条可上下自由后动。

7. 其他

卡尺、天平、记录纸、胶皮手套等。

三、方法与步骤

1. 准备工作

1）按马歇尔击实法制作圆柱体试件。

2）在试件两侧通过圆心画上对称的十字标记、用游标卡尺分别测定试件的直径及高度。准确至 0.1mm。

3）测定试件的密度、孔隙率等各项物理指标同马歇尔试验测定密度方法。

4）使恒温水槽达到预定的实验温度±0.5℃。将试件侵入恒温水槽的水或冷媒中，不少于 1.5h，当为恒温空气时不少于 6h，直至试件内部温度达到要求的试验温度±0.5℃为止，保温时试件之间的距离不少于 10mm。

5）将试件机环境保温箱达到要求的试验温度当加载速率大于或等于 50mm/min 时，也可不用环境保温箱。

2. 试验步骤

1）从恒温水槽中取出试件，迅速置于试验台的夹具中按放稳定。其上下均安放有圆弧压条，与侧面的十字画线对准，上下压条应居中、平行。

2）迅速安装试件变形测定装置，水平变形测定装置应对准水平轴线并位于中央位置，垂直变形的支座固定，上端支于上支座上。

3）将记录仪与荷载及位移传感器连接，选好适宜的量程开关及记录速度，当以压力机压头的位移作为垂直变形时，宜采用 50mm/min 加载，记录仪走纸速度根据温度高低可采用 500～5000mm/min。

4）开动试验机，使压头与上下压条接触，荷载不超过 30N，迅速调整好数据采集系统或 X-Y 记录仪到零点位置。

5）开动数据采集系统或记录仪，同时启动试验机，依规定的加载速率向试件加载劈裂至破坏，记录仪记录荷载及水平变形（或垂直位移）。当试验机无环境保温箱时，自恒温槽中取出试件至试件结束的时间应不超过 45s。记录的荷载–变形曲线如图 6-7 所示。

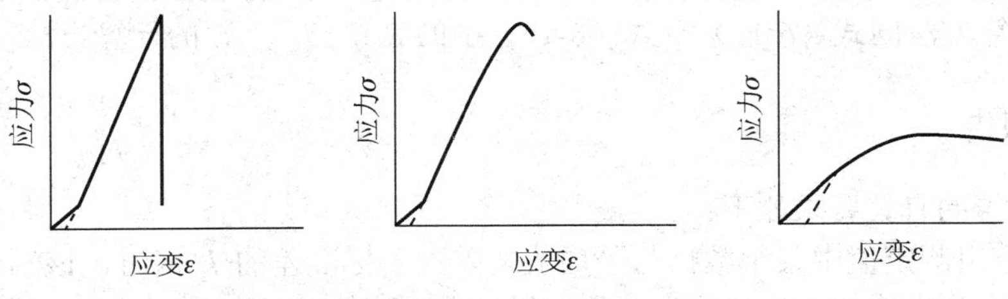

图 6-7　荷载–变形曲线

四、结果计算

1）将图 6-7 中荷载–变形曲线的直线段按图示方法延长与横坐标相交作为曲线的原点，由图中量取峰值时的最大荷载 P_T 及最大变形（Y_T 或 X_T）。

2）当试件直径为 100mm±2.0mm、压条宽度为 12.7mm 及试件直径为 150mm±2.5mm、压条宽度为 19.0mm 时，劈裂抗拉强度 R_T 分别按式（6-11）及式（6-12）计算，泊松比 μ、破坏拉伸应变 ε_T 及破坏劲度模量 S_T 按式（6-13）、或式（6-14）、式（6-15）计算。

$$R_T = 0.006287 P_T / h \tag{6-11}$$

$$R_T = 0.00425 P_T / h \tag{6-12}$$

$$\mu = (0.01350A - 1.7940) / (-0.5A - 0.0314) \tag{6-13}$$

$$\varepsilon_T = X_T \times (0.0307 + 0.0936\mu) / (1.35 + 5\mu) \tag{6-14}$$

$$S_T = P_T \times (0.27 + 1.0\mu) / (h \times X_T) \tag{6-15}$$

式中：R_T——劈裂抗拉强度（MPa）；

ε_T——破坏拉伸应变；

S_T——破坏劲度模量（MPa）；

μ——泊松比；

P_T——试验荷载的最大值（N）；

h——试件高度（mm）；

A——试件垂直变形与水平形的比值（$A=Y_T/X_T$）；

Y_T——试件相当于最大破坏荷载时垂直方向总变形（mm）；

X_T——按图 6-6 所示的方法量取的相应于最大破坏荷载时的水平方向总应变（mm）。

当试验仪测定垂直方向变形Y_T或由实测的Y_T、X_T计算的值μ大于 0.5 或小于 0.2 时，水平变形X_T可由表 6-3 规定的泊松比μ按式（6-16）求算。

$$X_T = Y_T \times (0.135 + 0.5\mu) / (1.794 - 0.0314\mu) \tag{6-16}$$

3）需要计算加载过程中任一加载时刻的应力、应变、劲度模量的方法同上，只需读取该时刻的荷载及变形代替上式的最大荷载及破坏变形即可。

4）当记录的荷载-变形曲线在边形区有一定的直线段时，可以试验的最大荷载P_T的 0.1～0.4 直线段部分的斜率计算弹性阶段的劲度模量，或以此范围内各测点的应力。σ、ε及S的计算方法同式（6-11）～式（6-15）中的R_T、S_T、ε_T的计算方法。

五、试验报告

实验报告的有关要求如下：

1）当一组测定值中某个数据与平均值之差大于标准差的 k 倍时，该测定值应予舍去，并以其余测定值的平均值作为试验结果。当试验数目 n 为 3、4、5、6 个时，k 值分别为为 1.15、1.46、1.67、1.82。

2）试验结果均应注明试件尺寸、成型日期、试验温度、加载速率及采用的泊松比μ的值。

课 后 小 结

沥青混合料是一种复杂的，由多种成分组成的材料。沥青混合料的原材料选定后，沥青混合料的强度，取决于各组成材料之间的比例。正确合理地进行沥青混合料的组成设计是保证沥青混合料质量的重要环节。

矿质混合料的级配组成可以按照《公路沥青路面施工技术规范》（JTG F40—2004）推荐的工程设计级配范围，将已知级配的碎石、砂和矿粉用图解法或数解法进行配比设计。沥青的最佳用量确定方法是马歇尔试验法。为了确保沥青混合料的路面性能，应使用马歇尔试验仪、车辙试验机、轮碾机等仪器设备进行马歇尔试验、车辙试验、劈裂试验、水稳性试验、黏附性试验、浸水马歇尔试验及冻融劈裂试验操作；会对各项试验数据进行整理（计算稳定度、动稳定度、残留稳定度、劈裂抗拉强度等），并进行材料等级评定。

思考与练习

一、选择题

1．沥青路面试验路铺筑属于（　　）阶段。

A．施工准备　　B．沥青混合料摊铺

C．沥青混合料压实　　D．沥青混合料运输

2．交工验收时，（　　）需检测弯沉、平整度、抗滑性能等。

A．沥青混凝土面层　　B．水泥混凝土面层

C．半刚性基层　　D．土方路基

3．沥青混凝土标准密度，应由（　　）得到。

A．马歇尔试验　　B．击实试验

C．无侧限抗压强度试验　　D．钻芯取样试验

4．沥青碎石基层属于（　　）基层。

A．粒料类　　B．无机结合料稳定

C．有机结合料稳定　　D．柔性

5．沥青面层应按（　　）进行质量评定。

A．分项工程　　B．分部工程　　C．单项工程　　D．单位工程

6．测定沥青混合料试件密度的方法有（　　）等。

A．水中重法　　B．表干法　　C．蜡封法　　D．灌砂法

7．沥青混凝土面层交工验收时，高速公路需检测、而二级公路不需检测的项目是（　　）。

A．压实度　　B．弯沉　　C．厚度　　D．抗滑

8．对沥青路面而言，为保证集料与沥青之间的黏附性，应尽可能选用（　　）。

A．酸性石料　　B．中性石料　　C．碱性石料

9．我国沥青混凝土路面设计是以（　　）为标准轴载。

A．BZZ-100 或 BZZ-60　　B．重 100kN 的单位荷载

C．黄河 JN-150 或解放 CA-10B　　D．8000 磅

二、填空题

1．沥青混合料最大干密度的确定方法有______、______、______。

2．沥青混凝土面层实测项目包括______、______、______、______和厚度、中线平面偏位、纵断高程、宽度、横坡九个项目。

3．沥青混合料水稳定性试验的测试方法有______、______和______。

4．高速公路沥青面层一般分几层铺筑，因此，应按______厚度和______厚度分别检查与评定。

5. 沥青混合料密度有______、______、______、______四种试验方法。

三、判断题（对者打“√”，错者打“×”）

1．热拌沥青混合料适用于各种等级道路的沥青路面的联结层。（ ）

2．使用稠度较低、温度敏感性低的沥青，可以减少或延缓路面的开裂。（ ）

3．沥青贯入式路面具有较高的强度和稳定性，其强度的构成，主要依靠沥青材料的黏结力。（ ）

四、简答题

1．马歇尔试验所用仪器有哪些？试验的目的是什么？

2．马歇尔试验的力学和体积指标如何测试和计算？

3．试述轮碾法制备车辙试件的过程。

4．试述车辙试验过程。

5．沥青混合料中稳定度和动稳定度及残留稳定度各指标分别反映沥青混合料哪些性质？在测试方法中各有何不同？

6．为什么要做沥青混合料的劈裂试验？有何实用意义？

7．沥青混合料水损害试验有哪些方法？

8．简述马歇尔稳定度、动稳定度、残留稳定度的含义和实用意义。

9．请简述目前沥青面层质量检测方面存在的问题和改进的措施。

10．沥青混合料热稳定性和水稳定性的检测指标是哪些？

11．试述沥青黏附性试验步骤（水煮法）。

12．简述沥青路面补强设计的内容。

13．简述沥青路面对基层的要求。

14．简述沥青路面低温缩裂的类型。

第七章

路基路面压实度检测

学习目标 1．知识目标

（1）掌握压实度及不同测试方法的特点。

（2）掌握最大干密度的确定方法及最大干密度与压实度的关系。

（3）掌握压实度的几种主要检测和评定方法及测试要点。

2．能力目标

（1）能运用灌砂筒、电动取土器、钻芯机、核子密度仪、无核密度仪测定现场密度，并对测试结果进行分析和评定。

（2）能进行数据的处理与分析工作。

课时建议 4 课时

学习引导 现拟建某立交桥，工程所处地路基土方为普通土，路面工程拟采用水泥稳定碎石基层和沥青混凝土面层。请问在施工过程中分别需要或可以采用什么样的方法来进行压实度的检测？

第一节　认识压实度

土作为填筑路基的一种建筑材料，在填筑过程中必须分层进行压实，压实质量的好坏直接影响路基的整体强度、稳定性，是公路工程施工过程中的一个重要环节。压实后的土需经压实度检测合格后方可填筑上一层。

路基路面压实质量是道路工程施工质量管理最重要的内在指标之一，只有对路基、路面结构层进行充分压实，才能保证路基路面的强度、刚度及路面的平整度，并可以保证及延长路基路面工程的使用寿命。

现场压实质量用压实度表示，对于路基土及路面基层，压实度是指工地实际达到的干密度与室内标准击实试验所得的最大干密度的比值。对沥青路面，压实度是指现场实际达到的密度与标准密度的比值。

根据我国目前路基路面压实度检测技术的现状，介绍了几种常用的压实度检测方法。

一、什么是压实度

压实度是指土或路面材料压实后的干密度与标准最大干密度之比，常用百分数表示。压实度值是反映施工质量的一个重要指标，通过对颗粒的压实，确保道路的使用寿命，使之发挥最大的经济效益。

如设压实度为δ、材料压实后的干密度为ρ_d、材料的标准最大干密度为ρ_c，则

$$\delta = \frac{\rho_d}{\rho_c} \times 100\% \tag{7-1}$$

影响压实效果的因素主要有含水量、土类和级配、击实功、振动压路机的振幅、频率、工作速度和行驶方向等。

二、标准最大干密度确定

室内试验得出的标准最大干密度是压实度评定的基准值，直接决定结果的可靠性，因此，标准密度（最大干密度）的室内试验确定方法应原理科学、数据重视性高、操作简单，且实验条件应与实际压实条件相接近。近年来逐渐被引起重视的振动击实、大型马歇尔击实等均是考虑到目前施工中广泛使用振动压路机进行碾压成型而对试验条件进行改进的成果。

由于筑路材料类型不同，标准最大干密度的室内确定试验方法也有所不同。

1. 路基土最大干密度确定试验方法

根据路基土类别与性质的不同，路基土标准最大干密度试验方法主要有击实法、振动法和表面振动压实仪法，适用范围见表 7-1。

表 7-1　路基土标准最大干密度确定方法比较

试验方法	使用范围	土的粒组
轻型、重型击实法	小试筒适用于粒径不大于 20mm 的土 大试筒适用于粒径不大于 40mm 的土	细粒土 粗粒土
振动台法	①本试验规定采用振动台法测定无黏性自由排水粗粒土和巨粒土（包括堆石料）的最大干密度。②本试验方式适用通过 0.074mm 标准筛的土颗粒质量百分数不大于 15%的无黏性自由排水粗粒土和巨粒土。③对于最大的颗粒大于 60mm 的巨粒土因受试筒允许最大粒径的限制，宜按相似级配法的规定处理	粗粒土 巨粒土
表面振动压实仪法	同上	粗粒土 巨粒土

击实试验是我国路基土标准最大干密度确定的主要方法，通过试验得出的击实曲线，确定最佳含水量和最大干密度。根据击实功的不同，可分为重型击实和轻型击实，两个试验的原理和基本规律相似，但重型击实试验的击实功提高了 4.5 倍。按采集土样的含水量，又分湿土法和干土法；按土能否重复使用，也分为两种，即土能重复使用和不能重复使用。根据工程的具体要求，按击实试验方法的规定，选择轻型或重型试验方法。根据土的性质选用干土法或湿土法，对于高含水量土宜选用湿土法，对于非高含水量土则选用干土法，除易击碎的试样外，试样可以重复使用。

振动台法与表面振动压实仪法均是采用振动方法测定土的标准最大干密度。前者是整个土样同时受到垂直方向的振动作用，而后者是振动作用自土体表面垂直向下传递。研究结果表明，对于无黏聚自由排水土，这两种方法标准最大干密度试验的测定结果基本一致，但前者试验设备及操作较复杂，后者相对容易，且更接近于现场振动碾压的实际状况。因此，使用时可根据试验设备拥有情况择其一即可，但推荐优先采用表面振动压实仪法。

已有的国内外研究结果表明，对于砂、卵、漂石及堆石料等无黏聚性自由排水土而言，一致公认采用振动方法而不是普通击实法。因此，建议采用振动方法测定无黏聚性自由排水土的标准最大干密度。下面主要介绍路基土的最大干密度检测击实试验，本方法适用于细粒土。

本试验分轻型击实和重型击实。轻型击实试验适用于粒径不大于 20mm 的土。重型击实试验适用于粒径不大于 40mm 的土。

当土中最大颗粒粒径大于或等于 40mm，并且大于或等于 40mm 颗粒粒径的质量含量大于 5%时，则应使用大尺寸试筒进行击实试验，或按《公路土工试验规程》（JTG E—2007）第 5.4 条进行最大干密度校正。大尺寸试筒要求其最小尺寸大于土样中最大颗粒粒径的 5 倍以上，并且击实试验的分层厚度应大于土样中最大颗粒粒径的 3 倍以上。单位体积击实功能控制在 2677.2～2687.0kJ/m^3 范围内。

当细粒土中的粗粒土总含量大于 40%或粒径大于 0.005mm 颗粒的含量大于土总质量的 70%（即 d_{30}≤0.005mm）时，还应做粗粒土标准最大干密度试验，其结果于重型击实试验结果比较，标准最大干密度取两种实验结果的最大值。

（1）仪器设备准备

1）标准击实仪如图 7-1 所示，击实试验方法和相应设备的主要参数应符合表 7-2 的规定。

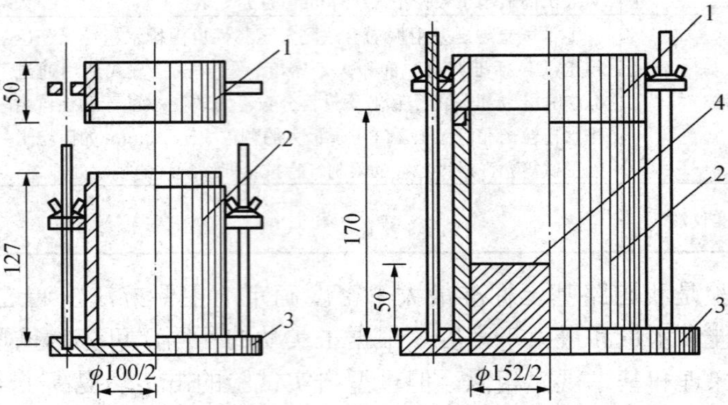

（a）小击实筒　　（b）大击实筒

图 7-1　击实筒

1-套筒；2-击实筒；3-底板；4-垫板

表 7-2　击实试验方法种类

试验方法	类别	锤底直径（cm）	锤质量（kg）	落高（cm）	试筒尺寸		试样尺寸		层数	每层击数	击实功（kg/m^3）	最大粒径
					内径（cm）	高（cm）	高度（cm）	体积（cm^3）				
轻型	Ⅰ－1	5	2.5	30	10	12.7	12.7	997	3	27	598.2	20
	Ⅱ－2	5	2.5	30	15.2	17	12	2177	3	59	598.2	40
重型	Ⅰ－1	5	4.5	45	10	12.7	12.7	997	5	27	2687.0	20
	Ⅱ－2	5	4.5	45	15.2	17	12	2177	3	98	2677.2	40

2）烘箱及干燥器。

3）天平：感量 0.01g。

4）台秤：称量 10kg，感量 5g。

5）圆孔筛：孔径 40mm、20mm 和 5mm 各一个。

6）拌和工具：400mm×600mm、深 70mm 的金属盘，土铲。

7）其他：喷水设备、碾土器、盛土盘、量筒、推土器、铝盒、修土刀、平直尺等。

（2）试样准备

本试验可分别采用不同的方法准备试样，各方法可按表 7-3 准备试料。

表 7-3　试料用量

使用方法	类别	试筒内径（cm）	最大粒径（mm）	试料用量（kg）
干土法，试样不重复使用	b	10	20	至少 5 个试样，每个 3
		15.2	40	至少 5 个试样，每个 6
湿土法，试样不重复使用	c	10	20	至少 5 个试样，每个 3
		15.2	40	至少 5 个试样，每个 6

干土法（土不重复使用）。按四分法至少准备 5 个试样，分别加入不同水分（按 2%～3%含水率递增），伴均匀后闷料一夜备用。

湿土法（土不重复使用）。对于高含水率土，可省略过筛步骤，用手拣除大于 40mm 的粗石子即可。保持天然含水率的第一个土样，可立即用于击实试验。其余几个试样，将土分成小土块，分别风干，使含水率按 2%～3%递减。

（3）试验步骤

根据工程要求，按表 7-2 规定选择轻型或重型试验方法。根据土的性质（含易击碎风化石数量多少、含水率高低），按表 7-3 规定选用干土法（土不重复使用）或湿土法。

将击实筒放在坚硬的地面上，在筒壁上抹一薄层凡士林，并在（小试筒）或垫块（大试筒）上放置蜡纸或塑料薄膜。取制备好的土样分 3～5 次倒入筒内。小筒按三层法时，每次约 800～900g（其量应使击实后的试样等于或略高于筒高的 1/3）；按五层法时，每次 400～500g（其量应使击实后的土样等于或略高于筒高的 1/5）。对于大试筒，先将垫块放入筒内底板上，按三层法，每层需试样 1700g 左右。整平表面，并稍加压紧，然后按规定的击数进行第一层土的击实，击实时击锤应自由垂直落下，锤迹必须均匀分布于土样面，第一层击实完后，将试样层面“拉毛”然后再装入套筒，重复上述方法进行其余各层土的击实。小试筒击实后，试样不应高出筒顶面 5mm；大试筒击实后，试样不应高出筒顶面 6mm。

用修土刀沿套筒内壁削刮，使试样于套筒脱离后，扭动并取下套筒，齐筒顶细心削平试样，拆除底板，擦净筒外壁，称量，准确至 1g。

用推土器推出筒内试样，从试样中心处取样测其含水率，计算至 0.1%。测定含水率用试样的数量按表 7-4 规定取样（取出有代表性的土样）。

表 7-4　测定含水率用试样的数量

最大粒径（mm）	试样质量（g）	个数
＜5	15～20	2
约 5	约 50	1
约 20	约 250	1
约 40	约 500	1

对于干土法（土不重复使用）和湿土法（土不重复使用），将试样搓散，然后按本试验第 3 条方法进行洒水、拌和，每次增加 2%～3%的含水率，其中有两个大于和两个小于最佳含水率，所需加水量按下式计算：

$$m_{\omega}=\frac{m_{\mathrm{i}}}{1+0.01\omega_{\mathrm{i}}}\times 0.01(\omega-\omega_{\mathrm{i}}) \tag{7-2}$$

式中：m_{ω}——所需的加水量（g）；

m_{i}——含水率 ω_i 时土样的质量（g）；

ω_{i}——土样原有含水率（%）；

ω——要求达到的含水率（%）。

按上述步骤进行其他含水率试样的击实试验。

（4）结果整理

按下式计算击实后各点的干密度：

$$\rho_d = \frac{\rho}{1 + 0.01\omega} \tag{7-3}$$

式中：ρ_d——干密度（g/cm^3），计算至 0.01；

ρ——湿密度（g/cm^3）；

ω——含水率（%）。

以干密度为纵坐标，含水率为横坐标，绘制干密度与含水率的关系曲线（图 7-2），曲线上峰值点的纵、横坐标分别为最大干密度和最佳含水率。如曲线不能绘出明显的峰值点，应进行补点或重做。按下式计算饱和曲线的饱和含水率 ω_{max}，并绘制饱和含水率与干密度的关系曲线图。

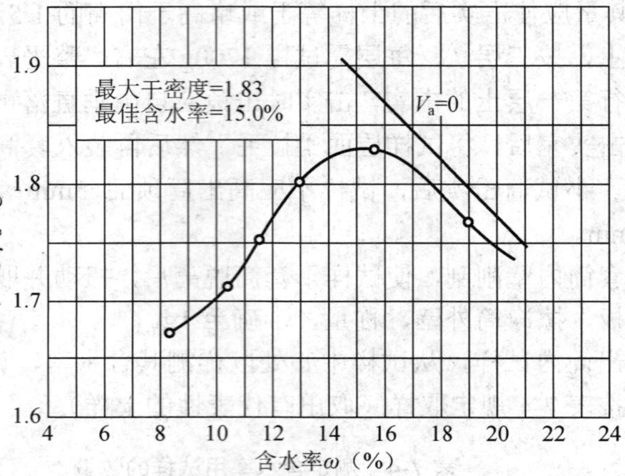

图 7-2 含水率与干密度的关系曲线

$$\omega_{max} = \left[\frac{G_s\rho_w(1+\omega) - \rho}{G_s\rho}\right] \times 100 \tag{7-4}$$

或

$$\omega_{max} = \left(\frac{\rho_w}{\rho_d} - \frac{1}{G_s}\right) \times 100 \tag{7-5}$$

式中：ω_{max}——饱和含水率（%），计算至 0.01；

ρ——试样的湿密度（g/cm^3）；

ρ_w——水在 4℃时的密度（g/cm^3）；

ρ_d——试样的干密度（g/cm^3）；

G_s——试样土粒比重，对于粗粒土，则为土中粗细颗粒的混合比重；

ω——试样的含水率（%）。

当试样中有大于 40mm 的颗粒时，应先取出大于 40mm 的颗粒，并求得其百分率 p，把小于 40mm 部分做击实试验。按下面公式分别对试验所得的最大干密度和最佳含水率进行校正（适用于大于 40mm 颗粒的含量小于 30%时）。

最大干密度按下式校正：

$$\rho'_{\mathrm{dm}}=1/\left(\frac{1-0.01p}{\rho_{\mathrm{dm}}}=\frac{0.01p}{\rho_{\mathrm{w}}G'_{\mathrm{s}}}\right) \tag{7-6}$$

式中：ρ'_{dm}——校正后的最大干密度（g/cm³），计算至 0.01；

ρ_{dm}——用粒径小于 40mm 的土样试验所得的最大干密度（g/cm³）；

p——试料中粒径大于 40mm 颗粒的百分率（%）；

G'_{s}——粒径大于 40mm 颗粒的毛体积比重，计算至 0.01。

最佳含水率按下式校正：

$$\omega'_0=\omega_0(1-0.01p)=0.01p\omega_2 \tag{7-7}$$

式中：ω'_0——校正后的最佳含水率（%），计算至 0.01；

ω_0——用粒径小于 40mm 的土样试验所得的最佳含水率（%）；

p——同前；

ω_2——粒径大于 40mm 颗粒的吸水量（%）。

本试验记录格式见表 7-5。

表 7-5　击实试验记录

土样编号	筒号			落距		45cm					
土样来源	筒容积	997 cm³		每层击数		27					
试验日期	击锤质量	4.5kg		大于 5mm 颗粒含量							
干密度	试验次数	1		2		3		4		5	
	筒+土质量（g）	2981.8		3057.1		3130.9		3215.8		3191.1	
	筒质量（g）	1103		1103		1103		1103		1103	
	湿土质量（g）	1878.8		1954.1		2027.9		2112.8		2088.1	
	湿密度（g）	1.88		1.96		2.03		2.12		2.09	
	干密度（g）	1.71		1.75		1.80		1.83		1.76	
含水率	盒号										
	盒+湿土质量(g)	35.60	35.44	33.93	33.69	32.88	33.16	33.13	34.09	36.96	38.31
	盒+干土质量(g)	34.16	34.02	32.45	32.26	31.40	31.64	31.36	32.15	24.28	35.36
	盒质量（g）	20	20	20	20	20	20	20	20	20	20
	水质量（g）	1.44	1.42	1.48	1.43	1.48	1.52	1.77	1.94	2.68	2.95
	干土质量（g）	14.16	14.02	12.45	12.26	11.40	11.64	11.36	12.15	14.28	15.36
	含水率（%）	10.3	10.1	11.9	11.7	13.0	13.0	15.6	16.0	18.8	19.2
	平均含水率（%）	10.2		11.8		13.0		15.8		19.0	
	最佳含水率=15.0%			最大干密度=1.83 g/cm³							

校核者__________　　计算者__________　　试验者__________

本试验含水率须进行两次平行测定，取其算术平均值，允许平行差值应符合表 7-6 规定。

表 7-6　含水率测定的允许平行差值

含水率（%）	允许平行差值（%）	含水率（%）	允许平行差值（%）	含水率（%）	允许平行差值（%）
5 以下	0.3	40 以下	≤1	40 以上	≤2

（5）报告

1）土的鉴别分类和代号。

2）土的最佳含水率 ω_0（%）。

3）土的最大干密度 ρ_{dm}（g/cm^3）。

2. 路面基层材料最大干密度和最佳含水率的确定

常见的路面基层材料有半刚性基层及粒料类基层，粒料类基层最大干密度的确定可参照粗粒料和巨粒料的振动法。半刚性材料基层材料按照《公路工程无机结合料稳定材料试验规范》（E51—2009）执行，用标准击实法求得。但当粒料含量大于 50%时，需采用理论计算法求得。

3. 沥青混合料标准密度的确定

沥青混合料标准密度，以沥青拌和厂取样试验的马歇尔密度或试验路密实度为准。可采用表 7-7 中的方法之一进行密度试验，具体的试验方法见《公路工程沥青及沥青混合料试验规程》（JTG E20—2011）。

表 7-7　压实沥青混合料标准密度试验方法及适用范围

试验方法	适用范围
水中重法	仅适用于密实的Ⅰ型沥青混合料，不适用于采用了吸水性大的距离的沥青混合料试件
表干法	适用于表面较粗但较密实的Ⅰ型或Ⅱ沥青混凝土试件，但不适用于吸水率大于 2%的沥青混合料试件
蜡封法	适用于吸水率大于 2%的Ⅰ型或Ⅱ沥青混凝土试件，以及沥青碎石混合料试件，不能用水中重法或表干法测密度的试件
体积法	适用于空隙率较大的沥青碎石混合料及大空隙透水开级配沥青混凝土试件

三、现场密度与压实度试验检测方法

现场密度与压实度主要检测方法及各方法的适用范围见表 7-8。

表 7-8　现场密度与压实度检测方法及适用范围比较

试验方法	适用范围
灌砂法	适用于路基土的各种材料压实层的密度和压实度，也适用于在现场测定基层（或底基层）、砂石路面及沥青表面处治、沥青贯入式面层的密度和压实度检测。但不适用于填石路堤等有大孔洞或大空隙材料的压实度检测
环刀法	适用于细粒土及无机结合料稳定细粒土的密度测试。但对无机结合料稳定细粒土，其龄期不宜超过 2d，且适用于施工过程中的压实度检测
灌水法	适用于现场测定粗粒土和巨粒土的密度
核子法或无核密度仪法	适用于现场用核子（或无核）密度仪以散射法或直接透射法测定路基或路面材料的密度和含水量，并计算施工压实度。适用于施工质量的现场快速评定，不宜用作仲裁试验或评定验收试验

【例 7-1】　10K+100～13K+800 处路基施工，填料采用细粒土，按设计要求（表 7-9）检测路堤压实度。

表 7-9　路堤压实度要求

填挖类型	路面底面以下深度（m）	压实度（%）	备注
		二级公路	
上路堤	0.80～1.50	≥94	
下路堤	1.50 以下	≥94	

第二节　灌砂法测定压实度

一、目的和适用范围

1）本方法适用于在现场测定基层（或底基层）、砂石路面及路基土的各种材料压实层的密度和压实度检测。但不适用于填石路堤等有大孔洞或大孔隙材料的压实度检测。

2）用挖坑灌砂法测定密度和压实度时，应符合下列规定：

① 当集料的最大粒径小于 13.2mm、测定层的厚度不超过 150mm 时，宜采用 ϕ100mm 的小型灌砂筒测试。

② 当集料的最大粒径等于或大于 13.2mm，但不大于 31.5mm，测定层的厚度不超过 200mm，时，应用ϕ150mm 的大型灌砂筒测试。

二、检测器具与材料

本方法需要下列仪具与材料：

1）灌砂筒：有大小两种，根据需要采用，形式见图 7-3，主要尺寸见表 7-10。

储砂筒筒底中心有一圆孔，下部装一倒置的圆锥形漏斗，上端开口，直径与储砂筒的圆孔相同。漏斗焊接在一块铁板上，铁板中心有一圆孔与漏斗上开口相接，在储砂筒筒底与漏斗顶端铁板之间设有开关，开关为一薄铁板，一端与筒底及漏斗铁板铰接在一起，另一端伸出筒身外，开关铁板上也有一个相同直径的圆孔。

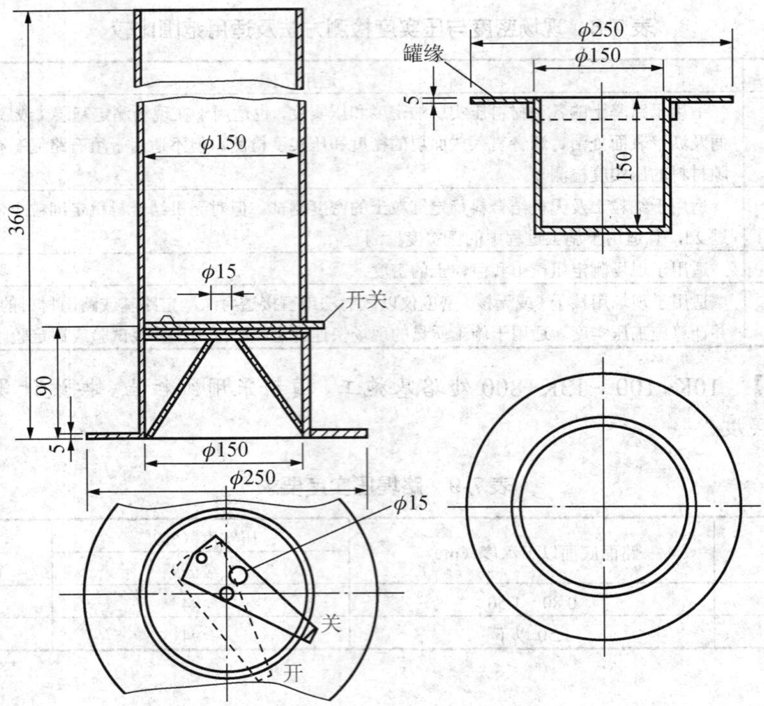

图 7-3　灌砂筒和标定罐

表 7-10　灌砂仪的主要尺寸表

结构		小型灌砂筒	大型灌砂筒
储砂筒	直径（mm）	100	150
	容积（cm^3）	2120	4600
流砂孔	直径（mm）	10	15
金属标定罐	内径（mm）	100	150
	外径（mm）	150	200
金属方盘基板	边长（mm）	350	400
	深（mm）	40	50
	中孔直径（mm）	100	150

2）金属标定罐：用薄铁板制作的金属罐，上端周围有一罐缘（图 7-4）。

3）基板：用薄铁板制作的金属方盘，盘的中心有一圆孔。

4）玻璃板：边长 500～600mm 的方形板。

5）试样盘：小筒挖出的试样可用饭盒存放，大筒挖出的试样可用 300mm×500mm×40mm 的搪瓷盘存放。

6）天平或台秤：称量 10～15kg，感量不大于 1g，用于含水量测定的天平精度，对细粒土、中粒土、粗粒土宜分别为 0.01g、0.1g、1.0g。

7）含水量测定器具：如铝盒、烘箱等。

8）量砂：粒径 0.3～0.60 mm 清洁干燥的砂，约 20～40kg，使用前须洗净、烘干、并放置足够的时间，使其与空气的湿度达到平衡。

9）盛砂的容器：塑料桶等。

10）其他：凿子、改锥、铁锤、长把勺、长把小簸箕、毛刷等。

图 7-4　标定罐、灌砂筒、基板实图

三、方法与步骤

1）检测对象的试样用同种材料进行击实试验，得到最大干密度及最佳含水量。

2）选用适宜的灌砂筒。

3）按下列步骤标定灌砂筒下部圆锥体砂的质量（图 7-5）。

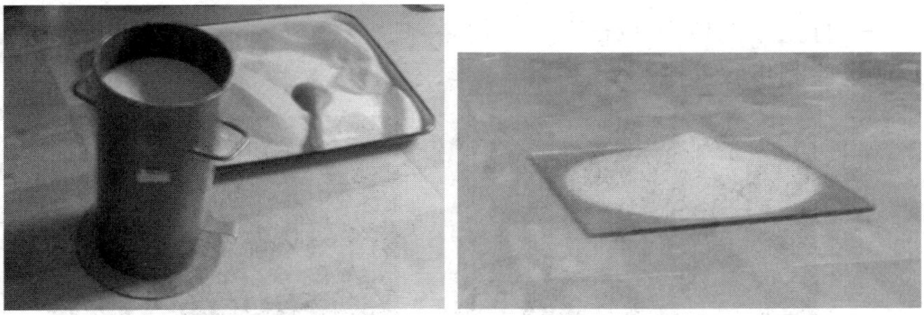

图 7-5　锥体内砂的质量标定

① 在灌砂筒筒口高度上，向灌砂筒内装砂至距筒顶 15mm 左右为止。称取装入筒内砂的质量 m_1，准确至 1g。以后每次标定及试验都应该维持装砂高度与质量不变。

② 将开关打开，使灌砂筒筒底的流砂孔、圆锥形漏斗上端开口的圆孔及开关铁板中心的圆孔上下对准，让砂自由流出，并使流出砂的体积与工地所挖试坑内的体积相当（或等于标定罐的容积）。

③ 不晃动储砂筒的砂，轻轻地将灌砂筒移至玻璃板上，将开关打开，让砂流出，直到筒内砂不再下流时，将开关关上，并细心地取走砂筒。

④ 收集并称量留在玻璃板上的砂或称量筒内的砂，准确至 1g。玻璃板上的砂就是

图 7-6　用水确定标定罐的容积

填满筒下部圆锥体的砂 m_2。

⑤ 重复上述测量三次，取其平均值。

4）按下列步骤标定砂的密度 γ_s（g/cm^3）：

① 用水确定标定罐的容积 V（图 7-6），准确至 1mL。

② 用储砂筒中装入质量为 m_1 的砂，并将灌砂筒放在标定罐上，将开关打开，让砂流出。在整个流砂过程中，不要碰到灌砂筒，直到储砂筒内的砂不再下流时，将开关关闭，取下灌砂筒，称取筒内剩余砂的质量 m_3，准确至 1g。

③ 按式（7-8）计算填满标定罐所需砂的质量 m_b（g）：

$$m_b = m_1 - m_2 - m_3 \tag{7-8}$$

式中：m_b——标定罐中砂的质量（g）；

m_1——装入灌砂筒内的砂的总质量（g）；

m_2——灌砂筒下部圆锥体内砂的质量（g）；

m_3——灌砂入标定罐后，筒内剩余砂的质量（g）。

④ 重复上述测量三次，取其平均值。

⑤ 按式（7-9）计算量砂的松方密度 γ_s：

$$\gamma_s = \frac{m_a}{V} \tag{7-9}$$

式中：γ_s——量砂的松方密度（g/cm^3）；

V——标定罐的体积（cm^3）。

5）现场检测步骤（图 7-7）：

图 7-7　现场检测步骤

① 在测试地点，选一块平坦表面，并将其清扫干净，其面积不得小于基板面积。

② 将基板放在平坦表面上，当表面的粗糙度较大时，则将盛有量砂（m_5）的灌砂筒放在基板中间的圆孔上，将灌砂筒的开关打开，让砂流入试坑内，直到储砂筒内的砂不再下流时关闭开关。取下灌砂筒，并称量筒内砂的质量（m_6），准确至 1g。

③ 取走基板，并将留在试验地点的量砂收回，重新将表面清扫干净。

④ 将基板放回清扫干净的表面上（尽量放在原处），沿基板中孔凿洞（洞的直径与

灌砂筒一致）。在凿筒过程中，应注意不使凿出的材料丢失，并随时将凿松的材料取出装入塑料袋中，不使水分蒸发。也可放在大试样盒内，试洞的深度应等于测定层厚度，但不得有下层材料混入，最后将洞内的全部凿松材料取出。对土基或基层，为防止试样盘内材料的水分蒸发，可分几次称取材料的质量。全部取出材料的总质量为 m_t，准确至 1g。

当需要检测厚度时，应先测量厚度后再进行这一步骤。

⑤ 从挖出的全部材料中取出有代表性的样品，放在铝盒或洁净的搪瓷盘中，测定其含水量（ω，以%计）。样品的数量如下：用小灌砂筒测定时，对于细粒土，不少于100g；对于各种中粒土，不少于 500g。用大灌砂筒测定时，对于细粒土，不少于 200g；对于各种中粒土，不少于 1000g；对于粗粒土或水泥、石灰、粉煤灰等无机结合料稳定材料，宜将取出的全部材料烘干，且不少于 2000g 称其质量 m_d，准确至 1g。

当为沥青表面处治或沥青贯入式结构类材料时，则省去测定含水量步骤。

⑥ 将基板安放在试坑上，将灌砂筒安放在基板中间（储砂筒内放满砂到要求质量 m_1），使灌砂筒的下口对准基板的中孔及试洞，打开灌砂筒的开关，让砂流入试坑内。在此期间，应注意勿碰动灌砂筒。直到储砂筒内的砂不再下流时，关闭开关，仔细取走灌砂筒，并称量筒内剩余砂的质量 m_4 准确至 1g。

⑦ 如清扫干净的平坦表面粗糙度不大，可省去②和③的操作。在试洞挖好后，将灌砂筒直接对准放在试坑上，中间不需要放基板，打开筒的开关，让砂流入试坑内。在此期间，应注意勿碰动灌砂筒。直到储砂筒内的砂不再下流时，关闭开关，仔细取走灌砂筒，并称量剩余砂的质量 m_4'，准确至 1g。

⑧ 仔细取出试筒内的量砂，以备下次试验时再用。若量砂的湿度已发生变化或量砂中混有杂质，则应该重新烘干，过筛，并放置一段时间，使其与空气的湿度达到平衡后再用。

四、检测结果计算

1）按下面各式分别计算填满试坑所用砂的质量（g）：

① 灌砂时，试坑上放有基板时：

$$m_b = m_1 - m_4 - (m_5 - m_6) \tag{7-10}$$

② 灌砂时，试坑上不放基板时：

$$m_b = m_1 - m_4' - m_2 \tag{7-11}$$

式中：m_b——填满试坑的质量（g）；

m_1——灌砂前灌砂筒内砂的质量（g）；

m_2——灌砂筒下部圆锥体内砂的质量（g）；

m_4，m_4'——灌砂后，灌砂筒内剩余砂的质量（g）；

（$m_5 - m_6$）——灌砂筒下部锥体内及基板和粗糙表面砂的合计质量（g）。

2）按式（7-12）计算试洞材料的湿密度 $\rho_w(g/cm^3)$：

$$\rho = \frac{m_t}{m_b} \times \rho_s \tag{7-12}$$

式中：m_t——试洞中取出的全部材料的质量（g）；

ρ_s——量砂的密度（g/cm^3）。

m_b——填满试洞所需砂的质量（g）；

ρ——土的湿密度（g/cm^3），计算至 0.01。

3）按下式计算试坑材料的干密度（g/cm^3）：

$$\rho_d = \frac{\rho}{1 + 0.01\omega} \tag{7-13}$$

式中：ω——试坑材料的含水量（%）。

4）当为水泥、石灰、粉煤灰等无机结合料稳定土的场合，可按下式计算干密度 ρ_d（g/cm^3）。

$$\rho_d = \frac{m_d}{m_b} \times \gamma_s \tag{7-14}$$

式中：m_d——试坑中取出的稳定土的烘干质量（g）。

5）按下式计算施工压实度：

$$K = \frac{\rho_d}{\rho_c} \times 100\% \tag{7-15}$$

式中：K——测试地点的施工压实度（%）；

ρ_d——试样的干密度（%）；

ρ_c——由击实试验得到的试样的最大干密度（g/cm^3）。

当试坑材料组成与击实试验的材料有较大差异时，可以试坑材料作标准击实，求取实际的最大干密度。

五、操作注意事项

1）量砂灌砂筒内的量砂在重复使用时，应烘干，处理一致，否则影响量砂的松方密度。若更换量砂，必须重测其松方密度。

2）在进行标定灌容积标定时，灌外的水一定要擦干。

3）在挖坑时试坑周壁应笔直，避免出现上大下小或上小下大的情形，且不得使凿出的试样丢失。以免检测密度偏大或偏小。

六、检测报告

如表 7-11 所示，各种材料的干密度均应准确至 $0.01g/cm^3$。

表 7-11　工地密度（灌砂法）试验记录

工程名称：　　　　　　　　　　代表部位结构层：　　　　　　　　　　试验日期：

取样地点（桩号）							
灌砂前砂+容器重（g）		（1）					
灌砂后砂+容器重（g）		（2）					
灌砂筒下部锥体内砂重（g）		（3）					
试坑灌入量砂的重量（g）		（4）	（1）-（2）-（3）				
量砂的密度（g/cm³）		（5）					
试坑体积（cm³）		（6）	（4）/（5）				
试坑中挖出的湿料重（g）		（7）					
试样湿密度（g/cm³）		（8）	（7）/（6）				
含水率 ω（%）	盒号（#）	（9）					
	盒重（g）	（10）					
	盒+湿料重（g）	（11）					
	盒+干料重（g）	（12）					
	水重（g）	（13）	（11）-（12）				
	干料重（g）	（14）	（12）-（10）				
	含水率（%）	（15）	（13）/（14）				
	平均含水率（%）	（16）					
干密度（g/cm³）		（17）	（8）/1+w				
最大干密度（g/cm³）		（18）					
压实度（%）		（19）	（17）/（18）				

技术负责人：　　　　　　　　　　校核人：　　　　　　　　　　试验人：

【例 7-2】　表 7-12 为某路段土基用灌砂法检测压实度的摘录，仅供学生参考。

表 7-12　压实度检测表

分项工程	路面工程	单位工程	土基	最大干密度（ρ）	1.86g/cm^3

取样地点（桩号）	右 K38+200	K38+240	K38+340	K38+540
灌入试筒前筒内砂质量 m_1（g）				
灌砂筒下部圆锥体内砂的平均质量 m_2（g）				
灌砂入试筒后筒内剩余砂质量 m_4、m_4'（g）				
灌砂筒下部圆锥体及基板和地面粗糙表面间砂的合计质量 m_5-m_6（g）				
填满试洞所需砂质量 m_b（g）				
试洞中湿土质量 m_w（g）				
湿密度 ρ_w（g/cm^3）				
含水率 ω（%）				
干密度 ρ_d（g/cm^3）				
压实度 K（%）				

第三节　环刀法测定压实度

一、目的与适用范围

1）本方法规定在公路工程现场用环刀法测定土基及路面材料的密度及压实度。

2）本方法适用于测定细粒土及无机结合料稳定细粒土的密度。但对无机结合料稳定细粒土，其龄期不宜超过 2d，且宜用于施工过程中的压实度检验。由于取样深度较浅，故检测值偏大。

二、检测器具与材料

1）人工取土器（图 7-8、图 7-9）：包括环刀、环盖、定向筒和击实锤系统（导杆、落锤、手柄）。环刀内径 6～8cm，高 2～3 cm，壁厚 1.5～2mm。

图 7-8　环刀与环盖

图 7-9　环刀试验现场

2）电动取土器：由底座、行车轮、立柱、齿轮箱、升降机构、取芯头等组成。如图 7-10 所示。

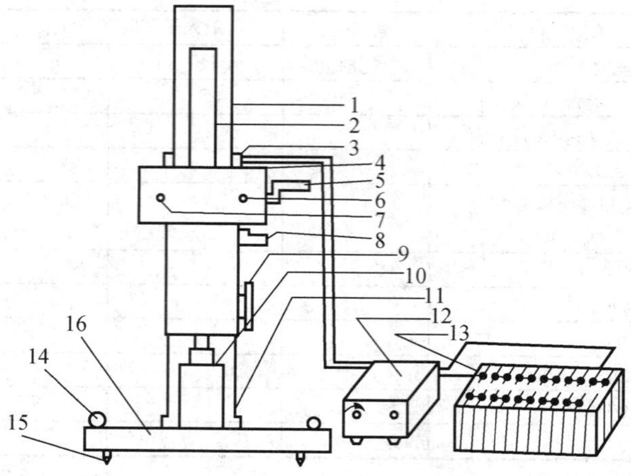

图 7-10　电动取土器

1-立柱；2-升降轴；3-电源输入；4-直流电机；5-升降手柄；6、7-电源指示；8-锁紧手柄；9-升降手轮；10-取芯头；11-立柱套；12-调速器；13-齿轮箱；14-行车轮；15-定位锁；16-底座平台

① 底座：由底座平台、定位销、行车轮组成。平台是整个仪器支撑基础，定位销供操作时仪器定位用，行车轮供换点取芯时仪距离近距离移动用。当定位时四只轮子可扳起离开地表。

② 立柱：由立柱与立柱套组成，装在底座平台上，作为升降机构、取芯机构、动力和传动机的支架。

③ 升降机构：由升降手轮、锁紧手柄组成，供调整取芯机构高低用。松开锁紧手柄，转动升降手轮，取芯头机构即可升降，到所需位置时拧紧手柄定位。

④ 取芯机构：由取芯头、升降轴组成，取芯头为金属圆筒，下口对称焊接两合金钢切削刀头，上端面焊有平盖，其上焊螺母，靠螺旋接于升降轴上。取芯头为可换式，有三种规格，即 50mm×50mm、70mm×70mm、100mm×100mm，另配有相应的取芯套筒、扳手、铅盒等。

⑤ 动力和传动机构：主要由直流电机、调速器、齿轮箱组成。另配电瓶和充电器。当电机工作时，通过齿轮箱的齿轮将动力传给取芯机，升降轴旋转，取芯头进入旋切工作状态。

⑥ 电动取土器主要技术参数为：

工作电压 DC24V（36A・h）；

转速 50～70r/min，无级调速；

整机质量约 35kg。

3）天平：感量 0.1g（用于取芯头内径小于 70mm 样品的称量），或 1.0g（用于取芯头内径 100mm 样品的称量）。

4）其他：镐、小铁锹、修土刀、毛刷、直尺、钢丝锯、凡士林、木板及测定含水量设备等。

三、检测步骤

1）对检测试样用同种材料进行击实试验，得到最大干密度及最佳含水率。

2）用人工取土器测定黏性土及无机结合料稳定细粒土密度的步骤：

① 擦净环刀，称取环刀质量 m_2，准确至 0.1g。

② 在试验地点，将面积约 30cm×30cm 的地面清扫干净。并将压实层铲去表面浮动及不平整的部分，达一定深度，使环刀垂直打下后，能达到要求的取土深度，但不得将下层扰动。

③ 将定向筒齿钉固定于铲平的地面上，顺次将环刀、环盖放入定向筒内与地面垂直。

④ 将导杆保持垂直状态，用取土器落锤将环刀打入压实层中，至环盖顶面与定向筒上口齐平为止。

⑤ 去掉击实锤和定向筒，用镐将环刀及试样挖出。

⑥ 轻轻取下环盖，用修土刀从边至中削去环刀两端余土，用直尺检测直至修平

为止。

⑦ 擦净环刀外壁，用天平称取环刀及试样合计质量m_1，准确至0.1g。

⑧ 从环刀中取出具有代表性的试样，测定其含水率ω。

3）用人工取土器测定砂性土或砂层密度时的步骤：

① 如为湿润的砂土，试验时不需使用击实锤和定向筒。在铲平的地面上，细心挖出一个直径较环刀外径略大的砂土柱，将环刀刃口向下，平置于砂土柱上，用两手平稳地将环刀垂直压下，直至砂土柱突出环刀上端约2 cm为止。

② 削掉环刀口上多余砂土，并用直尺刮平。

③ 在环刀上口盖一块平滑的木板，一手按住木板，另一手用小铁锹将试样从环刀底部切断，然后将装满试样的环刀反转过来，削去环刀刃口上部的多余砂土，并用直尺刮平。

④ 擦净环刀外壁，称环刀与试样合计质量m_1，准确至0.1g。

⑤ 从环刀中取具有代表性的试样测定其含水率ω。

⑥ 干燥的砂土不能挖成砂土柱时，可直接将环刀压入或打入土中。

4）用电动取土器测定无机结合料稳定细粒土和硬塑土密度的步骤：

① 装上所需规格的取芯头，在施工现场取芯前，选择一块平整的路段，将四只车轮打起，四根定位销钉采用人工加压的方法，压入路基土层中，松开锁紧手柄，旋动升降手轮，使取芯头刚好与土层接触，锁紧手柄。

② 将电瓶与调速器接通，调速器的输出端接入取芯机电源插口。指示灯亮，显示电路已通；启动开关，电动机工作，带动取芯机构转动。根据土层含水量调节转速，操作升降手柄，上提取芯机构，停机，移开机器，由于取芯头圆筒外表有几条螺旋状突起，切下的土屑排在筒外螺纹上旋抛出地表。因此，将取芯套筒在切削好的土芯立柱上，摇动即可取出样品。

③ 取出样品，立即按取芯套筒长度用修土刀或钢丝锯修平两端，制成所需规格土芯，如拟进行其他试验项目，需装入铝盒，送试验室外备用。

④ 用天平称量土芯加套筒质量m_1，从土芯中心部分取试样测定含水率ω。

5）本试验须进行两次平行测定，其平行差值不得大于0.03g/cm³，求其算术平均值。

四、检测结果计算

1）按下列各式分别计算试样的湿密度及干密度：

$$\rho_w = \frac{4(m_1 - m_2)}{\pi \cdot d^2 \cdot h} \tag{7-16}$$

$$\rho_d = \frac{\rho}{1 + 0.01\omega} \tag{7-17}$$

式中：ρ——试样的湿密度（g/cm³）；

ρ_d——试样的干密度（g/cm³）；

m_1——环刀或取芯套筒与试样合计质量（g）；

m_2——环刀或取芯套筒质量（g）；

d——环刀或取芯套筒直径（定期校正）（cm）；

h——环刀或取芯套筒高度（定期校正）（cm）；

ω——试样的含水量（%）。

2）按下式计算施工压实度：

$$K=\frac{\rho_d}{\rho_c}\times 100\% \tag{7-18}$$

式中：K——测试地点的施工压实度（%）；

ρ_d——试样的干密度（g/cm³）；

ρ_c——由击实试验得到的试样的最大干密度（g/cm³）。

五、检测报告

检测报告内容应包括：土的鉴别分类、土的含水量、湿密度、最大干密度、压实度等。记录格式如表 7-13 所示。

表 7-13 压实度检测表（环刀法）

工程名称______ 结构层次 _______ 检测日期 ______最大干密度_______

检验者 _________ 计算者 __________校合者_______

测点桩号			
环刀号或取芯筒编号			
V（cm³）			
m_1（g）			
m_2（g）			
试样质量（g）			
ρ_w（g/cm³）			
ω（%）			
ρ_d（g/cm³）			
平均干密度（g/cm³）			
压实度 K（%）			

第四节 灌水法测定压实度

灌水法密度试验应进行两次平行测定，两次测定的差值不得大于 0.03g/cm³，取两次测值的平均值。

一、仪器设备准备

1）座板：座板为中部开有圆孔，外沿呈方形或圆形的铁板，圆孔处设有环套，套孔的直径为土中所含最大石块粒径的3倍，环套的高度为其粒径的5%。

2）薄膜：聚乙烯塑料薄膜。

3）储水筒：直径应均匀，并附有刻度。

4）台秤：称量50kg，感量5g。

5）其他：铁镐、铁铲、水准仪等。

二、试验步骤

1）根据试样最大粒径，按表7-14确定试坑尺寸。

表7-14　试坑尺寸

试样最大粒径（mm）	试坑尺寸	
	直径（mm）	深度（mm）
5～20	150	200
40	200	250
60	250	300
200	800	1000

2）按确定的试坑直径画出坑口轮廓线。将测点处的地表整平，地表的浮土、石块、杂物等应予清除，坑凹凸不平处用砂铺整。用水准仪检查地表是否水平。

3）将座板固定于整平后的地表。将聚乙烯塑料膜沿环套内壁及地表紧贴铺好，记录储水筒初始水位高度，拧开储水筒的注水开关，从环套上方将水缓缓注入，至刚满不外溢为止。记录储水筒水位高度，计算座板部分的体积。在保持座板原固定状态下，将薄膜盛装的水排至对该试验不产生影响的场所，然后将薄膜揭离底板。

4）在轮廓线内下挖至要求深度，将落于坑内的试样装入盛土容器内，并测定含水率。

5）用挖掘工具沿座板上的孔挖试坑，为了使坑壁与塑料薄膜易于紧贴，对坑壁需加以整修。将塑料薄膜沿坑底、坑壁密贴铺好。在往薄膜形成的袋内注水时，牵住薄膜的某一部位，一边拉松，一边注水，使薄膜与坑壁间的空气得以排出，从而提高薄膜与坑壁的密贴程度。

6）记录储水筒内初始水位高度，拧开储水筒的注水开关，将水缓缓注入塑料薄膜中。当水面接近环套的上边缘时，将水流调小，直至水面与环套上边缘齐平时关闭注水管，持续3～5min，记录储水筒内水位高度。

三、结果整理

1）细粒与石料应分开测定含水率，按下式求出整体的含水率：

$$\omega = \omega_{\mathrm{f}} p_{\mathrm{f}} = \omega_{\mathrm{c}}(1 - p_{\mathrm{f}}) \tag{7-19}$$

式中：ω——整体含水率（%），计算至0.01；

ω_{f}——细粒土部分的含水率（%）；

ω_{c}——石料部分的含水率（%）；

p_f——细粒料的干质量与全部材料干质量之比。

细粒料与石块的划分以粒径 60mm 为界。

2）按下式计算座板部分的容积：

$$V_1=(h_1-h_2)A_w \tag{7-20}$$

式中：V_1——座板部分的容积（cm^3），计算至 0.01；

A_w——储水筒截面积（cm^2）；

h_1——储水筒内的水位高度（cm）；

h_2——储水筒内注水终了时水位高度（cm）。

3）按下式计算试坑容积：

$$V_p=(H_1-H_2)A_w-V_1 \tag{7-21}$$

式中：V_p——试坑容积（cm^3），计算至 0.01；

H_1——储水筒内初始水位高度（cm）；

H_2——储水筒内注水终了时水位高度（cm）；

A_w——储水筒截面积（cm^2）；

V_1——座板部分的容积（cm^3）。

4）按下式计算试样湿密度：

$$\rho=m_p/V_p \tag{7-22}$$

式中：ρ——试样湿密度（g/cm^3），计算至 0.01；

m_p——取自试坑内的试样质量（g）。

5）灌水法密度试验记录格式如表 7-15。

表 7-15　灌水法密度试验记录

工程名称____________　　试验者____________

土样编号____________　　计算者____________

试坑深度____________m　　校核者____________

试样最大粒径____________　　试验日期____________

测点				1	2
座板部分注水前储水筒水位高度	h_1（cm）	（1）			
座板部分注水后储水筒水位高度	h_2（cm）	（2）			
储水筒截面积	A_w（cm^2）	（3）			
座板部分的容积	$V_1=(h_1-h_2)A_w$（cm^3）	（4）	$[(1)-(2)]\times(3)$		
试坑注水前储水筒水位高度	H_1（cm）	（5）			
试坑注水后储水筒水位高度	H_2（cm）	（6）			
试坑容积	$V_p=(H_1-H_2)A_w-V_1$（cm^3）	（7）	$[(5)-(6)]\times(3)-(4)$		
取自试坑内的试样质量	m_p（g）	（8）			
试样湿密度	$\rho=\frac{m_p}{V_p}$（g/cm^3）	（9）	$\frac{(8)}{(7)}$		

续表

测点				1	2
细粒土部分含水率	ω_f（%）	（10）			
石料部分含水率	ω_c（%）	（11）			
细粒料干质量与全部干质量之比	p_f	（12）			
整体含水率	$\omega=\omega_f p_f+\omega_c(1-p_f)$（%）	（13）	$(10)\times(12)+(11)\times[1-(12)]$		
试样干密度	$\rho_d=\dfrac{\rho}{1+\omega}$（g/cm³）	（14）	$\dfrac{(9)}{1+w}$		

四、报告

1）试料来源，外观描述。

2）试样最大粒径（mm）。

3）试坑尺寸（cm）。

4）试样干密度 ρ_d（g/cm³）。

第五节　钻芯法测定沥青面层压实度

一、目的与实用范围

1）沥青混合料面层的压实度是按施工规范规定的方法测定的混合料试样的毛体积密度与标准密度之比值，以百分率表示。

2）本方法适用于检验从压实的沥青路面上钻取的沥青混合料芯样试件的密度，以评定沥青面层的施工压实度。

二、仪具与材料技术要求

本方法需要下列仪具与材料：

1）路面取芯钻机（图 7-11）。

2）天平：感量不大于 0.1g。

3）水槽。

4）吊篮。

5）石蜡。

6）其他：卡尺、毛刷、小勺、取样袋（容器）、电风扇。

图 7-11　路面取芯钻机

三、方法与步骤

1. 钻取芯样

按本规程“T 0901 取样方法”钻取路面芯样，芯样直径不宜小于ϕ100mm。当一次钻孔取得的芯样包含有不同层位的沥青混合料时，应根据结构组合情况用切割机将芯样沿各层结合面锯开分层进行测定，芯样如图 7-12 所示。

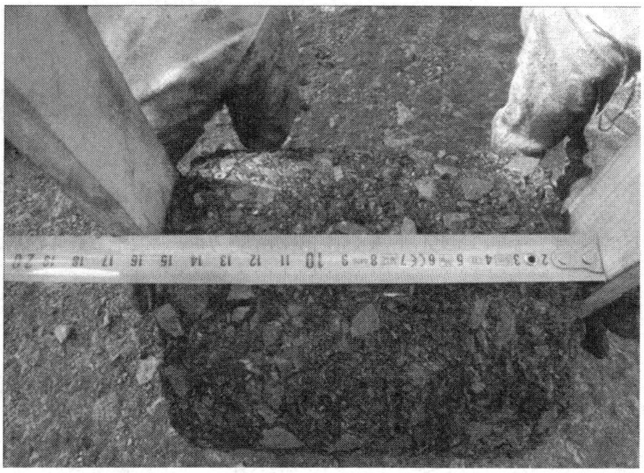

图 7-12　取出的沥青混合料芯样

2. 测定试件密度

1）将钻取的试件在水中用毛刷轻轻刷净黏附的粉尘。如试件边角有浮松颗粒，应仔细清除。

2）将试件晾干或用电风扇吹干不少于 24h，直至恒重。

3）按现行《公路工程沥青及沥青混合料试验规程》（JTG E20—2011）的沥青混合料试件密度试验方法测定试件密度 ρ_s。通常情况下采用表干法测定试件的毛体积相对密度，对吸水率大于 2%的试件，宜采用蜡封法测定试件的毛体积相对密度，对吸水率小于 0.5%特别致密的沥青混合料，在施工质量检验时，允许采用水中重法测定表观相对密度。

3. 确定计算压实度的标准密度

根据《公路沥青路面施工技术规范》（JTG F40—2004）附录 E 的规定，确定计算压实度的标准密度。

四、计算

1）当计算压实度的标准密度采用每天试验室实测的马歇尔击实试件密度或试验路段钻孔取样密度时，沥青面层的压实度计算。

$$K=\frac{\rho_s}{\rho_0}\times 100\% \tag{7-23}$$

式中：K ——沥青面层某一测定部位的压实度（%）；

ρ_s ——沥青混合料芯样试件的实际密度（g/cm^3）；

ρ_0 ——沥青混合料的标准密度（g/cm^3）。

2）计算压实度的标准密度采用最大理论密度时，沥青面层的压实度按式（7-24）计算。

$$K=\frac{\rho_s}{\rho_t}\times 100\% \tag{7-24}$$

式中：ρ_s——沥青混合料芯样试件的实际密度（g/cm^3）；

ρ_t——沥青混合料的最大理论密度（g/cm^3）。

3）按《公路沥青及沥青混合料试验规程》（JTG E20—2011）附录B的方法，计算一个评定路段检测的压实度的平均值、标准差、变异系数，并计算代表压实度。

五、报告

压实度试验报告应记载压实度检查的标准密度及依据，并列表表示各测点的试验结果。如表7-16所示。

表7-16　钻芯法测定沥青面层压实度试验（水中用法）记录

委托单位：　　　　　路线名称：　　　　　工程名称：
公路等级：　　　　　结构类型：　　　　　试样编号：
委托编号：　　　　　委托日期：　　　　　试验日期：

混合料种类		混合料级配类型		标准密度	
公路等级		施工日期		取芯日期	
设计压实度	（%）	施工桩号			

试件编号	取芯桩号及位置	取芯厚度（mm）	干燥试件空气中的m_a质量(g)	试件水中质量m_w(g)	试件表观密度（g/m^3）	压实度（%）

平均值		标准差		变异系数		代表压实度（%）	

试验：　　　　复核：　　　　负责人：　　　　单位：

第六节　核子密湿度仪测定压实度

一、目的与适用范围

1）本方法适用于现场用核子密湿度仪以散射法或直接透射法测定路基或路面材料的密度和含水率，并计算施工压实度。

2）核子密湿度仪是现场检测压实度较常用的一种方法，仪器按规定方法标定后，其检测结果可作为工程质量评定与验收的依据。本方法可检测土壤、碎石、土石混合物、沥青混合料和非硬化水泥混凝土等材料。

3）本方法属非破坏性检测，允许对同一个测试位置进行重复测试，并监测密度和压实度的变化，以确定合适的碾压方法，达到所要求的压实度。

二、干扰因素

1）核子密湿度仪对靠近表层材料的密度最为敏感，当测试材料的表面与仪器底部之间存在空隙时，测试结果可能存在表面偏差（仅对散射法）。如果采用直接透射法测试，表面偏差不明显。

2）材料的粒度、级配、均匀度以及组成成分等因素对密度的测试结果影响较小。但是对一些含有结晶水或有机物的材料，如高岭土、云母、石膏、石灰等可能会对水分的测试有明显的影响，检测时需要与其他可靠的方法进行对比，对检测结果进行调整。

3）对刚铺筑完的热沥青混合料路面标测时，仪器不能长时间放置在路面上，测试完成后仪器应该从路面上移走冷却，避免影响测试结果。

4）测量进行时，在周围 10m 之内不能存在其他核子仪和任何其他放射源。

三、仪器的标定

1）每 12 个月以内要对核子密湿度仪进行一次标定。标定可以由仪器生产厂家或独立的有资质的服务机构进行。

2）对新出产的仪器事先已经标定过的，可以不标定。对现存仪器如果经过维修后，可能影响仪器的结构，必须进行新的标定后才能使用。现存仪器如果在标定核实过程中被发现不能满足规定的限值，也必须重新标定。

3）标定后的仪器密度（或含水率）值应达到要求，所有标定块上的每一测试深度上的标定响应应该在±16kg/m^3。

四、仪器与材料技术要求

1）核子密湿度仪：符合国家规定的关于健康保护和安全使用标准，密度的测定范围为 1.2～2.73g/cm^3，测定误差不大于±0.03g/cm^3；含水率测量范围为 0～0.64g/cm^3，测

图 7-13　核子密度仪

定误差不大于±0.015g/cm^3。如图 7-13 所示，它主要包括下列部件：

① Y 射线源：双层密封的同位素放射源，如铯-137、钴-60 或镭-226 等。

② 中子源：如镅（241）—铍等。

③ 探测器：Y 射线探测器，如 G-M 计数管；热中子探测器，如氦—3 管。

④ 读数显示设备：如液晶显示器、脉冲计数器、数率表或直接读数表。

⑤ 标准计数块：密度和含氢量都均匀不变的材料块，用于标验仪器运行状况和提供射线计数的参考标准。

⑥ 钻杆：用于打测试孔以便插入探测杆。

⑦ 安全防护设备：符合国家规定要求的设备。

⑧ 刮平板、钻杆、接线等。

2）细砂：0.15～0.3mm。

3）天平或台秤。

4）其他：毛刷等。

五、方法与步骤

1. 适用范围

本方法用于：测定沥青混合料面层的压实密度或硬化水泥混凝土等难以打孔材料的密度时，宜使用散射法（图 7-14）；测定土基、基层材料或非硬化水泥混凝土等可以打孔材料的密度及含水率时，应使用直接透射法（图 7-15）。

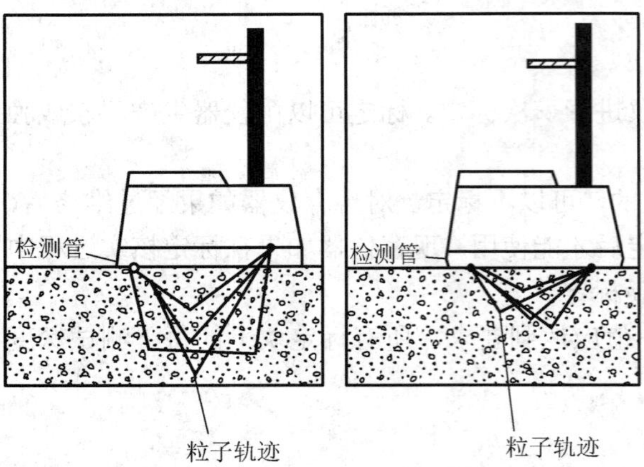

图 7-14　散射法测定方法示意图

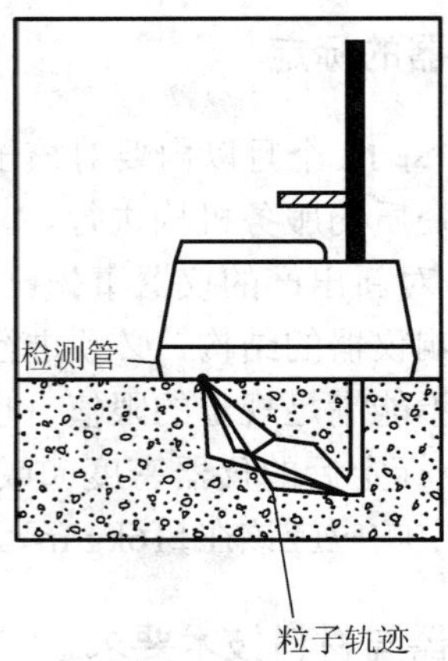

图 7-15　透射法测定方法示意图

在表面用散射法测定时，所测定沥青面层的层厚应根据仪器的性能决定最大厚度。用于测定土基或基层材料的压实密度及含水率时，打洞后用直接透射法所测定的厚度不宜大于 30cm。

2. 准备工作

1）每天使用前按下列步骤用标准板测定仪器的标准值：

① 接通电源，按照仪器使用说明书建议的预热时间，预热测定仪。

② 在测定前，应检查仪器性能是否正常，在标准板上取 3～4 个读数的平均值建立原始标准值，并与使用说明书提供的标准值校对，如标准读数超过仪器使用说明书规定的限界时，应重复此项标准的测量，若第二次标准计数仍超出规定的限界时，需视作故障并进行仪器检查。

2）在进行沥青混合料压实层密度测定前，应用核子仪对钻孔取样的试件进行标定，测定其他材料密度时，宜与挖坑灌砂法的结果进行标定。标定的步骤如下：

① 选择压实的路表面，按要求的测定步骤用核子仪测定密度，读数。

② 在测定的同一位置用钻机钻孔法或挖坑灌砂法取样，量测厚度，按规定的标准方法测定材料的密度。

③ 对同一种路面厚度及材料类型，在使用前至少测定 15 处，求取两种不同方法测定的密度的相关关系，其相关系数应不小于 0.9。

3）测试位置的选择：

① 按照随机取样的方法确定测试位置，但与距路面边缘或其他物体的最小距离不得小于 30cm，核子仪距其他射线源不得少于 10m。

② 当用散射法测定时，用细砂填平测试位置路表结构凹凸不平的空隙，使路表面平整，能与仪器紧密接触。

③ 当使用直接透射法测定时，的方法在表面上用钻杆打孔，孔深略深于要求测定的深度，孔应竖直圆滑并稍大于射线源探头。

4）按照规定的时间，预热仪器。

3. 测试步骤（图 7-16）

1）如用散射法测定时，将核子密湿度仪平稳地置于测试位置上。

2）如用直接透射法测定时，将放射源棒放下插入已预先打好的孔内。

3）打开仪器，测试员退出仪器 2m 以外，按照选定的测定时间进行测量，到达测定时间后，读取显示的各项数值，并迅速关机。

注：有关各种型号的仪器具体操作步骤略有不同，可按照仪器使用说明书进行。

图 7-16　核子密湿度仪使用现场

六、计算

按式（7-25）、式（7-26）计算施工干密度及压实度。

$$\rho_d = \frac{\rho_w}{1+\omega} \tag{7-25}$$

$$K = \frac{\rho_d}{\rho_c} \times 100 \tag{7-26}$$

式中：K——测试地点的施工压实度（%）；

ω——含水率，以小数表示；

ρ_w——试样的密度（g/cm³）；

ρ_d——由核子湿密度仪测定的压实沥青混合料的实际密度（g/cm³），一组不少与13个点，取平均值；

ρ_c——沥青混合料的标准密度（g/cm³），按照《公路沥青路面施工技术规范》附录E的规定选用。

七、报告

测定路面密度及压实度的同时，应同时记录温度、材料类型、路面的结构层厚度及测试深度等数据和资料（表7-17）。

表7-17　压实度检查记录（核子密湿度仪法）

工程名称		试验单位	
检验起讫桩号		试验规程	
试验层次		试验者	
材料标准密度		校核者	
最佳含水量		试验日期	
试验环境		主要仪器	

与灌砂法对比试验确定的相关式：

检测位置		检测深度（cm）	含水量（%）	干密度（g/cm³）	压实度（%）	修正后压实度（%）
桩号	离中线左（右）距离（m）					

附注		旁站监理意见	

八、使用安全注意事项

1）仪器工作时，所有人员均应退至距离仪器 2m 以外的地方。

2）仪器不使用时，应将手柄置于安全位置，仪器应装入专用的仪器箱内，放置在符合核辐射安全规定的地方。

3）仪器应由经有关部门审查合格的专人保管，专人使用。从事仪器保管及使用的人员，应符合有关核辐射检测的有关规定。

第七节 无核密度仪测定压实度

一、目的与适用范围

1）本方法适用于现场无核密度仪快速测定沥青路面各层沥青混合料的密度，并计算施工压实度，但测定结果不宜用于评定验收或仲裁。

2）无核密度仪可用于检测铺筑完工的沥青路面、现场沥青混合料铺筑层密度及快速检查混合料的离析。

3）应用无核密度仪时，必须严格标定，通过对比试验检验，确认其可靠性。

4）每 12 个月要将无核密度仪送到授权服务中心进行标定和检查。

二、仪具与材料技术要求

本方法需要下列仪具与材料：

1）无核密度仪：内含电子模块和可充电电池。

① 探头：无核，无电容，用于野外测量。

② 探测深度：≥4.0cm。

③ 测量时间：1s。

④ 精度：0.003g/cm³ 。

⑤ 操作环境温度：0～70℃。

⑥ 测试材料表面最高温度：150℃。

⑦ 湿度：98%且不结露。

2）标准密度块：供密度标准计数用。

3）交流充电器或直流充电器。

4）打印机：用于打印测试数据。

三、方法与步骤

1. 准备工作

1）所测定沥青面层的层厚应不大于该仪器性能探测的最大深度。在进行沥青混合料压实层密度测定前，应用无核密度仪与钻孔取样的试件进行标定。

2）第一次使用前需要对软件进行设置。仪器存储了软件的设置后，操作者无须每次开机后都进行软件的设置。

3）按照仪器使用说明书的要求综合标定仪器的测量精度。

4）按照不同的需要选择想要的测量模式。

5）按照仪器使用说明的规定，进行修正值设置。

2. 测试步骤

1）为了保证测量精度，在正式测量前应正确选择测量场地。

2）把仪器放置平稳，保证仪器不晃动。

3）为了确保精确测量，仪器应与测量面紧密接触。

4）在开始测量前应检查仪器的工作状态，如电池电压、内部温度、选择的测量单位、运行参考读数的日期和时间等。

5）根据需要选择测量模式进行测试。

四、计算

按式（7-27）计算压实度。

$$K=\frac{\rho_{\mathrm{d}}}{\rho_{\mathrm{c}}}\times 100\% \tag{7-27}$$

式中：K——测试地点的施工压实度（%）；

ρ_{d}——由无核密度仪测定的压实沥青混合料的实际密度（g/cm³），一组不少于13个点取平均值；

ρ_{c}——沥青混合料的标准密度（g/cm³），按照《公路沥青路面施工技术规范》附录E的规定选用。

五、报告

测定路面密度及压实度的同时，应记录气温、路面的结构深度、沥青混合料类型、面层结构及测定厚度等数据和资料。

第八节　压实度的评定

一、压实度评定要点

1）控制平均压实度的置信下限，以保证总体水平。

2）规定单点极限值不得超出给定值，防止局部隐患。

3）规定扣分界限以区分质量优劣。

二、检验评定段的压实度代表值

检验评定段的压实度代表值 K_l（算术平均值的下置信界限）为

$$K_l = \bar{K} - S \cdot t_\alpha / \sqrt{n} \geqslant K_0 \tag{7-28}$$

式中：$\bar{K}$——检验评定段内各测点压实度的平均值；

t_α——t 分布表中随测点数和保证率（或置信度 β）而变的系数（查附表 2）；高速公路、一级公路：基层、底基层为 99%，路基、路面面层为 95%，α =0.005；其他公路：基层、底基层为 95%，路基、路面面层为 90%，α =0.10；

S——检测值的均方差；

n——检测点数；

K_0——压实度标准值。

【例 7-3】 对其中的一段压实质量进行检查，压实度检测结果如表 7-18 所示，压实度标准 K_0=94%，请按保证率 95%计算该路段的代表性压实度并进行质量评定。

表 7-18　压实度检测结果

序号	1	2	3	4	5	6	7	8	9	10
压实度（%）	96.4	95.4	93.5	97.3	96.3	95.8	95.9	96.7	95.3	95.6
序号	11	12	13	14	15	16	17	18	19	20
压实度（%）	97.6	95.8	96.8	95.7	96.1	96.3	95.1	95.5	97.0	95.3

解：经计算：　　　　　$\bar{K}$=95.97%，S=0.91

$t_\alpha / \sqrt{n}$ 查附表 2 得 0.387

压实度代表值 K_l 为算术平均值的下置信界限，即

$$K_l = \bar{K} - S \cdot t_\alpha / \sqrt{n} = 95.97 - 0.97 \times 0.387 = 95.62\%$$

《公路工程质量检验评定标准》规定：$K_1 \geqslant K_0$，且单点压实度 K_i 全部大于等于规定值减 2 个百分点时，评定路段的压实度合格率为 100%；当 $K_1 \geqslant K_0$，且单点压实度全部大于等于规定极值时，按测定值不低于规定值减 2 个百分点的测点数计算合格率。$K_1 < K_0$ 或某一单点压实度 K_i 小于规定极值时，该评定路般压实度为不合格。相应分项工程评为不合格。路堤施工段落短时，分层压实度应点点符合要求，且样本数不少于 6 个。

由于压实度代表值 $K_l > K_0 = 94\%$，且压实度单点检验都符合要求，所以该路段的压实度是合格的。

课后小结

路基、路面压实质量是道路工程施工质量管理最重要的内在指标之一，只有对路基、路面结构层进行充分压实，才能保证路基、路面的强度、刚度及路面的平整度，并可以保证及延长路基、路面工程的使用寿命。

现场压实质量用压实度表示，对于路基土及路面基层，压实度是指工地实际达到的干密度与室内标准击实试验所得的最大于密度的比值；对沥青路面，压实度是指现场实际达到的密度与室内标准密度的比值。

通过学习，能运用挖坑灌砂法、环刀法、钻芯法、核子密度仪测定压实度，会进行压实度的评定。

思考与练习

一、选择题

1．当压实度代表值小于压实度标准时，其得分为（　　）。

A．100 分　　B．规定的满分

C．合格率×规定分　　D．零分

2．重型击实试验与轻型击实试验比较（注：ρ_0为最大干密度，ω_0为最佳含水量），试验结果（　　）。

A．ρ_0大，ω_0大　　B．ρ_0小，ω_0小

C．ρ_0大，ω_0小　　D．ρ_0小，ω_0大

3．环刀法测定压实度时，环刀取样位置应位于压实层的（　　）。

A．上部　　B．中部　　C．底部　　D．任意位置

4．沥青混凝土标准密度，应由（　　）得到。

A．马歇尔试验　　B．击实试验

C．无侧限抗压强度试验　　D．钻芯取样试验

5．一级公路土方路基下路床（路槽底面以下 30～80cm 范围）的压实度标准为（　　）。

A．95%　　B．94%　　C．93%　　D．90%

6．目前，对于土方路基压实度，最大干密度的确定方法是（　　）。

A．击实试验法　　B．振动试验法　　C．马歇尔试验法　　D．理论计算法

7．测定二灰稳定碎石基层压实度，应优先采用（　　）。

A．环刀法　　B．灌砂法　　C．蜡封法　　D．核子密度仪法

8．水泥稳定土击实试验有以下说法：①试料采用四分法取样；②预定含水量依次相差1%～2%，且其中至少有2个大于和2个小于最佳含水量；③试料加入计算用水量和水泥后装入塑料袋浸湿备用；④最后一层试样超出试筒顶的高度不得大于6mm；正确说法是（ ）。

A．①②④　　B．②④　　C．②③　　D．①②③④

9．灌砂法测定基层现场密度的工作有：①筒内砂不再下流时，取走灌砂筒并称量筒内剩余砂的质量；②选取挖出材料代表性样品，测定含水量；③称取所有挖出材料质量；④沿基板中孔凿试洞，并收集挖出材料；⑤标定筒下部圆锥体内砂的质量；⑥选择试验地点，并清扫干净；⑦放置灌砂筒，打开开关让砂流入试坑；⑧标定量砂的单位质量；⑨称取一定质量标准砂，并装入灌砂筒；正确的测定步骤为（ ）。

A．⑥⑨⑤⑧④②③⑦①　　B．⑤⑧⑥⑨④③②⑦①

C．⑥⑤⑧⑨④③②⑦①　　D．⑤⑧⑥⑨④②③⑦①

10．灌砂法适用于（ ）的压实度现场检测。

A．填石路堤　　B．级配碎石过渡层

C．石灰稳定土　　D．水泥稳定土

11．采用核子密湿度仪测定土基压实度时，核子密湿度仪的标定包括（ ）标定。

A．与仪器附带标准块　　B．与施工现场环刀法

C．与施工现场灌砂法　　D．与施工现场取样采用烘干法测定的含水量

12．路基土方压实度的规定值分为（ ）进行控制。

A．高速和一级公路　　B．其他公路

C．二级公路　　D．三四级公路

13．有关标准密度（最大干密度）确定的下列说法，正确的有（ ）。

A．路基土标准密度的确定采用击实试验方法

B．击实试验根据击实功的不同，可分为轻型和重型

C．沥青混合料标准密度以马歇尔击实法确定

D．无黏聚性自由排水土采用振动台法和表面振动压实仪法测定的结果基本一致

14．原位测试中可进行强度测试的方法有（ ）。

A．静力触探试验 B．旁压试验　　C．平板载荷试验 D．钻孔波速试验

15．不能采用核子密度仪直接透射法测定压实密度的是（ ）。

A．土基　　B．石灰稳定土　　C．沥青面层　　D．水泥稳定砂砾

16．挡土墙评定时，墙背填土距面板的范围内的压实度应达到（ ）。

A．90%　　B．95%　　C．96%　　D．97%

17．灌砂法试验结果为：量砂密度1.15g/cm^3，试坑中全部材料质量4428.8g，填满试坑的砂的质量2214.4g，代表性试样含水量5.0%，则试坑材料的干密度为（ ）g/cm^3。

A．1.90　　B．2.00　　C．2.19　　D．2.30

18．长杆贯入试验中，当贯入土中深度达到（ ）cm时，停止试验。

A．10　　B．50　　C．80　　D．100

19．填隙碎石基层固体体积率用（　　）测定。

A．灌砂法　　B．环刀法　　C．蜡封法　　D．核子密度仪法

20．某路段压实度检测结果为：平均值 $\overline{K}=96.3\%$，标准偏差 S=2.2%，则压实度代表值 K_r=_______（%）。（注：Z_a=1.645，$t_\alpha/\sqrt{n}$=0.518）

A．92.7　　B．99.9　　C．95.2　　D．97.4

21．交工验收时测定水泥稳定碎石基层的压实度，应采用（　　）。

A．环刀法　　B．灌砂法　　C．钻芯法　　D．核子密度仪法

二、填空题

1．标准击实试验由于击实功的不同分为_______和_______两种。

2．路基的压实度评定时，用_______反映总体压实水平，用_______来限制局部隐患，并应按_______计算扣分值。

3．路基路面压实度检测方法有_______、_______、_______。

4．路基的压实度评定时，用_______反映总体压实水平，用_______来限制局部隐患，并应按_______计算扣分值。

三、判断题（对者打“√”，错者打“×”）

1．路基除压实度指标需分层检测外，其他检查项目均在路基完成后对路基顶面进行检查测定。（　　）

2．击实试验结果整理中，选取试样中干密度最大者作为最大干密度。（　　）

3．压实度评定时，高速公路、一级公路的保证率比二级公路的大。（　　）

4．高速公路土方路基上路床的压实度应不小于 93%。（　　）

5．核子密度仪法测定路基路面压实度，结果比较可靠，可作为仲裁试验。（　　）

6．路基土最佳含水量是指击实曲线上最大密度所对应的含水量。（　　）

7．根据“评定标准”规定，当土方路基施工路段较短时，分层压实度必须点点符合要求，且实际样本数不小于 7 个。（　　）

8．高等级公路土方路基压实质量控制，应采用重型击实试验。（　　）

9．路基压实度指标须分层检测，但只按上路床的检测数据计分。（　　）

10．压实时，黏性土比砂性土对含水量控制的要求高。（　　）

11．路面结构层厚度检测，一般应与压实度灌砂法或钻芯取样法一起进行。（　　）

12．土基压实度是指压实层材料压实后的干密度与该材料的标准最大干密度之比，用百分数表示。（　　）

13．由于水中重法测试精确，沥青混合料的密度必须用此法测定。（　　）

14．路基土在最佳含水量条件下最容易压实。（　　）

15．水中称重法适用于表面较粗而较密实的 I 或 II 型沥青混合料试件的密度测定，但不适用于吸水率大于 2%的沥青混合料试件的密度测定。（　　）

16．烘干法不能正确测出水泥稳定粒料的最佳含水量。（　　）

17．灌砂法检测土基压实度时，清扫干净的平坦表面粗糙度不大，在试洞挖好后，将灌砂筒直接对准放在试坑上，中间不需要放基板。（　）

18．沥青混合料面层的施工压实度是指按照规定方法测定的混合料试样的毛体积密度与标准密度之比，以百分数表示。（　）

19．只要基层压实度的代表值 $K \geqslant K_0$，评定时压实度可得规定的满分。（　）

20．环刀法适用于测定粗粒土的密度。（　）

21．灌砂法标准量砂重复使用时，应重新烘干、过筛。（　）

22．某路段路面基层单点压实度全部大于等于规定极值，则评定合格率为 100%。（　）

23．半刚性基层材料配合比设计中，强度试验所需试样是在击实试验得出的最大含水量和最大干密度下静压成型。（　）

24．核子密度仪适用于测量各种土或路面材料的的压实密度和含水量。（　）

四、计算题

1．中液限黏土填筑的路堤，实验室重型标准击实试验求得该土的最大干密度 ρ_{dmax}=1.82g/cm^3；按道路等级和部颁标准确定要求压实度 K_0=93%（重型击实标准）。检测组对已完工的一段作了压实质量测定，数据如下表。试计算各测点干密度、压实度，并按 95%保证率计算该路段压实度的代表值。

测点编号	湿密度（g/cm^3）	含水量（%）	干密度（g/cm^3）	压实度（%）
1	1.98	14.8		
2	1.94	14.6		
3	1.97	14.7		
4	2.03	15.6	1.76	96.7
5	2.07	16.2		
6	2.05	16.3	1.76	96.7
7	1.94	15.8		
8	2.04	16.2	1.76	96.7
9	2.02	15.7	1.75	96.1
10	2.01	15.6	1.74	95.6
11	1.99	15.4	1.72	94.5
12	2.01	15.9	1.73	95.1

t 分布概率系数表

n	双边置信水平		单边置信水平	
	99%	95%	99%	95%
	$t_{0.99}/\sqrt{n}$	$t_{0.95}/\sqrt{n}$	$t_{0.99}/\sqrt{n}$	$t_{0.95}/\sqrt{n}$
11	0.955	0.672	0.833	0.546
12	0.897	0.635	0.785	0.518
13	0.847	0.604	0.744	0.494

2．某路段土方路堤通过室内击实试验，测得该土最大干密度为 1.82g/cm^3，最佳含

水量为 15.1%，其测定结果如下表，并按 95%的保证率评定路段的压实质量（已知 K_0=95%，$t_{0.95}/\sqrt{7}=0.734$）（要求作出计算步骤）。

测点编号	湿密度（g/cm³）	含水量（%）	干密度（g/cm³）	压实度（%）
1	1.98	14.7		
2	1.94	14.6		
3	1.97	14.6		
4	2.03	15.5		
5	2.07	16.3		
6	2.05	16.2		
7	1.94	15.7		

3．某新建高速公路路基 95 区施工中，对其中某一路段压实质量进行检查，压实度检测结果分别为 96.6、95.4、93.5、97.2、96.2、95.8、95.9、96.8、95.3、95.9、92.6、95.6、97.2、95.8、94.6、97.5（单位%）。请按保证率 95%计算该路段的代表压实度。（已知；$t_{0.95}/4=0.438$，$t_{0.99}/4=0.651$）

4．某二级公路路基压实施工中，用灌砂法测定压实度，测得灌砂筒内量砂质量为 5820g，填满标定罐所需砂的质量为 3885g，测定砂锥的质量为 615g，标定罐的体积 3035cm³，灌砂后称灌砂筒内剩余砂质量为 1314g，试坑挖出湿土重为 5867g，烘干土重为 5036g，室内击实试验得最大干密度为 1.68g/cm³，试求该测点压实度和含水量。

5．在灌砂法测定中，测定层表面较粗糙，而操作中没有在测点放置基板测定 m_6（对基板与粗糙面间空隙灌砂后，灌砂筒内砂的质量），而直接凿挖试坑并灌砂测定 m_4（对试坑灌砂后，灌砂筒内剩余砂的质量），试分析这样做对测定结果会产生怎样的影响？为什么？

6．某一级公路水泥稳定砂砾基层压实厚检测值分别为 21、22、20、18、20、21、21、22、19cm，请按保证率 99%计算其厚度的代表值？（已知 $t_{0.99}/9=0.344$，$t_{0.99}/3=0.996$）

7．现某二级公路路基工程需进行交工验收。测得其中一段压实度分别为 93.6%、95.5%、94.5%、93.5%、94.0%、95.5%、90.5%、92.5%、93.5%、95.0%，请对该段压实度检测结果进行评定。

8．某段公路路基压实度检测结果如下（共 20 个数据）：96.8、95.5、93.5、92.7、96.3、95.8、96.8、96.7、96.4、95.6、97.6、96.2、96.8、95.7、96.1、96.3、95.1、95.5、92.4、95.3。压实度规定值为 K_0=95%。请按 95%保证率对该路段压实度进行质量评定。

五、简答题

1．请论述路基压实度评定方法及评定要点。

2．现场路基密度的试验检测方法有哪些？

3．请简述路基路面压实度常见测试方法的适用范围，测试过程中要注意的事项。

4．土方路基、基层、沥青面层压实质量控制指标是什么？这些指标又是如何定义？

5．灌砂法测定压实度的适用范围是什么？检测时应注意哪些问题？

6．试述灌砂法测现场压实度的要点。并考虑：若挖洞上大下小或上小下大，对结果会有什么影响？还有量砂的时候要注意什么细节？

7．简述灌砂法试验中灌砂筒下部圆锥体内砂的质量的标定过程。

8．请论述灌砂法测定压实度的主要过程。

9．能否认为“当压实度代表值大于压实度标准时，则路段的压实度指标可得规定的满分”？

10．半刚性基层、底基层在交工验收时应检测哪些内容？并说明各自的检测方法。

11．环刀法测现场密度，是否适用于含粒料的稳定土及松散性材料？

12．简述环刀法测试路基土压实度的试验方法与步骤。

13．环刀法测定压实密度时，环刀取样位置应位于压实层什么位置？为什么？

14．确定路基土最大干密度的方法有哪几种？各方法的特点是什么？

六、名词解释

什么是压实度？

第八章

路面平整度检测

学习目标　1．知识目标

（1）了解平整度对路基路面日常使用的影响。

（2）熟悉平整度的概念、常用检测设备及指标。

（3）掌握路基路面平整度常见的几种测试方法以及它们各自的特点。

（4）掌握 3m 直尺和连续式平整度仪的测试步骤。

（5）了解连续式平整度仪试验方法。

（6）了解车载式颠簸累积仪和车载式激光平整度仪试验方法。

2．能力目标

（1）能比较几种路面平整度测试方法的特点。

（2）能熟练使用 3m 直尺测试路基路面平整度。

（3）能理解连续式平整度仪和车载式颠簸累计仪的测试要点。

（4）能对连续式平整度仪测试结果进行处理与分析。

（5）能建立测试指标的关系。

课时建议　6 课时

学习引导　平整度是评价路基、路面基层及面层施工质量的实测指标之一，同时也是评价路面损害状况的重要参数。它直接影响着车辆在路面上的行驶质量和道路基本功能的充分发挥。现有某一级公路旧路，路面有少量的坑槽、车辙等病害。那么，采用什么样的方法来进行平整度的检测？

第一节　认识平整度

路面平整度是路面表面诱使行驶车辆出现振动的高程变化（其纵向起伏的波长范围约为0.5m～50m）。它是指以规定的标准量规，间断或连续地量测路表面的凹凸情况，即不平整度的指标。路面的平整度与路面各结构层次的平整状况有着一定的联系，即各层次的平整效果将累积反映到路面表面上，路面面层由于直接与车辆及大气接触，不平整的表面将会增大行车阻力，并使车辆产生附加振动作用。这种振动作用会造成行车颠簸，影响行车的速度和安全及驾驶的平稳和乘客的舒适，同时，振动作用还会对路面施加冲击力，从而加剧路面和汽车机件损坏和轮胎的磨损，并增大油耗。而且，不平整的路面会积滞雨水，加速路面的破坏。因此，平整度的检测与评定是公路施工与养护的一个非常重要环节。

路面平整度的检测设备分为断面类及反应类两大类，断面类检测设备是测定路面表面凸凹情况的一种仪器，如最常用的3m直尺及连续式平整度仪。国际平整度指数（IRI）便是以此为基准建立的，这是平整度最基本的指标。反应类检测设备是测定由于路面凹凸不平引起车辆颠簸的情况，这是司机和乘客直接感受到的平整度指标。因此，它实际上是舒适性能指标。最常用是车载式颠簸累积仪。现已有更新的自动测试设备，如纵断面分析仪、路面平整度数据采集系统测定车等。

水泥混凝土路面和沥青路面平整度检测设备的比较见表8-1，有关规范对路基、面层、基层、底基层的平整度的要求见表8-2。

表8-1　平整度测试方法比较

方法	特点	技术指标
3m直尺法	设备简单，结果直观，间断测试，工作效率低，反应凸凹程度	最大间隙 h（mm）
连续式平整度仪法	设备较复杂，连续测试，工作效率高，反应凸凹程度	标准差 σ（mm）
颠簸累积仪	设备复杂，工作效率高，连续测试，反映舒适性	单向累计值VBI（cm/km）

表8-2　路基、面层、基层、底基层的平整度要求

<table>
<tr><td rowspan="4">结构类型</td><td colspan="6">规定值或允许偏差</td><td rowspan="4">检查方法与频率</td><td rowspan="4">权值</td></tr>
<tr><td colspan="4">3m直尺：最大间隙（mm）</td><td colspan="2">平整度仪：标准偏差（mm）</td></tr>
<tr><td colspan="2">高速、一级公路</td><td colspan="2">其他公路</td><td rowspan="2">高速、一级公路</td><td rowspan="2">其他公路</td></tr>
<tr><td>基层</td><td>底基层</td><td>基层</td><td>底基层</td></tr>
<tr><td>水泥混凝土面层</td><td></td><td></td><td>5.0</td><td></td><td>1.2（2.0）</td><td>2.0（3.2）</td><td rowspan="4">3m直尺每200m测2处×10尺（水泥混凝土面层为半幅车道板带）；平整度仪：全线每车道连续按每100m计算 σ 或IRI</td><td rowspan="3">2</td></tr>
<tr><td>沥青混凝土面层</td><td></td><td></td><td>5.0</td><td></td><td>1.2（2.0）</td><td>2.5（4.2）</td></tr>
<tr><td>沥青碎石面层</td><td></td><td></td><td>5.0</td><td></td><td>1.2（2.0）</td><td>2.5（4.2）</td></tr>
<tr><td>沥青贯入式面层</td><td></td><td></td><td>8.0</td><td></td><td></td><td>3.5（5.8）</td><td>3</td></tr>
</table>

注：括号中的数值为国际平整度指数IRI（m/km）。

第二节　3m 直尺测定平整度

3m 直尺测定法有单尺测定最大间隙和等距离（1.5m）连续测定两种，前者常用于施工时质量控制和检查验收，单尺测定时要计算出测定段的合格率。等距离连续测试也同样可用于施工质量检查验收，但要算出标准差，用标准差来表示平整度程度。

3m 直尺测定尺底距离路表面的最大间隙来表示路面的平整度，以 mm 计。它用于路基表面成型后的施工平整度检测，也可适用于测定压实成型的路面各层表面的平整度，以此评定路面的施工质量及使用质量。

一、检测器具与材料

1）3m 直尺：硬木或铝合金钢制，基准面平直，长 3m，如图 8-1 所示。

2）楔形塞尺：硬木或金属制的三角形塞尺，有手柄。塞尺的长度与高度之比不小于 10mm，宽度不大于 15mm，边部有高度标记，刻度精度分辨率小于或等于 0.2mm，如图 8-2 所示。

图 8-1　3m 直尺及示意图

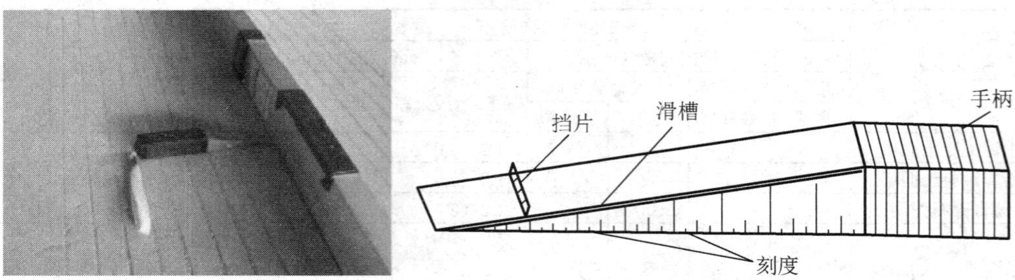

图 8-2　塞尺及示意图

3）深度尺：金属制的深度测量尺，有手柄。深度尺测量杆端头直径不小于 10mm，刻度读数分辨率小于或等于 0.2mm。

4）其他：皮尺或钢尺、粉笔等。

二、方法与步骤

1. 准备工作

1）按有关规范规定选择测试路段。

2）在测试路段路面上选择测试地点：当沥青路面施工过程中质量检测时，测试地点应选在接缝处，以单杆检测评定，除高速公路外，可用其他等级公路。路基路面工程质量检查验收或进行路况评定，每 200m 测 2 处，每处连续测量 10 尺。除特殊需要外，应以行车道一侧车轮轮迹（距车道线 0.8～1.0m）作为连续测定的标准位置，如图 8-3 所示。对旧路已形成车辙的路面，应取车辙中间位置为测定位置，用粉笔在路面上做好标记。

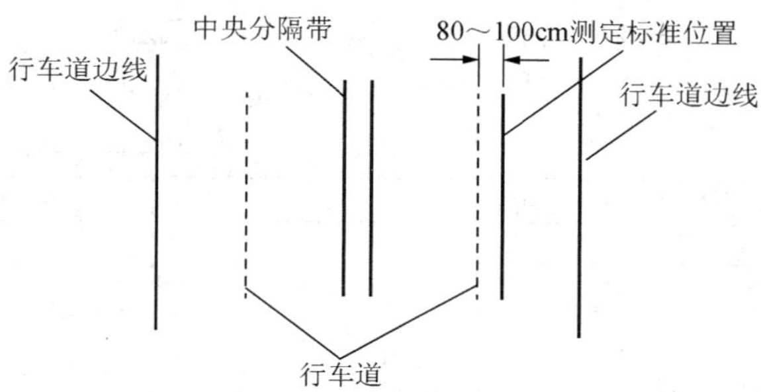

图 8-3　测点位置示意图

3）清扫路面测定位置处的污物。

2. 测试步骤

1）在施工过程中检测时，根据需要确定的方向，将 3m 直尺摆在测试地点的路面上。

2）目测 3m 直尺底面与路面之间隙情况，确定最大间隙的位置。

3）用有高度标线的塞尺塞进间隙处，量记其最大间隙的高度（mm），准确到 0.2mm。或者用深度尺在最大间隙位置量测直尺上顶面距地面的深度，该深度减去尺高，即为测试点的最大间隙的高度，准确至 0.2mm。

三、计算

单尺检测路面的平整度计算，以 3m 直尺与路面的最大间隙为测定结果，连续测定 10 尺时，判断每个测定值是否合格，根据要求计算合格百分率，并计算 10 个最大间隙的平均值。

四、报告

单尺检测的结果应随时记录测试位置及检测结果。连续测定 10 尺时，应报告平均值、不合格尺数、合格率。记录格式见表 8-3、表 8-4。

表 8-3　平整度检测记录表

工程名称××高速公路　施工单位××工程公司　结构层类型________　检测日期______

桩号	读数（mm）										最大值
K154+200	1	2	1	2	1	2	3	1	2	1	3
K154+300	1	1	1	2	1	3	1	2	1	1	3
本段检测点数 20 个，合格点数 20 个，各个率 100%											

表 8-4　平整度检测汇总表（3m 直尺法）

工程名称__________　结构名称__________　规定值__________　路段桩号__________
检 验 者__________　计 算 者__________　较核者__________　检验日期__________

测定区间桩号	测尺序号或桩号	最大间隙（mm）	合格尺数	合格率（%）	平均值（mm）

第三节　连续式平整度仪测定平整度

连续式平整度仪是我国测定路面平整度的常用仪器，它的主要优点是可沿路面连续测量。它一般采用先进的微机处理技术，可自动计算、自动打印，自动显示路面平整度的标准差、正负超差等各项技术指标，并绘出路面平整度偏差曲线。

连续式平整度仪法适用于测定路表面的平整度，评定路面的施工质量和使用质量，但不适用于在已有较多坑槽、破损严重的路面上测定。

一、目的与适用范围

1）本方法规定用连续式平整度仪量测路面的不平整度的标准差（σ），以表示路面的平整度，以 mm 计。

2）本方法适用于测定路表面的平整度，评定路面的施工质量和使用质量，但不适用于在已有较多坑槽、破损严重的路面上测定。

二、仪具与材料技术要求

1）连续式平整度仪（图 8-4、图 8-5）。

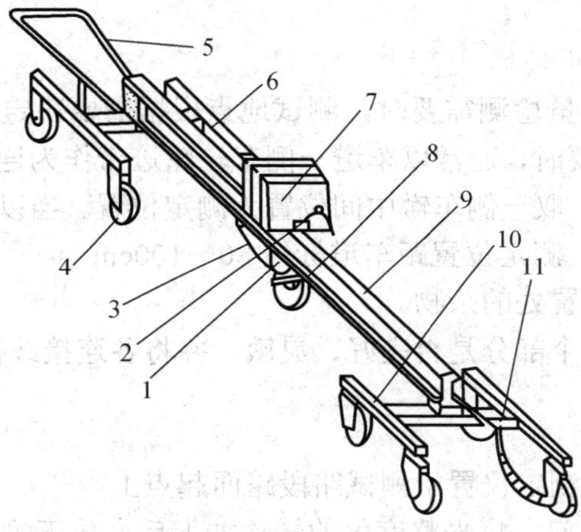

图 8-4　T 0932-1 连续式平整仪构造图

1-测量架；2-离合器；3-拉簧；4-脚轮；5-牵引架；6-前架；7-记录针；8-测定轮；9-纵梁；10-后加；11-软轴

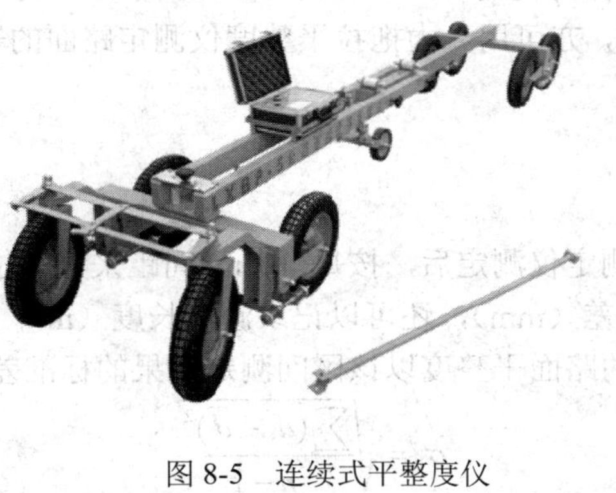

图 8-5　连续式平整度仪

连续式平整度仪构造如图 8-5 所示。除特殊情况外，其标准长度为 3m，其质量应符合仪器标准的要求。中间为一个 3m 长的机架，机架可缩短或折叠，前后各有 4 个行走轮，前后两组轮的轴间距离为 3m。机架中间有一个能起落的测定轮。机架上装有蓄电池电源及可拆卸的检测箱，检测箱可采用显示、记录、打印或绘图等方式输出测试结果。测定轮上装有位移传感器、距离传感器等检测器，自动采集位移数据时，测定间距为10cm，每一计算区间的长度为100m，输出一次结果。当为人工检测、无自动采集数据及计算功能时，应能记录测试曲线。机架头装有一牵引钩及手拉柄，可用人力或汽车牵引。

2）牵引车：小面包车或其他小型牵引车。

3）皮尺或测绳。

三、测试步骤

1. 准备工作

1）选择测试路段。

2）当施工过程中质量检测需要时，测试地点根据需要决定，当路面工程质量检查验收或进行路况评定需要时，通常以车道一侧车轮轮迹带作为连续测定的标准位置。对旧路已形成车辙的路面，取一侧车辙中间位置为测定位置。当以内侧轮迹带（或外侧轮迹带）作为测定位置时，测定位置距车道标线80～100cm。

3）清扫路面测定位置处的杂物。

4）检查仪器检测箱个部分是否完好、灵敏，并将各连接线接妥，安装记录设备。

2. 测试步骤

1）将连续式平整度测定仪置于测试路段路面起点上。

2）在牵引汽车的后部，将平整度仪的挂钩挂上后，放下测定轮，启动检测器及记录仪，随即启动汽车，沿道路纵向行驶，横向位置保持稳定，并检查平整度检测仪表上测定数字显示、打印、记录的情况。如遇检测设备中某项仪表发生故障，即须停止检测。牵引平整度仪的速度应保持均匀，速度宜为5km/h，最大不得超过12km/h。

在测试路段较短时，亦可用人力拖拉平整度仪测定路面的平整度，但拖拉时应保持匀速前进。

四、检测数据的处理

1）连续式平整度测定仪测定后，按每 10cm 间距采集的位移值自动计算每 100cm 计算区间的平整度标准差（mm），还可以记录测试长度（m）。

2）每一计算区间的路面平整度以该区间测定结果的标准差表示：

$$\sigma_{\mathrm{i}}=\sqrt{\frac{\sum(d_{\mathrm{i}}-\bar{d})^{2}}{n-1}} \tag{8-1}$$

式中：σ_{i}——各计算区间的平整度标准差；

d_{i}——以100m为一个计算区间，每隔一定距离（一般自动采集间距为10cm，人工采集间距为1.5m）采集的路面凹凸偏差位移值（mm）；

n——计算区间用于计算标准的测试数据个数。

3）计算一个评定路段内各区间平整度标准差的平均值、标准差、变异系数及合格率。记录格式如表 8-5 所示。

表 8-5　平整度检测记录（连续平整度仪法）

工程名称　　　结构名称 沥青路面面层　规定值 [σ]=0 .7mm　路段桩号

检 验 者　　　计 算 者　　　校 核 者　　　检验日期

测定区间桩号	序号	标准差（mm）	平均值（mm）	标准差（mm）	变异系数	合格区间数	合格率（%）
K18+100	01	0.48	0 .55	0 .083	15%	8	88 .9%
K18+200	02	0.46					
K18+300	03	0.51					
K18+400	04	0.50					
K18+500	05	0.65					
K18+600	06	1.67（桥头伸缩缝）					
K18+700	07	1.00（桥头伸缩缝）					
K18+800	08	0.71					
K18+900	09	0.50					
K19+000	10	0.54					
K1+100	11	0.57					
K19+200	12	0.91（路面污染）					

五、检测数据评定

测试当中对于桥头（包括通道两侧）伸缩缝、路面污染，其数据应予以剔除。在测试当中这些情况就随时记录在测试纸上。

因此，该路段的平整度均方差的平均值应为：

$$\sigma=(0.48+0.46+0.51+0.65+0.71+0.50+0.54+0.57)/9=0.55\text{mm}$$

因此

$$\sigma=0.55\text{mm}<[\sigma]=0.70\text{mm}$$

所以该层平整度评定合格。

第四节　车载式颠簸累积仪测定平整度

车载式颠簸累积仪测定路面平整度速度快，价格低廉，操作简便。可用其检测结果评定路面的施工质量和使用期的舒适性。

一、目的与适用范围

1）本方法适用于各类颠簸累积仪在新建、改建路面工程质量验收和无严重坑槽、车辙等病害的正常行车条件下连续采集路段平整度数据。

2）本方法的数据采集、传输、记录和处理分别由专用软件自动控制进行。

二、仪具与材料技术要求

1. 主要设备

1）颠簸累积仪：由机械传感器、数据处理器及微型打印机组成。

2）测试车：旅行车、越野车或小轿车。

2. 工作原理

测试车以一定的速度在路面上行驶。路面上的凹凸不平引起汽车的激振，通过机械传感器可测量后轴同车厢之间的单向位移累积值 VBI，以 cm/km 计。VBI 越大，说明路面平整度越差，人体乘坐汽车时越不舒适。

3. 测试步骤

1）测试开始之前应让测试车以测试速度行驶 5～10km，按照设备操作手册规定的预热时间对测试系统进行预热。

2）测试车停在测试起点前 300～500m 处，启动平整度测试系统程序，按照设备操作手册的规定和测试路段的现场技术要求设置完毕所需的测试状态。

3）驾驶员在进入测试路段前应保持车速在规定的测试速度范围内，沿正常行车轨迹驶入测试路段。

4）进入测试路段后，测试人员启动系统的采集和记录程序，在测试过程中必须及时准确地将测试路段的起终点和其他需要特殊标记点的位置输入测试数据记录中。

5）当测试车辆驶出测试路段后，仪器操作人员停止数据采集和记录，并恢复仪器各部分至初始状态。

6）操作人员检查数据文件，文件应完整，内容应正常，否则需要重新测试。

7）关闭测试系统电源，结束测试。

三、试验数据处理

用数据统计的方法将各标定路段的 IRI 值和相应的颠簸累积仪测值进行回归分析，建立相关关系方程式，相关系数 R 不得小于 0.99。

四、报告

1）平整度测试报告应包括颠簸累积值 VBI、国际平整度 IRI 平均值和现场测试速度。

2）提供颠簸累积值 VBI 与国际平整度指数 IRI 在选定测试条件下的相关关系式及相关系数。

关于车载式颠簸累积仪测定平整度试验方法可详见《公路路基路面现场测试规程》（JTG E60—2008）。

第五节　车载式激光平整度仪测定平整度

激光路面平整度测定仪是一种与路面无接触的测量仪器，测试速度快、精度高。这种仪器还可同时进行路面纵断面、横坡、车辙等测量，因此，也被称为激光路面断面测试仪。

一、目的与适用范围

1）本方法适用于各类车载式激光平整度仪在新建、改建路面工程质量验收和无严重坑槽、车辙等病害及无积水、积雪、泥浆的正常通车条件下连续采集路段平整度数据。

2）本方法的数据采集、传输、记录和处理分别由专用软件自动控制进行。

二、仪具与材料技术要求

1. 主要仪器

激光路面平整度仪是一台装备有激光传感器，加速度计和陀螺仪的测试车，它同时备有先进的数据采集和处理系统。

2. 工作原理

测试车以一定速度在路面上行驶，固定在汽车底盘上的一排激光传感器通过测试激光束反射回读数器的角度来测试路面，这个距离信号同测试车上装的加速度计信号进行互差，消除测试车自身的颠簸，输出一路面真实断面信号。信号处理系统将来自激光传感器的模拟信号转换成数值信号并记录下来。随着汽车的行进，每隔一定间距，采集一次数据。通过数据分析系统，可显示打印国际平整度指数 IRI 等平整度检测结果。

3. 使用技术要点

1）数据采集完全在计算机控制下进行，根据具体情况输入有关信息和命令。

2）为了保证测量精度，应进行系统检查，如做静态振动试验、直尺试验、轮胎气压检查、传感器标定检查。

3）测试速度一般在 20～120km/h 范围内。

4）测试宽度大于 2.5m。如在测试梁上安装两个扩展臂，测试宽度可增加至 3.5m 或更大。

5）采样间隔一般为 0.1m，最小为 5mrn。

6）可显示测试状态及有关数据，输出分析结果，如国际平整度指数 IRI、车辙、横坡等。应当注意，不能直视激光孔或观察通过抛光物面或镜面反射回来的激光束，防止损伤眼睛。只能通过一张红外线显示卡或光谱变换眼镜才可以观察光束的存在与否。

三、方法与步骤

1. 准备工作

1）设备安装到承载车上以后应按本方法第 5 条的规定进行相关性试验。

2）根据设备操作手册的要求对测试系统各传感器进行校准。

3）检查测试车轮胎气压，应达到车辆轮胎规定的标准气压，车胎应清洁，不得黏附杂物。

4）距离测量装置需要现场安装的，根据设备操作手册说明进行安装，确保机械紧固装置安装牢固。

5）检查测试系统各部分应符合测试要求，不应有明显的可视性破损。

6）打开系统电源，启动控制程序，检查各部分的工作状态。

2. 测试步骤

1）测试开始之前应让测试车以测试速度行驶 5～10km，按照设备使用说明规定的预热时间对测试系统进行预热。

2）测试车停在测试起点前 50～100m 处，启动平整度测试系统程序，按照设备操作手册的规定和测试路段的现场技术要求设置完毕所需的测试状态。

3）驾驶员应按照设备操作手册要求的测试速度范围驾驶测试车，宜在 50～80km/h 之间，避免急加速和急减速，急弯路段应放慢车速，沿正常行车轨迹驶入测试路段。

4）进入测试路段后，测试人员启动系统的采集和记录程序，在测试过程中必须及时准确地将测试路段的起终点和其他需要特殊标记的位置输入测试数据记录中。

5）当测试车辆驶出测试路段后，测试人员停止数据采集和记录，并恢复仪器各部分至初始状态。

6）检查测试数据文件，文件应完整，内容应正常，否则需要重新测试。

7）关闭测试系统电源，结束测试。

四、计算

激光平整度仪采集的数据是路面相对高程值，应以 100m 为计算区间长度用 IRI 的标准计算程序计算 IRI 值，以 m/km 计。

五、激光平整度仪测值与国际平整度指数 IRI 相关关系对比试验

1. 实验条件

1）按照每段 IRI 值变化幅度不小于 1.0 的范围选择不少于 4 段不同平整度水平的路

段，且有足够加速或减速长度的路段。根据实际测试道路 IRI 的分布情况，可以适当增加某些范围内的标定路段。

2）每路段长度不小于 300m。

3）每一段内的平整度应均匀，包括路段前 50m 的引道。

4）选择坡度变化较小的直线路段，路段交通量小，便于疏导。

5）有多个激光测头的系统需要分别标定。

6）标定宜选择在车道的正常行驶轮迹上进行，明确画出轮迹带测线和起终点位置。

2. 试验步骤

（1）距离标定

1）依据设备供应商建议的长度，选择坡度变化较小的平坦直线路段，标出起终点和行驶轨迹。

2）标定开始之前应让测试车以测试速度行驶 5～10km，按照设备操作手册规定的预热时间对测试系统进行预热。

3）将测试车的前轮对准起点线，启动距离校准程序，然后令车辆沿着路段轨迹直线行驶，避免突然加速或减速，接近终点时，看指挥人员手势减速停车，确保测试车的前轮对准终点线，结束距离校准程序。重复此过程，确保距离传感器测试结果的准确性，应在允许误差范围之内。

（2）测试值确定

令所标定的纵断面高程传感器对准测线重复测试 5 次，取其 IRI 计算值的平均值作为该路段的测试值。

（3）IRI 值的确定

1）以精密水准仪作为标准仪具，测量标定路段上测线的纵断高程，要求采样间隔为 250mm，高程测试精度为 0.5mm；然后用 IRI 标准计算程序对纵断面测量值进行模型计算，得到标定线路的 IRI 值。

2）其他符合世界银行一类平整度测试标准的纵断面测试仪具也可以作为确定标定路段 IRI 值的仪具。

3. 试验数据处理

用数理统计的方法将各标定路段的 IRI 值和相应的平整度仪测值进行回归分析，建立相关关系方程式，相关系数 R 不得小于 0.99。

六、报告

平整度检测报告应包括以下内容：

1）国际平整度指数 IRI 平均值。

2）提供激光平整度仪测值与国际平整度指数 IRI 在选定测试条件下的相关关系式及相关系数。

课 后 小 结

平整度是路面施工质量与服务水平的重要指标之一。平整度的检测与评定是公路施工与养护的一个非常重要的环节。平整度的测试设备分为断面类及反应类两大类。

运用3m直尺测定路面或成型后的路基表面平整度，以评定路面的施工质量。运用连续式平整度仪量测路面的不平整度的标准差，以表示路面的平整度，评定路面的施工质量和适用质量。知道车载式激光平整度仪测定平整度试验方法。能选用正确的测试方法对路面或路基平整度进行测试。

思考与练习

一、选择题

1．对水泥混凝土路面质量评定影响最大的实测项目是（　　）。

A．抗弯拉强度　B．平整度　C．抗滑　D．纵断高程

2．平整度测试仪分断面类和反应类两种，3m直尺和颠簸累积仪属于（　　）测试仪。

A．两者均是断面类　B．两者均是反应类

C．前者是断面类、后者是反应类　D．前者是反应类、后者是断面类

3．对土方路基质量评定影响最大的指标是（　　）。

A．压实度　B．平整度　C．宽度　D．纵断高程

4．平整度主要反映了路面的（　　）性能。

A．安全　B．舒适　C．抗滑　D．经济

5．连续式平整度仪测定平整度时，其技术指标是（　　）。

A．最大间隙　B．标准偏差　C．单向累计值　D．国际平整度指标

6．路面表面构造深度的标准值为0.8mm，那么测试值应（　　）mm为合格。

A．≥0.8　B．≤0.8　C．＞0.8　D．＜0.8

7．车载式颠簸累积仪适用于测定路面表面的平整度，以评定路面的施工质量和使用的（　　）。

A．安全　B．舒适　C．抗滑　D．经济

8．国际平整度指数（IRI）的标准测定速度为（　　）km/h。

A．40　B．60　C．80　D．100

9．车载式颠簸累积仪测试速度一般不宜超过（　　）km/h。

A．30　B．40　C．50　D．60

二、填空题

1．常见的平整度测试方法有_______、_______和_______三种，相应的技术指标分别为_______、_______和_______。

2．现行部颁标准规定的高速公路沥青混凝土面层平整度评定指标是_______、___________，二级公路沥青混凝土面层平整度也可用_____________作为评定指标。

3．常用平整度测试方法的技术指标分别是：3m 直尺法_______、连续式平整度仪法_______、颠簸累积仪法_______。路面的横向平整度用_______表示。

4．3m 直尺在使用时，测试位置应距车道线_______。

5．牵引连续式平整度仪的速度应保持匀速，速度宜为_______km/h。

三、判断题（对者打“√”，错者打“×”）

1．虽然连续平整度仪法测试速度快，结果可靠，但是一般不用于路基平整度测定。（　）

2．当沥青混凝土面层平整度检测值的合格率为 96%时，若规定分为 15 分，则平整度的评分值为 0.96×10 分。（　）

3．3m 直尺可适用于测定压实成型的路面各层表面的平整度，以此评定路面的施工质量及使用质量。（　）

4．就半刚性基层而言，压实度对质量评定的影响较平整度大。（　）

5．一级公路沥青混凝土面层的平整度常用 3m 直尺法测定。（　）

6．路面表层平整度规定值是指交工验收时应达到的平整度要求。（　）

7．连续式平整度仪法用单向累计值反映平整度。（　）

四、计算题

用连续平整度仪测定某一级公路沥青混凝土面层的平整度，检测结果为 1.4、1.0、1.2、1.6、1.8、1.1、1.3、1.0、0.8、1.2、1.5、0.9、1.3、1.2、1.4、1.1、1.7、1.0、1.3、1.2（mm），规定值为σ=1.5mm、IRI=0.5m/km，请计算平整度指标的得分（规定分为 15 分）。

五、简答题

1．平整度测试的方法哪几种？各有何特点？各方法适用场合是什么？

2．请考虑，若路面平整度达不到要求，对使用者会产生一些什么不利的影响？

3．在沥青路面施工中，通过降低压实温度和减少压实遍数来提高平整度的作法是否可取，为什么？

4．3m 直尺在检测沥青路面平整度时位置有什么要求？

5．简述用 3m 直尺测定平整度试验的现场测试步骤。

6．颠簸累计仪、连续平整度仪检测结果分别是什么？它们能否互换？

7．测定路面平整度常用的方法有哪些？各方法适用场合是什么？这些指标又是什么？

第九章

路面抗滑性能和渗水性能检测

学习目标 1．知识目标

（1）能描述影响路面抗滑性能的因素，测试方法及种类、原理及注意的问题。

（2）能指出路表面细构造和粗构造的区别和表示方法。

（3）掌握手工铺砂试验和摆式仪试验方法与计算。

（4）掌握摆式仪试验方法的测试步骤、温度修正和数据处理。

（5）了解单、双轮式横向力系数测试系统试验、车载式激光构造深度仪试验的适用范围、设备要求、测试步骤及其测试数据处理。

（6）掌握沥青路面渗水系数检测方法。

2．能力目标

（1）会进行抗滑性能的测试。

（2）能用手动铺砂法、电动铺砂法检测路面抗滑性能及进行数据处理。

（3）能够利用摆式摩擦仪检测路面抗滑性能。

（4）能进行沥青路面渗水系数检测。

（5）能够按照规范要求对检测结果进行评定。

课时建议 6 课时

学习引导 某施工单位有两个施工现场，一是已铺完的沥青路面，另一是即将竣工的混凝土路面，现需交工验收，请指出两条路的路面抗滑性能该如何测试？

第一节　概　　述

通常抗滑性能被看作是路面的表面特性，并用轮胎与路面间的摩阻系数来表示。表面特性包括路表面微观构造（通常用石料磨光值 PSV 表示）和宏观构造（用构造深度表示）。影响抗滑性能的因素有路面表面特性、路面潮湿程度和行车速度。

抗滑性能测试方法有：构造深度测试法（手工铺砂法、电动铺砂法、激光构造深度仪法）、摆仪法、横向力系数测试法等。各方法的特点和测试指标如表 9-1 所示。

表 9-1　路面抗滑性能测试方法比较

测试方法	测试指标	原理	特点及适用范围
制动距离法	摩阻系数 f	以一定速度在潮湿路面上行使的 4 轮小客车或轻货车，当 4 个车轮被制动时，测试出车辆减速滑移到停止的距离，运用动力学原理，算出摩阻系数	测试速度快，必须中断交通
摆式仪法	摩阻摆值 *BPN*	摆式仪的摆锥底面装一橡胶滑块，当摆锥从一定高度自由下摆时，滑块面同试验表面接触。由于两者间的摩擦而损耗部分能量，使摆锤只能回摆到一定高度。表面摩擦阻力越大，回摆高度越小（即摆值越大）	定点测量，原理简单，不仅可以用于室内，而且可用于野外测试沥青路面及水泥混凝土路面的抗滑值
手工铺砂法 电动铺砂法	构造深度 TD（mm）	将已知体积的砂摊铺在所要测试路表的测点上，量取摊平覆盖的面积。砂的体积与所覆盖平均面积的比值，即为构造深度	定点测量，原理简单，便于携带，结果直观。试用于测定沥青路面及水泥混凝土路面表层构造深度，用以评定路面表层的宏观粗糙度、排水性能及抗滑性能
激光构造深度测试法	构造深度 TD（mm）	中子源发射的许多束光线，照射到路表面的不同深度处，用 200 多个二极管接收返回的光束，利用二极管被点亮的时间差算出所测路面的构造深度	测试速度快，适用于测定沥青路面干燥表面的构造深度，用以评价路面抗滑及排水能力，但不适用于许多坑槽、显著不平整或裂缝过多的路段
摩阻系数测定车测定路面横向系数	横向力系数 SFC	测试车安装有两只标准试验轮胎，它们对车辆行驶方向偏转一定的角度。汽车以一定速度在潮湿路面上行驶时，试验轮胎受到侧向摩阻作用。此摩阻力除以试验轮上的载重，即为横向力系数	测试速度快，用于标准的摩阻系数测试车测试沥青或水泥混凝土路面的横向力系数，结果作为竣工验收或使用期评定路面抗滑能力的依据

《公路沥青路面设计规范》（JTG D50—2015）中规定：在设计高速公路、一级公路的沥青路面面层时，应选用抗滑、耐磨石料，其石料磨光值应大于 42。沥青路面面层抗滑性能指标有：

1）摩阻系数。高速公路、一级公路宜在竣工后第一个夏季采用摩擦系数测定车，以（50±1）km/h 的车速测定横向力系数 SFC。

2）路面宏观构造深度。在路面竣工后第一个夏季用铺砂法或激光构造深度仪测定。

3）一般于第一个夏季测定沥青面层横向力系数或摆值、路面宏观构造深度。

沥青路面抗滑性能应符合表9-2的要求，其他公路的沥青表层未作具体要求。

表9-2　沥青路面抗滑性能标准

公路等级	竣工验收值		
	横向力系数（SFC）	摆值（BPN）	构造深度TD（mm）
高速、一级公路	≥54	≥45	≥0.55

水泥混凝土路面抗滑标准用构造深度表示：高速、一级公路，构造深度TD为不小0.7 mm且不大于1.1 mm；其他公路：TD为不小于0.5 mm且不大于1.0 mm。

路面抗滑性能检测方法较多，本章仅介绍几种常见的检测方法。

第二节　路面构造深度检测

一、手工铺砂法测定沥青路面构造深度

路面的宏观构造深度是指一定面积的路表面凹凸不平的开口孔隙的平均深度，它是影响抗滑性能的重要因素之一。本方法适用于测定沥青路面（及水泥混凝土路面）表层构造深度，用以评定路面的宏观粗糙度，路面表层的排水性能及抗滑性能。构造深度的检测频率按每200m一处。

（1）仪具与材料

1）人工铺砂仪：量砂筒、推平板、挡风板等组成（图9-1）。

图9-1　人工铺砂仪照片

① 量砂筒：一端是封闭的，内径ϕ20mm，外径ϕ26mm，总高90mm，容积为（25±0.15）mL。可通过称量砂筒中水的质量以确定其容积V，并调整其高度，使其容积符合高度要求（图9-2）。

② 推平板：推平板应为木制或铝制，直径50mm，底面粘一层厚1.5mm的橡胶片，上面有一圆把手（图9-3）。

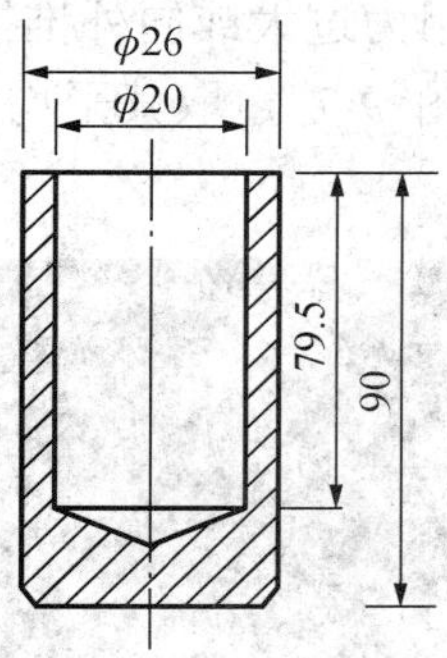

图 9-2　量砂筒（尺寸单位：mm）

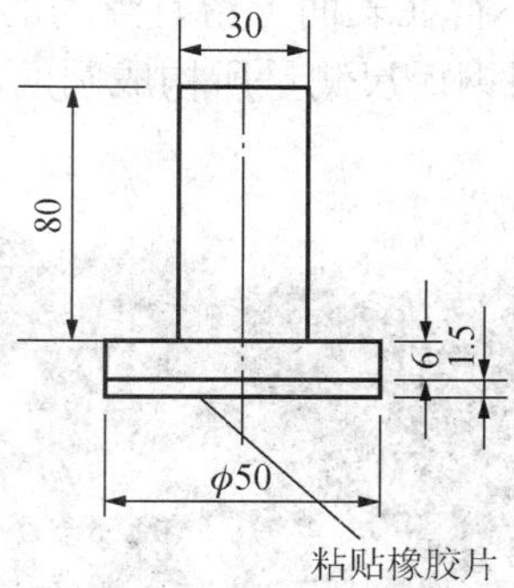

图 9-3　推平板（尺寸单位：mm）

③ 刮平尺：可用 30cm 的钢尺代替。

2）量砂：足够数量的干燥洁净的匀质砂，粒径 0.15～0.3mm。

3）量尺：钢板尺、钢卷尺，或采用专门的构造深度尺。

4）其他：装砂容器、小铲、扫帚或毛刷、挡风板等。

（2）方法与步骤

1）准备工作：

① 量砂准备：将洁净的细砂晾干、过筛，取 0.15～0.3mm 的砂置于适当的容器中备用。量砂只能在路面上使用一次，不宜重复使用。回收砂必须经干燥、过筛处理后方可使用。

② 确定测点（图 9-4）：对测试路段按随机取样选点的方法，决定测点所在横断面位置。测点应选在行车道的轮迹带上，距路面边缘不应小于 1m。

2）测试步骤：

① 用扫帚或毛刷子将测点附近的路面清扫干净，面积不小于 30cm×30cm（图 9-5）。

图 9-4　行车道的轮迹带位置

图 9-5　路面清扫

② 用小铲装砂，沿筒向圆筒中注满砂，手提圆筒上方，在硬质路上轻轻叩打 3 次，使砂密实，补足砂面，用钢尺一次刮平。不可直接用量筒装砂，以免影响量砂密度的均匀性。

③ 将砂倒在路面，用底面粘有橡胶片的推平板由里向外重复做摊铺运动。稍稍用力将砂细心地尽可能地向外摊开，使砂填入凹凸不平的路表面孔隙中。尽可能将砂摊成

圆形，并不得在表面上留有浮动的余砂。注意摊铺时不可用力过大或向外推挤（图 9-6）。

④ 用钢板尺测量所构成圆的两个垂直方向的直径（图 9-7），取其平均值，准确至 5mm。

图 9-6　摊铺运动

图 9-7　推平板摊铺砂

⑤ 按上述方法，同一处平行测定不少于 3 次，3 个测点均位于轮迹带上，测点间距 3～5m。该处的测定位置以中间测点的位置表示。

路面表面构造深度测定点结果按式（9-1）计算：

$$TD = \frac{1000V}{\pi D^2 / 4} = \frac{31831}{D^2} \tag{9-1}$$

式中：TD——路面构造深度（mm）；

V——砂的体积，25cm^3；

D——摊平砂的平均直径（mm）。

试验记录格式表 9-3。

表 9-3　手工铺砂路面构造深度试验记录

工程名称　　　　　　结构层次　　　　　　路段桩号

检验者　　　　计算者　　　　校核者　　　　检验日期

测试地点		构造深度 TD（mm）				路况描述	备注
桩号	横距（m）	1	2	3	平均值		

测定值		规定值		平均值		标准差		变异系数		合格率	

当平均值小于 0.2mm 时，试验结果以“<0.2mm”表示。同时还要计算每个评定路段路面构造深度的平均值、标准差、变异系数等。

一般来说，手工铺砂法误差较大，其原因很多，例如装砂的方法无标准，致使量筒中的砂紧密程度不一样，影响砂量。还有摊砂用摊平板元标准，更主要的是砂摊开到多大程度为止，无明确规定，故各人掌握不一样。为了克服手工铺砂法掌握不统一、测量不准的缺点，可采用电动铺砂法和激光法。

表 9-4 为某公路中粒式沥青混凝土路面用铺砂法测定路面构造深度的原始记录，仅供参考。

表 9-4　沥青混凝土路面用铺砂法测定路面构造深度

桩号	编号	砂体积 V（cm^3）	摊平砂平均直径 D（mm）	构造深度 TD（mm）	平均值（mm）	备注
K0+290～+400	1	25	200	0.8	0.8	匝道 2
	2	25	205	0.8		
	3	25	195	0.8		
K0+400～+500	1	25	210	0.7	0.8	
	2	25	195	0.8		
	3	25	205	0.8		
K0+550～+650	1	25	200	0.8	0.8	
	2	25	195	0.8		
	3	25	210	0.7		

二、激光构造深度仪测定路面构造深度

激光构造深度仪是智能化仪器，它适用于测定沥青路面干燥表面的构造深度，用以评价路面抗滑及排水能力，测试温度不低于 0℃。

（1）检测器具

1）激光构造深度仪：在两轮的手推小车上装有光电测试设备、打印机及仪器操作装置，如图 9-8 所示。最大测量范围为 20mm，精度 0.01mm。

图 9-8　激光构造深度仪

2）其他：扫帚、打气筒、充电器、打印纸、色带、标志板、小红旗等。

（2）准备工作

1）检查仪器是否正常。将手柄电连接器和推车连接器插好拧紧，将连接器装置上的合金套环用手拧紧。

2）检查电池电压，如不充足应予以充电，充电时间宜为 12～15h。

3）检查轮胎压力，应符合（0.07±0.01）MPa 的要求，保持轮胎顶面的清洁，无沥青及泥块等粘附物。

4）安装打印纸及色带。

5）选择测定路段，测定位置应位于行车带轮迹上。

6）将所测定的路段用扫帚清扫干净，作出起、终点标记。

7）打开手柄的钥匙开关，接通电路，操作控制器和指示器开始工作。仪器将自动打出程序目录，并进行自检，正常仪器在检验后即打印显示“READY”（准备好）字样，然后根据程序目录，选择程序进行下一步工作。如果仪器连续显示“FAILED”（失败）字样，应参照仪器说明书进行维修。

（3）试验步骤

1）按照设备使用说明规定的预热时间对测试系统预热。

2）测试车停在测试起点前 50～100m 处，启动测试系统程序，按照设备操作手册的

规定和测试路段的现场技术要求设置完毕所需的测试状态。

3）应按照设备操作手册要求的测试速度范围驾驶测试车，避免急加速和急减速，急弯路段应放慢车速，沿正常行车轨迹驶入测试路段。

4）进入测试路段后，测试人员启动系统的采集和记录程序，在测试过程中必须及时准确地将测试路段的起终点和其他需要特殊标记的位置输入测试数据记录中。

5）当测试车辆驶出测试路段后，测试人员停止数据采集和记录，并恢复仪器各部分至初始状态。

6）检查：测试数据文件应完整，内容应正常，否则需要重新测试。

7）关闭测试系统电源，结束测试。

（4）报告

将仪器测试时按计算区间打印出的数据纸带注上路名及公里桩号标记作为原始记录，并报告每一个评定路段的平均构造深度、标准差、变异系数。

同一计算区间平行测定 2 次，重复性误差绝对值不大于 0.02mm。

三、电动铺砂仪测定路面构造深度

本方法适用于测定沥青路面及水泥混凝土路面表面构造深度，用以评定路面表面的宏观粗糙度及路面表面的排水性能和抗滑性能。

（1）检测器具及材料

1）电动铺砂仪。利用可充电直流电源，将量砂通过砂漏铺设成宽度 5cm、厚度均匀一致的器具，如图 9-9 和图 9-10 所示。

图 9-9　电动铺砂仪照片

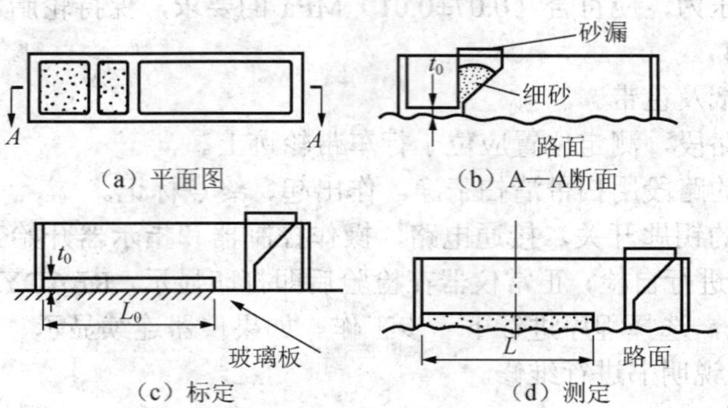

图 9-10　电动铺砂仪

2）量砂。足够数量的干燥洁净的匀质砂，粒径为 0.15～0.3mm。

3）标准量筒。容积 50mL。

4）玻璃板。面积大于铺砂器，厚 5mm。

5）其他。直尺、扫帚、毛刷等。

（2）准备工作

1）量砂准备。取洁净的细砂晾干，过筛。取 0.15～0.3mm 的砂置于适当的容器中备用，量砂只能使用一次，不宜重复使用。

2）确定测点。对测试路段按随机取样选点的方法，决定测点所在的横断面的位置。测点应选在行车道的轮迹带上，距路边缘不小于 1m。

3）电动铺砂器标定：

① 将铺砂器平放在玻璃板上，将砂漏移至铺砂器端部。

② 使灌砂漏斗口和量筒大致齐平。将砂通过漏斗向量筒中缓缓倒入准备好的量砂至高出量筒成尖顶状，用直尺沿筒口一次刮平，其容积为 50mL。

③ 使漏斗口与铺砂器砂漏斗上口大致齐平。将砂通过漏斗均匀倒入砂漏，漏斗前后移动，使砂的表面大致齐平，但不得用任何其他工具刮动砂。

④ 开动电动机，使砂漏向另一端缓缓运动，量砂沿砂漏斗底部铺成图 9-11 所示宽 5cm 的带状，待砂全部漏完后停止。

⑤ 按图 9-5 由 L_1 及 L_2 的平均值决定量砂的摊铺长度 L_0，准确至 1mm。

$$L_0 = (L_1 + L_2)/2 \tag{9-2}$$

⑥ 重复标定 3 次，取平均值决定 L_0，准确至 1mm。标定应在每次测试前进行，用同一种量砂，由承担测试的同一试验员进行。

铺砂仪在玻璃板上摊铺的量砂厚度 t_0（mm）为

$$t_0 = \frac{V}{B \cdot L_0} \times 1000 = \frac{1000}{L_0} \tag{9-3}$$

式中：V——量砂体积，50cm^3；

B——铺砂仪铺砂宽度，50mm；

t_0——量砂在玻璃板上摊铺的标定厚度（mm）。

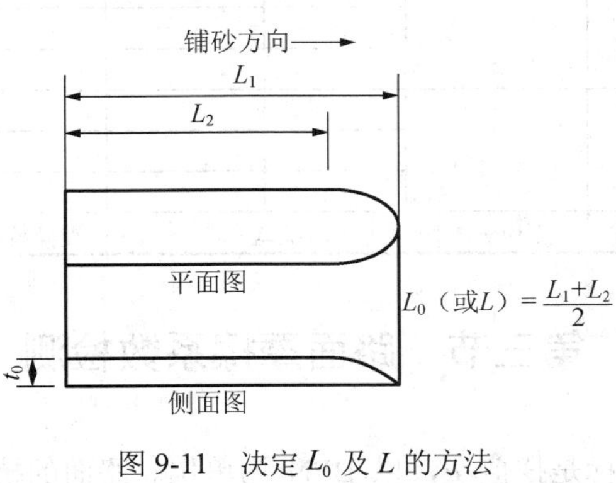

图 9-11　决定 L_0 及 L 的方法

L_0-玻璃板上 50mL 量砂摊铺的长度（mm）；L-路面上 50 量砂摊铺的长度（mm）

（3）测试步骤

1）将测试地点用毛刷刷净，面积大于铺砂仪。

2）将铺砂仪沿道路纵向平稳地放在路面上，将砂漏移至端部。

3）按电动铺砂器标定步骤②～⑤相同步骤，在测试地点摊铺 50mL 量砂，按图 9-5 方法量取摊铺长度 L_1 及 L_2，计算 L，准确至 1mm。

$$L=(L_1+L_2)/2 \tag{9-4}$$

4）按以上方法，同一处平行测定不少于 3 次，3 个测点均位于轮迹带上，测点间距 3～5m。该处的测定位置以中间测点的位置表示。

路面构造深度按式（9-5）计算：

$$TD=\frac{L_0-L}{L}\times t_0=\frac{L_0-L}{L\bullet L_0}\times 1000 \tag{9-5}$$

式中：TD——路面的构造深度（mm）。

每一处均取 3 次路面构造深度的测定结果平均值作为试验结果，准确至 0.1mm（表 9-4）。其他要求同手工铺砂法。

应当注意，我国公路路面构造深度以铺砂法为标准测试方法。利用激光构造深度仪测出的构造深度与铺砂法测试结果不同，但两者具有良好的相关关系。因此激光构造深度仪所测出的构造深度不能直接用来评定路面的抗滑性能，必须换算成铺砂法的构造深度后，才能判断路面抗滑性能是否满足要求。

表 9-4　电动铺砂法路面构造深度试验记录

工程名称　　　　　　结构层次　　　　　　路段桩号

结构层次　　　　　　计算者　　　　　　校核者　　　　　　检验日期

测试地点		L_0（mm）	t_0（mm）	L_1（mm）	L_2（mm）	L（mm）	TD（mm）	平均值 TD（mm）
桩号	横距（m）							

测定数		规定值		平均值		标准差		变异系数		合格率	

第三节　路面摩擦系数检测

摆式仪法的测试指标是摆值 F，以 BPN 为单位。路面的抗滑摆值是指标准的手提式摆式摩阻系数测定仪（摆式仪）测定路面在潮湿条件下对摆的摩擦阻力的一个指标。

摆式仪属于轻便型测量仪器，它具有结构简单、操作方便、数据稳定的优点。但它毕竟是一种比照试验法，其试验条件与路面实际行车条件没有直接关系，故有一定的局限性。本方法适用于测定沥青路面的抗滑值，用以评定路面在潮湿状态下的抗滑能力。摆式仪构造如图 9-12 所示。

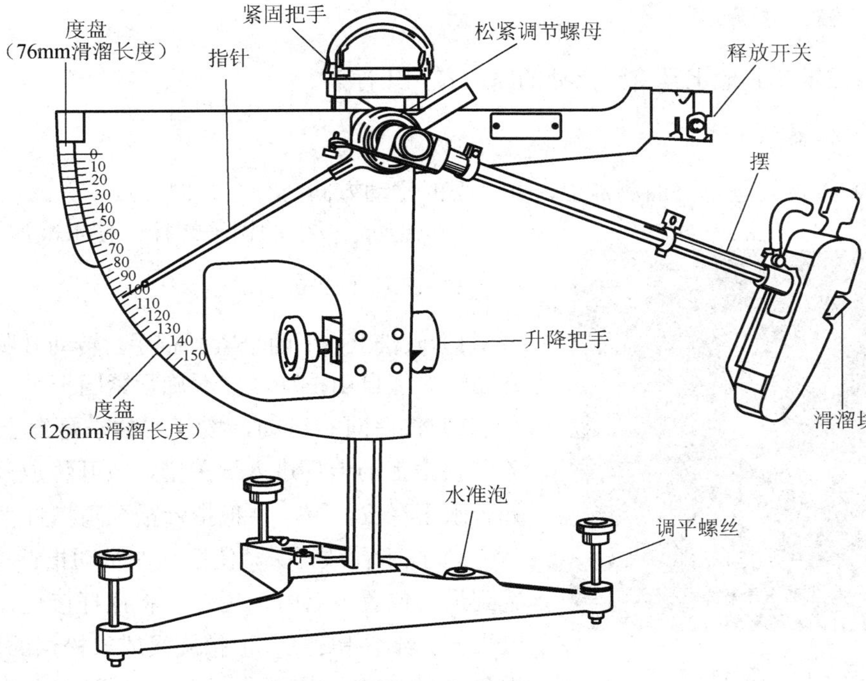

图 9-12　摆式仪的构造

一、检测器其及材料

图 9-13　摆式仪照片

1）摆式仪（图 9-13）。

2）橡胶片。尺寸为 6.35mm×25.4mm×76.2mm，橡胶质量符台规定要求。

3）标准量尺。长 126 mm。

4）洒水壶。

5）橡胶刮板。

6）路面温度计。分度不大于 1℃。

7）其他。皮尺或钢卷尺、扫帚、粉笔等。

二、准备工作

1）检查摆式仪的调零灵敏情况，并定期进行仪器的标定。当用于路面工程检查验收时，必须重新标定。

2）对测试路段按随机取样选点的方法选定测点。测点应选在行车道的轮迹带上，距路面边缘不应小于 1m，并用粉笔作出标记。

三、测试步骤

1. 清洁路面

用扫帚或其他工具将测点处的路面打扫干净。

2. 仪器调平

1）将仪器置于路面测点上，并使摆的摆动方向与行车方向一致。

2）转动底板上的调平螺栓，使水准泡居中。

3. 调零（图 9-14）

图 9-14 摆式仪调零

1）放松上、下两个紧固把手。转动升降把手使摆升高，并能自由摆动，然后旋紧紧固把手。

2）将摆向右运动，按下安装于悬臂上的释放开关，使摆上的卡环进入开关槽，放开释放开关，摆即处于水平释放位置，并把指针抬至与摆杆平行处。

3）按下释放开关，使摆向左带动指针摆动，当摆选到最高位置下落时，用左手将摆杆接住，此时指针应指零。若不指零时，可稍旋紧或放松摆的调节螺母，重复本项操作，直至指针指零，调零允许误差为±l BPN。

4. 校核滑动长度

1）让摆处于自然下垂状态，松开固定把手，转动升降把手，使摆下降。与此同时，提起举升柄使摆向左侧移动，然后放下举升柄使橡胶片下缘轻轻触地，紧靠橡胶片摆放滑动长度量尺，使量尺左端对准橡胶片下缘，再提起举升柄使摆向右侧移动，然后放下举升柄使橡胶片下缘轻轻触地，检查橡胶片下缘应与滑动长度量尺的右端齐平。

2）若齐平，则说明橡胶片两次触地的距离（滑动长度）符合 126mm 的规定。校核滑动长度时，应以橡胶片长边刚刚接触路面为准，不可借摆的力量向前滑动，以免标定的滑动长度与实际不符。

3）若不齐平，升高或降低摆或仪器底座的高度。微调时用旋转仪器底座上的调平螺丝调整仪器底座的高度的方法比较方便，但需注意保持水准泡居中（图 9-15）。

4）重复上述动作，直至滑动长度符合 126mm 的规定（图 9-16）。

图 9-15　摆式仪调平

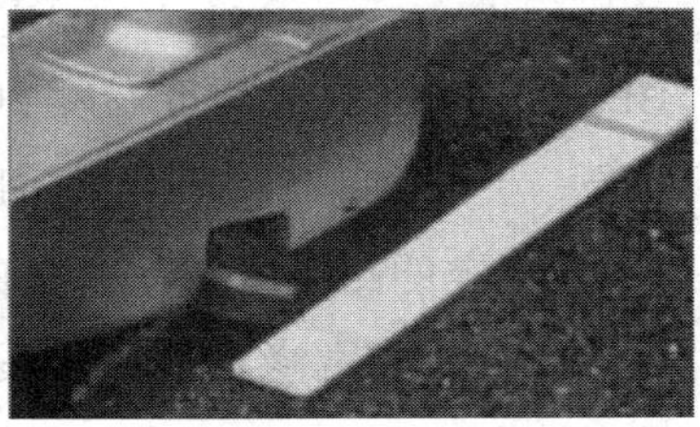

图 9-16　校核滑动长度

5）将摆固定在右侧悬臂上，使摆处于水平释放位置，并把指针拨至右端与摆杆平行处。

6）用喷水壶浇洒测点，使路面处于湿润状态。

7）按下右侧悬臂上的释放开关，使摆在路面滑过。当摆杆回落时，用手接住，读数但不记录，然后使摆杆和指针重新置于水平释放位置。

8）重复 6）和 7）的操作 5 次，并读记每次测定的摆值（图 9-17）。

单点测定的 5 个值中最大值与最小值的差值不得大于 3。如差值大于 3 时，应检查产生的原因，并再次重复上述各项操作，至符合规定为止。取 5 次测定的平均值作为单点的路面抗滑值（即摆值 BPN），取整数。

图 9-17　现成测定摆值

9）在测点位置用温度计测记潮湿路表温度，准确至 1℃。

10）每个测点由 3 个单点组成，即需按以上方法在同一测点处平行测定 3 次，以 3 次测定结果的平均值作为该测点的代表值（精确到 1）。

3 个单点均应位于轮迹带上，单点间距离为 3～5m。该测点的位置以中间单点的位置表示。

四、抗滑值的温度修正

路面温度为 T（℃）时测得的摆值 BPN_t，必须按式（9-6）换算成标准温度 20℃的摆值 BPN_{20}：

$$BPN_{20} = BPN_t + \Delta BPN \tag{9-6}$$

式中：BPN_{20}——换算成标准温度 20℃的摆值（BPN）；

BPN_t——路面温度 T 时测得的的摆值（BPN）；

T——测定的路表潮湿状态下的温度（℃）；

ΔBPN——温度修正值，按表 9-5 采用。

表 9-5　温度修正值

温度 T（℃）	0	5	10	15	20	25	30	35	40
温度修正值 ΔF	−6	−4	−3	−1	0	+2	+3	+5	+7

五、检测报告

1）测试日期，测点位置，天气情况，洒水后潮湿路面的温度，并描述路面类型、外观、结构类型等（表 9-6）。

表 9-6　路面摩擦系数检测记录

工程名称　　　路面类型　　　路段桩号　　　检查日期

检验者　　　　计算者　　　　校核者　　　　路面温度

测定位置		测定序号	路况描述	摆值（BPN）						测点摆值（BPN）	修正后摆值（BPN）
桩号	横距（m）			1	2	3	4	5	平均值		
测点数		规定值（BPN）		平均值（BPN）		标准差		变异系数（%）		合格率（%）	

2）列表逐点报告路面抗滑值的测定 FBT，经温度修正后的 $FB20$ 及 3 次测定的平均值。

3）每一个评定路段（不小于 5 个测点）路面抗滑值的平均值、标准值、变异系数。

4）精度要求是同一个测点，重复 5 次测定的差值不大于 3BPN。

以下为中粒式沥青混凝土路面用摆式仪测定抗滑值的原始计录（表 9-7），仅供参考。

表 9-7 某路面抗滑值计录表

桩 号	编号	摆值（BPN）			温度修正值	平均值	备注
左幅 K10+425	1	44	43	47	2	47.5	检测温度：25℃ 中粒式
		48	45	46			
	2	47	45	48	2	47.8	
		43	43	49			
	3	47	49	46	2	48.8	
		46	45	48			
左幅 K11+275	1	45	47	43	2	47.2	
		44	48	44			
	2	49	47	43	2	47.8	
		43	45	48			
	3	43	48	49	2	47.8	
		46	45	44			
左幅 K2+520	1	47	49	43	2	47.8	
		44	45	47			
	2	49	43	48	2	48.3	
		47	45	46			
	3	48	47	44	2	48.2	
		49	46	43			

第四节　沥青路面渗水系数检测

大气降水（雨、雪）通过路面空隙或裂缝渗入沥青路面结果中，会导致基层软化、沥青面层开裂、松散等病害。在多雨地区，应特别重视路面结构层的水稳定性和面层的透水性问题。路面渗水系数是指在规定的条件下，单位时间内渗入路面结构中水的体积，用 C_W 表示，单位为 mL/min。

一、器具与材料

1）路面渗水仪。如图 9-18 所示，由盛水筒、支架、底座、细管和压重铁圈组成。上部盛水量筒为透明有机玻璃制成，容积 600mL，上有刻度，在 100 mL 和 500mL 处有粗标线，下方通过 ϕ10mm 的细管与底座相连，中间有一开关（阀门）。量筒通过支架联结，底座下方开口内径 150mm，外径 165mm。仪器附压重铁圈 2 个，每个质量约 5kg 内径 160mm。

2）水筒、大漏斗、秒表、水、红墨水、粉笔、扫帚等。

3）密封材料。玻璃腻子、油灰或橡皮泥。

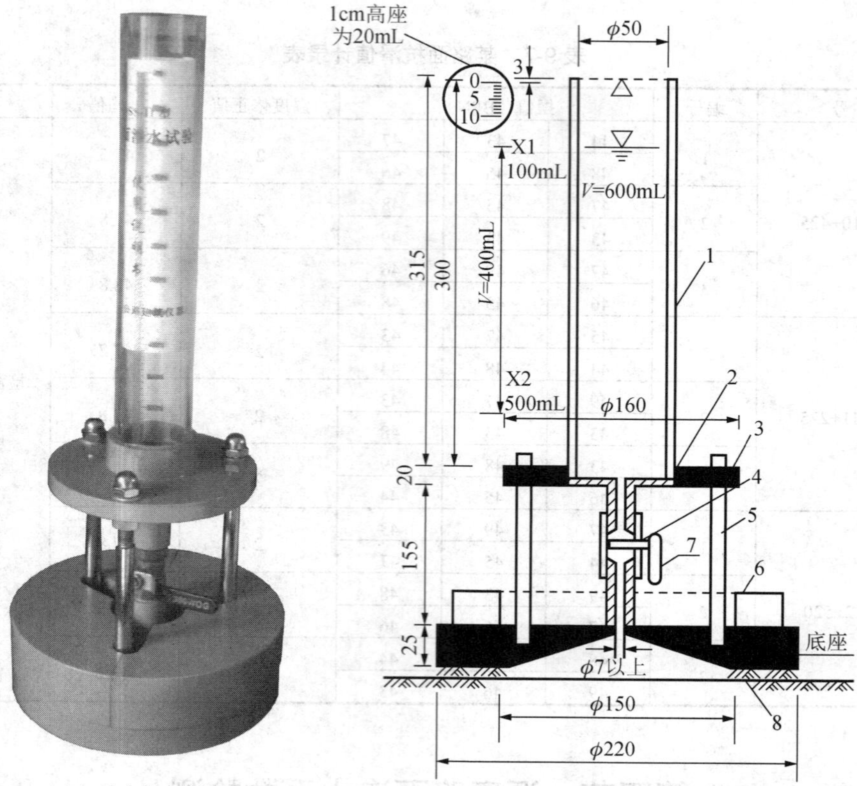

（a）渗水仪实物照片　　（b）渗水仪结构图（单位：mm）

图 9-18　渗水仪

1-透明有机玻璃筒；2-螺纹连接；3-顶板；4-阀；5-立柱架；6-压重钢圈；7-把手；8-密封材料

二、准备工作

1）在测试路面的行车道上，按随机取样方法选择测试位置，每一个检测路段应测定 5 个点。用扫帚清扫表面，并用粉笔划上测试标记。

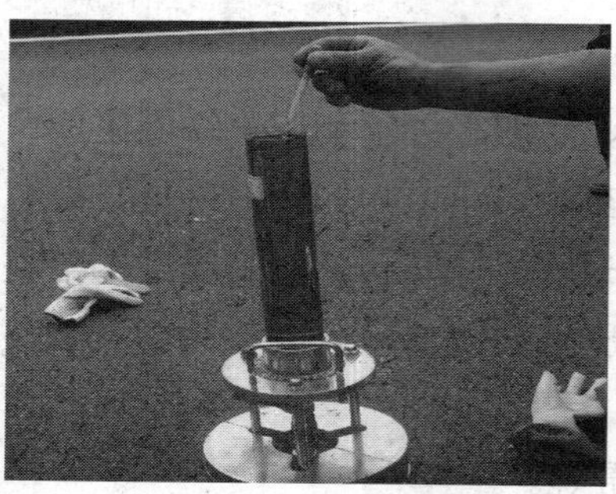

图 9-19　点红墨水

2）在洁净的水桶内滴几点红墨水，使水成淡红色（图 9-19）。

3）装妥路面渗水仪。

三、测试步骤

1）将塑料圈置于试件中央或者路面表面的测点上，用粉笔分别沿塑料圈的内侧和外侧画上圈，在外环和内环之间的部分就是需要用密封材料进行密封的区域（图 9-20）。

图 9-20　现场渗水试验

2）用密封材料对环状密封区域进行密封处理，注意不要使密封材料进入内圈。如果密封材料不小心进入内圈，必须用刮刀将其刮走。然后再将搓成拇指粗细的条状密封材料摞在环状密封区域的中央，并且摞成一圈。

3）将渗水仪放在试件或者路面表面的测点上，注意使渗水仪的中心尽量和圆环中心重合，然后略微使劲将渗水仪压在条状密封材料表面，再将配重加上，以防压力水从底座与路面间流出。

4）将开关关闭，向量筒中注满水，然后打开开关，使量筒中的水下流排出渗水仪底部内的空气，当量筒中水面下降速度变慢时用双手轻压渗水仪使渗水仪底部的气泡全部排出。关闭开关，并再次向量筒中注满水。

5）将开关打开，待水面下降至 100mL，刻度时，立即开动秒表开始计时，每间隔 60s，读记仪器管的刻度一次，至水面下降 500mL 时为止。测试过程中，如水从底座与密封材料间渗出，说明底座与路面密封不好，应移至附近干燥路面处重新操作。当水面下降速度较慢，则测定 3min 的渗水量即可停止，如果水面下降速度较快，在不到 3min 的时间内到达了 500mL 刻度线，则记录到达了 500mL 刻度线时的时间，若水面下降至一定程度后基本保持不动，说明基本不透水或根本不透水，在报告中注明。

6）按以上步骤在同一个检测路段选择 5 个测点测定渗水系数，取其平均值作为检测结果，见表 9-8。

表 9-8　路面渗水系数试验记录

路段桩号　　　　路面类型　　　　试验日期
试验者　　　　　计算者　　　　　校核者

<table>
<tr><td colspan="2">测试地点</td><td rowspan="2">路面描述</td><td colspan="7">量筒读数（mL）</td><td rowspan="2">渗水系数（mL/min）</td><td rowspan="2">备注</td></tr>
<tr><td>桩号</td><td>横距（m）</td><td>0</td><td>30"</td><td>1′</td><td>1′30"</td><td>2′</td><td>2′30"</td><td>3′</td></tr>
<tr><td></td><td></td><td></td><td></td><td></td><td></td><td></td><td></td><td></td><td></td><td></td><td></td></tr>
<tr><td colspan="2">测点数</td><td></td><td colspan="3">频率（点/km）</td><td></td><td colspan="4">渗水系数规范要求</td><td></td></tr>
<tr><td colspan="2">平均渗水系数（mL/min）</td><td></td><td colspan="3">最大渗水系数（mL/min）</td><td></td><td colspan="4">合格率（%）</td><td></td></tr>
</table>

沥青路面的渗水系数按式（9-7）计算。计算时以水面从 100mL 下将至 500mL 所需要的时间为标准，若深水时间过长，亦可采用 3min 通过的水量计算：

$$C_w = \frac{V_2 - V_1}{t_2 - t_1} \times 60 \tag{9-7}$$

式中：C_w——路面渗水系数（mL/min）；

V_1——第一次读数时的水量（mL），通常为 100 mL；

V_2——第二次读数时的水量（mL），通常为 500mL；

t_1——第一次读数时间（s）；

t_2——第二次读数时的时间（s）。

课 后 小 结

本章主要讲述路面抗滑系数和沥青路面渗水系数的检测方法。抗滑系数的检测方法包括路面构造深度检测与路面摩擦系数检测。路面构造深度检测包含手工铺砂法、电动铺砂法与激光构造深度仪检测；路面摩擦系数检测包含路面抗滑值测定与路面横向力系数测定。沥青路面渗水系数检测可使用路面渗水仪测定。

需要掌握上述各项检测的检测目的、检测方法与步骤、检测结果计算和检测注意事项。

思考与练习

一、选择题

1．水泥混凝土路面在低温条件下测得的构造深度（　　）高温条件下测得的构造深度。

A．大于　　B．等于　　C．小于　　D．两者无关系

2．测定高速公路沥青混凝土面层抗滑摩擦系数，应优先采用（　　）。

A．摆式仪法　　B．制动距离法

C．摩擦系数测试车法　　D．铺砂法

3．高温条件下用摆式仪测定的沥青面层摩擦系数比低温条件下测得的摩擦摆值（　　）。

A．大　　B．小　　C．一样　　D．不一定

4．路面表面构造深度的标准值为 0.8mm，那么测试值应（　　）mm 为合格。

A．≥0.8　　B．≤0.8　　C．>0.8　　D．<0.8

5．测定路面抗滑性能是为了保证车辆在路面上行驶的（　　）性能。

A．舒适　　B．安全　　C．经济　　D．高速

6．石方路基和土方路基实测项目比较，项目相同但检测方法和频率不同的是（　　）。

A．压实度　　B．平整度　　C．中线偏位　　D．横坡

7．其他情况一致的条件下，路表构造深度越大，路面的抗滑能力（　　）。

A．越强　　B．越差　　C．不一定越强　　D．强、弱无规律

8．交工验收时，（　　）需检测弯沉、平整度、抗滑性能等。

A．沥青混凝土面层　　B．水泥混凝土面层

C．半刚性基层　　D．土方路基

9．用摆式仪测定沥青路面抗滑性能时，如果标定的橡胶片滑动长度小于126mm，则测得的沥青路面的BPN值比实际值（　　）。

A．小　　B．大　　C．一样　　D．不能确定

10．用摆式仪法测定路面摩擦系数时，如果标定的滑动长度大于标准值，则BPN的测定值比实际值（　　）。

A．偏大　　B．偏小　　C．一样　　D．很难确定

11．关于摆式仪测试的说法中，正确的有（　　）。

A．评定路面在潮湿状态下的抗滑能力

B．橡胶片的有效使用期为1年

C．新橡胶片应先在干燥路面上测试10次后再用于测试

D．校核滑动长度时，应以橡胶片长边刚刚接触路面为准

12．当摆式仪使用的橡胶片出现（　　）时，应更换新橡胶片。

A．端部在长度方向上磨损超过1.6mm

B．边缘在宽度方向上磨耗超过3.2mm

C．橡胶片被油污染

D．使用时间超过1年

13．在水泥混凝土路面检验评定中，对评分值影响最大的是（　　）。

A．压实度　　B．弯拉强度　　C．板厚　　D．抗滑

14．对于水泥混凝土上加铺沥青面层的复合式路面，水泥混凝土路面结构不必检测（　　）。

A．强度　　B．厚度　　C．平整度　　D．抗滑

15．下列有关路面抗滑性能的说法中，正确的是（　　）。

A．摆值F_B越大，抗滑性能越好

B．构造深度TD越大，抗滑性能越好

C．横向力系数SFC越大，抗滑性能越好

D．制动距离越长，抗滑性能越好

16．可以测定路面与轮胎之间摩阻系数的方法是（　　）。

A．铺砂法　　B．制动距离法

C．摩擦系数测试车　　　　　　　D．摆式仪

17．3m 直尺测定路面平整度的叙述有：①3m 直尺测定法有单尺测定最大间隙和等距离连续测定两种；②单尺测定最大间隙常用于施工质量检查验收；③等距离连续测定计算标准差，用于施工质量控制；④为路基路面质量检查验收或路况评定需要时，应首尾相接连续测量 10 尺；⑤一般以行车道一侧车轮轮迹带作为连续测定的标准位置；⑥已形成车辙的旧路面，应取车辙中间位置为测定位置；正确叙述为（　　）。

A．①②③④　B．①④⑤⑥　C．①②③⑤⑥　D．①②③④⑤⑥

18．沥青路面渗水系数测试工作有：①水流出 100mL；②将组合好的渗水仪底座压在密封材料上；③在路面上沿底座圆圈涂上一层密封材料；④关闭渗水仪开关，并向渗水仪上方量筒中加满水；⑤即将压环压在渗水仪底座上；⑥在测试路段上选点，清扫表面，并用粉笔画上测试标记；⑦打开渗水仪开关让量筒中的水自由流出；⑧水流出 500mL 时；⑨立即开动秒表，开始计时；⑩停止计时，试验结束。正确测试过程为（　　）。

A．⑥③②⑤⑦④①⑨⑧⑩　　　　B．⑥③②⑦④⑤①⑨⑧⑩

C．⑥③②⑤④⑦①⑨⑧⑩　　　　D．⑥③②⑤④①⑦⑨⑧⑩

二、填空题

1．沥青混凝土面层抗滑指标为_______或_______。

2．“评定标准”规定，摩擦系数可采用_______和_______进行检测。

3．高速公路沥青路面抗滑性能用_______、_______两种指标控制。

4．铺砂法按使用机械的不同，可分为_______和_______。

5．影响抗滑性能的因素有_______、_______和_______。

6．高速和一级公路在竣工验收时，要求横向力系数≥_______，摆值≥_______，构造深度≥_______。

7．摆式仪在检测路面抗滑性能时，橡胶片两次触地的距离（滑动长度）应符合_______的规定。

三、判断题（对者打“√”，错者打“×”）

1．水泥混凝土路面抗滑性能只可用摩擦系数表示，不可用构造深度表示。（　　）

2．采用摆式仪测定同一路面的抗滑值 BPN 时，如果路面温度越高，其测定的 BPN 值就越大。（　　）

3．用摆式仪测定路面的抗滑性能时，滑动长度越大，摆值就越小。（　　）

4．抗滑指标的评分值与其合格率和规定分值有关。（　　）

5．摆式仪法测试抗滑性能时，摆在路面上的滑动长度为 12.6cm。（　　）

6．路面构造深度越大，表示路面的抗滑性能越好。（　　）

7．沥青路面的渗水系数越大，说明沥青路面的质量越差。（　　）

8．路面的摩擦摆值应换算为温度为 25℃时的摩擦摆值。（　　）

9．摩擦系数反映了路表干燥状态下的抗滑能力。（　　）

10．沥青路面表面细构造可由构造深度来表征。（　　）

11．在高速行驶时细构造比粗构造对路面的抗滑性能影响大。（　　）

四、计算题

用摆式摩擦仪测定沥青路面的摩擦摆值（路面温度为 25℃），其测定结果如下：K0+315 处重复 5 次测定分别为 49、52、51、53、52，单位 BPN，试计算该处路面的摩擦摆值。（已知温度修正值为$\Delta F=2$）。

五、简答题

1．测试路面抗滑性能的常用方法有哪几种？各测试指标是什么？各方法的测试原理是什么？

2．简述影响路面抗滑性能的主要因素及测度方法。

3．为什么要测路面横向力系数？激光构造深度仪所测结果能否直接用于我国公路路面造深度评定？为什么？

4．简述摆式仪测定路面抗滑值测试过程及步骤要点。

5．试述摆式仪测定路面抗滑值中，滑动长度对结果的影响。

6．根据“评定标准”规定，可以用于沥青混凝土面层抗滑性能测试的方法有哪些？并简述各方法的测试原理。

7．沥青路面渗水试验步骤与要点。

8．简述沥青路面构造深度试验步骤。

第十章

路基路面几何尺寸及路面厚度、外观检测

学习目标 1．知识目标

（1）掌握路面厚度的检测方法，对路面结构厚度进行评定。

（2）掌握路基路面纵断面高程测定。

（3）掌握路面横坡、路面宽度及中线偏差的测定。

（4）掌握路面错台的检测方法。

（5）掌握沥青路面车辙检测方法。

（6）掌握路面破损检测方法。

2．能力目标

（1）能正确进行路基路面现场测试随机选点。

（2）能进行路基路面几何尺寸检测。

（3）会进行路面错台与沥青路面车辙检测。

（4）能运用挖坑法和钻孔取样法测定路面厚度，并能对测试结果进行分析和处理。

（5）能进行路面破损调查方法。

课时建议 6 学时

学习引导 10K+100～13K+800 处路基施工完成，按设计要求应检测路基路面几何尺寸（纵断面高程、路基横坡度、路基宽度及中线偏差）。

第一节 路基路面现场测试随机选点方法

对公路路基路面各个层次进行各种测定时，未采取代表性实验数据，往往用随机取样选点的方法确定测点区间、测定断面、测定位置。随机取样选点法是按照数据统计原理，在路基路面现场测定时决定区间、测定断面、测定位置的方法。

随机取样选点法需要的材料有：钢尺、皮尺、硬纸片（共28块，编号1～28，每块大小2.5cm×2.5cm，装在一个布袋里）、骰子（2个）毛刷、粉笔等（图10-1）。

图10-1 随机选点需要材料

一、确定测定断面或测定区间

测定区间（或检测路段）可以是一个作业段、一天完成的路段或路线全程。在路基、路面工程检查验收时，通常取1km为一个检测路段。下面主要介绍测定断面的确定步骤，检测路段的确定与此相同。

1）将检测路段按桩号间距（一般为20m）分成若干个断面，一次编号为1，2，3，…，T，纵的断面数为T个。

2）从布袋中随机抽出一块硬纸片，硬纸片上的号数即为表10-1中的栏号。从1～28栏中选出栏号对应的一栏。

3）按照检测频度的要求，确定测定断面的取样总数n。依次找出与A列中01，02，…，n对应的B列中的值，共n对对应的A、B值。当$n>30$时，应分次进行。

4）将n个B值与总的断面数T相乘，乘积四舍五入取整数后即得到n个断面编号。与列的1，2，…，n对应。

5）查断面编号对应的桩号，即为测定的断面。

【例10-1】 拟从K18+000～K19+000的检测路段中选择20个断面测定路面宽度、

高程、横坡度等外形尺寸，试确定测定断面桩号。

解：测定断面桩号确定步骤如下：

1）1km 总长的断面数 T=1000/20=50 个，编号 1，2，…，50。

2）从布袋中摸出一块硬纸片，其编号为 5，即采用表 10-1 中的第 5 栏。

3）从第 5 栏中 A 列中挑出小于 20 所对应的 B 列数值，将 B 列数值与 T 相乘，四舍五入得到 20 个编号，并得到 20 个断面的桩号。

计算过程列于表 10-2。

表 10-1　一般取样随机数表

栏号 1			栏号 2			栏号 3			栏号 4			栏号 5		
A	B	C	A	B	C	A	B	C	A	B	C	A	B	C
15	0.033	0.578	05	0.048	0.879	21	0.013	0.220	18	0.089	0.716	17	0.024	0.863
21	0.101	0.300	17	0.074	0.156	30	0.036	0.853	10	0.102	0.330	24	0.060	0.032
23	0.129	0.916	18	0.102	0.191	10	0.052	0.746	14	0.111	0.925	26	0.074	0.639
30	0.158	0.434	06	0.105	0.257	25	0.061	0.954	28	0.127	0.840	07	0.167	0.512
24	0.177	0.397	28	0.179	0.447	29	0.062	0.507	24	0.132	0.271	28	0.194	0.776
11	0.202	0.271	26	0.187	0.844	18	0.087	0.887	19	0.285	0.089	03	0.219	0.166
16	0.204	0.012	04	0.188	0.482	24	0.105	0.849	01	0.326	0.037	29	0.264	0.284
08	0.208	0.418	02	0.208	0.577	07	0.139	0.159	30	0.334	0.938	11	0.282	0.262
19	0.211	0.798	03	0.214	0.402	01	0.175	0.647	22	0.405	0.295	14	0.379	0.994
29	0.233	0.070	07	0.245	0.080	23	0.196	0.873	05	0.421	0.282	13	0.394	0.405
07	0.260	0.073	15	0.248	0.831	26	0.240	0.981	13	0.451	0.212	06	0.410	0.157
17	0.262	0.308	29	0.261	0.037	14	0.255	0.374	02	0.461	0.023	15	0.438	0.700
25	0.271	0.180	30	0.302	0.883	06	0.310	0.043	06	0.487	0.593	22	0.453	0.635
06	0.302	0.672	21	0.318	0.088	11	0.316	0.653	08	0.497	0.396	21	0.472	0.824
01	0.409	0.406	11	0.376	0.936	13	0.324	0.585	25	0.503	0.893	05	0.488	0.118
13	0.507	0.693	14	0.430	0.814	12	0.351	0.275	15	0.594	0.603	01	0.525	0.222
02	0.575	0.654	27	0.438	0.676	20	0.371	0.535	27	0.620	0.894	12	0.561	0.980
18	0.591	0.318	08	0.467	0.205	08	0.409	0.495	21	0.629	0.841	08	0.652	0.508
20	0.610	0.821	09	0.474	0.138	16	0.455	0.740	17	0.691	0.583	18	0.668	0.271
12	0.631	0.597	10	0.492	0.474	03	0.494	0.929	09	0.708	0.689	30	0.736	0.634
27	0.651	0.281	13	0.498	0.892	27	0.543	0.387	07	0.709	0.012	02	0.763	0.253
04	0.661	0.953	19	0.511	0.520	17	0.625	0.171	11	0.714	0.049	23	0.804	0.140
22	0.692	0.089	23	0.591	0.770	02	0.699	0.073	23	0.720	0.695	25	0.828	0.425
05	0.779	0.346	20	0.604	0.730	19	0.702	0.934	03	0.748	0.413	10	0.843	0.627
09	0.787	0.173	21	0.654	0.330	22	0.816	0.802	20	0.781	0.603	16	0.858	0.849
10	0.818	0.837	12	0.728	0.523	04	0.838	0.166	26	0.830	0.384	04	0.903	0.327
14	0.905	0.631	16	0.753	0.344	15	0.904	0.116	04	0.843	0.002	09	0.912	0.382
26	0.912	0.376	01	0.806	0.134	28	0.969	0.742	12	0.884	0.582	27	0.953	0.162
28	0.920	0.163	22	0.878	0.884	09	0.974	0.046	29	0.926	0.700	20	0.970	0.582
03	0.945	0.140	25	0.930	0.162	05	0.977	0.494	16	0.951	0.601	19	0.975	0.327

注：此表只摘录了栏号 1～5，第 6～28 栏随机数可参照有关规程、规范或标准。

表 10-2 路面宽度、高程、横坡度检测断面随机选点计算

断面序号	5 栏 A 列	B 列	BxT	断面编号	桩号
I	17	0.024	1.20	1	K18+020
2	07	0.167	8.35	8	K18 +160
3	03	0.219	10.95	11	K18+220
4	11	0.282	14. 10	14	K18+2S0
5	14	0.379	18.95	19	K18+380
6	13	0.394	19.70	20	K18+400
7	06	0.410	20.50	21	K18 +420
8	15	0.438	21.90	22	K18+440
9	05	0.488	24.40	24	K18+480
10	01	0.525	26.25	26	K18+520
11	12	0.561	28.05	28	K18+560
12	08	0.652	32.60	33	K18+660
13	18	0.668	33.40	33	K18+680
14	02	0.763	38.00	38	K18+760
15	10	0.843	42.15	42	K18 +840
16	16	0.858	42.90	43	K18 +860
!7	04	0.903	45.15	45	K18 +900
18	09	0.912	45.60	46	K18+920
19	20	0.970	4«.50	49	K18 +980
20	19	0.975	48.75	49 K19+000	

二、确定测点位置

确定测点位置的步骤如下：

1）从布袋中任意取出一块硬纸板片，纸片上号数即为表 10-1 中的栏号。从 1～28 栏中找出该栏号对应的一栏。

2）按照测点数的频数要求，确定测点的取样总数 n。根据检测数量 n 在所定栏号的 A 列找出所需取样位置数的全部数，如 $1,2,\cdots,n$。当 $n>30$ 时，应分次进行。

3）确定取样位置的纵向距离。找出与 A 列中相对应的 B 列中数值，以此数乘以检测区间的总长度，并加上该段的起点桩号，即得出取样位置距该段起点的距离或桩号。

4）路确定取样位置的横向距离。找出与 A 列中相对应的 C 列中数值，以此数乘以检测面（路基）的宽度，再减去宽度的一半，即得出取样位置距离路中心线的距离。如差值是正值，表示在中心线的右侧；如差值是负值，表示在中心线的左侧。

【例 10-2】 拟从 K18+000～K19+000 的检测路段中选择 6 个点检测压实度、结构层厚度等，试确定测点位置。

解： 确定测点位置的步骤如下：

1）从布袋中摸出一块硬纸片，确定随机编号为 3，即采用表 10-1 中的第 3 栏。

2）从第 3 栏 A 列中挑出小于 6 的数为：01、06、03、02、04、05。

3）从 B 列中挑出与 A 列中 6 个数对应的数为：0.175、0.310、0.494、0.699、0.838、

0.977。

4）取样路段长为1000m，乘以B列中的6个数列于表中，加上起点的桩号即为测点纵向距离。

5）从C列中挑出与4列对应的数为：0.647、0.043、0.929、0.073、0.166、0.494。

6）路面宽度为10m，用10分别乘C列数值，得出6个乘积，分别再减去宽度的一半即测点的位置。

计算结果列于表10-3。

表10-3　钻孔位置取样选点计算表

测点编号	A列	B列	距测点距离（m）	桩号	C列	距边缘距离（m）	距中线距离（m）
1	01	0.175	175	K18+175	0.647	6.47	右1.47
2	06	0.310	310	K18+310	0.043	0.43	左4.57
3	03	0.494	494	K18+494	0.929	9.29	右4.29
4	02	0.699	699	K18+699	0.073	0.73	左4.27
5	04	0.838	838	K18+838	0.166	1.66	左3.34
6	05	0.977	977	K18+977	0.494	4.94	左0.06

第二节　路基路面几何尺寸检测

一、检测项目与要求

在路基路面施工过程中、交工验收期间及旧路调查中，都需要检测路基路面个部分的几何尺寸，以保证其符合规定的要求。几何尺寸检测所用的仪器与材料有：钢尺、经纬仪、全站仪、精密水准仪、塔尺、粉笔等（图10-2～图10-4）。

图10-2　经纬仪

图10-3　全站仪

图10-4　精密水准仪

几种结构层的几何尺寸检测项目的要求见表10-4。其他结构层检测项目的要求参见《公路工程质量检验评定标准》（JTG F80/1—2004）。

表 10-4　几何尺寸检测要求

结构名称	检查项目	规定值或容许偏差		检查频率
		高速、一级公路	其他公路	
土方路基	纵断高程（mm）	+10，−15	+10，−20	每 200m 测 4 点
	中线偏差（mm）	50	100	每 200m 测 4 点，弯道加 HY、YH 两点
	宽度（mm）	不小于设置值	不小于设置值	每 200m 测 4 处
	横坡（%）	±0.3	±0.5	每 200m 测 4 个断面
	边坡（%）	不陡于设置值	不陡于设置值	每 200m 测 4 处
水泥土基层	纵断高程（mm）		+5，−15	每 200m 测 4 点
	宽度（mm）		不小于设计值	每 200m 测 4 处
	横坡（%）		±0.5	每 200m 测 4 个断面
沥青混凝土面层	纵断高程（mm）	±15	±20	每 200m 测 4 点
	中线偏差（mm）	20	30	每 200m 测 4 点，弯道加 HY、YH 两点
	宽度（mm）	有拥石：±20 无侧石：不小于设计值	±30	每 200m 测 4 处
	横坡（%）	±0.3	±0.5	每 200m 测 4 个断面

二、准备工作

1）在路基或路面上准确恢复桩号。

2）根据有关施工规范或《公路工程质量检验评定标准》（JJTG F80/1—2004）的要求，按附录 A 的方法，在一个检测路段内选取测定的断面位置及里程桩号，在测定断面作上标记。通常将路面宽度、横坡、高程及中线平面偏位选取在同一断面位置，且宜在整数桩号上测定。

3）根据道路设计的要求，确定路基路面各部分的设计宽度的边界位置。在测定位置上用粉笔做上记号。

4）根据道路设计的要求，确定设计高程的纵断面位置。在测定位置上用粉笔作上记号。

5）根据道路设计的要求，在与中线垂直的横断面上确定成型后路面的实际中心线位置。

6）根据道路设计的路拱形状，确定曲线与直线部分的交界位置及路面与路肩（或硬路肩）的交界处，作为横坡检验的基准；当有路缘石或中央分隔带时，以两侧路缘石边缘为横坡测定的基准点，用粉笔做上记号。

三、纵断面高程测定

1）将精密水准仪架设在路面平顺处调平（图 10-5），将塔尺竖立在中线的测定位置上，以路线附近的水准点高程作为基准。测记测定点的高程读数，以“m”表示，准确至 0.001m。

图 10-5 经纬仪架设

2）连续测定全部测点，并与水准点闭合。

各测点的实测高程 H_1 与设计高程 H_{0i} 差为

$$\Delta H_i = H_{1i} - H_{0i} \tag{10-1}$$

纵断高程检验的关键在于测定高程的位置是否准确。在路面竣工以后或路面调查时，如果恢复桩号位置不准确，高程检测值将失去意义，即无法检验是否符合要求。例如对纵坡 5%的路段，桩号相差 1m，高程就会相差 5cm，便已超速系竣工验收的允许值。

四、路面横坡测定

对于无中央分隔带的公路路面，横坡是指路拱两侧直线部分的坡度；对于有中央分隔带的公路路面，横坡是指路面与中央分隔带交界处及路面边缘与路肩交界处两点的高程差与水平距离的比值，以%表示。其测定方法如下：

1）对设有中央分隔带的路面，测定横坡时。将水准仪架设在路面平顺处整平，将塔尺分别竖立在路面与中央分隔带分界的路缘带边缘 d_1 处以及路面与路肩交界（或外侧路缘石边缘）的标记 d_2 处，d_1 和 d_2 测点必须在同一横断面上。测量 d_1 和 d_2 处的高程，记录高程读数，以“m”计，准确至 0.001m。

2）对无中央分隔带的路面，测定横坡时，将水准仪架设在路面平顺处整平，将塔尺分别竖在路拱曲线与直线部分的交界位置 d 处以及路面与路肩交界位置 d_2 处，d 和 d_2 测点必须在同一横断面上。测量 d_1 和 d_2 处的高程，记录高程读数，以“m”计，准确至 0.001m。

3）用钢尺测量两测点的水平距离 B_i，以“m”计。对于高速公路及一级公路，准确至 0.005m；对于其他等级公路，准确至 0.0lm。

各测点断面的横坡度 i，按式（10-2）计算，准确至一位小数。按式（10-3）计算测横坡 i_i 与设计横坡 i_0 之差 Δi_i。

$$i_i = \frac{h_{d_1} - h_{d_2}}{B_i} \times 100\% \tag{10-2}$$

$$\Delta i_i = i_i - i_{0i} \tag{10-3}$$

式中：h_{d_1}、h_{d_2}——各测定断面两测点 d_1 和 d_2 的高程读数。

五、路基路面宽度及中线偏位测定

路基宽度是指行车道与路肩宽度之和，以“m”计；路面宽度包括行车道、路缘带、变速车道、爬坡车道、硬路肩和紧急停车带的宽度，以“m”计。测试方法：用钢尺沿中心线垂直方向水平量取路基路面各部分的宽度，以“m”表示，对高速公路及一级公路，准确至0.005m；对其他等级公路，准确至0.01m。测量时钢尺应保持水平，不得将尺紧贴路面量取，也不得使用皮尺。

中线偏位测试步骤：①有中线坐标的道路，首先从设计资料中查出待测点 P 的设计坐标，用经纬仪对该设计坐标进行放样，并在放样点 P' 做好标记，量取 PP' 的长度，即为中线平面偏位 Δc_l，以“mm”表示。对高速公路及一级公路，准确至 5mm；对其他等级公路，准确至 10mm。②无中桩坐标的低等级道路，应首先恢复交点或转点，实测偏角和距离，然后采用链距法、切线支距法或偏角法等传统方法敷设道路中线的设计位置，量取设计位置与施工位置之间的距离，即为中线平面偏位 Δc_l，以“mm”表示，准确至10mm。

六、检测路段数据整理

将路基路面几何尺寸检测结果汇总于表 10-5，计算一个评定路段内测定值的平均值、标准差、变异系数，注明不符合规范要求的断面。

表 10-5　路基路面几何尺寸检测记录

工程名称某新建二级公路　公路桩号 K11+000～K12+000　　结构名称沥青混凝土层

检验者　　计算者　　校验者　　检测日期

序号	测点桩号	纵断高程（m）			横坡（%）			（路面）宽（m）			中线偏位 Δc_l（cm）
		实测值 h_i	设计值 h_{0i}	差值 Δh_i	实测值	设计值 h_{0i}	差值	实测值 B'	设计值	差值 AB	实测值
1	K11 +020	85.471	85.465	0.006	2.1	2.0	0.1	9.03	9.00	0.03	1.0
2	K11 +160	85.940	85.948	−0.008	2.0	2.0	0	9.02	9.00	0.02	1.5
3	K11 +280	90.132	90.144	−0.012	1.8	2.0	−0.2	9.03	9.00	0.03	1.0
4	K11 +380	90.095	90.090	0.005	2.2	2.0	0.2	8.97	9.00	−0.03	1.0

第三节　路面结构层厚度检测

一、概述

在路面工程中，各层次的厚度是和道路整体强度密切相关的。路面设计中，不管是刚性路面，还是柔性路面，其最终要决定的，都是各个层次的厚度，只有在保证厚度的情况下，路面的各个层次及整体的强度才能得到保证。除了能保证强度外，严格控制各结构层的厚度，还能对路面的标高起到一定的控制作用。所以在《公路工程质量检验评定标准》（JTG F80/1—2004）中，路面各个层次的厚度所占分值较高。

路面各结构层厚度的检测一般与压实度检测同时进行，当用灌砂法进行压实度检查时，可量取挖坑灌砂深度为结构层厚度。当用钻芯取样法检查压实度时，可从芯样直接量取。目前还可以用雷达、超声波等方法进行无破损检测。

基层和砂石路面的厚度可用挖坑法测定，沥青面层及水泥混凝土路面板的厚度应用钻孔法测定。

二、路面厚度代表值与极值的允许偏差

对于路面各层施工完成后及工程交工验收检查使用时，必须进行厚度的检测。几种常用的路面结构层厚度的代表值与极值的允许偏差见表 10-6。水泥混凝土面层，每 200m 每车道检查 2 处；沥青混凝土、沥青碎石及沥青贯入式面层，每 200m 每车道检查 1 处；水泥稳定粒料基层及石灰稳定土底基层，每 200m 每车道检查 1 处。

表 10-6　几种常见的路面结构层厚度的代表值与极值的允许偏差

类型与层位	厚度（mm）			
	代表值		极值	
	高速、一级公路	其他公路	高速、一级公路	其他公路
水泥混凝土面层	−5	−5	−10	−10
沥青混凝土、沥青碎石面层	总厚度，−8 上面层，−4	总厚度≤60 时−5； >60 时，−8%*H*	总厚度，−15 上面层，−8	总厚度在≤60 时，−10； >60 时，−15%*H*
沥青贯入式面层		−8%*H* 或−5		−15%*H* 或−10
水泥稳定粒料基层	−8	−10	−15	−20
石灰土底基层	−10	−12	−25	−30

三、路面厚度检测方法

1. 仪具与材料

1）挖坑用的镐、铲、凿子、锤子、小铲、毛刷。

2）取样用路面取芯钻机及钻头、冷水机。钻头的标准直径为ϕ100mm，如芯样仅供测量厚度，不做其他试验时，对沥青面层与水泥混凝土板也可用直径ϕ50mm 的钻头。对基层材料有可能损坏试件时，也可用直径ϕ150mm 的钻头，但钻孔深度均必须达到层厚。

3）量尺：钢板尺、钢卷尺、卡尺（图 10-6）。

4）补坑材料：与检查层位的材料相同。

5）补坑用具：夯、热夯、水等。

6）其他：搪瓷盘、棉纱等。

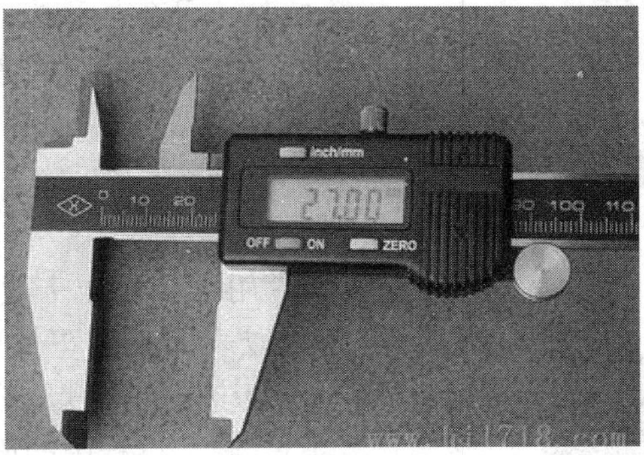

图 10-6　卡尺

2. 方法与步骤

（1）挖去法

1）按随机选点法决定挖坑检查的位置。如为旧路，测点有坑洞等显著缺陷或处于接缝处时，可在其旁边检测。

2）选一块约 40cm×40cm 的平坦表面作为试验地点，用毛刷将其清扫干净。

3）根据材料坚硬程度，选择镐、铲、凿子等适当的工具开挖这一层材料，直至层位底面。在便于开挖的前提下，开挖面积应尽量缩小，坑洞大体呈圆形。边开挖边将材料铲出置于方盘内。

4）边开挖边将材料铲出置于方盘内。

5）将一把钢板尺平放，横跨于坑的两边（图 10-7），用另一把钢尺或卡尺等量具在坑的中部位置垂直伸至坑底，测量坑底至钢板尺底面的距离，即为检查层的厚度，以 cm 计，精确至 0.1cm。

图 10-7　挖去法

（2）钻孔取样法

1）按随机选点法决定挖坑检查的位置。如为旧路，测点有坑洞等显著缺陷或处于

图 10-8　路面取芯机钻孔

接缝处时，可在其旁边检测。

2）按钻取芯样的方法用路面取芯机钻孔（图 10-8）。

3）仔细取出芯样，清除表面灰土，找出与下层的分界。

4）用钢板尺或卡尺沿圆周对称的十字方向四处量取表面至上下层界面的高度，取其平均值，即为该层的厚度，准确至 0.1cm。

（3）施工过程中的简易方法

在施工过程中，当沥青混合料尚未冷却时，可根据需要随机选择测点，用大螺丝刀插入量取或挖坑量取沥青层的厚度（必要时用小锤轻轻敲打），但不得使用铁镐等，以避免扰动四周的沥青层。挖坑后清扫坑边，架上钢板尺，用另一钢板尺量取层厚，或用螺丝刀插入坑内量取深度后用尺读数，即为厚度，以“cm”计，精确至 0.1cm。

3. 填补试抗或钻孔

补填工序如有疏忽，易成为隐患而导致开裂，因此，所有挖坑钻孔均应仔细做好补填。按下列步骤用取样层的相同材料填补试坑或钻孔：

1）适当清理坑中残留物，钻孔时留下的积水应用棉纱吸干。

2）无机结合料稳定层及水泥混凝土面板，应按相同配比用新拌的材料分层填补，并用小锤压实。新拌材料中宜掺加少量快凝早强的外掺剂。

3）对无机结合料粒料基层，可用挖坑时取出的材料，适当加水拌和后分层填补，并用小锤夯实整平。

4）对正在施工的沥青路面，用相同级配的热拌沥青混合料分层填补，并用热的铁锤或热夯夯实整平，旧路钻孔也可用乳化沥青混合料修补。

5）所有补坑结束时，宜比原面层略鼓出少许，用重锤或压路机压实平整。

4. 整理数据

1）按表 10-7 记录各点实测厚度并按式（10-4）计算实测厚度 h_1 与设计厚度 h_{0i} 之差。

$$\Delta h = h_1 - h_{0i} \tag{10-4}$$

2）按现行《公路路基路面现场测试规程》附录 B 规定的方法，计算一个检测评定路段的平均值、标准差、变异系数及厚度代表值。

3）当为检查路面总厚度时，则将各层平均厚度相加即为路面总厚度。

表 10-7　路面厚度检测记录表

工程名称某新建路　　路段桩号 K+000～K19+000　　结构类型石灰稳定粒料基层
检验者　　计算者　　校核者　　检测日期

测点位置	实测厚度 h_i（cm）	设计厚度 h_d（cm）	差值 Δh_{0i}（cm）	各点实测厚度统计计算
K18＋062 左 0.50m	21.2	20.0	1.2	平均值 $\overline{h}$ =20.7 标准差 S=0.90 变异系数 C_v=4.3% 代表值 h_L=20.1
K18＋175 右 1.47m	22.0	20.0	2.0	
K18+310 左 4.57m	19.5	20.0	−0.5	
K18+494 右 4.29m	19.8	20.0	−0.2	
K18 +538 右 2.20m	21.0	20.0	1.0	
K18+699 左 3.25m	19.9	20.0	−0.1	
K18 +838 左 3.34m	21.5	20.0	1.5	
K18 +977 左 0.05m	21.0	20.0	1.0	

四、路面结构层厚度评定

对路段内路面结构层厚度评定按代表值的允许偏差和单个测定值的允许偏差进行评定厚度代表值按单侧检验的置信下限计算，即

$$h_L = \overline{h} - (t_\alpha / \sqrt{n}) \cdot S \tag{10-5}$$

式中：h_L——厚度代表值；

$\overline{h}$——厚度算数平均值；

S——标准差；

n——测点数；

$t_\alpha / \sqrt{n}$——随测点数和保证率 A（置信度）而变化的系数。采用的保证率：高速一级公路基层，地基层为 99%；其他公路基层，底基层为 95%，面层为 90%。

当厚度代表值大于等于设计厚度减去代表值允许偏差时，按单个检查值的偏差是否超过极值来评定合格率和计算应得分数；当厚度代表值小于设计厚度减去代表值允许偏差时，则厚度指标为零分。

沥青面层一般按沥青铺筑层总厚度进行评定，但高速公路和一级公路多分 2～3 层铺筑还应进行上面层厚度的检查和评定。

【例 10-3】　某路段水泥混凝土路面板厚度测数据如表 10-8 所示。保证率为 95%，设计厚度 H=25cm，代表值允许偏差 Δh =5mm，试对该路段的板厚进行评价。

表 10-8　水泥混凝土路面板厚度检测结果（cm）

序号	1	2	3	4	5	6	7	8	9	10	11	12	13	14	15
厚度 h_i	25.1	24.8	25.1	24.6	24.7	25.4	25.2	25.3	24.7	24.9	24.9	24.8	25.3	25.3	25.2
序号	16	17	18	19	20	21	22	23	24	25	26	27	28	29	30
厚度 h_i	25.0	25.1	24.8	25.0	25.1	24.7	24.9	25.0	25.4	25.2	25.1	25.0	25.0	25.5	25.4

解：经计算得 $\overline{h}$ =25.05cm，S=0.24cm

根据 n=30，α=95%，查附表二得：$t_\alpha/\sqrt{n}$=0.30

厚度代表值为算术平均值的下置信界限，即

$$h=\overline{h}-(S\cdot t_\alpha/\sqrt{n})=25.05-0.310\times0.24=24.98\text{cm}$$

因为 $h>h_d-\Delta h$=24.5cm，所以该路段的板厚满足要求，又因单个检查值的偏差均不超过极值，故可得满分。

第四节　路面错台与沥青路面车辙检测

一、路面错台检测

路面在人工构造物端部接头、水泥混凝土路面或桥梁的伸缩缝以及沥青路面裂缝由于沉降所造成的错台（台阶）病害，影响行车的舒适性。通过错台检测，为计算维修工作量提供依据。

1. 检测器具与材料

检测器具与材料有：皮尺、精密水准仪、3m 直尺、钢板尺或钢卷尺、粉笔等。

2. 准备工作

在检测之前，应选择需要测定的断面，记录检测位置及桩号，并描述发生错台的原因。未经注明的错台的测定位置以行车道错台最大处纵断面为准，根据需要也可以其他代表性纵断面为测定位置。

3. 检测方法

（1）对于构造物端部接头处的错台

1）将精密水准仪架在距构造物端部不远的路面平顺处调平。

2）从构造物端部无沉降或鼓包的断面位置起，沿路线纵向用皮尺量取一定距离，作为测点，在该处立起塔尺，测量高程。再向前量取一定距离，作为测点，测量高程。如此重复，直至无明显沉降的断面为止，无特殊需要时，从构造物端部起的 2m 内，应每隔 0.2m 量测 1 次，2～5m 宜每隔 0.5m 量测 1 次，5m 以上可每隔 1m 量测 1 次，由此得出沉降纵断面及最大沉降值，即最大错台高度 D_{max}，准确至 1mm。

（2）对于水泥混凝土接缝、桥梁伸缩缝及沥青路面裂缝处的错台

按前述方法用水准仪测定接缝或裂缝两侧一定范围内的道路纵断面，确定最大错台位置及高度准确至 1mm。

当发生错台变形的范围不足 3m 时，可在错台最大位置沿路线纵向用 3m 直尺架在路面上，其一端位于错台高出的一侧，另一端位于无明显沉降变形处，作为基准线。用钢板尺或钢卷尺每隔 0.2m 量取路面与基准线之间高度 D，同时测记最大错台高度 D_{max}，准确至 1mm。

以测定的错台读数与各测点的距离成纵断面图作为测定结果，图中应标明相应断面的设计纵断面高程，最大错台的位置与高度，准确至 1mm。

新建水泥混凝土路面错台的测定：按每条胀缝 2 点，每 200m 抽纵、横接缝各 2 条，每条 2 点进行，允许偏差，高速公路、一级公路为 2mm，其他等级公路为 3mm。

二、沥青路面车辙检测

车辙是路面在车轮荷载重复作用下，沿行车轨迹上产生的纵向带状凹陷，也常伴有以纵向为主的裂缝。车辙深度以“mm”计，车辙面积以“m^2”计。车辙是高级沥青路面的主要破坏形式之一，它足以影响车辆的正常行驶。车辙的控制指标，国内还没有建立，国外是以车辙深度作为指标的。

1. 检测器具与材料

1）路面横断面仪。如图 10-9 所示，长度不小于一个车道宽度，横梁上有一位移传感器，可自动记录横断面形状，测试间距小于 20cm，测试精度 1mm。

2）激光或超声波车辙仪。包括多点激光或超声波车辙仪、线激光车辙仪、线扫描激光车辙仪等类型，通过激光测距技术或激光成像和数字图像分析技术得到车道横断面相对高程数据，并按规定模式计算车辙深度。要求激光或超声波车辙仪有效测试宽度不小于 3.2m，测点不少于 13 点，测试精度 1mm。

3）横断面尺。如图 10-10 所示，硬木或金属制直尺，刻度间距 5cm，长度不小于一个车道宽度，顶面平直，最大弯曲不超过 1cm。两端有把手及高度为 10～20cm 的支脚，两支脚的高度相同。

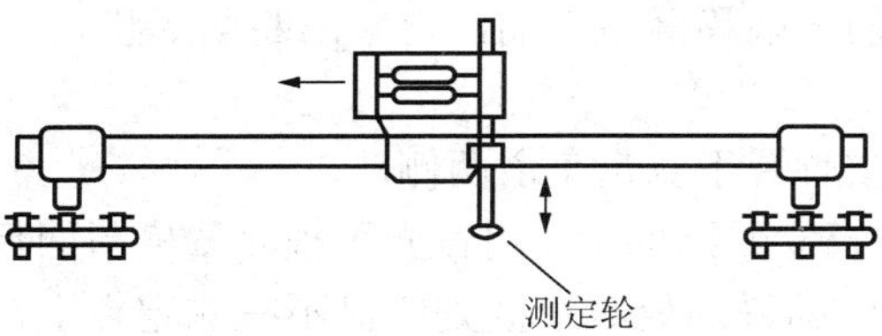

图 10-9　路面横断面仪

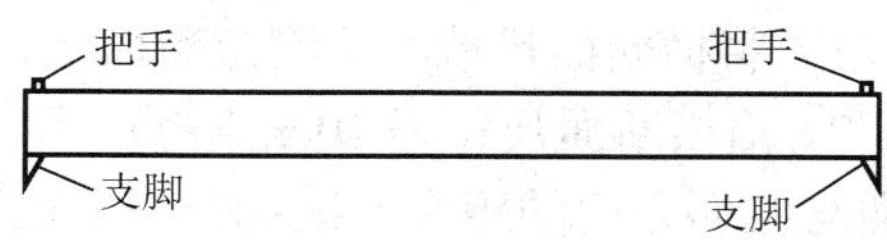

图 10-10　路面横断面尺

4）量尺。钢板尺、卡尺、塞尺、量程大于车辙深度，刻度至 1mm。

5）其他。皮尺、粉笔等。

2. 检测方法

车辙测定的基准测量宽度应符合下列规定：①对高速公路及一级公路，以发生车辙的一个车道两侧标线宽度中点到中点的距离为基准测量宽度；②对二级及二级以下公路，有车道区划线时以发生车辙的一个车道两侧标线宽度中点到中点的距离为基准测量宽度。无车道区划线时，以形成车辙部位的一个设计车道的宽度作为基准测量宽度。

以一个评定路段为单位，用激光车辙仪连续检测时，测定断面间隔不大于 10m。用其他方法非连续测定时，在车道上每隔 50m 作一测定断面，用粉笔画上标志。根据需要，也可以在行车道上随机选取测定断面，在特殊需要的路段，如交叉口前后可予以加密。

（1）采用激光或超声波车辙仪测试

1）将检测车辆就位于测定区间起点前。

2）启动并设定检测系统参数。

3）启动车辙和距离测试装置，开动测试车沿车道轮迹位置且平行于车道线平稳行驶，测试系统自动记录出每个横断面和距离数据。

4）到达测定区间终点后，结束测定。

5）系统处理软件按图 10-11 规定的模式通过各横断面相对高程数据计算车辙深度。

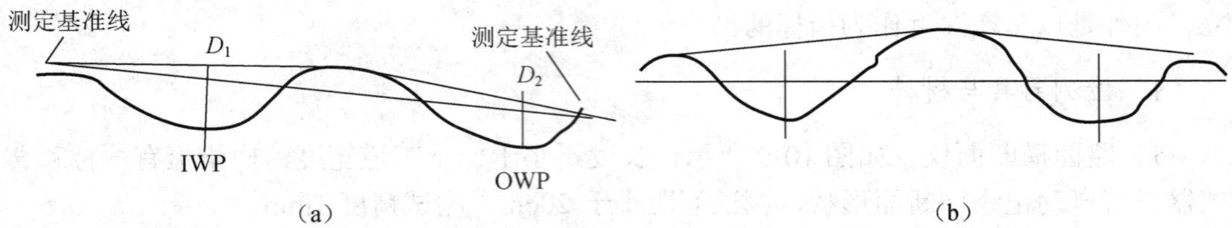

图 10-11　不同形状、不同程状的路面车辙

IWP、OWP-分别表示内侧轮迹带及外侧轮迹

（2）用路面横断面仪测定

1）将路面横断面仪就位于测定断面上，方向与道路中心线垂直，两端支脚立于测定车道的两侧边缘，记录断面桩号。

2）调整两端支脚高度，使其等高。

3）移动横断面仪的测量器，从测定车道的一端移至另一端，记录出断面形状。

（3）用路面横断面尺测定

1）将横断面尺就位于测定断面上，两端支脚置于测定车道两侧。

2）沿横断面尺每隔 20cm 一点，用量尺垂直立于路面上，用目光平视测量横断面尺顶面与路面之间的距离，准确至 1mm。如断面的最高处或最低处明显不在测定点上，应加测该点距离。

3）记录测定读数，绘出断面图，最后连接成圆滑的横断面曲线。

4）横断面尺也可用线绳代替。

5）当不需要测定横断面，仅需要测定最大车辙时，亦可用不带支脚的横断面尺架在路面上由目测确定最大车辙位置用尺量取。

3. 测定结果整理

按图 10-11 的方法画出横断面图及顶面基准线。在图 10-11 上确定车辙深度 D_1 及 D_2，读至 1mm，以其中最大值作为断面的最大车辙深度。各测定断面最大车辙深度的平均值为评定路段的平均车辙深度。

课 后 小 结

路基路面现场测定区间、断面及测点位置，采用随机取样的做法。路基路面几何尺寸检测的基本方法，宽度、纵断高程、横坡及中线偏位等是施工质量检查及竣工验收的规定项目。

测定时应准确恢复桩号，用随机选点方法确定测定位置。路基路面宽度必须是水平宽度。测定时不得使用皮尺，必须使用钢尺。纵断高程测定时，应按道路设计时的控制断面。路面结构层厚度对于保证工程整体结构强度具重要意义，在质量检测评定时，所占分值较高。路面结构层评定按代表值得允许偏差和单个测定值得允许偏差进行评定。

路面外观检测包括路面破损检测（包含沥青路面破损检测与水泥混凝土路面破损）、路面错台检测。沥青路面车辙可使用路面横断面仪（尺）测定与路面激光连续车辙仪测定。需掌握各项检测的检测目的、检测方法与步骤、检测结果计算和检测注意事项。

思考与练习

一、选择题

1．按《公路路基路面现场测试随机选点方法》进行选点时，所用到的硬纸片共（　　）块。

A．20　　B．28　　C．30　　D．50

2．路面结构层厚度的评定采用（　　）作为否决指标。

A．平均值　　B．平均值的置信下限

C．平均值的置信上限　　D．单点极值

3．某半刚性基层设计厚度为 20cm，允许偏差为–8mm，则结构层厚度合格标准为（　　）cm。

A．≥19.2　　B．≥20.8　　C．≤19.2　　D．≤20.8

4．厚度代表值h按（　　）公式计算。

A．$h=\overline{h}-Z_a \cdot S$　　B．$h=\overline{h}+Z_a \cdot S$

C．$h=\overline{h}-t_\alpha / \sqrt{n} \cdot S$　　D．$h=\overline{h}+t_\alpha / \sqrt{n} \cdot S$

5．不能采用挖坑法测定厚度的结构层有（　　）。

A．级配碎石过渡层　　B．水泥稳定碎石基层

C．水泥混凝土路面板　　　　D．沥青混凝土面层

6．二级公路水泥混凝土路面外观鉴定中，脱皮、印痕、裂纹、缺边掉角等缺陷的表面积不得超过受检面积的（　　）。

A．0.1%　　B．0.2%　　C．0.3%　　D．0.4%

7．可以采用挖坑法测定厚度的结构层是（　　）。

A．沥青面层　　　　B．水泥混凝土路面板

C．水泥稳定碎石基层　　　　D．级配碎石基层

8．土方路基交工验收时，需检测的项目包括（　　）等。

A．压实度　　B．弯沉　　C．横坡　　D．中线偏位

9．中线偏位的检测方法有（　　）。

A．角度交会法　　B．距离交会法　　C．极坐标法　　D．后方交会法

10．钢尺量距的基本要求是（　　）。

A．直　　B．快　　C．平　　D．准

二、填空题

1．沥青混凝土面层实测项目包括_______和厚度、中线平面偏位、纵断高程、宽度、横坡等九个项目。

2．路面厚度检测中，对基层和砂石路面厚度的检测可采用_______测定，对沥青面层及水泥混凝土路面板的厚度应用_______测定。

3．路基路面几何尺寸检测的主要项目有_______、_______、_______和_______。

4．公路几何线形检验包括_______、_______和_______。

5．路面工程包括_______、_______、_______、_______、_______、_______、_______路肩、路面边缘排水系统等分项工程。

6．厚度的检测方法有破坏性检测和非破坏性检测两种，前者有_______和_______，后者有_______。

7．水泥混凝土上加铺沥青面层的复合式路面，水泥混凝土路面结构不检查_______项目，沥青面层不检查_______项目。

8．路面厚度评定的否决指标是_______。

三、判断题（对者打“√”，错者打“×”）

1．中线偏位是指公路中线的实际位置与设计位置之间的偏移量。（　　）

2．分层铺筑的高速公路沥青面层，应分别检查沥青面层总厚度和上面层厚度。（　　）

3．路面结构层厚度评定中，保证率的取值与公路等级有关。（　　）

4．粒料类基层的厚度不必检验评定。（　　）

5．当基层厚度的代表值偏差满足要求但存在超过极值偏差的测点时，厚度这项指标评为 0 分。（　　）

6．水泥混凝土路面的横坡度的检测用水准仪每 100m 测 4 个断面。（　）

7．在路面工程中线偏位检测中，其检测频率为每 200m 测 4 个点。（　）

8．若外观鉴定检查发现取土坑和弃土堆位置不符合要求，可以进行评定，但须按处减分。（　）

9．中线偏位是指公路中线的实际位置与设计位置之间的偏移量。（　）

10．路面结构层厚度检测，一般应与压实度灌砂法或钻芯取样法一起进行。（　）

11．根据“评定标准”规定，纵断高程一般用水准仪测定。（　）

四、计算题

1．拟从 K10+000～K11+000 的检测路段中选择 6 个点检测压要疫、结构层厚度，试确定测点的位五（随机抽样编号为 4）。

2．拟从 K8+000～K9+000 的检测路段中选择 6 个点检测压实度、结构层厚度。试确定测点的位置（随机抽样编号为 4）。

3．某路段水泥混凝土路面板厚度检测数据如下。保证率为 95%，设计厚度 h_d=25cm，代表值容许偏差 Δh=5mm，试对该路段的板厚进行评价。检测结果：30 点分别为 25.1，24.8，25.1，24.6，24.7，25.4，25.2，25.3，24.7，24.9，24.9，24.8，25.3，25.3，25.2，25.0，25.1，24.8，25.0，25.1，24.7，24.9，25.0，25.4，25.2，25.1，25.0，25.0，25.5，25.4

4．某高速公路二灰稳定砂砾基层设计厚度为 18cm，代表值允许偏差为−8mm，极值允许偏差为−15mm。评定路段厚度检测结果（12 个测点）分别为 17.5、17.7、18.2、18.5、18.1、18.8、17.6、17.8、19.1、17.3、17.4、17.9cm，试按保证率 99%评定该路段的厚度是否合格？并计算实际得分（注：规定分为 20 分）。

5．某一级公路水泥稳定砂砾基层压实厚度检测值分别为 21.3、22.6、20.3、19.7、18.2、20.6、21.3、21.8、22.0、20.3、23.1、22.4、20.0、19.2、17.6、22.0cm，请按保证率 99%计算其厚度的代表值，并进行评定。（h_s=20cm，代表值允许偏差为−8mm，极值允许偏差为−15mm）（已知：$t_{0.95}/4=0.438$，$t_{0.99}/4=0.651$）

6．某一级公路水泥稳定粒料基层设计厚度为 20cm，该评定路段的检测值为 21.2、22.3、19.0、18.8、20.1、21.0、21.4、20.0、19.8（单位，cm），评定其厚度是否满足要求。若规定分为 20 分，可以得多少分？

7．某土方路基质量评定，经对压实度、弯沉、平整度等 8 项指标检测，各指标合格率如下表所示，其中压实度代表值大于压实度标准值，弯沉代表值满足要求。外观缺陷和资料不全扣分分别为 8 分和 6 分。

某土方路基质量评定表

检查项目	压实度	弯沉	纵断高程	中线偏位	宽度	平整度	横坡	边坡
合格率（%）	65	100	75	90	85	70	90	80
规定分	30	15	10	10	10	15	5	5

（1）请评定该路段土方路基质量等级。

（2）如评定结果不合格，那么如何改进该土方路基的质量？如评定结果合格，为了进一步提高该土方路基的质量，则应采取什么措施？

五、简答题

1．路基路面几何尺寸检测包括哪些项目？在检测中应注意哪些问题？

2．简述路基路面几何尺寸测试方法？

3．通常采用何种方法检测基层和底基层的厚度？

4．沥青路面和水泥混凝土路面面层厚度检测方法有哪些？

5．路面错台检测的方法与步骤是什么？

6．沥青路面车辙检测的方法与步骤是什么？

7．进行车辙试验时应注意的主要问题是什么 ？

8．水泥混凝土及沥青混凝土路面破损类型有哪些？

9．路面损坏的分类以及路面的保养修理与改善的要求？

第十一章 路基路面排水与防护工程检测

学习目标 1．知识目标

（1）了解排水管道和沟渠的施工质量检测一般规定。

（2）掌握排水管道施工质量检测内容。

（3）掌握沟渠的施工质量检测内容。

（4）了解路基路面防护工程检测一般规定。

（5）掌握砌体挡土墙、锚杆和加筋土挡土墙、桩板式挡土墙检测内容。

（6）了解悬臂式和扶臂式挡土墙、墙背填土、抗滑桩挖方边坡锚喷防护锥、护坡砌石工程、导流工程、石笼防护检测内容。

2．能力目标

（1）会进行排水管道施工质量实测项目检测、外观鉴定。

（2）会进行沟渠施工质量实测项目检测、外观鉴定。

（3）会进行砌体挡土墙、锚杆和加筋土挡土墙、桩板式挡土墙施工质量实测项目检测、外观鉴定。

课时建议 2课时

学习引导 为加强路基防护及排水工程质量，确保路基土石方工程质量和施工进度，根据与业主签署的施工承包合同书，特编制路基防护及排水工程施工方案。施工方案的编制以现有的施工力量和历年来路基防护及排水工程施工的经验作为基点，统筹考虑全部路基防护及排水工程的施工工艺、现场布置以及施工进度计划。

本章主要介绍路基路面排水与防护工程的检测的方法及应用。

第一节　排水管道和沟渠的施工质量检测

一、一般规定

1）排水工程排水管道和沟渠应按设计要求及施工规范要求施工，依照实际地形，选择合适的位置，将地面和地下水排出路基以外。

2）本节中土沟和浆砌排水沟均包括边沟、截水沟、排水沟等。跌水、急流槽、水簸箕等其他排水工程可按照浆砌排水沟的标准进行评定。

3）路面拦水带纳入路缘石分项工程，排水基层可按相关标准进行评定。

4）沟槽回填土应符合设计要求及施工规范的规定。

5）排水泵站明开挖基础可按照砌体或混凝土浇筑的标准进行评定。

二、排水管道施工质量检测

1. 管节预制

（1）基本要求

1）所用的水泥、砂、石、水、外加剂和掺合料的质量和规格应符合有关规范的要求，按规定的配合比施工。

2）混凝土应符合耐久性（抗冻、抗渗、抗侵蚀）等设计要求。

3）不得出现露筋和空洞现象。

（2）实测项目

实测项目见表 11-1。

表 11-1　管节预制实测项目

项次	检查项目	规定值或允许偏差	检查方法和频率	权值
1	混凝土强度（MPa）	在合格标准内		3
2	内径（mm）	不小于设计	尺量：2 个断面	2
3	壁厚（mm）	不小于设计壁厚-3	尺量：2 个断面	2
4	顺直度	矢度不大于 0.2%管节长	沿管节拉线量，取最大矢高	1
5	长度（mm）	+5，-0	尺量	1

（3）外观鉴定

1）蜂窝麻面面积不得超过该面面积的 1%。不符合要求时，每超过 1%减 3 分；深度超过 1cm 的必须处理。

2）混凝土表面平整。不符合要求时减 1～2 分。

2. 管节基础及管节安装

（1）基本要求

1）管材必须逐节检查，不得有裂缝、破损。

2）基础混凝土强度达到 5MPa 以上时，方可进行管节铺设。

3）管节铺设应平顺、稳固，管底坡度不得出现反坡，管节接头处流水面高差不得大于 5mm。管内不得有泥土、砖石、砂浆等杂物。

4）管道内的管口缝，当管径大于 750mm 时，应在管内作整圈勾缝。

5）管口内缝砂浆平整密实，不得有裂缝、空鼓现象。

6）抹带前，管口必须洗刷干净，管口表面应平整密实，无裂缝现象。抹带后应及时覆盖养生。

7）设计中要求防渗漏的排水管须做渗漏试验，渗漏量应符合要求。

（2）实测项目

实测项目见表 11-2。

表 11-2　管节基础及管节安装实测项目

项次	检查项目		规定值或允许偏差	检查方法和频率	权值
1	混凝土强度或砂浆强度（MPa）		在合格标准内		3
2	管轴线偏位（mm）		15	经纬仪或拉线：每两井测 3 处	2
3	管内底高程（mm）		±10	水准仪：每两井测 2 处	2
4	基础厚度（mm）		不小于设计	尺量：每两井测 3 处	1
5	管座	肩宽（mm）	+10，−5	尺量、挂边线：每两井测 2 处	1
		肩高（mm）	±10		
6	抹带	宽度	不小于设计	尺量：按 10%抽查	2
		厚度	不小于设计		

（3）外观鉴定

1）管道基础混凝土表面平整密实，侧面蜂窝不得超过该表面积的 1%，深度不超过 10mm。不符合要求时，减 1～3 分。

2）管节铺设直顺，管口缝带圈平整密实，无开裂脱皮现象。不符合要求时，每处减 1～2 分。

3）抹带接口表面应密实光洁，不得有间断和裂缝、空鼓。不符合要求时，每处减 1～2 分。

3. 检查（雨水）井砌筑

（1）基本要求

1）井基混凝土强度达到 5MPa 以上时，方可砌筑井体

2）砌筑砂浆配合比准确，井壁砂浆饱满，灰缝平整。圆形检查井内壁应圆顺，抹面密实光洁，踏步安装牢固。

3）井框、井盖安装必须平稳，井口周围不得积水。

（2）实测项目

实测项目见表 11-3。

表 11-3　检查（雨水）井砌筑实测项目

<table>
<tr><th>项次</th><th>检查项目</th><th colspan="2">规定值或允许偏差</th><th>检查方法和频率</th><th>权值</th></tr>
<tr><td>1</td><td>砂浆强度（MPa）</td><td colspan="2">在合格标准内</td><td>按附录 F 检查</td><td>3</td></tr>
<tr><td>2</td><td>轴线偏位（mm）</td><td colspan="2">50</td><td>经纬仪：每个检查井检查</td><td>1</td></tr>
<tr><td>3</td><td>圆井直径或方井长、宽（mm）</td><td colspan="2">±20</td><td>尺量：每个检查井检查</td><td>1</td></tr>
<tr><td>4</td><td>井底高程（mm）</td><td colspan="2">±15</td><td>水准仪：每个检查井检查</td><td>1</td></tr>
<tr><td rowspan="2">5</td><td rowspan="2">井盖与相邻路面高差（mm）</td><td>雨水井</td><td>0，-4</td><td rowspan="2">水准仪、水平尺：每个检查井检查</td><td rowspan="2">2</td></tr>
<tr><td>检查井</td><td>0，+4</td></tr>
</table>

（3）外观鉴定

1）井内砂浆抹面无裂缝。不符合要求时，减 1～2 分。

2）井内平整圆滑，收分均匀。不符合要求时，减 1～2 分。

三、沟渠的施工质量检测

1. 土沟

（1）基本要求

1）土沟边坡必须平整、坚实、稳定，严禁帖坡。

2）沟底应平顺整齐，不得有松散土和其他杂物，排水畅通。

（2）实测项目

实测项目见表 11-4。

表 11-4　土沟实测项目

项次	检查项目	规定值或允许偏差	检查方法和频率	权值
1	沟底高程（mm）	0，-30	水准仪：每 200m 测 4 处	2
2	断面尺寸（mm）	不小于设计	尺量：每 200m 测 2 处	2
3	边坡坡度	不陡于设计	尺量：每 200m 测 2 处	1
4	边棱直顺度（mm）	50	尺量：20m 拉线，每 200m 测 2 处	1

（3）外观鉴定

沟底无明显凹凸不平和阻水现象。不符合要求时，每处减 1～2 分。

2. 浆砌排水沟

（1）基本要求

1）砌体砂浆配合比准确，砌缝内砂浆均匀饱满，勾缝密实。

2）浆砌片（块）石、混凝土预制块的质量和规格应符合设计要求。

3）基础缩缝应与墙身缩缝对齐。

4）砌体抹面应平整、压光、直顺，不得有裂缝、空鼓现象。

（2）实测项目

实测项目见表 11-5。

表 11-5　浆砌排水沟实测项目

项次	检查项目	规定值或允许偏差	检查方法和频率	权值
1	砂浆强度（MPa）	在合格标准内	按附录 F 检查	3
2	轴线偏位（mm）	50	经纬仪或尺量：每 200m 测 5 处	1
3	沟底高程（mm）	+15	水准仪：每 200m 测 5 点	2
4	墙面直顺度（mm）或坡度	30 或不陡于设计	20m 拉线、坡度尺：每 200m 测 2 处	1
5	断面尺寸（mm）	±30	尺量：每 200m 测 2 处	2
6	铺砌厚度（mm）	不小于设计	尺量：每 200m 测 2 处	1
7	基础垫层宽、厚（mm）	不小于设计	尺量：每 200m 测 2 处	1

（3）外观鉴定

1）砌体内侧及沟底应平顺。不符合要求时，减 1～2 分。

2）沟底不得有杂物。不符合要求时，减 1～2 分。

（4）排水沟施工注意事项

1）排水沟的线形要求平顺，尽可能采用直线形，转弯处宜做成弧形，其半径不宜小于 10m，排水沟长度根据实际需要而定，通常不宜超过 500m。

2）排水沟沿路线布设时，应离路基尽可能远一些，距路基坡脚不宜小于 3～4m。

3）当排水沟、截水沟、边沟因纵坡过大产生水流速度大于沟底、沟壁土的容许冲刷流速时，应采用边沟表面加固措施。

3. 盲沟

（1）基本要求

1）盲沟的设置及材料的质量和规格应符合设计要求和施工规范规定。

2）反滤层应用筛选过的中砂、粗砂、砾石等渗水性材料分层填筑。

3）排水层应采取石质坚硬的较大粒料填筑，以保证排水孔隙度。

（2）实测项目

实测项目见表 11-6。

表 11-6　盲沟实测项目

项次	检查项目	规定值或允许偏差	检查方法和频率	权值
1	沟底高程（mm）	±15	水准仪：每 10～20m 测 1 处	1
2	断面尺寸（mm）	不小于设计	尺量：每 20m 测 1 处	1

（3）外观鉴定

1）反滤层应层次分明。不符合要求时，减 1～2 分。

2）进出水口应排水通畅。不符合要求时，减 1～2 分。

（4）路基盲沟注意事项

1）盲沟通常为矩形或梯形，在盲沟的底部和中部用较大碎石或卵石（粒径 30～50mm）填筑，在碎石或卵石的两侧和上部，按一定比例分层（层厚约 150mm），填较细颗粒的粒料（中砂、粗砂、砾石），作成反滤层，逐层的粒径比例，大致按 4∶1 递减。

砂石料颗粒小于 0.15mm 的含量不应大于 5%。或用土工合成材料包裹有孔的硬塑管，管四周填以大于硬塑管孔径的等粒径碎、砾石，组成盲沟。在盲沟顶部作封闭层，用双层反铺草皮或其他材料（如土工合成的防渗材料）铺成，并在其上夯填厚度不小于 0.5m 的黏土防水层。

2）盲沟的埋置深度，应满足渗水材料的顶部（封闭层以下）不得低于原有地下水位的要求。当排除层间水时，盲沟底部应埋于最下面的不透水层上。

3）当采用土工织物作反滤层时，应先在底部及两侧沟壁铺好就位，并预留顶部覆盖所需的土工织物，并拉直平顺紧贴下垫层，所有纵向或横向的搭接缝应交替错开，搭接长度均不得小于 300mm。

4）盲沟只宜用于渗流不长的地段，且纵坡不应小于 1%，出水口底面标高，应高出沟外最高水位 0.2m。

4. 排水泵站

（1）基本要求

1）地基应具有足够的承载力，不应扰动基底土壤。

2）井壁混凝土应压实，混凝土强度达到合格标准后方可进行下沉。

3）沉井下沉过程中，应随时注意正位，发现偏位及倾斜时须及时纠正。

4）沉井封底应密实不漏水。

5）水泵、管及管件应安装牢固。

（2）实测项目

实测项目见表 11-7。

表 11-7 排水泵站（沉井）实测项目

项次	检查项目	规定值或允许偏差	检查方法和频率	权值
1	混凝土强度（MPa）	在合格标准内	按附录 D 检查	3
2	轴线平面偏位（mm）	1%井深	经纬仪、纵、横向各 2 处	1
3	垂直度（mm）	1%井深	用垂线检查：纵、横向各 1 处	2
4	底板高程（mm）	±50	水准仪测 4 处	1

（3）外观鉴定

泵站轮廓线条清晰，表面平整。不符合要求时，减 1～2 分。

第二节 路基路面防护工程检测

一、一般规定

1）对砌体挡土墙，当平均墙高小于 6m 或墙身面积小于 $1200m^2$ 时，每处可作为分项工程进行评定；当平均墙高超过 6m 且墙身面积不小于 $1200m^2$ 时，为大型挡土墙，每处应作为分部工程进行评定。

2）悬臂式和扶臂式挡土墙，桩板式、锚碇板和加筋土挡土墙应作为分部工程评定。

3）丁坝、护岸可参照挡土墙的标准进行评定。

4）本节砌石工程的标准可用于桥梁工程及本节未列出名称的其他砌石构造物的评定。

5）钢筋混凝土结构或构件，均应包括钢筋加工及安装分项工程。

二、砌体挡土墙

1. 基本要求

1）石料或混凝土预制块的强度、规格和质量应符合有关规范和设计要求。

2）砂浆所用的水泥、砂、水的质量应符合有关规范的要求，按规定的配合比施工。

3）地基承载力必须满足设计要求，基础埋置深度应满足施工规范要求。

4）砌筑应分层错缝。浆砌时坐浆挤紧，嵌填饱满密实，不得有空洞；干砌时不得松动、叠砌和浮塞。

5）沉降缝、泄水孔、反滤层的设置位置、质量和数量应符合设计要求。

2. 实测项目

实测项目见表 11-8 及表 11-9。

表 11-8　砌体挡土墙实测项目

项次	检查项目	规定值或允许偏差	检查方法和频率	权值
1	砂浆强度（MPa）	在合格标准内	按附录 F 检查	3
2	平面位置（mm）	50	经纬仪：每 20m 检查墙顶外边线 3 点	1
3	顶面高程（mm）	±20	水准仪：每 20m 检查 1 点	1
4	竖直度或坡度（%）	0.5	吊垂线：每 20m 检查 2 点	1
5	断面尺寸（mm）	不小于设计	尺量：每 20m 量 2 个断面	3
6	底面高程（mm）	±50	水准仪：每 20m 检查 1 点	1
7	表面平整度（mm）	块石 20	2m 直尺：每 20m 检查 3 处，每处检查竖直和墙长两个方向	1
		片石 30		
		混凝土块、料石 10		

表 11-9　干砌挡土墙实测项目

项次	检查项目	规定值或允许偏差	检查方法和频率	权值
1	平面位置（mm）	50	经纬仪：每 20m 检查 3 点	2
2	顶面高程（mm）	±30	水准仪：每 20m 测 3 点	2
3	竖直度或坡度（%）	0.5	尺量：每 20m 吊垂线检查 3 点	1
4	断面尺寸（mm）	不小于设计	尺量：每 20m 检查 2 处	2
5	底面高程（mm）	±50	水准仪：每 20m 测 1 点	2
6	表面平整度（mm）	50	2m 直尺：每 20m 检查 3 处，每处检查竖直和墙长两个方向	1

3. 外观鉴定

1）砌体表面平整，砌缝完好、无开裂现象，勾缝平顺，无脱落现象。不符合要求时减 1～3 分。

2）泄水孔坡度向外，无堵塞现象。不符合要求时必须进行处理，并减 1～3 分。

3）沉降缝整齐垂直，上下贯通。不符合要求时必须进行处理，并减 1～3 分。

三、悬臂式和扶臂式挡土墙

1. 基本要求

1）混凝土所用的水泥、砂、石、水和外掺剂的规格和质量应符合有关规范的要求，按规定的配合比施工。

2）地基强度必须满足设计要求。

3）不得有露筋和空洞现象。

4）沉降缝、泄水孔的设置位置、质量和数量应符合设计要求。

2. 实测项目

实测项目见表 11-10。

表 11-10　悬臂式和扶臂式挡土墙实测项目

项次	检查项目	规定值或允许偏差	检查方法和频率	权值
1	混凝土强度（MPa）	在合格标准内	按有关方法检查	3
2	平面位置（mm）	30	经纬仪：每 20m 检查 3 点	1
3	顶面高程（mm）	±20	水准仪：每 20m 检查 1 点	1
4	竖直度或坡度（%）	0.3	吊垂线：每 20m 检查 2 点	1
5	断面尺寸（mm）	不小于设计	尺量：每 20m 检查 2 个断面，抽查 扶臂 2 个	2
6	底面高程（mm）	±30	水准仪：每 20m 检查 1 点	1
7	表面平整度（mm）	5	2m 直尺：每 20m 检查 2 处	1

3. 基本要求

1）混凝土施工缝平顺。不符合要求时减 1～2 分。

2）蜂窝、麻面面积不得超过该面面积的 0.5%。不符合要求时,每超过 0.5%减 3 分；深度超过 1cm 的必须处理。

3）混凝土表面出现非受力裂缝，减 1～3 分。裂缝宽度超过设计规定或设计未规定时超过 0.15mm 必须处理。

4）泄水孔坡度向外，无堵塞现象。不符合要求时必须进行处理，并减 1～3 分。

5）沉降缝整齐垂直，上下贯通。不符合要求时应进行处理，并减 1～3 分。

四、锚杆、锚碇板和加筋土挡土墙

1. 基本要求

1）混凝土所用的水泥、砂、石、水和外掺剂的规格和质量应符合有关规范的要求，按规定的配合比施工。

2）地基强度必须满足设计要求。

3）锚杆、拉杆或筋带的强度、质量和规格，必须满足设计和有关规范的要求，根数不得少于设计数量。

4）筋带须理顺，放平拉直，筋带与面板、筋带与筋带连接牢固。

5）混凝土不得出现露筋和空洞现象。

2. 实测项目

基础和肋柱预制分别按桥梁工程中有关规定检查。其他实测项目见表 11-11～表 11-15。

表 11-11 筋带实测项目

项次	检查项目	规定值或允许偏差	检查方法和频率	权值
1	筋带长度或直径	不小于设计	尺量：每 20m 检查 5 根（束）	2
2	筋带与面板连接	符合设计	目测：每 20m 检查 5 处	2
3	筋带与筋带连接	符合设计	目测：每 20m 检查 5 处	1
4	筋带铺设	符合设计	目测：每 20m 检查 5 处	1

表 11-12 锚杆、拉杆实测项目

项次	检查项目	规定值或允许偏差	检查方法和频率	权值
1	锚杆、拉杆长度	符合设计要求	尺量：每 20m 检查 5 根	2
2	锚杆、拉杆间距（mm）	±20	尺量：每 20m 检查 5 根	1
3	锚杆、拉杆与面板连接	符合设计要求	目测：每 20m 检查 5 处	2
4	锚杆、拉杆防护	符合设计要求	目测：每 20m 检查 10 处	2
5	锚杆抗拔力	抗拔力平均值≥设计值 最小抗拔力≥0.9 设计值	拔力试验：锚杆数 1%，且不少于 3 根	3

表 11-13 面板预制实测项目

项次	检查项目	规定值或允许偏差	检查方法和频率	权值
1	混凝土强度（MPa）	在合格标准内	按有关方法检查	3
2	边长（mm）	±5 或 0.5%边长	尺量：长宽各量 1 次，每批抽查 10%	2
3	两对角线差（mm）	10 或 0.7%最大对角线长	尺量：每批抽查 10%	1
4	厚度（mm）	+5,−3	尺量：检查 2 处，每批抽查 10%	2
5	表面平整度（mm）	4 或 0.3%边长	2m 直尺：长、宽方向各测 1 次，每批抽查 10%	1
6	预埋件位置（mm）	5	尺量：检查每件，每批抽查 10%	1

表 11-14　面板安装实测项目

项次	检查项目	规定值或允许偏差	检查方法和频率	权值
1	每层面板顶高程（mm）	±10	水准仪：每 20m 抽查 3 组板	1
2	轴线偏位（mm）	10	挂线、尺量：每 20m 量 3 处	2
3	面板竖直度或坡度	+0, -0.5%	吊垂线或坡度板：每 20m 量 3 点	1
4	相邻面板错台（mm）	5	尺量：面板交界处检查 3 点	1

注：面板安装以同层相邻两板为一组。

表 11-15　锚杆、锚碇板和加筋土挡土墙总体实测项目

项次	检查项目		规定值或允许偏差	检查方法和频率	权值
1	墙顶和肋柱平面位置（mm）	路堤式	+50,-100	经纬仪：每 20m 检查 3 处	2
		路肩式	±50		
2	墙顶和柱顶高程（mm）	路堤式	±50	水准仪：每 20m 测 3 点	2
		路肩式	±30		
3	肋柱间距		±15	尺量：每柱间	1
4	墙面倾斜度（mm）		+0.5%H 且不大于+50，-1%H 且不小于-100	吊垂线或坡度板：每 20m 测 2 处	2
5	面板缝宽（mm）		10	尺量：每 20m 至少检查 5 条	1
6	墙面平整度（mm）		15	2m 直尺：每 20m 测 3 处	1

注：①平面位置和倾斜度“＋”指向外，“－”指向内。②H 为墙高。

3. 外观鉴定

1）预制面板表面平整光洁，线条顺直美观，不得有破损翘曲、掉角啃边等现象。不符合要求时减 1～2 分。

2）蜂窝、麻面面积不得超过该面面积的 0.5%，不符合要求时，每超过 0.5%减 2 分。深度超过 1cm 的必须处理。

3）混凝土表面出现非受力裂缝减 1～3 分。裂缝宽度超过设计规定或设计未规定时超过 0.15mm 必须进行处理。

4）墙面直顺，线形顺适，板缝均匀，伸缩缝贯通垂直，不符合要求时减 1～3 分。

5）露在面板外的锚头应封闭密实、牢固，整齐美观。不符合要求时减 1～5 分。

五、桩板式挡土墙

桩按桥梁工程中有关规定评定，面板预制及总体按本节相关规定评定。

六、墙背填土

1. 基本要求

1）墙背填土应采用透水性材料或设计规定的填料，严禁采用膨胀土、高液限黏土、腐殖土、盐渍土、游泥、白垩土、硅藻土和冻土块。填料中不应含有机物、冰块、草皮、树根等杂物或生活垃圾。

2）墙背填土必须和挖方路基、填方路基有效搭接，纵向接缝必须设台阶。
3）必须分层填筑压实，每层表面平整，路拱合适。
4）墙身强度达到设计强度 75%以上时方可开始填土。

2. 实测项目

除距面板 1m 范围以内压实度实测项目见表 11-16 所示外，其他部分填土和其他类型挡土墙填土的压实度要求均与路基相同。

表 11-16　锚杆、锚碇板和加筋土挡土墙墙背填土实测项目

项次	检查项目	规定值或允许偏差	检查方法和频率	权值
1	距面板 lm 范围以内压实度（%）	90	按有关方法检查，每 100m 每压实层测 1 处，并不得少于 1 处	1

3. 外观鉴定

1）填土表面应平整，边线直顺。不符合要求时减 1～3 分。
2）边坡坡面平顺稳定，不得亏坡，曲线圆滑。不符合要求时减 1～3 分。

七、抗滑桩

1. 基本要求

1）混凝土所用的水泥、砂石、水和外掺剂的质量和规格必须符合设计和有关规范的要求，按规定的配合比施工。
2）施工中应核对滑动面位置，如图纸与实际位置有出入，应变更抗滑桩的深度。
3）做好桩区地面截、排水及防渗，孔口地面上应加筑适当高度的围埂。

2. 实测项目

实测项目见表 11-17。

表 11-17　抗滑桩实测项目

项次	检查项目		规定值或允许偏差	检查方法和频率	权值
1	混凝土强度（MPa）		在合格标准内	按附录 D 检查	3
2	桩长（m）		不小于设计	测绳量：每桩测量	2
3	孔径或断面尺寸（mm）		不小于设计	探孔器：每桩测量	2
4	桩位（mm）		100	经纬仪：每桩测量桩检查	1
5	竖直度（mm）	钻孔桩	1%桩长，且不大于 500	测壁仪或吊垂线：每桩检查	1
		挖孔桩	0.5%桩长，且不大于 200	吊垂线：每桩检查	
6	钢筋骨架底面高程（mm）		±50	水准仪：测每桩骨架顶面高程后反算	1

3. 外观鉴定

无破损检测桩的质量有缺陷，但经设计单位确认仍可用时，应减 3 分。

八、挖方边坡锚喷防护

1. 基本要求

1）锚杆、钢筋和土工格栅的强度、数量，质量和规格必须符合设计和有关规范的要求。

2）混凝土及砂浆所用的水泥、砂、石、水和外掺剂必须符合有关规范的要求，按规定的配合比施工。

3）边坡坡度、坡面应符合设计要求。岩面应无风化、无浮石，喷射前必须用水冲洗。

4）钢筋应清除污锈，钢筋网与锚杆或其他锚固装置连接牢固，喷射时钢筋不得晃动。

5）锚杆插入锚孔深度不得小于设计长度的 95%，孔内砂浆应密实、饱满。

6）喷射前应做好排水设施，对个别漏水空洞的缝隙应采用堵水措施，确保支护质量。

7）钢筋、土工格栅或锚杆不得外露，混凝土不得开裂脱落。

8）有关预应力锚索的基本要求见相关标准，锚索非锚固段套管安装位置必须符合设计要求。

2. 实测项目

实测项目见表 11-18。

表 11-18　锚喷防护实测项目

项次	检查项目	规定值或允许偏差	检查方法和频率	权值
1	混凝土强度（MPa）	在合格标准内	按有关方法检查	3
2	砂浆强度（MPa）	在合格标准内	按有关方法检查	3
3	锚孔深度（mm）	不小于设计	尺量：抽查 10%	1
4	锚杆（索）间距（mm）	±100	尺量：抽查 10%	1
5	锚杆拔力（kN）	拔力平均值≥设计值，最小拔力≥0.9 设计值	拔力试验：锚杆数 1%，且不少于 3 根	3
6	喷层厚度（mm）	平均厚≥设计厚，60%检查点的厚度≥设计厚，最小厚度≥0.5 设计厚，且不小于设计规定	尺量（凿孔）或雷达断面仪：每 10m 检查 1 个断面，每 3m 检查 1 点	2
7	锚索张拉应力（MPa）	符合设计要求	油压表：每索由读数反算	3
8	张拉伸长率（%）	符合设计规定;设计未规定时采用±6	尺量：每索	2
9	断丝、滑丝数	每束 1 根，且每断面不超过钢丝总数的 1%	目测：逐根（束）检查	2

注：实际工程中未涉及的项目不参与评定。

3. 外观鉴定

混凝土表面密实，不得有突变，与原表面结合紧密，不应起鼓。不符合要求时减 1～3 分。

九、锥、护坡

1. 基本要求

1）石料质量、规格应符合有关规定。砂浆所用的水泥、砂、水的质量应符合有关规范的要求，按规定的配合比施工。

2）锥、护坡基础埋置深度及地基承载力应符合设计要求。

3）砌体应咬扣紧密，嵌缝饱满密实。

4）锥、护坡填土密实度应达到设计要求，对坡面刷坡整平后方可铺砌。

2. 实测项目

实测项目见表 11-19。

表 11-19　锥、护坡实测项目

项次	检查项目	规定值或允许偏差	检查方法和频率	权值
1	砂浆强度（MPa）	在合格标准内	按附录 F 检查	3
2	顶面高程（mm）	±50	水准仪：每 50m 检查 3 点，不足 50m 时至少 2 点	1
3	表面平整度（mm）	30	2m 直尺：锥坡检查 3 处，护坡每 50m 检查 3 处	1
4	坡度	不陡于设计	坡度尺量：每 50m 量 3 处	1
5	厚度（mm）	不小于设计	尺量：每 100m 检查 3 处	2
6	底面高程（mm）	±50	水准仪：每 50m 检查 3 点	1

3. 外观鉴定

1）表面平整，无垂直通缝。不符合要求时减 1～3 分。

2）勾缝平顺，无脱落现象。不符合要求时减 1～3 分。

十、砌石工程

1. 基本要求

1）石料质量、规格及砂浆所用材料的质量应符合设计要求。

2）砌块应错缝砌筑、相互咬紧；浆砌时砌块应坐浆挤紧，嵌缝后砂浆饱满，无空洞现象；干砌时不松动、无叠砌和浮塞。

2. 实测项目

实测项目见表 11-20 及表 11-21。

表 11-20　浆砌砌体实测项目

项次	检查项目		规定值或允许偏差	检查方法和频率	权值
1	砂浆强度（MPa）		在合格标准内	按附录 F 检查	3
2	顶面高程（mm）	料、块石	±15	水准仪：每 20m 检查 3 点	1
		片石	±20		
3	竖直度或坡度	料、块石	0.3%	吊垂线：每 20m 检查 3 点	2
		片石	0.5%		
4	断面尺寸（mm）	料石	±20	尺量：每 20m 检查 2 处	2
		块石	±30		
		片石	±50		
5	表面平	料石	10	2m 直尺：每 20m 检查 5 处	2
		块石	20		
		片石	30		

表 11-21　干砌片石实测项目

项次	检查项目	规定值或允许偏差	检查方法和频率	权值
1	顶面高程（mm）	±30	水准仪：每 20m 测 3 点	1
2	外形尺寸（mm）	±100	尺量：每 20m 或自然段，长宽各 3 处	3
3	厚度（mm）	±50	尺量：每 20m 检查 3 处	3
4	表面平整度（mm）	50	2m 直尺：每 20m 检查 5 处	2

3. 外观鉴定

1）砌体边缘直顺，外露表面平整。不符合要求时减 1～3 分。

2）勾缝平顺，缝宽均匀，无脱落现象。不符合要求时减 1～3 分。

十一、导流工程

1. 基本要求

1）所用材料的规格和质量应符合有关规定。

2）导流堤（坝）的基础埋置深度及地基承载力应符合设计要求。

2. 实测项目

实测项目见表 11-22 所示。

表 11-22　导流工程实测项目

项次	检查项目		规定值或允许偏差	检查方法和频率	权值
1	砂浆强度（mm）		在合格标准内	按有关方法检查	3
2	平面位置（mm）		30	经纬仪：按设计图控制坐标检查	2
3	长度（mm）		不小于设计长度-100	尺量：每个检查	1
4	断面尺寸（mm）		不小于设计	尺量：检查 5 处	2
5	高程（mm）	基底	不大于设计	水准仪：检查 5 点	2
		顶面	±30		

3. 外观鉴定

表面规整，线条直顺，曲线圆滑。不符合要求时减 1～3 分。

十二、石笼防护

1. 基本要求

1）所用材料的规格和质量应符合有关规定。
2）铁丝笼的网眼尺寸应符合设计要求。
3）石笼的坐码或平铺应符合设计要求。

2. 实测项目

实测项目见表 11-23 所示。

表 11-23 石笼防护实测项目

项次	检查项目	规定值或允许偏差	检查方法和频率	权值
1	平面位置（mm）	符合设计要求	经纬仪：按设计图控制坐标检查	1
2	长度（mm）	不小于设计长度-300	尺量：每个（段）检查	1
3	宽度（mm）	不小于设计长度-200	尺量：每个（段）量 5 处	1
4	高度（mm）	不小于设计	水准仪或尺量：每个（段）检查 5 处	1
5	底面高程（mm）	不高于设计	水准仪：每个（段）检查 5 处	1

3. 外观鉴定

表面整齐，线条直顺，曲线圆滑。不符合要求时减 1～2 分。

课 后 小 结

为加强路基防护及排水工程质量，确保路基土石方工程质量和施工进度，需要了解排水管道和沟渠的施工质量检测一般规定。了解悬臂式和扶臂式挡土墙、墙背填土、抗滑桩挖方边坡锚喷防护锥、护坡砌石工程、导流工程、石笼防护检测内容。掌握排水管道、沟渠施工质量检测内容。掌握路基路面防护工程检测内容。

会进行排水管道、沟渠施工质量实测项目检测、外观鉴定。会进行砌体挡土墙、锚杆和加筋土挡土墙、桩板式挡土墙施工质量实测项目检测、外观鉴定。

思考与练习

一、选择题

1．（　　）属于路基的地面排水设施。

A．边沟　　B．渗沟　　C．暗沟　　D．渗井

2．常见的地面排水结构物类型有（　　）。

A．边沟　　B．截水沟　　C．排水沟　　D．跌水

3．常见的石砌挡土墙墙背一般由（　　）主要部分构成。

A．墙身　　B．排水设备　　C．基础　　D．跌水

4．常用的重力式挡土墙一般是由（　　）组成的。

A．边沟　　B．伸缩缝　　C．基础　　D．排水设施

5．公路的基本组成部分包括（　　）等。

A．路基　　B．路面缝　　C．桥涵　　D．隧道

二、填空题

1．挡土墙按照墙体材料划分可以分为路堑墙、路肩墙、______和山坡墙等。

2．常用的坡面防护设施有植物防护和______。

3．路基除了要求断面尺寸符合设计要求外，应具有足够的强度、______、稳定性和______。

4．边沟的纵坡一般与______纵坡一致，并不得小于______。

5．在路基设计的要求路基处于______和干湿状态。

6．路基工程的附属设施包括取土坑、______护坡道、碎落台、堆料台。

7．路基横断面设计主要内容是确定______坡度和边坡防护加固措施。

8．高出原地面由填方构式的路基称______低于原地面由挖方构式的路基称______。

9．路基高度低于______的称矮路堤，高于______的称高路堤，介于两者的为______。

10．路基的边坡坡度是边坡的高度 H 与边坡宽度 B 的值写成 1∶m，m 值越大，则边坡越______m 值越小，则边坡越______。

11．常见的路基横断面形成有路堤、路堑、填挖结合路堤和______。

12．沿河路基直接承受水流冲刷，其冲刷防护可分为______和间接防护。

13．路基坡面防护的常用措施可分为植被防护、______及护面墙。

14．对于较坚硬不宜风化的岩石路堑边坡，当裂缝多而细时，采用______防护，当裂缝大而深时，采用______防护。

15．路基排水的目的是保证陆架的______和______。

三、简答题

1．简述排水管道的施工质量检测一般规定。

2．简述沟渠的施工质量检测一般规定。

3．简述路基路面防护工程检测一般规定。

4．简述砌体挡土墙实测项目检测、外观鉴定。

5．简述锚杆和加筋土挡土墙检测内容。

6．简述桩板式挡土墙实测项目检测、外观鉴定。

7．简述砌体挡土墙、锚杆和加筋土挡土墙、桩板式挡土墙检测内容。

8．简述悬臂式和扶臂式挡土墙检测内容。

9．简述抗滑桩实测项目检测、外观鉴定。

10．简述挖方边坡锚喷防护锥检测内容。

11．简述护坡砌石工程检测内容。

12．常见的路基地下排水结构物有哪些？

13．浸水路堤的概念，以及何种情况下需计入渗透动水压力的影响？

14．挡土墙按照墙的位置、材料和结构形式，可划分为几种类型？

四、名词解释

1．路基

2．边坡坡度

3．低温缩裂

4．渗沟

5．挡土墙

6．沉陷

第十二章

桥梁基础检测

学习目标　1．知识目标

（1）掌握规范法、触探法、荷载试验法确定地基承载力的方法。

（2）掌握泥浆性能指标检测。

（3）掌握桩基础的成孔质量检测方法。

（4）掌握应力波法测桩的要点。

（5）掌握超声波法测桩的检测要点。

2．能力目标

（1）能进行地基的检验和描述试验过程，会对试验数据进行分析，编制试验检测报告。

（2）能进行桩基础成孔质量检测。

（3）能进行低应变反射波法、超声波法检测桩基础的完整性。

课时建议　4 课时

引例导入　苏通大桥（图 12-1）主墩基础由 131 根长约 120m，直径 2.5～2.8m 的群桩构成，承台长 114m、宽 48m，面积有一个足球场大，是在 40m 水深以下厚达 300m 的软土地基上建起来的，是世界上规模最大，入土深度最深的群桩基础。随着国民经济和技术的不断发展，桥梁建造的跨度越来越长，基础越来越深，施工难度越来越大，桥梁基础检测也至关重要，有关桥梁基础检测的知识将在本书后面的学习任务中详细讲述。

图 12-1　苏通大桥

第一节　地基承载力检测

地基容许承载力的确定一般有以下几种途径：

① 在土质基本相同的条件下，参照邻近结构物地基容许承载力。

② 根据现场荷载试验或触探试验资料。

③ 按地基承载力理论公式计算。

④ 按现行规范提供的经验公式计算。

一、规范法确定地基的承载力

桥梁地基的容许承载力可根据地质勘测、原位测试、野外荷载试验以及邻近旧桥涵调查对比，由经验和理论公式计算综合分析确定。当缺乏上述资料时可按《公路桥涵地基与基础设计规范》（JTG D63—2007）推荐的方法确定地基容许承载力，对地质和结构复杂的桥涵地基应根据现场荷载试验确定容许承载力。

根据《公路桥涵地基与基础设计规范》（JTG D63—2007），地基承载力的验算应以修正后的地基承载力容许值$[f_a]$控制。该值系在地基原位测试或在规范给出的各类岩土承载力基本容许值$[f_{a0}]$的基础上，经修正而得。

地基承载力基本容许值$[f_{a0}]$可根据岩土类别、状态及其物理力学特性指标参考《公路桥涵地基与基础设计规范》（JTG D63—2007）选用。

（1）修正后的地基承载力容许值确定

修正后的地基承载力容许值$[f_a]$按式（12-1）确定。当基础位于水中不透水地层上时，$[f_a]$按平均常水位至一般冲刷线的水深每米再增大 10kPa。

$$[f_a]=[f_{a0}]+k_1\gamma_1(b-2)+k_2\gamma_2(h-3) \tag{12-1}$$

式中：$[f_a]$——修正后的地基承载力容许值（kPa）；

b——基础底面的最小边宽，当 $b<2$m 时，取 b=2m；当 $b>10$m 时，取 b=10m；

h——基底埋置深度（m），自天然地面起算，有水流冲刷时自一般冲刷线起算；当 $h<3$m 时，取 h=3m；当 $h/b>4$ 时，取 h=4b；

k_1，k_2——基底宽度、深度修正系数，根据基底持力层土的类别按表 12-1 确定；

γ_1——基底持力层土的天然重度（kN/m^3）。若持力层在水面以下且为透水者，应取浮重度；

γ_2——基底以上土层的加权平均重度（kN/m^3），换算时若持力层在水面以下，不透且为不透水性土时，不论基底以上土的透水性质如何，一律取饱和重度；当透水时水中部分土层则应取浮重度。

表 12-1　地基土承载力宽度、深度修正系数 k_1，k_2

系数＼土类	黏性土				粉土	砂土								碎石土			
	老黏性土	一般黏性土		新近沉积黏性土	—	粉砂		细砂		中砂		砾砂、粗砂		碎石、圆砾、角砾		卵石	
		$I_L\geq0.5$	$I_L<0.5$		—	中密	密实	中密	密实	中密	密实	中密	密实	中密	密实	中密	密实
k_1	0	0	0	0	0	1.0	1.2	1.5	2.0	2.0	3.0	3.0	4.0	3.0	4.0	3.0	4.0
k_2	2.5	1.5	2.5	1.0	1.5	2.0	2.5	3.0	4.0	4.0	5.5	5.0	6.0	5.0	6.0	6.0	10.0

注：① 对于稍密和松散状态的砂、碎石土，k_1、k_2 值可采用表列中密值的 50%。

② 强风化和全风化的岩石，可参照所风化成的相应土类取值；其他状态下的岩石不修正。

（2）软土地基承载力基本容许值确定

软土地基承载力基本容许值$[f_{a0}]$应由载荷试验或其他原位测试取得。载荷试验和原位测试确有困难时，对于中小桥、涵洞基底未经处理的软土地基承载力容许值$[f_a]$可采用以下两种方法确定：

1）根据原状土天然含水量 w，按表 12-2 确定软土地基承载力基本容许值$[f_{a0}]$，然后按式（12-2）计算修正后的地基承载力容许值$[f_a]$：

$$[f_a]=[f_{a0}]+\gamma_2 h \tag{12-2}$$

式中：γ_2、h 的意义同式（12-1）。

表 12-2　软土地基承载力基本容许值$[f_{a0}]$

天然含水量 w（%）	36	40	45	50	55	65	75
$[f_{a0}]$（kPa）	100	90	80	70	60	50	40

2）根据原状土强度指标确定软土地基承载力容许值$[f_a]$：

$$[f_a]=\frac{5.14}{m}k_p C_u+\gamma_2 h \tag{12-3}$$

$$k_p=\left(1+0.2\frac{b}{l}\right)\left(1-\frac{0.4H}{blC_u}\right) \tag{12-4}$$

式中：m——抗力修正系数，可视软土灵敏度及基础长宽比等因素选用 1.5～2.5；

C_u——地基土不排水抗剪强度标准值（kPa）；

k_p——系数；

H——由作用标准值引起的水平力（kN）；

b——基础宽度（m），有偏心作用时，取$b-2e_b$；

l——垂直于b边的基础长度（m），有偏心作用时，取$1-2e_l$；

e_b、e_l——偏心作用在宽度和长度方向的偏心距。

γ_2、h——意义同式（12-1）。

注意：经排水固结方法处理的软土地基承载力基本容许值[f_{a0}]应通过载荷试验或其他原位测试方法确定；经复合地基方法处理的应通过载荷试验确定承载力基本容许值。然后按式（12-2）计算修正后的地基承载力容许值[f_a]。

（3）地基承载力容许值确定

地基承载力容许值[f_a]应根据地基受载阶段及受载情况，乘以下列规定的抗力系数γ_R。

1）使用阶段：

① 当地基承受作用短期效应组合或作用效应偶然组合时，可取$\gamma_R=1.25$；但对承载力容许值[f_a]小于 150kPa 的地基，应取$\gamma_R=1.0$。

② 当地基承受的作用短期效应组合仅包括结构自重、预应力、土重、土侧压力、汽车和人群荷载时，应取$\gamma_R=1.0$。

③ 当基础建于经多年压实未遭破坏的旧桥基（岩石旧桥基除外）上时，不论地基承载力的作用情况如何，抗力系数均可取$\gamma_R=1.5$；对[f_a]小于 150kPa 的地基，可取$\gamma_R=1.25$。

④ 基础建于岩石旧桥基上，应取$\gamma_R=1.0$。

2）施工阶段：

① 地基在施工荷载作用下，可取$\gamma_R=1.25$。

② 当墩台施工期间承受单向推力时，可取$\gamma_R=1.5$。

二、荷载板试验确定地基承载力

荷载板试验是原位测试方法之一。原位测试是指在岩土体原有的位置上，在保持土的天然结构、天然含水量以及天然应力状态条件下测定岩土性质。荷载板试验可确定天然地基承载能力的一种方法，它是通过向置于天然地基上的模型基础施加荷载，测量模型在不同荷载等级作用下的沉降量，根据荷载和沉降量的关系计算地基土的变形模量和评价地基承载能力。

1. 试验原理

荷载板试验就是在欲试验的土层表面放置一定规格的方形或圆形承压板，在其上逐级 3～6 施加荷载，每级荷载增量持续时间相同或接近，测记每级荷载作用下荷载板沉

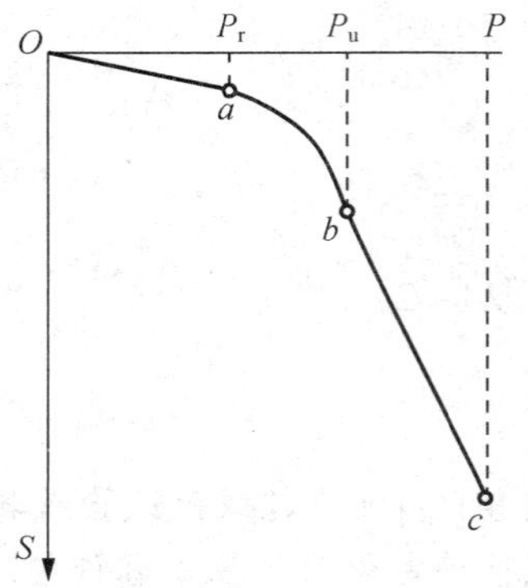

图 12-2　荷载板试验的 *P-s* 曲线

降量的稳定值，加载至总沉降量为 25mm，或达到加载设备的最大容量为止，然后卸载，记录土的回弹值，持续时间应不小于一级荷载增量的持续时间。根据试验记录绘制荷载 *P* 和沉降量 *s* 的关系曲线（图 12-2）。分析研究地基土的强度与变形特性，求得地基土容许承载力与变形模量等力学数据。

地基在荷载作用下达到破坏状态的过程可以分为三个阶段：

1）压密阶段（直线变形阶段）：相当于 *P-s* 曲线上的 *oa* 段，*P-s* 曲线接近于直线，土中各点的剪应力均小于土的抗剪强度，土体处于弹性平衡状态，这一阶段荷载板的沉降主要是由于土中孔隙的减少引起，土颗粒主要是竖向变位，且随时间渐趋稳定而土体压密，所以也称压密阶段。曲线上相应于 *a* 点的荷载称为比例界限 P_{cr}。

2）剪切阶段：相当于 *P-s* 曲线上的 *ab* 段。这一阶段 *P-s* 曲线已不再保持线性关系，沉降的增长率先随荷载的增加而增大。在这个阶段，除土体的压密外，在承压板边缘已有小范围局部土体的剪应力达到或超过了上的抗剪强度，并开始向周围土体发生剪切破坏（产生塑性变形区）。土体的变形是由于土中孔隙的压缩和土颗粒剪切移动同时引起的，土粒同时发生竖向和侧向变位，且随时间不易稳定，故称之为局部剪切阶段。随着荷载的继续增加，土中塑性区的范围也逐步扩大，直到土中形成连续的滑动面，由荷载板两侧挤出而破坏。因此，剪切阶段也是地基中塑性区的发生及发展阶段。相应于 *P-s* 曲线上 *b* 点的荷载称为极限荷载 P_u。

3）破坏阶段：相当于 *P-s* 曲线上的段 *bc*。当荷载超过极限荷载后，荷载板急剧下沉，即使不增加荷载，沉降也不能稳定，同时土中形成连续的滑动面，土从承压板下挤出，在承压板周围土体发生隆起及环状或放射状裂隙，故称之为破坏阶段。该阶段，在滑动土体范围内各点的剪应力达到或超过土体的抗剪强度；土体变形主要由土颗粒剪切变位引起，土粒主要是侧向移动，且随时间不能达到稳定，地基土失稳而破坏。

2. 试验设备

图 12-3 是目前常用的载荷板试验时加载方式之一。根据现场具体情况，还可采用地锚代替荷重的方式，也可以二者兼用，但总的原则是，加荷、卸荷既简便又安全，同时对沉降量的观测无影响。

1）承压板：一般用刚性的方形板或圆形板，其面积应为 0.25～0.50m^2，目前工程上常用的是 50cm×50cm 或 70.7cm×70.7cm 的方板。

2）加载系统：常用的有重物加荷装置，油压千斤顶加荷装置，重物、机械、液压放大加荷装置和电控稳压式加荷装置，试验时根据检测要求选择加荷装置。

3）反力系统：荷载试验常用的反力系统为地锚式。当载荷试验深度较大时，反力系统可采用撑壁式。

4）观测系统：测定地基土沉陷和承压板周围地面变形的观测系统由观测支架和测量仪表两部分组成。前者用来固定量仪表，由小钢钎、角铁、联系支架等组成；后者用以量测沉降的百分表或其他仪表。

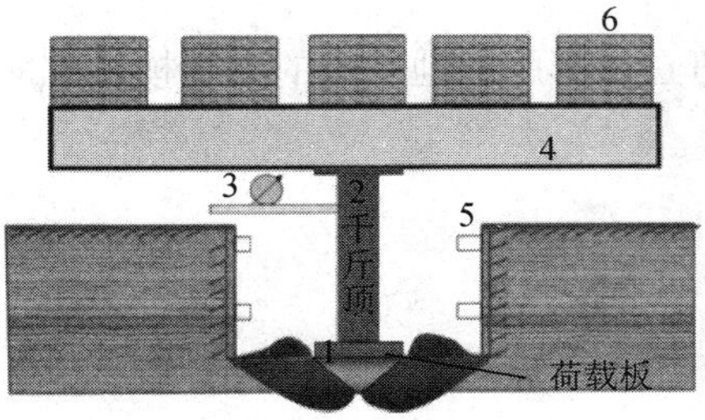

（a）荷载板试验示意图

（b）荷载板试验实景

图 12-3　荷载板试验

1-载荷板；2-千斤顶；3-百分表；4-平台；5-枕木；6-堆重

3. 试验方法

试验加荷方法应采用分级维持荷载沉降相对稳定法（慢速法）或沉降非稳定法（快速法）。试验的加荷标准如下：

1）试验的第一级荷载（包括设备重量）应接近卸去土的自重。

2）每级荷载增量（即加荷等级）一般取被试地基土层预估极限承载力的1/10～1/15。

3）施加的总荷载应尽量接近试验土层的极限荷载。

4）荷载的量测精度应达到最大荷载的 1%，沉降值的量测精度应达到 0.01mm。

各级荷载下沉降相对稳定标准一般采用连续 2h 的每小时沉降量不超过 0.1mm，或连续 1h 的每 30min 的沉降量不超过 0.05mm。

试验点附近应有取土孔提供土工试验指标或其他原位测试资料，试验后，应在承压板中心向下开挖取土试验，并描述 2 倍承压板直径（或宽度）范围内土层的结构变化。

静力载荷试验过程中出现下列现象之一时，即可认为土体已达到极限状态，应终止试验：

1）承压板周边的土出现明显的侧向挤出，周边岩土出现明显的隆起或径向裂纹持续发展。

2）本级荷载的沉降量大于前级荷载沉降量的 5 倍，*P-s* 曲线出现明显陡降。

3）在某级荷载下 24h 沉降速率不能达到相对稳定标准。

4）总沉降量与承压板直径（或宽度）之比超过 0.06。

4. 试验数据处理

根据试验数据绘制 *P-s* 曲线，利用 *P-s* 曲线我们可以得到：

（1）地基土的承载力

当 *P-s* 关系曲线有较明显的直线段时，一般就用这直线段的拐点所对应的压力 P 值，作为地基土的承载力（图 12-2）。

在饱和软土地基中，P-s 关系曲线拐点往往不明显，此时可用绘制 $\lg P$-$\lg s$ 曲线，利用 $\lg P$-$\lg s$ 曲线的良好线性关系很容易确定拐点，也可以应用相对沉降法确定地基土的承载力。

（2）地基土的变形模量 E_0。

由现场荷载板试验资料，可求出侧面可自由膨胀的地基土的变形模量 E_0，用弹性理论公式计算，具体公式如下：

1）圆形荷载板时

$$E_0 = \frac{1-\mu^2}{s} \cdot \frac{P}{d} \tag{12-5}$$

2）圆形荷载板时

$$E_0 = 0.95\frac{1-\mu^2}{s} \cdot \frac{P}{a} \tag{12-6}$$

式中：P——作用在荷载板上的单位压力，其值应小于 P_t；

s——在直线范围内对应于 P 的沉降；

d、a——圆形荷载板的直径、方形荷载板的边长；

μ——地基土的侧膨胀系数，即泊松比。对于砂土和粉土，μ=0.33，可塑-硬塑黏性土，μ=0.38，对于软塑-流塑黏性土和淤泥质黏性土，μ=0.41。

三、静力触探试验确定地基承载力

静力触探（CPT）是指利用压力装置将有触探头的触探杆压入试验土层，通过量测系统测土的贯入阻力，可确定土的某些基本物理力学特性，如土的变形模量、土的容许承载力等。

图 12-4　静力触探仪

1. 试验原理和适用范围

静力触探试验采用静力触探仪（图 12-4），通过液压千斤顶或其他机械方法，把锥形探头以静力压入土层，用电阻应变仪测出土的贯入阻力，根据已建立的贯入阻力和承载力、变形模量等的相互关系，在工地直接测定地基承载力及变形模量等数据。其最大贯入深度为 30mm，一般适用于软土、黏性土、砂土、黄土和含少量碎石的土等。

2. 试验设备

静力触探设备试验由加压装置、反力装置、探头及量测装置等四部分组成：

1）加压装置：加压装置的作用是将探头压入土层中。可分为手摇式轻型静力触探、齿轮机械式静力触探和全液压传动静力触探。

2）反力装置：静力触探的反力用三种形式解决。

① 利用地锚作反力，当地表有一层较硬的黏性土覆盖层时，可以是使用 2～4 个或更多的地锚作反力，视所需反力大小而定。锚的长度一般 1.5m 左右，叶片的直径可分成多种，如 25cm、30cm、35cm、40cm，以适应各种情况。

② 用重物作反力，如地表土为砂砾、碎石土等，地锚难以下入，此时只有采用压重物来解决反力问题，即在触探架上压以足够的重物，如钢轨、钢锭、生铁块等。软土地基贯入 30m 以内的深度，一般需压重物 40～50kN。

③ 利用车辆自重作反力。将整个触探设备装在载重汽车上，利用载重汽车的自重作反力。贯入设备装在汽车上工作方便，工效比较高，但由于汽车底盘距地面过高，使钻杆施力点距离地面的自由长度过大，当下部遇到硬层而使贯入阻力突然增大时易使钻杆弯曲或折断，应考虑降低施力点距地面的高度。

3）探头：目前国内用的探头有三种（图 12-5），一种是单桥探头，另一种是双桥探头，此外还有能同时测量孔隙水压的两用（P_s～u）或三用 q_c～u～f_s）探头，即在单桥或双桥探头的基础上增加了能量侧孔隙水压力的功能。

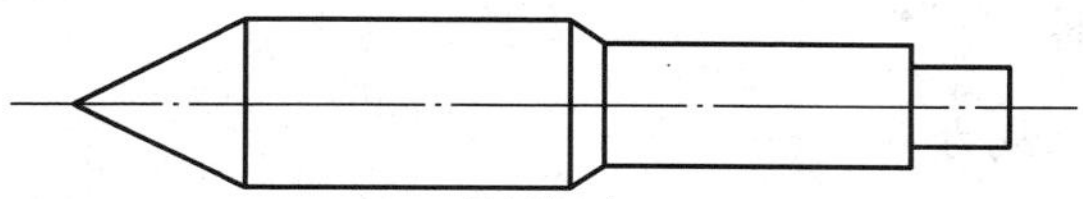

单桥探头

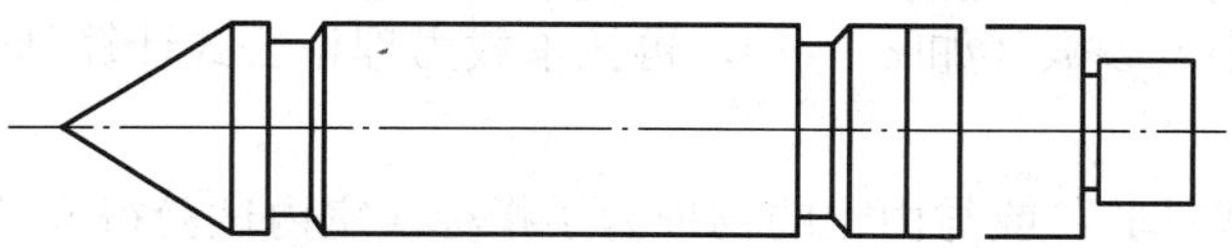

双桥探头

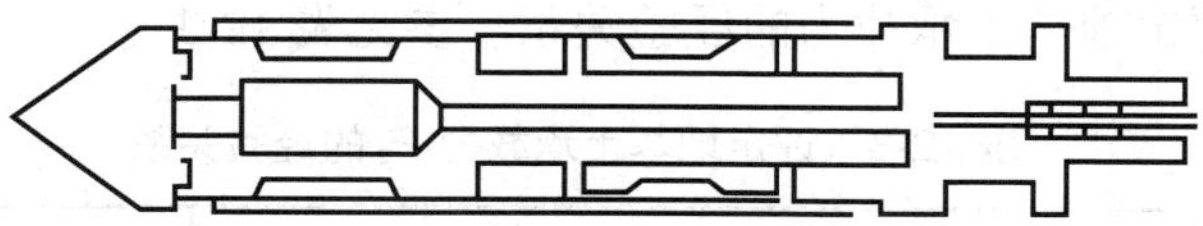

三桥探头

图 12-5　静力触探探头示意图

4）量测装置：常用的量测装置有电阻应变仪、数字测力仪和自动记录仪三种。

3．*试验方法*

（1）试验前的准备工作

1）设置反力装置（或利用车装重量）。

2）安装好加压和量测设备，并用水准尺将底板调平。

3）检查电源电压是否符合要求。

4）检查仪表是否正常。

5）检查探头外套筒及锥头的活动情况，并接通仪器，利用电阻挡调节度盘指针，如调节比较灵活，说明探头正常。

（2）现场试验

1）先将探头贯入土中 15～20cm，然后提升 5cm 左右，待仪表无明显温飘后，记录初读数或将仪器调零后再正式贯入，使用自动记录仪时应选择适中的供桥电压。

2）以（20±5）mm/s 的速度匀速贯入，每贯入 0.1～0.25m 应记录一次读数。

3）贯入过程中，一般每隔 2m 或贯入读数变化较大时，提升探杆 5cm 左右，测定探头不受力时仪器读数（零读数），终孔时也应测记读数。

4）一般每隔 2～4m 核对一次贯入实际深度和记录深度。

5）贯入过程中发生异常，如地锚拔起、探杆打滑或影响正常贯入的其他情况，应予以记录注明并加以处理。

6）当贯入到预定深度或出现下列情况之一时，可终止试验：

① 触探主机负荷达到其额定荷载的 120%时；

② 探头贯入阻力达到额定荷载的 120%时；

③ 探杆螺纹部分的应力超过容许强度时；

④ 反力装置失效时。

4. 评价地基土的承载力

依据静力触探参数评定地基土承载力的途径有以下两条：

1）估算土的强度参数（如 c、φ），再按承载力理论公式计算具体基础条件下的地基土承载力。

2）建立与荷载试验、或与由土的物理力学指标（室内试验得），用规范确定的承载力进行对比，建立经验关系。中国大都采用第二途径，而国外则较多采用第一途径。中国各单位建立的评定地基土承载力的经验关系，参见表 12-3。

表 12-3 评定地基土承载力 P_s 的经验关系

公式来源	经验关系	使用范围 P_s（MPa）	适用地区及土类
武汉联合实验组	$0.104P_s+25.9$	0.3～6	淤泥质土、一般黏性土、老黏土
	$0.083P_s+54.6$	0.3～3	淤泥质土、一般黏性土
	$0.097P_s+76$	3～6	老黏土
	$5.25\sqrt{P_s}-103$	1～10	中、粗砂
	$0.02P_s+59.5$	1～15	粉、细砂
铁道部《静力触探技术规则》	$5.8\sqrt{P_s}-46$	0.35～5	I_p>10 一般黏性土
	$0.89P_s^{0.63}+14.4$	≤24	I_p≤10 一般黏性土及饱和砂土
	$0.0112P_s+5$	<0.9	软土
	$1.4817P_s^{0.602}$	0.5～6	I_p>10 新近沉积土
	$0.9993P_s^{0.629}$	0.5～10	I_p≥10 新近沉积土
	$0.05P_s+65$	0.5～5	新黄土（东南带）

续表

公式来源	经验关系	使用范围 P_s（MPa）	适用地区及土类
铁道部《静力触探技术规则》	$0.05P_s+35$	1～5.5	新黄土（西北带）
	$0.04P_s+40$	1～6.5	新黄土（北部边缘）
	$0.075P_s+42$		上海硬壳层
同济大学等	$0.070P_s+37$		上海淤泥质黏性土
	$0.075P_s+38$		上海灰色黏性土
	$0.055P_s+45$		上海粉土

四、标准贯入试验确定地基承载力

1. 试验原理和适用范围

标准贯入试验（SPT）是一种重型动力触探法，采用质量为 63.5kg 的穿心锤，以 76cm 的落距，将一定规格的标准贯入器先打入土中 15cm，然后开始记录锤击数目，将标准贯入器再打入土中 30cm，用此 30cm 的锤击数作为标准贯入试验的指标 N 。标准贯入试验是国内外广泛应用的一种现场原位测试手段，该试验方法方便经济，不仅用于砂土，亦可用于黏性土的测试。标准贯入锤击数 N，可用于判定砂土的密实度、黏性土的稠度、地基土的容许承载力、砂土的振动液化、桩基承载力等，也是检验地基处理效果的重要手段。

2. 试验设备

标准贯入试验设备主要由标准贯入器、触探杆和穿心锤等部件组成，见图 12-6。

1）贯入器：标准规格的圆筒形探头，如图 12-6，是由两个半圆管合成的取土器。

2）落锤：重 63.5kg，自由落距 76cm。

3）触探杆：国际上多采用外径 45～50mm 的无缝钢管，我国则常用 42mm 的地质钻杆。

4）锤垫、导向杆和自动落锤装置等。

3. 试验方法

1）用钻机先钻到需要进行标准贯入试验的土层，清孔后，换用标准贯入器，并量得深度尺寸。

2）将贯入器垂直打入试验土层中，先打入 15cm，不计击数，继续贯入土中 30cm，记录其锤击数，此数即为标准贯入击数 N。

若遇比较密实的砂层，贯入不足 30cm 的锤击数已超过 50 击时，应终止试验，并记录实际贯入深度 ΔS 和累计锤击数 n，按下式换算成贯入 30cm 的锤击数 N。

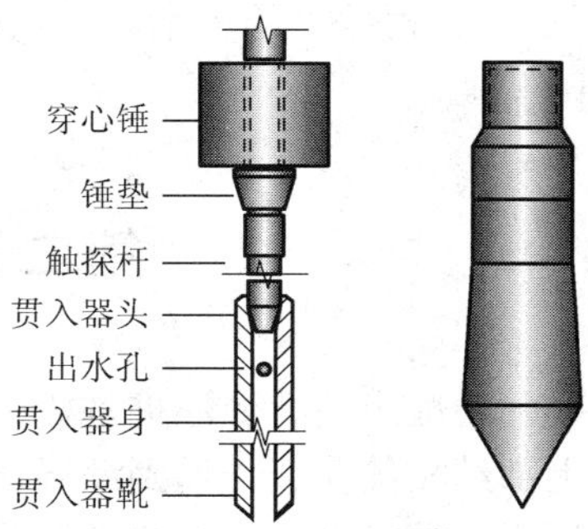

图 12-6　标准贯入器

$$N=30\times\frac{50}{\Delta S} \tag{12-7}$$

式中：ΔS——50 击时的贯入量（cm）。

3）提出贯入器，将贯入器中土样取出，进行鉴别描述、记录，然后换以钻探工具继续钻进，至下一需要进行试验的深度，再重复上述操作，一般可每隔 1.0～2.0m 进行一次试验。

4）在不能保持孔壁稳定的钻孔中进行试验时，应下套管以保护孔壁，但试验深度必须在套管口 75cm 以下，或采用泥浆护壁。

5）由于钻杆的弹性压缩会引起能量损耗，钻杆过长时传入贯入器的动能降低，因而减少每击的贯入深度，亦即提高了锤击数，所以需要根据杆长对锤击数进行修正，修正式为

$$N=\alpha N_0 \tag{12-8}$$

式中：N_0——实际记录的锤击数；

α——修正系数，按钻杆长度由表 12-4 选用；

N——修正后的锤击数。

表 12-4　标准贯入试验钻杆长度修正系数

钻杆长度（mm）	3	6	9	12	15	18	21
α	1.00	0.92	0.86	0.81	0.77	0.73	0.70

6）对于同一土层应进行多次试验，然后取锤击数的平均值。

4. 计算地基土的承载力

1）根据 N 估计砂土的密实度，见表 12-5。

表 12-5　砂土的密实度

标准贯入试验锤击数 N	密实度	标准贯入试验锤击数 N	密实度
$N\leqslant10$	松散	$15<N\leqslant30$	中
$10<N\leqslant15$	稍密	N	>30

2）根据土的类别以及土的状态进而可按前述表格估算天然地基的基本容许承载力 $[f_{a0}]$。

第二节　钻（挖）孔灌注桩检测

混凝土钻孔灌注桩是桥梁及建筑结构物常用的基桩形式之一，这主要是由于桩能将上部结构的荷载传递到深层稳定的土层上去，从而大大减少基础沉降和建筑物的不均匀沉降，实践也证明它的确是一种极为有效、安全可靠的基础形式。但是，灌注桩的成桩过程是在桩位处的地面下或水下完成，施工工序多，质量控制难度大，稍有不慎极易产

生断桩等严重缺陷。据统计国内外钻孔灌注桩的事故率高达 5%～10%。因此，灌注桩的质量检测就显得格外重要。灌注桩的质量检测内容主要有孔形检测、沉渣厚度检测及桩身质量检测等。

一、钻孔灌注桩用泥浆性能指标检测

1. 试验目的和适用范围

本项试验用于检测钻（冲）孔灌注桩护壁泥浆的质量，为灌注桩的施工质量检验提供技术依据。

2. 泥浆性能要求

钻孔灌注桩调制的护壁泥浆一般由水、黏土（或膨润土）和添加剂按适当配合比配制而成，应根据钻孔方法和地层情况采用不同的性能指标，具体指标可参照表 12-6 选用。

表 12-6 泥浆性能指标选择

钻孔方法	地层情况	泥浆性能指标							
		相对密度	黏度（s）	含砂率（%）	胶体率（%）	失水率（mL/30min）	泥皮厚（mm/30min）	静切力 Pa	酸碱度 pH
正循环回转、冲击	黏性土	1.05～1.20	16～22	<4～8	>90～95	<25	<2	1～2.5	8～10
	砂土 碎石土 卵石 漂石	1.20～1.45	19～28	<4～8	>90～95	<15	<2	3～5	8～10
推钻、冲抓	黏性土	1.10～1.20	18～24	<4	>95	<30	<3	1～2.5	8～10
	砂土 碎石土	1.20～1.40	22～30	<4	>95	<20	<3	3～5	8～10
反循环回转	黏性土	1.02～1.06	16～20	<4	>95	<20	<3	1～2.5	8～10
	砂土	1.06～1.10	19～28	<4	>95	<20	<3	1～2.5	8～10
	碎石土	1.10～1.15	20～35	<4	>95	<20	<3	1～2.5	8～10

注意:

1）地下水位高或其流速大时，指标取高限，反之取低限。

2）地质状态较好，孔径或孔深较小的取低限，反之取高限。

3）在不易坍塌的黏质土层中，使用推钻、冲抓、反循环回转钻进时，可用清水提高水头（≥2m）维护孔壁。

4）若当地缺乏优良黏质土，远运膨润土亦很困难，调制不出合格泥浆时可掺用添加剂改善泥浆性能。

5）直径大于 2.5m 的大直径钻孔灌注桩对泥浆的要求较高，泥浆的选择应根据钻孔的工程地质情况、孔位、钻机性能、泥浆材料条件等确定。在地质复杂，覆盖层较厚，护筒下沉不到岩层的情况下，宜使用丙烯酰胺即 PHP 泥浆，此泥浆的特点是不分散、低固相、高黏度。

6）对遇水膨胀或易坍塌的地层，如泥岩、页岩等，其失水率应小于3～5mL/30min。

3. 泥浆性能指标检测

（1）相对密度

用泥浆相对密度计（图12-7）测定。将要量测的泥浆装满泥浆杯，加盖并洗净从小孔溢出的泥浆，然后置于支架上，移动游码，使杠杆呈水平状态（即水平泡位于中央），读出游码左侧所示刻度，即为泥浆的相对密度γ_s。

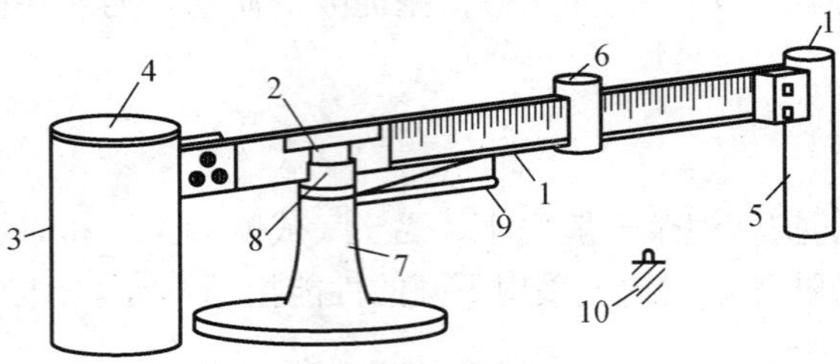

图12-7 NB-1型泥浆比重计

1-杠杆；2-主刀口；3-泥浆杯；4-杯盖；5-平衡圆柱；6-砝码；7-底座；8-主刀垫；9-挡臂；10-平衡重锤；11-平衡圆柱盖

若工地无以上仪器，可用一口杯先称其质量设为m_1，再装满清水称其质量m_2，再倒去清水，装满泥浆并擦去杯周溢出的泥浆，称其质量设为m_3，则

$$\gamma_s=\frac{m_3-m_1}{m_2-m_1} \tag{12-9}$$

（2）黏度η

图12-8 泥浆黏度计

用工地标准漏斗黏度计测定，黏度计如图12-8所示。用两端开口量杯分别量取200mL和500mL泥浆，通过滤网滤去大砂粒后，将泥浆700mL均注入漏斗，然后使泥浆从漏头流出，流满500mL量杯所需时间（s），即为所测泥浆的黏度。

（3）静切力θ

工地可用浮筒切力计测定（图12-9）。测量泥浆切力时，可用下式表示：

$$\theta=\frac{G-\pi d\delta h\gamma}{2\pi dh+\pi d\delta} \tag{12-10}$$

式中：G——铝制浮筒质量（s）；

d——浮筒的平均直径（cm）；

h——浮筒的沉没深度（cm）；

γ——泥浆容重（g/cm^3）；

δ——浮筒壁厚（cm）。

量测时，先将约500mL泥浆搅匀后，立即倒入切力计中，将切力筒沿刻度尺垂直向下移至与泥浆接触时，轻轻放下，当它自由下降到静止不动时，即静切力与浮筒重力平衡时，读出浮筒上泥浆面所对的刻度（刻度是按公式（12-10）计算值刻划的），即为泥浆的初切力。取出切力筒，按净粘着的泥浆，用棒搅动筒内泥浆后，静止 10min，用上述方法量测，所得即为泥浆的终切力。

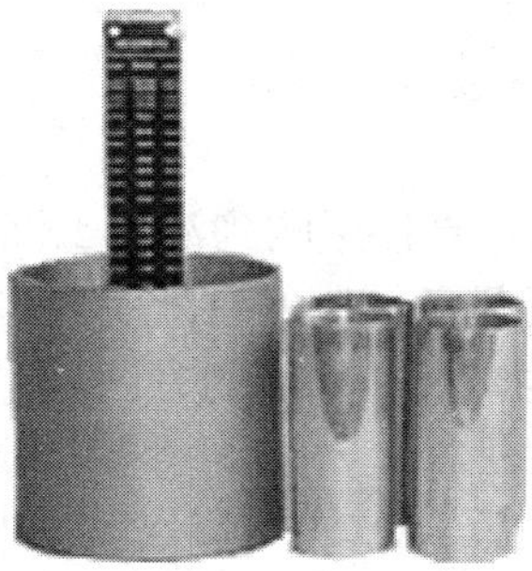

图 12-9　ZQL 型泥浆切力计

图 12-10　1007 泥浆静切力计

（4）含砂率

工地可用含砂率计（图 12-11）测定。量测时，把调好的泥浆 50mL 倒进含砂率计，然后再倒进清水，将仪器口塞紧摇动 1min，使泥浆与水混合均匀。再将仪器垂直静放 3min，仪器下端沉淀物的体积（由仪器刻度上读出）乘 2 就是含砂率。

图 12-11　含砂率计

（5）胶体率（%）

胶体率是泥浆中土粒保持悬浮状态的性能。测定方法可将 100mL 泥浆倒入 100mL 的量杯中，用玻璃片盖上，静置 24h 后，量杯上部泥浆可能澄清为水，测量时其体积如为 5mL，则胶体率为 100−5=95，即 95%。

（6）失水率（mL/30min）

用一张 12cm×12cm 的滤纸，置于水平玻璃板上，中央画一直径 3cm 的圆，将 2mL 的泥浆滴入圆圈内，30min 后，测量湿圆圈的平均直径减去泥浆摊平的直径（min），即为失水率。在滤纸上量出泥浆皮的厚度（mm）即为泥皮厚度。泥皮愈平坦、愈薄则泥浆质量愈高，一般不宜厚 2～3mm。

（7）酸碱度

pH 是常用的酸碱标度之一，pH 等于溶液中氢离子浓度的负对数值，即 $pH=-\lg[H^+]=\lg(1/[H^+])$。pH 等于 7 时为中性，大于 7 时为碱性，小于 7 时为酸性。工地测量 pH 方法，可取一条 pH 试纸放在泥浆面上，0.5s 后拿出来与标准颜色相比，即可读出 pH。也可用 pH 酸碱计，将其探针插入泥浆，直接读出 pH。

二、桩基础成孔质量检测

桥梁工程中常用的灌注桩施工方式主要有钻孔、冲击成孔、冲抓成孔和人工挖孔等。

人工挖孔为干作业施工，成孔后孔壁的形状、孔深、垂直度、孔底沉淀厚度以及钢筋笼的安放位置等均可通过目测或入下到孔内进行检查，成孔质量较易控制。钻孔、冲击成孔或冲抓成孔等灌注桩，通常以泥浆进行护壁，为湿作业施工。成孔后孔中充满泥浆而无法目测或入下到孔内进行检查，孔壁的形状、垂直度和沉淀土厚度等只能通过仪器进行检测。

1. 试验目的和适用范围

成孔是灌注桩施工中的第一个环节，成孔质量的好坏直接影响到混凝土浇筑后的成桩质量，在混凝土浇筑前对灌注桩进行成孔检测室成孔质量控制的有效手段。

下面主要介绍湿作业灌注桩成孔质量检查的主要内容及其相应的方法。

2. 成孔质量检验标准

成孔质量检验的内容包括桩孔位置、孔深、孔径、垂直度、沉渣厚度、泥浆指标等。《公路桥涵施工技术规范》（JTJ 041—2000）中对钻、挖孔混凝土灌注桩的成孔质量检验内容、检验标准及检查方法作出了如下规定：

1）钻、挖孔在终孔和清孔后，应进行孔位、孔深检验。

2）孔径、孔形和倾斜度宜采用专门仪器测定，当缺乏专用仪器时，可采用外径为钻孔桩钢筋笼直径加 100mm（不得大于钻头直径），长度为 4～6 倍外径的钢筋检孔器吊入钻孔内检测。

3）钻、挖孔成孔的质量标准见表 12-7。

表 12-7　泥浆性能指标选择

项目	允许偏差
孔的中心位置（mm）	群桩：100；单排桩：50
孔径（mm）	不小于设计桩径
倾斜度	钻孔：小于 1%；挖孔：小于 0.5%
孔深	摩擦桩：不小于设计规定 支承桩：比设计深度超深不小于 50mm
沉渣厚度（mm）	摩擦桩：符合设计要求，当设计无要求时，对于桩径≤1.5m 的桩，≤300mm；对于桩径＞1.5m 或桩长＞40m 的桩，≤500mm 支承桩：不大于设计规定
清孔后泥浆指标	相对密度：1.03～1.10；黏度：17～20 Pa•s，含砂率：<2%；胶体率：>98%

注：本表来源于《公路桥涵施工技术规范》（JTJ 041—2000）。

3. 成孔质量试验检测

（1）桩位偏差检查

基桩施工前应按设计桩位平面图落放桩的中心位置，施工结束后应检查中心位置的偏差，并应将其偏差绘制在桩位竣工平面图中，检测时可采用经纬仪对纵、横方向进行量测。桩孔中心位置的偏差要求，对于群桩不得大于 100mm，单排桩不得大于 50mm。当桩群中设置有斜桩时，应以水平面的偏差值计算。

（2）孔径检查

能否保证基桩的承载能力，桩径是极为关键的因素。要保证桩径满足设计要求，必须检验桩的孔径不小于设计桩径。桩孔径可用专用球形孔径仪、伞形孔径仪和声波孔壁测定仪等测定。

图 12-12 为伞形孔径仪，其由测头、放大器和记录仪三部分组成。测头为机械式的，测头放入测孔之前，四条测腿合拢并用弹簧锁定，测头放入孔内到达孔底时，四条测腿立即自动张开。当测头往上提升时，由于弹簧力作用，腿端部紧贴孔壁，随着孔壁凹凸不平状态相应张开或收拢，带动密封筒内的活塞杆上下移动，使四组串联滑动电阻来回滑动，将电阻变化转化为电压变化，经信号放大并记录，即可自动绘出孔壁形状而测出孔径尺寸。

（3）桩倾斜度检查

在灌注桩的施工过程中，能否确保基桩的垂直度，是衡量基桩能否有效地发挥作用的一个关键因素，因此，必须认真地测定桩孔的倾斜度。一般要求对于竖直桩，其允许偏差不应超过 1%，斜桩不应超过设计斜度的±2.5%。

当检查的桩孔较深且倾斜度较大时，可根据地质及施工情况选用 JDL-I 型陀螺测斜仪或 JJX-3 型井斜仪检查，陀螺测斜仪见图 12-13。

图 12-12　伞形孔径仪

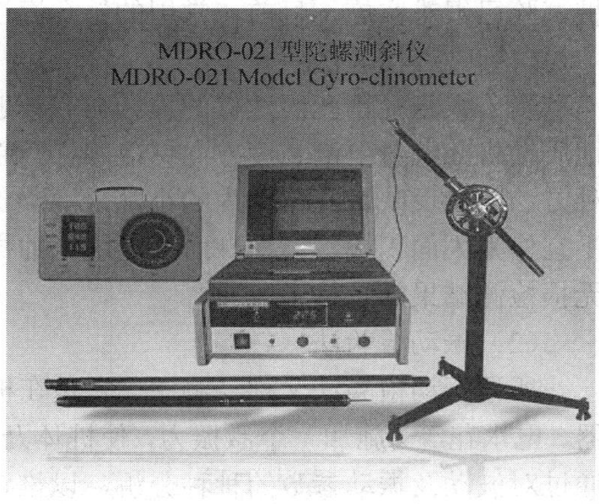

图 12-13　陀螺测斜仪

（4）孔底沉淀土厚度检查

桩底沉淀土厚度的大小极大地影响桩端承载力的发挥，因此在施工过程中必须严格控制桩底的沉淀土厚度。测定沉淀土厚度的方法目前还不够成熟，下面介绍几种工程中常试用的方法。

1）垂球法。垂球法是一种惯用的简易测定沉淀土厚度的方法。其将重约 1kg 的钢制锥体垂球，顶端系上测绳，把垂球慢慢沉入孔内，凭手感判断沉淀土顶面位置，其施工孔深和量测孔深之差值即为沉淀土厚度。

2）电阻率法。电阻率法沉淀土测定仪由测头、放大器和指示器组成。它是根据介质不同，如水、泥浆和沉淀颗粒具有不同的导电性能，由电阻阻值变化来判断沉淀土厚度。测试时将测头慢慢沉入孔中，观察表头指针的变化，当出现突变时记录深度 h_1，继续下沉测头，指针再次突变记录深度 h_2，直到测头不能下沉为止，记录深度 h_3，设施工深度为 H，则各沉淀土厚度为（h_2-h_1）、（h_3-h_2）和（H-h_3）。

3）电容法。电容法沉淀土厚度测定原理是当金属两极板间距和尺寸不变时，其电容量和介质的电解率成正比关系，水、泥浆和沉淀土等介质的电解率有较明显差异，从而由电解率的变化量测定沉淀土的厚度。

三、灌注桩完整性检测

灌注桩成桩质量通常存在两方面问题：一是属于桩身完整性，常见的缺陷有夹泥、断裂、缩径、扩径、混凝土离析及桩顶混凝土密实性较差等；二是嵌岩桩，影响桩底支承条件的质量问题，主要是灌注混凝土前清孔不彻底，孔底沉淀厚度超过规定极限，影响承载力。

1. 钻孔灌注桩质量检测

桩基础施工质量的检验，随着长、大桩径及高承载力桩基础迅速增加，传统的静压桩试验已很难实施，目前，常用的钻孔灌注桩质量的检测方法有以下几种：

（1）钻芯检验法

由于大直径钻孔灌注桩的设计荷载一般较大，用静力试桩法有许多困难，所以常用地质钻机在桩身上沿长度方向钻取芯样，通过对芯样的观察和测试确定桩的质量。但这种方法只能反映钻孔范围内的小部分混凝土质量，而且设备庞大、费工费时、价格昂贵，不宜作为大面积检测方法，而只能用于抽样检查，一般抽检总桩量的3%～5%，作为对无损检测结果的校核手段。

（2）振动检验法

所谓振动检验法又称动测法，它是在桩顶用各种方法（例如锤击、敲击、电磁激振器、电水花等）施加一个激振力，使桩体乃至桩土体系产生振动，或在桩内产生应力波，通过对波动及振动参数的种种分析，以推定桩体混凝土质量及总体承载力的一类方法。

（3）超声脉冲检验法

该法是在检测混凝土缺陷技术的基础上发展起来的。其方法是在桩的混凝土灌注前沿桩的长度方向平行预埋若干根检测用管道，作为超声发射和接收换能器的通道。检测时探头分别在两个管子中同步移动，沿不同深度逐点测出横截面上超声脉冲穿过混凝土时的各项参数，并按超声测缺原理分析每个断面上混凝土的质量。

（4）射线法

该法是以放射性同位素辐射线在混凝土中的衰减、吸收、散射等现象为基础的一种方法。当射线穿过混凝土时，因混凝土质量不同或因存在缺陷，接收仪所记录的射线强弱发生变化，据此来判断桩的质量。由于射线的穿透能力有限。一般用于单孔测量，采用散射法，以便了解孔壁附近混凝土的质量，扩大钻芯法检测的有效半径。

2. 基桩检测方法

住房和城乡建设部于 2013 年修订并推出了《建筑基桩检测技术规范》（JGJ 106—2014），交通部于 2004 年颁布了《公路工程基桩动测技术规程》（JTG/T F81-01—2004），其检验的基本方法有以下几种。

（1）反射波法

1）试验目的与适用范围。该方法适用于检测桩身混凝土的完整性，推定缺陷类型及其在桩身中的位置，也可以对桩长进行校核，对桩身混凝土强度等级做出估计。

2）基本原理。反射波法源于应力波理论，基本原理是在桩顶进行竖向激振，弹性波沿着桩身向下传播，在桩身存在明显波阻抗界面（如桩底、断桩或严重离析等部位）或桩身截面积变化（如缩径或扩径）部位，将产生反射波。经接收、放大滤波和数据处理，可识别来自桩身不同部位的反射信息，据此计算桩身波速、判断桩身完整性。

3）仪器设备。反射波法检测系统由传感器、激振锤、一体化检测仪和打印机等组成，其中一体化检测仪由信号采集及处理仪和相应的分析软件等组成。

4）现场检测技术。

① 被测桩应凿去浮浆，桩头平整。

② 检测前应对仪器设备进行检查，性能正常方可使用。

③ 每个检测工地均应进行激振方式和接收条件的选择试验，确定最佳激振方式和接收条件。

④ 激振点宜选择在桩头中心部位，传感器应稳固地安置在桩头上，对于大直径的桩可安置两个或多个传感器。

⑤ 当随机干扰较大时，可采用信号增强方式，进行多次重复激振与接收。

⑥ 为提高检测的分辨率，应使用小能量激振，并选用高截止频率的传感器和放大器。

⑦ 判别桩身浅部缺陷，可同时采用横向激振和水平速度型传感器接收，进行辅助判定。

⑧ 每一根被检测的单桩均应进行二次及以上重复测试。出现异常波形应在现场及时研究，排除影响测试的不良因素后再重复测试。重复测试的波形与原波形具有相似性。

5）检测数据分析与判定。

① 桩身完整性分析宜以时域曲线为主，辅以频域分析，并结合施工情况、岩土工程勘察资料和波型特征等因素进行综合分析判定。

② 桩身波速平均值的确定：

a. 当桩长已知、桩端反射信号明显时，选取相同条件下不少于 5 根 I 类桩的桩身波速按下式计算其平均值：

$$c_{\mathrm{m}}=\frac{1}{n}\sum_{i=1}^{n}c_{\mathrm{i}} \tag{12-11}$$

$$c_{\mathrm{i}}=\frac{2L\times 1000}{\Delta T}=2L\cdot\Delta f \tag{12-12}$$

式中：c_m——桩身波速平均值（m/s）；

c_i——第 i 根桩的桩身波速计算值（m/s）；

L——完整桩桩长（m）；

T——时域信号第一峰与桩端反射波峰间的时间差（ms）；

f——幅频曲线桩端相邻谐振峰间的频差（Hz），计算时不宜取第一与第二峰；

n——基桩数量（$n\geqslant 5$）。

b. 当桩身波速平均值无法按上述方法确定时，可根据本地区相同桩型及施工工艺的其他桩基工程的测试结果，并结合桩身混凝土强度等级与实践经验综合确定。

③ 桩身缺陷位置应按下列公式计算：

$$x=\frac{1}{2000}\bullet\Delta t_x\bullet c=\frac{1}{2}\bullet\frac{c}{\Delta f_x} \tag{12-13}$$

式中：x——测点至桩身缺陷之间的距离（m）；

Δt_x——时域信号第一峰与缺陷反射波峰间的时间差（m）；

Δf_x——幅频曲线所对应缺陷的相邻谐振峰间的频差（Hz）；

c——桩身波速（m/s），无法确定时用 cm 值替代。

④ 桩身完整性的分析当出现下列情况之一时，宜结合其他检测方法；

a. 超过有效检测长度范围的超长桩，其测试信号不能明确反映桩身下部和桩端情况。

b. 桩身截面渐变或多变，且变化幅度较大的混凝土灌注桩。

c. 当桩长的推算值与实际桩长明显不符，且又缺乏相关资料加以解释或验证。

d. 实测信号复杂、无规律，无法对其进行准确的桩身完整性分析和评价。

e. 对于预制桩，时域曲线在接头处有明显反射，但又难以判定是断裂错位还是按桩不良。

⑤ 桩身完整性类别应按下列原则判定：

Ⅰ类桩：桩端反射较明显，无缺陷反射波，振幅谱线分布正常，混凝土波速处于正常范围。

Ⅱ类桩：桩端反射较明显，但有局部缺陷所产生的反射信号，混凝土波速处于正常范围。

Ⅲ类桩：桩端反射不明显，可见缺陷二次反射波信号，或有桩端反射，但波速明显偏低。

Ⅳ类桩：无桩端反射信号，可见因缺陷引起的多次强反射信号，或按平均波速计算的桩长明显短于设计桩长。

（2）机械阻抗法

1）试验目的与适用范围。机械阻抗法使用范围较为广泛，可用于各种机械结构和土木结构的动力分析。在基桩检测中，本方法有稳态激振和瞬态激振两种方式，适用于检测桩身混凝土的完整性，推定缺陷类型及其在桩身的部位，当有可靠的同条件动、静载对比试验资料时，该方法可用于推算单桩承载力，而本方法有效测定范围为桩长与桩径之比值小于 30，对摩擦端承桩或端承桩其比值可小于 50。

2）基本原理。机械阻抗的定义是，作用于某结构物上的力 F 与该结构的响应 X 之比，即机械阻抗 $Z=F/X$，而这种响应 X 既可以是位移、速度，又可以是加速度。如果在桩头施加幅值为$|F|$的正弦激振力时，相应于每一激振频率的弹性波在桩身混凝土中传播速度为 v_p，则 F/v_p 就是机械阻抗 Z，其倒数为机械导纳 N。

系统在动态力作用下的阻抗（或导纳）是以激振频率 w 为自变量的复函数 Z（j^w）或 N（j^w）。对不同的 w 值，阻抗（或导纳）的幅值和幅角也就不同，这就提供了用阻抗和导纳随频率变化的图像来研究系统（如桩基础）动态特性的可能性。由于桩的动力特性与桩身完整性和桩土体系相互作用的特性密切相关，通过对桩的动态特性的分析计算，可估计桩身混凝土的缺陷类型及其在桩身的部位，亦可估算承载力。

3）仪器设备。机械阻抗法检测系统基本组成见图 12-14。

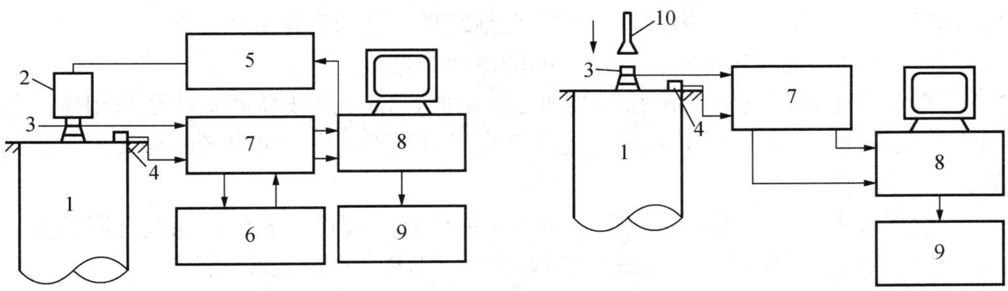

（a）机械阻抗（稳态）测试　　（b）机械阻抗（稳态）测试

图 12-14　机械阻抗法检测系统

1-桩；2-激振器；3-力传感器；4-速度传感器；5-功率放大器；6-跟踪滤波器；
7-信号采信前端；8-微计算机；9-打印机（绘图仪）；10-力棒、力锤

4）现场检测技术：

① 桩的振动响应测试点应按下列原则布置：在桥梁桩基础测试中，可布置 1 个测点；当布置 2 个测点时，其测点应位于顺流向的两侧；当布置 4 个测点时，应在顺流向的两侧和顺桥纵轴方向两侧各布置 2 个测点。

② 激振方向应位于桩头顶面正中，采用半刚性悬挂时，则粘贴在桩头顶面中心的钢板必须保持水平。

5）现场测试应按下列步骤进行：

① 安装全部测试设备，并应确认各项仪器装置处于正常工作状态。

② 在测试前应正确选定仪器系统的各项工作参数，使仪器在设定的状态下进行试验。

③ 在瞬态激振试验中，重复测试的次数应大于 4 次。

④ 在测试过程中应观察各设备的工作状态，当全部设备均处于正常状态，则该次

测试有效。

（3）超声波法

1）试验目的与适用范围。超声波法是检测混凝土灌注桩连续性、完整性、均匀性，以及混凝土强度等级的有效方法。它能准确地检测出桩内混凝土中因灌注质量问题造成的夹层、断桩、孔洞、蜂窝、离析等内部缺陷，并能测出混凝土灌注桩均匀性及强度等级等性能指标。适用于检测桩径大于 0.8m 以上混凝土灌注桩的完整性。

2）基本原理。超声波法在钻孔灌注桩的检测中所依据的基本物理量有以下四个：

① 声时值。超声脉冲波在混凝土中遇到缺陷或绕过缺陷时，声时值增大。增大的数值与缺陷尺度大小有关，所以声时值是判断缺陷有无和计算缺陷大小的基本物理量。

② 波幅。超声脉冲波在缺陷界面产生反射和散射，到达接收探头的声波能量（波幅）明显减少，可根据波幅变化判断缺陷的性质和大小。实践证明，波幅对缺陷的存在非常敏感，是在桩内判断缺陷有无的重要参数。

③ 接收信号的频率变化。超声脉冲波中各频率成份在缺陷界面衰减程度不同，接收信号的频率明显降低，可根据接收信号主频或频率谱的变化分析缺陷情况，因此，接收信号的频率变化也可作为桩内缺陷判断的重要依据。

④ 接收波形的畸变。超声脉冲波通过缺陷时，部分声波会产生路径和相位变化，不同路径或不同相位的声波叠加后，造成接收信号波形畸变。可参考畸变波形分析判断缺陷。

3）仪器设备。超声波法系统主要由超声换能器、超声检测仪、探头升降装置、记录显示装置或数据采集及处理系统等基本部件所组成，如图 12-15 所示。

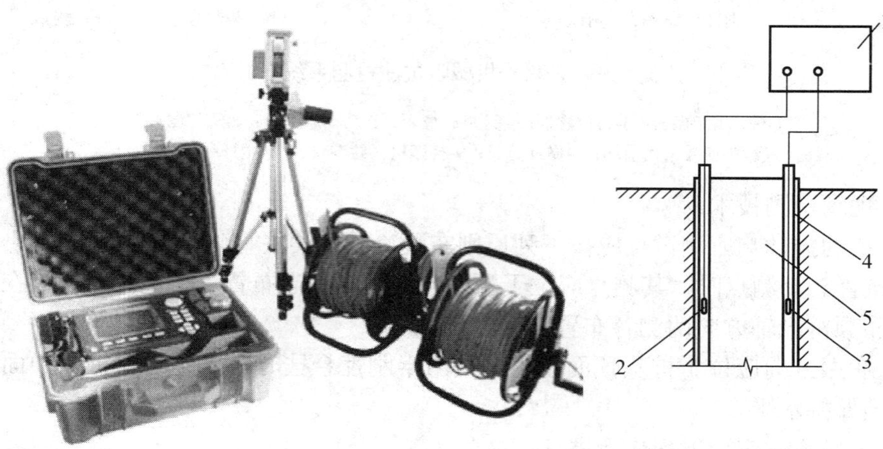

图 12-15　超声脉冲法检测示意图

1-超声检测仪；2-发射换能器；3-接收换能器；4-声测管；5-灌注桩

4）检测方式。为了使超声脉冲能横穿各不同深度的横截面，必须使超声探头深入桩体内部，为此，须事先预埋声测管，作为探头进入桩内的通道。根据声测管埋置的不同情况，可以有单孔检测、双孔检测和桩外孔检测三种检测方式。

双孔检测是桩基超声脉冲检测的基本形式，其他两种方式在检测和结果分析上都比较困难，只能作为特殊情况下的补救措施。双孔检测就是在桩内预埋两根以上的管道，把发射探头和接收探头分别置于两根管道中检测时超声脉冲穿过两管道之间的混凝土，实际有效范围即为超声脉冲从发射到接收探头所扫过的面积。为了尽可能扩大在桩横截面上的有效检测控制面积，必须使声测管的布置合理。双孔测量时根据两探头相对高程的变化，又可分为平测、斜测、扇形扫测等方式，在检测时视实际需要灵活运用。

5）现场检测技术：

① 该法在检测时需在灌注桩内预埋若干根声测管作为检测通道，声测管宜采用钢管、塑料管或钢质波纹管，其内径宜为 50～60mm。当桩径不大于 1500mm 时，应埋没三根管；当桩径大于 1500mm 时，应埋设四根管，如图 12-16 所示。

图 12-16　声测管布置方式

② 将发射探头和接收探头置于声测管中，管内充满清水作为耦合剂，然后通过脉冲信号发生器发生一系列周期性电脉冲，由发射探头将其转换为超声脉冲，穿过待测桩体的混凝土，由接收探头接收，在转换回电信号。

③ 仪器中测量系统测出超声脉冲穿过混凝土所需的时间、接收波幅值、接收脉冲主频率、接收波形及频谱等参数。

④ 通过数据处理系统，对接收信号的各种参数进行综合判断和分析，确定出混凝土中各种内部缺陷的性质、大小和位置等，并给出混凝土总体均匀性和强度等级评价指标。

6）检测数据的处理与桩身完整性判定：

① 声速判据。当实测混凝土声速值低于声速临界值时应将其作为可疑缺陷区。

$$v_{\mathrm{i}} < v_{\mathrm{D}} \tag{12-14}$$

式中：v_{i}——第 i 个测点声速值（km/s）；

v_{D}——声速临界值（km/s）。

声速临界值采用正常混凝土声速平均值与 2 倍声速标准差之差，即

$$v_{\mathrm{D}} = \bar{v} - 2\sigma_v \tag{12-15}$$

$$\bar{v} = \sum_{i=1}^{n} v_{\mathrm{i}} / n \tag{12-16}$$

$$\sigma_v = \sqrt{\frac{\sum_{i=1}^{n}\left(v_{\mathrm{i}} - \bar{v}\right)^2}{n-1}} \tag{12-17}$$

式中：n——测点数；

v_{i}——混凝土中第 i 测点声速值（km/s）；

$\bar{v}$——声速平均值（km/s）；

σ_v——声速标准差。

② PSD 判据法。采用斜率法作为辅助异常判据，当 PSD 值在某测点附近变化明显

时，应将其作为可疑缺陷区，即

$$PSD=\frac{(t_i-t_{i-1})^2}{z_i-z_{i-1}} \tag{12-18}$$

式中：t_i——第 i 个测点声时值（μs）；

t_{i-1}——第 i-1 个测点声时值（μs）；

z_i——第 i 个测点深度（m）；

z_{i-1}——第 i-1 个测点深度（m）。

实验证明，PSD 判据对缺陷十分敏感，而对于因声测管不平行，或混凝土强度不均匀等原因所引起的声时变化，基本上没有反映。在运用 PSD 判据确定有缺陷存在的区段内，综合运用声时、波幅、接收频率、波形（或频谱）等物理量，找出缺陷所造成的声阴影的范围，从而准确地判定缺陷的位置、性质和大小。

③ 桩身完整性类别判定：

Ⅰ类桩：各声测剖面每个测点的声速、波幅均大于临界值，波形正常。

Ⅱ类桩：某一声测剖面个别测点的声速、波幅略小于临界值，但波形基本正常。

Ⅲ类桩：某一声测剖面连续多个测点或某一深度桩截面处的声速、波幅值小于临界值，PSD 值变大，波形畸变。

Ⅳ类桩：某一声测剖面连续多个测点或某一深度桩截面处的声速、波幅值明显小于临界值，PSD 值突变，波形严重畸变。

第三节　基桩承载力检测

现有确定基桩承载力的方法有两类，一类是静荷载试验，另一类是各种桩的动测方法。静荷载试验是确定单桩承载力方法中最基本、最可靠的方法，其他各种测定方法（如静力触探、动测法等）的成果，都必须与静压试验相比较，才能判明其准确性。国内外规范一致规定，对重要工程都应通过静载试验。因此一般对特大桥和地质复杂的大中桥试桩，应采用静载试验确定单桩承载力。静载试验的方法主要与试验要求有关，国内外采用的试验方法主要有慢速维持荷载法、快速维持荷载法、等贯入速率法、循环加卸载法。

一、基桩静荷载试验

1. 静压试验

1）试验目的：通常用来确定单桩承载力和荷载与位移的关系，以及校核动力公式的准确程度。

2）试验方法：采用慢速维持荷载法，若设计无特殊要求时，用单循环加载试验。

3）试验时间：静压试验应在冲击试验后立即进行。对于钻（挖）孔灌注桩，须待混凝土达到能承受设计要求荷载后，才可进行试验。

4）试验加载装置：一般采用油压千斤顶加载。千斤顶的反力装置可根据现场的实际条件选用下列三种形式之一。

① 锚桩承载梁反力装置（图 12-17）：锚桩承载梁反力装置能提供的反力，应不小于预估最大试验荷载的 1.3～1.5 倍。锚桩一般采用 4 根，如入土较浅或土质松软时可增至 6 根。锚桩与试桩的中心间距，当试桩直径（或边长）小于或等于 800mm 时，可为试桩直径（或边长）的 5 倍；当试桩直径大于 800mm 时，上述距离不得小于 4m。

② 压重平台反力装置（图 12-18）：利用平台上压重作为对桩静压试验的反力装置。压重不得小于预估最大试验荷载的 1.2 倍，压重应在试验开始前一次加上。试桩中心至压重平台支承边缘的距离与上述试桩中心至锚桩中心距离相同。

③ 锚桩压重联合反力装置：当试桩最大加载量超过锚桩的抗拔能力时，可在承载梁上放置或悬挂一定重物，由锚桩和重物共同承受千斤顶反力。

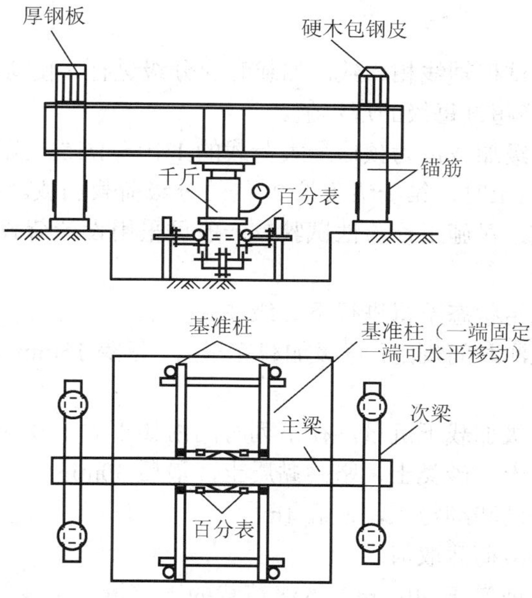

图 12-17　锚桩承载梁反力装置

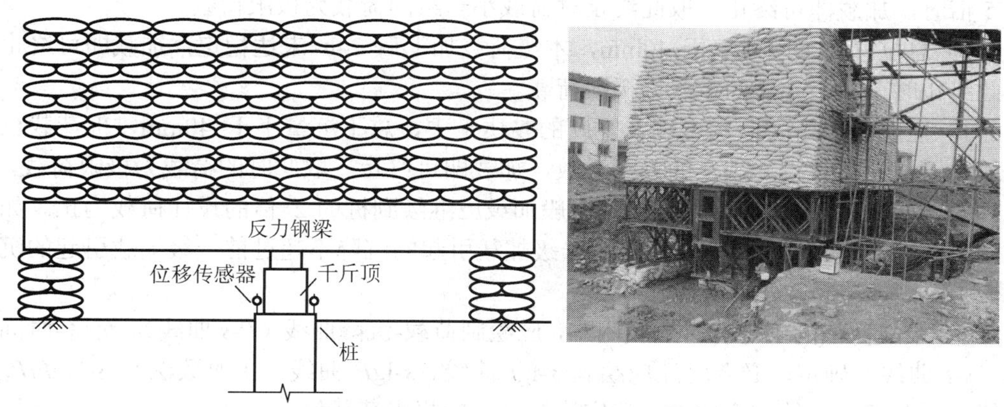

图 12-18　压重平台反力装置

5）测量位移装置：测量仪表必须精确，一般使用 1/20mm 光学仪器或力学仪表，如水平仪、挠度仪、位移计等。支承仪表的基准架应有足够的刚度和稳定性。基准梁的一端在其支承上可以自由移动，不受温度影响引起上拱或下挠。基准桩应埋入地基表面以下一定深度，不受气候条件等影响。基准桩中心与试桩、锚桩中心（或压重平台支承边缘）之间的距离应符合表 12-8 的规定。

表 12-8 基准桩中心与试桩、锚桩中心（或压重平台支承边缘）之间的距离

反力系统	基准桩与试桩	基准桩与锚桩（或压重平台支承边）
锚桩承载梁反力装置	≥4*d*	≥4*d*
压重平台反力装置	≥2.0m	≥2.0m

注：表中为试桩的直径或边长 d≤800mm 的情况；若试桩直径 d>800mm 时，基准桩中心至试桩中心（或压重平台支承边）的距离不宜小于 4.0m。

6）加载方法：

① 加载重心应与试桩轴线相一致。加载时应分级进行，使荷载传递均匀，无冲击。加载过程中，荷载不能超过每级的规定值。

② 加载分级：每级加载量为预估最大荷载的 1/10～1/15。当桩的下端埋入巨粒土、粗粒土以及坚硬的黏质土时，第一级可按 2 倍的分级荷载加载。

③ 预估最大荷载：对施工检验性试验，一般可采用设计荷载的 2.0 倍。

7）沉降观测：

① 下沉未达到稳定状态不得进行下一级加载。

② 每级加载的观测时间规定：每级加载完毕后，每隔 15min 观测一次；累计 1h 后，每隔 30min 观测一次。

8）稳定标准：每级加载下沉量，在下列时间内如不大于 0.1m 即可认为稳定。

① 桩端下为巨粒土、砂类土、坚硬黏质土，最后 30min。

② 桩端下为半坚硬和细粒土，最后 1h。

9）加载终止及极限荷载取值：

① 总位移量大于或等于 40mm，本级荷载的下沉量大于或等于前一级荷载下沉量的 5 倍时，加载即可终止。取此终止时荷载小一级的荷载为极限荷载。

② 总位移量大于或等于 40mm，本级荷载加上后 24h 未达稳定，加载即可终止。取此终止时荷载小一级的荷载为极限荷载。

③ 巨粒土、密实砂类土以及坚硬的黏质土中，总下沉量小于 40mm，但荷载已大于或等于设计荷载设计规定的安全系数，加载即可终止。取此时的荷载为极限荷载。

④ 施工过程中的检验性试验，一般加载应继续到桩的 2 倍的设计荷载为止。如果桩的总沉降量不超过 40mm，及最后一级加载引起的沉降不超过前一级加载引起的沉降的 5 倍，则该桩可以停止试验。

⑤ 极限荷载的确定有时比较困难，应绘制荷载-沉降曲线（P-s 曲线）、沉降-时间曲线（s-t 曲线）确定，必要时还应绘制 s-lg$t$ 曲线、s-lg$P$ 曲线（单对数法）、s-[1-P/P_{max}] 曲线（百分率法）等综合比较，确定比较合理的极限荷载值。

10）桩的卸载和回弹量观测：

① 卸载应分级进行，每级卸载量为两个加载级的荷载值。每级荷载卸载后，应观测桩顶的回弹量，观测办法与沉降相同。直到回弹稳定后，再卸下一级荷载。回弹稳定标准与下沉稳定标准相同。

② 卸载到零后，至少在 2h 内每 30min 观测一次，如果桩尖下为砂类土，则开始 30min 内，每 15min 观测一次；如果桩尖下为粘质土，第一小时内，每 15min 观测一次。

2. 静拔试验

1）试验目的：在个别桩基中设计承受拉力时，用以确定单桩抗拔极限承载力。

2）试验设备：

① 加载装置：一般采用油压千斤顶加载，千斤顶的加载反力装置可根据现场情况确定，应尽量利用工程桩为支座反力。

② 荷载与沉降量测仪表：荷载可用放置于千斤顶上的应力环，应变式压力传感器直接测定，或采用联于千斤顶的标准压力表测定油压，根据千斤顶率定曲线换算荷载。试桩上抗拔变形一般采用百分表测量，布置方法与竖向抗压试验相同。

3）试验时间：从成桩到开始试验的间歇时间，在确定桩身强度达到要求的前提下，对于砂类土，不应少于 10d；对于粉土和粘性土，不应少于 15d；对于淤泥或淤泥质土，不应少于 25d。

4）试验加载方式：一般采用慢速维持荷载法（逐级加载，每级荷载达到相对稳定后加下一级荷载，直到试桩破坏，然后逐级卸载到零）。每级加载量为预估最大荷载的 1/10～1/15。

5）沉降观测：可按静压试验中沉降观测规定进行。

6）加载终止条件：勘测设计阶段，总位移大于或等于 25mm，加载即可终止；施工阶段，加载不应大于设计容许抗拔荷载。

7）确定基桩竖向抗拔静载力：

① 绘制单桩竖向抗拔静载试验上拔荷载（U）和上拔量（δ）之间的 U-δ 曲线及 δ-lg$t$ 曲线；

② 对于陡变形 U-δ 曲线，取陡升起始点荷载为极限荷载；对于缓变形 U-δ 曲线，根据上拔量和 δ-lg$t$ 曲线变化综合判定，一般取 δ-lg$t$ 曲线尾部显著弯曲的前一级荷载为极限荷载。当在某级荷载下抗拔钢筋断裂时，取其前一级荷载值。

二、高应变动力检测法

随着我国基本建设事业的飞速发展，桩基工程日益增多，桩的检测工作量很大。传统的静荷试验方法，由于其费用高、时间长，通常检测数量只能达到总桩数的 1%左右，而且随着桩径桩长的增大，静载试验从其实施规模、消耗资金和需要时间来看，均已到了难以接受的程度。而高应变动力检测法以其技术相对先进，操作较简便、耗时较短、所需费用较低等优点，近年来得到了广泛推广和应用。

1. 适用范围

1）本方法适用于检测混凝土灌注桩、预制桩和钢桩的单桩轴向抗压极限承载力和桩身完整性；监测混凝土预制桩和钢桩打入时桩身应力和锤击能量传递比，为选择沉桩工艺参数及桩长选择提供依据。

2）进行单桩的轴向抗压极限承载力检测应具有相同条件下的动—静试验对比资料和现场工程实践经验。

3）超长桩、大直径扩底桩和嵌岩桩不宜采用本方法进行单桩的轴向抗压极限承载力检测。

2. 检测仪器与设备

检测系统包括信号采集及分析仪、传感器、激振设备和贯入度测量仪等（图 12-19）。

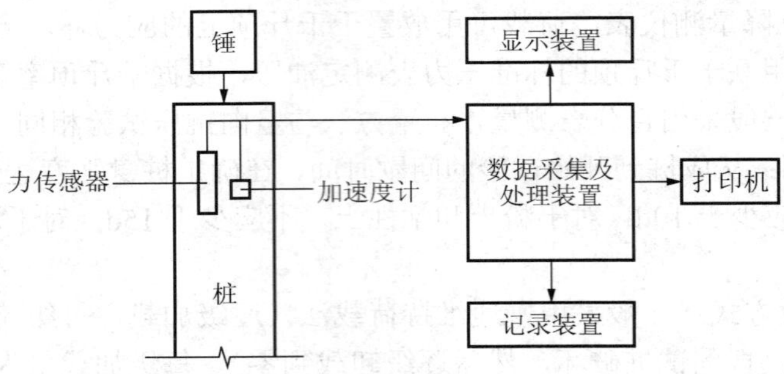

图 12-19　高应变动力检测系统

3. 现场检测技术

（1）处理桩头

对灌注桩，应清除桩头的松散混凝土，并将桩头修理平整；对于桩头严重破损的预制桩，应用掺早强剂的高强度等级混凝土修补，当修补的混凝土达到规定的强度时，才可以进行测试；对桩头出现变形的钢桩也应进行必要的修复和处理。也可在设计时采取下列措施。

1）桩头主筋应全部直通桩底混凝土保护层之下，各主筋应在同一保护层之下，或者在距桩顶一倍桩径范围内，宜用 3～5mm 厚的钢板包裹，距桩顶 1.5 倍的桩径范围内可设箍筋，箍筋间距不宜大于 150mm。

2）桩顶应设置钢筋网片 2～3 层，间距 60～200mm。进行测试的桩应达到桩头顶面水平、平整，桩头中轴线与桩身中轴线重合，桩头截面积与桩身截面积相等等要求。

3）检测时在桩顶面应铺设锤垫。锤垫宜由 10～30mm 厚的木板或胶合板等匀质材料制作，垫面略大于桩顶面积。

（2）安装传感器

为了减少试验过程中可能出现的偏心锤击对试验结构的影响，试验时必须对称地安装应变传感器和加速度传感器两只。

（3）设定现场检测参数

① 测点以下桩长和截面积可根据设计文件或施工记录提供的数据设定。

② 桩身材料质量密度 ρ 宜按表 12-9 取值。

表 12-9　桩材质量密度 ρ（kg/m^3）

混凝土灌注桩	混凝土预制桩	预应力混凝土管桩	钢桩
2400	2450～2500	2550～2600	7850

③ 桩身平均波速可结合本地经验或按同场地同类型已检桩的平均波速初步设定，现场检测完成后应根据实测结果予以调整。

④ 传感器安装位置处的桩身截面面积应按实际直径或边长计算确定，波速的设定宜综合考虑材料的设计强度和龄期的影响。

⑤ 桩身材料的弹性模量应按下式计算：

$$E = \rho c^2 \tag{12-19}$$

式中：E——桩身混凝土弹性模量（Pa）；

c——桩身内应力波传播速度（m/s）；

ρ——桩身混凝土密度（kg/m^3）。

（4）检测数据分析与判定

1）锤击信号选取与调整应符合下列规定：

① 分析被检桩的承载力时，宜在第一和第二击实测有效信号中选取能量和贯入度较大者。

② 桩身波速平均值可根据已知桩长、力和速度信号上的桩端反射波时间或下行波上升沿的起点到上行波下降沿的起点之间的时差确定。

③ 传感器安装位置处原设定波速可不随调整后的桩身平均波速而改变。确有合理原因需作调整时，应对传感器安装处桩身的弹性模量重新设置，且应对原实测力信号进行修正。

④ 力和振动速度信号的上升沿重合性差时，应分析原因，不得随意调整。

2）推算被检桩的极限承载力前，应结合工程地质条件和设计参数，利用实测信号特征对桩的荷载传递性状、桩身缺陷程度和位置及连续锤击时缺陷的逐渐扩大或闭合情况进行定性判别。

3）采用实测曲线拟合法推算被检桩的极限承载力应符合下列规定：

① 采用的桩和土的力学模型应能分别反映被检桩和地基土的物理力学性状；在各计算单元中，所用土的弹性极限位移不应超过相应桩单元的最大计算位移。

② 曲线拟合时间段长度在 t_1+2L/c 后的延续时间不应小于 20ms 或 $3L/c$ 中的较大值。

③ 分析所用的模型参数应在岩土工程的合理范围内，可根据工程地质和施工工艺条件进行桩身阻抗变化或裂隙拟合。

④ 拟合曲线应与实测曲线基本吻合，贯入度的计算值应与实测值基本一致，且整

体曲线的拟合质量系数宜控制在合适的范围之内。

4）采用凯司法（CASE）推算单桩的极限承载力时，应符合下列规定：

① 只适用于桩侧和桩端土阻力均已充分发挥的摩擦型桩。

② 用于混凝土灌注桩时，桩身材质、截面应基本均匀。

③ 单桩轴向抗压极限承载力可按下列公式计算：

$$R_c=\frac{1}{2}\left\{(1-J_c)\bullet\left[F(t_1)+Z\bullet v(t_1)\right]+(1+J_c)\bullet\left[F\left(t_1+2\frac{F}{c}\right)-Z\bullet v\left(t_1+2\frac{L}{c}\right)\right]\right\} \tag{12-20}$$

$$Z=A\bullet E/c \tag{12-21}$$

式中：R_c——单桩轴向抗压极限承载力（kN）；

J_c——凯司法阻尼系数；

t_1——速度信号第一峰对应的时刻（ms）；

$F(t_1)$——t_1 时刻的锤击力（kN）；

$v(t_1)$——t_1 时刻的振动速度（m/s）；

Z——桩身截面力学阻抗（kN·s/m）；

E——桩身材料弹性模量（kPa）；

A——桩身截面面积（m^2）；

c——桩身波速（m/s）；

L——测点以下桩长（m）。

④ J_c 应根据基本相同条件下桩的动—静载对比试验结果确定，或由不少于50%被检桩的曲线拟合结果推算，但当其极差相对于平均值大于30%时不得使用。

5）对于等截面桩，测点下第一个缺陷可根据桩身完整性系数β值按表12-10判定。

表12-10 桩身完整性判定

类别	β 值	类别	β 值
Ⅰ	$0.95<\beta\leqslant1.0$	Ⅲ	$0.6\leqslant\beta<0.8$
Ⅱ	$0.8\leqslant\beta\leqslant0.95$	Ⅳ	$\beta<0.6$

① 顶下第一个缺陷的结构完整性系数β值可按下式计算：

$$\beta=\frac{\left[F(t_1)+Z\bullet(t_1)\right]/2-\Delta R+\left[F(t_x)+Z\bullet v(t_x)\right]/2}{\left[F(t_1)+Z\bullet v(t_1)\right]/2-\left[F(t_x)+Z\bullet v(t_x)\right]/2} \tag{12-22}$$

式中：β——桩身结构完整性系数；

t_1——速度第一峰所对应的时刻（m）；

t_x——缺陷反射峰所对应的时刻（ms）；

ΔR——缺陷以上部位土阻力的估计值，等于缺陷反射起始点的锤击力与速度乘以桩身截面力学阻抗之差值，取值方法见图12-20。

② 桩身缺陷位置可按下式计算：

$$x=\frac{c\bullet(t_x-t_1)}{2000} \tag{12-23}$$

式中：x——测点至桩身缺陷之间的距离（m）；

t_x——速度信号第一峰对应的时刻（ms）；

t_1——缺陷反射峰对应的时刻（m）。

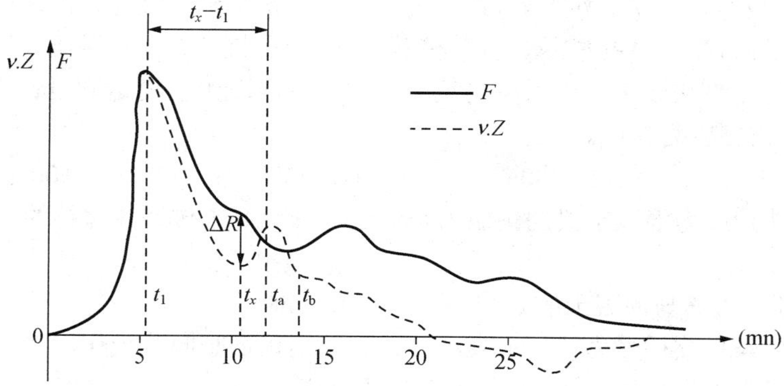

图 12-20　桩身结构完整性系数计算图

课 后 小 结

桩基础是桥梁工程中通常采用的基础形式，本章主要介绍基础的地基承载力检测、钻（挖）孔灌注桩的完整性检测和承载力检测。地基承载力检测介绍了按规范法评定承载力和现场荷载试验评定法；钻（挖）孔灌注桩的完整性检测应用最广泛的是反射波法和超声脉冲法。反射波易于理解，但对桩身缺陷的准确判定有赖于检测人员的经验；超声脉冲法对缺陷判定准确，但检测效率较低，其运用将越来远大。对桩基承载力检测，静载试验至今仍是最可靠的一种检测方法。

思考与练习

一、选择题

1．桥梁全长（总长度）的计算规定是，有桥台的桥梁为（　　）。

A．各孔桥跨标准跨径之和

B．两岸桥台的侧墙或八字墙尾端之间的距离

C．两岸桥台前墙之间的距离

D．桥面系列车道的长度

2．桥梁设计和施工中，要进行强度、刚度和稳定性验算，这刚度是指（　　）。

A．应力　　B．应变　　C．扰度（变形）　D．预拱度

3．钢筋混凝土或预应力混凝土简支梁桥属于（　　）。

A．静定结构　　B．超静定结构　　C．连续结构　　D．排架结构

4．桥梁基础形式一般可分为（　　）。

A．明挖基、桩基、沉井基础　　B、明挖基础、桩基、沉入桩基础

C．挖孔桩基、钻孔桩基、沉井桩基　　D．挖孔桩基、沉井基础、明挖基础

5．当采用先张法施工预应力钢筋混凝土时，在混凝土强度达到设计强度（　　）以下时方可放松预应力钢筋。

A．70%　　B．80%　　C．75%　　D．100%

6．先张法预应力混凝土梁的预应力是通过（　　）来传递并保持的。

A．瞄具　　B．张拉

C．预应力筋与混凝土的黏结　　D．控制

7．梁式桥与拱式桥受力特征上表现的最大差别是在竖向荷载作用下（　　）。

A．梁式桥无水平反力，拱式桥有水平反力

B．梁式桥有水平反力，拱式桥无水平反力

C．梁式、拱式桥都无水平反力

D．以上都不对

8．在测定简支梁的一阶振型时，激振力应作用在（　　）。

A．1/4 截面　　B．跨中截面

C．1/4 截面和跨中截面　　D．3/4 截面

9．检测简支梁桥的最大压应力，其应变片应（　　）。

A．贴在跨中截面上缘　　B．贴在跨中截面侧面中间

C．贴在 1/4 截面上缘　　D．贴在支截面上缘

10．混凝土钻孔灌注桩完整性检测方法有（　　）。

A．钻芯检测法、超声脉冲检验法　　B．射线法

C．振动检验法

11．桥涵混凝土结构检验主要包括（　　）方面。

A．施工阶段质量控制　　B．外观质量检测

C．构件混凝土强度等级检验　　D．荷载试验

12．桥涵工程试验检测的专业通用标准有（　　）。

A．公路工程质量检验评定标准　　B．公路工程技术标准

C．公路石料试验规程　　D．公路土工试验规程

13．对于施工准备阶段的桥涵试验检测项目有（　　）。

A．钢材的原材料试验　　B．水泥性能试验

C．混凝土强度抽样试验　　D．预应力锚具试验

14．桥梁工程施工前，首先要对进场的原材料，成品和半成品构件进行试验鉴定，看其是否符合（　　）。

A．外观及性能要求　　B．国家质量标准

C．几何尺寸要求　　　　　　　　D．设计文件的要求

二、填空题

1．跨径小于 5m 或多孔桥总长小于 8m 的桥称为_______。

2．根据电桥的测量电路，对应变电桥的测量方法有_______测量、半桥测量、全桥测量。

3．桥涵工程中所用料石的外观要求为不易风化、无裂纹、_______。

三、判断题（对者打“√”，错者打“×”）

1．评定结构工作状况，确定桥梁承载能力的一个重要指标是校验系数。（　　）

2．桥涵工程中所用石料的外观要求为石质均匀、不易风化、无裂纹。（　　）

3．对一般黏性土用液性指数和天然孔隙比确定地基的容许承载力。（　　）

四、简答题

1．公路桥涵试验检测的目的是什么？

2．桥涵地基的检验内容有哪些？

3．公路桥涵工程质量评定的依据是什么？

4．如何用“规范法”评定黏性土的地基承载力，需要地基土哪些物理指标？

5．灌注桩的常见缺陷有哪些？

6．采用超声脉冲法时，判断桩内缺陷的原理是什么？

7．基桩垂直静载试验时，怎样确定破坏荷载、极限荷载和容许荷载？

第十三章

桥梁上部结构检测

学习目标 1．知识目标

（1）了解桥涵混凝土结构、钢筋混凝土结构或预应力混凝土结构或构件的试验检测项目。

（2）掌握混凝土结构构件、预应力混凝土结构检测方法。

（3）了解支座的作用和分类。

（4）掌握板式橡胶支座的设计参数要求和质量检验控制环节，力学性能的检测方法。

（5）了解橡胶伸缩装置的分类及技术要求，整体性能试验检测方法。

（6）了解预应力钢绞线锚具和连接器技术要求、检验方法。

（7）了解预应力连接器检测方法。

（8）了解预应力张拉的方法及张拉控制应力。

2．能力目标

（1）能确定板式橡胶支座的检测项目，力学性能检测程序与计算方法。

（2）能描述伸缩装置的检测项目。

（3）学会预应力混凝土先张法和后张法构件施工工艺检测。

（4）学会预应力锚具、夹具和连接器检测。

课时建议 4 课时

学习引导 桥梁上部结构指的是桥梁支座以上（无铰拱起拱线或框架主梁

底线以上）跨越桥孔部分的总称，包括桥跨结构和桥面系。桥梁上部结构是与汽车荷载直接接触的部分，它的结构稳定性直接影响桥梁的正常使用。图 13-1 和图 13-2 是桥梁的上部结构图。通过本章的学习，可掌握如何进行桥梁上部结构检测及有关注意事项。

图 13-1　桥梁上部结构示意图（一）

图 13-2　桥梁上部结构示意图（二）

第一节　混凝土结构构件检测

交通部对于桥梁混凝土结构、钢筋混凝土结构、预应力钢筋混凝土结构或构件的检验，有三个方面的内容：一是施工阶段的质量控制，包括原材料的试验检测、混凝土浇筑前的检查等；二是构件外观质量检测，主要是在构件成型并达到一定强度后检测实物的尺寸和位置偏差，混凝土结构表面平整度、露筋、裂缝、蜂窝及麻面等；三是构件混凝土的强度等级，通常以混凝土试件立方体抗压强度来表示。当对某一方面的检验内容产生怀疑时，如构件的强度离散大、强度不足或存在其他缺陷时，通常还需要采用无破损的方法进行专项检验或荷载试验来判定。

混凝土无损检验的方法很多，常见的有：

1）钻芯法：检测结果直观准确，可检测强度与厚度，但操作复杂，对混凝土有轻微破坏。

2）回弹法：简单方便，但离散性较大。

3）超声法：检测过程无损于材料、结构的使用性能，直接在结构物上检测试验并推定其实际强度和缺陷性质，重复和复核检验方便，检验结果重复性好。

4）超声回弹综合法：可以减少各种因素对结果的影响，弥补两种方法各自不足，检测精度较高。

5）拔出法：检测结果直观准确，但操作复杂，对混凝土有轻微破坏，结果离散性较大。

6）瞬态激振（敲击）时域频域分析法（小应变法）：适用于基桩检测，特点是操作简便，检测快速，结果较为精确。

7）地质雷达法：主要用于大面积混凝土质量检测，如隧道衬砌混凝土的检测，其特点是检测快速，可检测厚度，结果准确。

其中回弹法测水泥混凝土抗压强度，超声回弹综合法测定水泥混凝土强度，钻孔取芯法测定混凝土强度已在第五章结构混凝土强度检测讲过，这里不再重复。

第二节　预应力混凝土结构检测

一、预应力锚具、夹具和连接器检测

锚具是在后张法预应力结构或构件中为了保持预应力筋的张拉力将其传递到混凝土上所用的永久性锚固装置。夹具是先张法预应力混凝土结构或构件施工时，为保持预应力筋的拉力并将其固定在张拉台座（或设备）上的临时性锚固装置；或者是在后张法预应力结构或构件施工时，能将千斤顶（或其他张拉设备）的张拉力传递到预应力筋上的临时性锚固装置（又称工具锚）。连接器为用于连接预应力筋的装置。

预应力锚具按锚固性能分为Ⅰ类和Ⅱ类两种，Ⅰ类锚具用于承受动、静载作用的预应力混凝土结构；Ⅱ类锚具仅用于有黏结的预应力混凝土结构中预应力筋应力变化不大的部分。预应力锚具、夹具和连接器按锚固方式不同，可分为夹片式（单孔或多孔夹片锚具）、支承式（墩头锚具、螺母锚具等）、锥塞式（钢制锥形锚具）和握裹式（挤压锚具、压花锚具等）四种。它们的产品标记由四部分组成：第一部分由两个汉语拼音字母组成，第一个字母为预应力体系代号，由研制单位选定，无研制单位者可省略不写，第二个字母为锚具（M）、夹具（J）或连接器（L）代号；第二部分为预应力筋的直径（mm）；第三部分为预应力筋的根数；第四部分为锚固方式代号，对夹片锚、锥塞锚和握裹锚代号分别为J，Z和W，对支承式锚中的螺纹锚和墩头锚代号分别为L和D。例如，锚固21根直径为5mm钢丝的墩头锚具可以标记为M5-21D。

锚具、夹具和连接器应具有可靠地锚固性能、足够的支撑能力和良好的适应性，以保证充分发挥预应力筋的强度，并安全的实现预应力张拉作业。

（1）锚具

锚具的静载锚固性能，应由静载试验时测定的锚具效率系数和达到实测极限拉力时预应力筋-锚具组装件受力长度的总应变 ε_{apu} 确定。

锚具效率系数 η_a 按式（13-1）计算：

$$\eta_a = \frac{F_{apu}}{\eta_p F_{pm}} \tag{13-1}$$

式中：η_a ——锚具效率系数；

F_{apu} ——预应力筋-锚具组装件的实测极限拉力；

η_p ——预应力筋的效率系数，按下列规定取用：预应力筋-锚具组装件中预应力钢材为 1～5 根时，$\eta_p = 1$；预应力筋-锚具组装件中预应力钢材为 6～12 根时，$\eta_p = 0.99$；预应力筋-锚具组装件中预应力钢材为 13～19 根时，$\eta_p = 0.98$；预应力筋-锚具组装件中预应力钢材为 20 根以上时 $\eta_p = 0.97$；

F_{pm} ——预应力筋的实际平均极限拉力。

锚具的静载锚固性能应同时满足下列两项要求：Ⅰ类锚具，$\eta_a \geqslant 0.95$，$\varepsilon_{apu} \geqslant 2.0\%$；Ⅱ类锚具 $\eta_a \geqslant 0.90$，$\varepsilon_{apu} \geqslant 1.7\%$。

在预应力筋-锚具组装件达到实测极限拉力时，应当是由于预应力筋的断裂，而不应当是由于锚具（或连接器）的破坏导致试验的终结。试验后锚具部件会有残余变形，但应能确定锚具的可靠性。

在预应力筋-锚具组装件，除必须满足静载锚固性能外，尚须满足循环次数为 200 万次的疲劳性试验。即试验件经受 200 万次循环荷载后，锚具零件不应疲劳破坏。在经受 200 万次循环荷载后，预应力筋在锚具夹持区域发生疲劳破坏的截面面积不应大于试件总截面积的 5%。

用于抗震要求结构中的锚具，预应力筋-锚具组装件还应满足循环次数为 50 次的周期荷载试验。即试件经 50 次循环荷载后预应力筋在锚具夹持区域不应发生破断、滑移和夹片松脱的现象。

锚具应满足分级张拉、补张拉及放松预应力筋的要求。锚具及其附件上应设置灌浆孔和排气孔。灌浆孔应有保证浆液畅通的截面面积，排气孔应设在锚具垫板空腔的上部。锚固过程中预应力筋的内缩量不大于 6mm。锚口摩阻损失不大于 2.5%。

（2）夹具

夹具的静载锚固性能应有预应力筋-锚具组装件静载锚固试验测定的夹具效率系数 η_g 确定，如式（13-2）所示。

$$\eta_g = \frac{F_{gpu}}{F_{pm}} \tag{13-2}$$

式中：η_g——夹具的静载锚固性能；

F_{gpu}——预应力筋-锚具组装件的实测极限拉力。

其余符号意义同前。

夹具的静载锚固性能应符合 $\eta_g \geqslant 0.92$。

预应力筋和夹具组装件达到实测极限拉力时，应当是由于预应力筋的断裂，而不应当是由于夹具的破坏导致试验终结。夹具的全部零件均不应出现肉眼可见的裂纹或破坏，且应有良好的自锚性能、松锚性能和重复使用性能。需敲击才能松开的夹具，必须保证其对预应力筋的锚具没有影响，且不得对操作人员造成危险。

（3）连接器

在先张法或后张法施工中，在张拉应力后永久留在混凝土结构或构件中的连接器，都必须符合锚具的性能要求。若在张拉后还需放张和拆卸的连接器，则必须符合夹具的性能要求。

二、试验方法

1. 一般规定

试验用的预应力锚具、夹具或连接器组装件应由全部零件和预应力筋组装而成，组装时不得在锚固零件上添加影响锚固性能的物质，如金刚砂、石墨等（设计规定的除外）。束中各根预应力筋应等长平行，其受力长度不得小于 3m，配置单根预应力筋时其受力长度不得小于 0.8m。生产厂的型式检验和新产品试验所用的试件，应选用同一品种、同一规格中最高强度级别的预应力钢材。用于多品种预应力钢材的锚具、夹具和连接器，应对每个品种进行试验。

试验用的测力系统，其不确定度不得大于 2%；测量总应变用的量具，其标距的不确定度不得大于标距的 2%，指示应变的不确定度不大于标距的 0.1%。试验台座承载力应大于组装件中各预应力筋计算极限拉力之和的 1.5 倍，千斤顶额定张力和测力传感器额定压力应大于组装件中各预应力筋计算极限拉力之和。试验设备及仪器每年至少标定一次。

锚具组装件试验之前必须对单根预应力筋进行力学性能试验，其试件应同组装件的预应力筋试件，从同一盘钢丝或钢绞线中抽取。单根预应力筋力学性能试验每次随机抽取 6 个试件。

2. 静载试验

将锚具、预应力筋、传感器、千斤顶安装于试验机或试验台座上，使各预应力筋均匀受力，紧固锚具螺钉或敲进夹片。

对于先张拉力预应力筋再锚固的预应力体系，应先用施工用的张拉设备，按预应力钢材抗拉强度表准值的 20%、40%、60%、80%分 4 级等速加载，加载速度每分钟宜为

100MPa，张力达到 80%后锚固，持荷 1h，再用试验设备逐步加载至破坏。如果能证明预应力钢材在张拉后锚固对静载性能没有影响时，也可按先安装锚具、夹具或连接器再张拉的预应力体系加载。

试验过程中观察和测量的项目应包括各根预应力筋与锚具、夹具或连接器之间的对应位移；锚具、夹具或连接器各零部件之间的对应位移；在达到预应力筋钢材抗拉强度标准值的 80%后，在持荷 1h 试件内的锚具、夹具或连接器的变形；试件的实测极限应力 F_{apu}；达到实测极限应力时的总应变 ε_{apu}；试件的破坏部位与形式。

根据试验结果记录计算锚具、夹具和连接器的锚固效率系数 η_a，编写试验报告。

锚具效率系数按式（13-3）计算：

$$\eta_a = \frac{F_{apu}}{\eta_p F_{apu}^c} \tag{13-3}$$

式中：F_{apu}^c——预应力筋锚具组装件中各根预应力钢材计算极限拉力之和，其余符号意义同前。

达到实测极限应力时的总应变 ε_{apu} 按式（13-4）计算：

$$\varepsilon_{apu} = \frac{L_2 - L_1 - \Delta a}{L_0} \times 100\% \tag{13-4}$$

式中：ε_{apu}——达到实测极限应力时的总应变；

L_1——千斤顶活塞初始行程读数；

L_2——试件破坏时活塞终了行程读数；

Δa——预应力钢材锚具、夹具和连接器之间在预应力筋应力达到极限拉力 F_{apu} 时的相对位移。

3. *疲劳试验*

预应力组装件进行疲劳试验时应根据预应力筋的种类不同选取试验应力上限和应力幅度；预应力筋为钢丝、钢绞线时，试验应力上限取预应力筋抗拉强度标准值的 65%，应力幅度取 80MPa；预应力筋为精轧螺纹钢筋时，试验应力上限应取预应力筋抗拉强度标准值的 80%，应力幅度不小于 80MPa。试验选用的疲劳试验机（一般采用脉冲千斤顶）的脉冲频率不应超过 500 次/min。试验时应以 100MPa/min 的速度加载至试验应力的下限值，在调节应力幅度达到规定值后，开始记录循环次数。试验过程中应观察记录锚具、夹具和连接器部件与钢绞线疲劳损伤情况及变形情况，疲劳的钢绞线的断裂位置、数量和相应的疲劳次数，并填入记录表中。当疲劳试验机的能力不够时，只有试验结果有代表性，在不改变试件中各根预应力钢材受力的条件下，可以将预应力筋的根数适当减少，或用较少规格的试件，但最少不得低于实际预应力钢材根数的 1/10。试验台的长度应大于等于 3m，试验台的承载力应满足试验要求。

4. 周期荷载试验

进行周期荷载试验时，预应力钢材若为钢丝、钢绞线或热处理钢筋，试验应力上限取预应力钢材抗拉强度标准值的 80%；预应力筋为精轧螺纹钢筋时，试验应力上限取屈服强度的 90%，下限取预应力钢材抗拉标准值的 40%。周期荷载试验设备、仪器和锚具组装形式与静载试验相同。组装好试件后，以 100MPa/min 的速度加载至试验应力上限值，再卸载至试验应力下限值为第一周期，然后以荷载自下限值经上限值再回复到下限值为一个周期，试验时应重复 50 个周期。

5. 辅助性试验

对于新型锚具、夹具和连接器进行辅助性试验，包括锚具、夹具的内缩量试验、锚口摩阻损失试验和张拉锚固工艺试验。

三、张拉设备校验

桥涵工程中施加预应力所用的机具设备通常称为张拉设备。常用的张拉设备由液压千斤顶和配套的高压液压泵、压力表及外接油管等组成。液压千斤顶按其构造可分为台座式（普通液压千斤顶）、穿心式、锥锚式和拉杆式。预应力张拉机具应与锚具配套使用，并在进场前进行检查和校验。由于每台千斤顶液压配合面实际尺寸和表面粗糙度不同，密封圈和防尘圈松紧程度不同，造成千斤顶内摩擦阻力不同，而且摩阻要随油压高低和使用时间的变化而改变。所以，千斤顶、压力表、液压泵及油管仪器要定期配套校验，以减少累计误差，提高施加预应力时张拉力的控制精度。

1. 长柱压力试验机校验

压力试验机的精度不得低于±2%。校验时，应采取被动校验法，即在校验时用千斤顶试验机，这样活塞运行方向、摩阻力的方向与实际工作时相同，校验比较准确。在进行被动校验时，压力试验机本身也有摩阻力，且与正常使用时相反，故试验机表盘读数反应的也不是千斤顶的实际作用力。因此，用被动法校验千斤顶时，必须事先用足够吨位的标准测力计对试验机经行被动标定，以确定试验机的度盘读数值。标定后再校验千斤顶时就可以从试验机度盘上直接读出千斤顶的实际作用力及相应的液压表的准确读数。用压力试验机的步骤如下：

（1）千斤顶就位

当校验穿心式千斤顶时，将千斤顶放在试验机台面上，千斤顶活塞面或撑套与试验机压板机密接触，并使千斤顶与试验机的受力中心线重合。当校验拉杆式千斤顶时，把千斤顶的活塞推出，取下封尾板，在缸体内放入一根厚壁无缝钢管，然后将千斤顶两脚向下立于试验机的中心线部位。放好后，调整试验机，使钢管的上端与试验机上压板接紧，下端与缸体内活塞面接紧，并对准缸体中心线。

（2）校验千斤顶

开动液压泵，千斤顶进油，使活塞上升，顶试验机上压板。在千斤顶顶面上的试验机平缓增加负荷载的过程中（此时不得用试验机压千斤顶），自零到最大吨位，将试验机被动标定的结果逐点标定到千斤顶的液压表上。标定点应均匀分布在整个测量范围内，且不少于 5 点。当采用最小二乘法回归分析千斤顶的标定经验公式时需 10 点～20 点。各标定点应重复标定 3 次，取平均值，并且只测读进程，不得测读回程。

（3）列表记录千斤顶校验数值

对千斤顶校验数值应列表记录，并可根据校验结果绘制千斤顶校验曲线，供预应力筋张拉时使用；也可采用最小二乘法求出千斤顶校验的经验公式，供预应力筋张拉时使用。

2. 用标准测力计校验

用水银压力计、测力环、弹簧拉力计等标准测力计校验千斤顶，是一种简单可靠的方法。校验时，开动液压泵，千斤顶进油，活塞杆推出，顶压测力计。当测力计达到一定吨位 T_1 时，立即读出千斤顶液压表相应度数 P_1，同样方法可得 T_2、P_2、T_3、P_3…此时 T_1、T_2、T_3…即为相应于液压表读数 P_1、P_2、P_3…的实际作用力。将测得的各值绘成曲线，实际使用时，即可由此曲线找出要求的 T 值和相应的 P 值。

此外，张拉设备校验的方法还有电测传感器校验等。

第三节　桥梁支座和伸缩装置检测

一、桥梁支座检测

桥梁支座设置在梁板式体系中主梁与墩台之间，其主要功能是将上部结构的各种荷载传递给墩台，并能适应上部结构的荷载、温度变化、混凝土收缩等各种因素所产生的变形（水平位移及转角），使上部结构的实际受力情况符合设计计算图式。

桥梁支座按其材料可划分为小桥涵上使用的简易垫层支座、大中桥上使用的钢板支座、钢筋混凝土支座、铸钢或不锈钢支座以及目前使用极为广泛的橡胶支座等。

桥梁橡胶支座构造简单，成本低，目前已实现了产品的标准化、系列化，也是我国桥梁支座的发展方向。本节主要介绍桥梁板式橡胶支座的检验方法。

1. 板式桥梁橡胶支座构造特性

板式桥梁橡胶支座通常由若干层橡胶片与以薄钢板为刚性加劲物组合而成，各层橡胶与上下钢板经加压硫化牢固的粘接成为一体。支座在竖向荷载作用下，具有足够的刚度，主要是由于嵌入橡胶片之间的钢板限制橡胶的侧向膨胀。在水平力作用下，支座的水平位移量取绝于橡胶片的净厚度。在运营期间为防止嵌入钢板的锈蚀，支座的上下面及四边都有橡胶保护层。

2. 板式桥梁橡胶支座的技术要求

交通部行业标准规定了桥梁板式橡胶支座标准系列规格，其设计参数、支座成品力学性能指标及质量要求应符合规定要求。标准系列规格以外形式的支座应根据试验结果自行确定设计参数。

3. 板式桥梁橡胶支座检验方法

桥梁橡胶支座检验有形式检验、出厂检验和使用前抽检三种质量控制环节。形式检验是指厂家在投产、胶料配方改变、工艺和结构形式改变及正常生产中质检部门或国家监督机构定期检测。出厂检验必须由厂家质量管理部门进行检验，确认合格后才可出厂，供货时必须附有产品质量合格证明文件及合格证。而桥涵工程使用前抽检是指针对具体支座的设计要求，以行业标准为依据，进行的常规性检验。通常应在支座进入工地后抽取一定比例送检，主要检验项目有支座成品力学性能检验、支座成品解剖检验和外观、几何尺寸检验等。

（1）抗压弹性模量检验

抗压弹性模量试验方法为通过中心受压试验，得出橡胶支座的应力应变曲线，并据此求出支座的抗压弹性模量，实测出使用应力下支座的最大压缩量并观察支座在受压情况下的工作状态。

大量的试验研究表明，橡胶支座在受压荷载作用下，在压应力不大时，支座的应力应变是非线性关系，即σ-ε关系开始有一曲线段，其后随着荷载的逐步加，压缩变形几乎成比例增加，则σ-ε曲线呈线性关系，卸载后变形基本上可完全恢复原位。橡胶支座抗压弹性模量就是根据上述曲线中的直线段确定的。其试验步骤为：

1）将橡胶支座成品直接置于试验加荷装置承压板上，对准中心，加荷至压力应为1.0MPa，在承载板的四角对称安装四只位移计。

2）进行预压。将压应力缓缓增至$[\sigma]$，持荷 5min，然后卸至应力为 1.0MPa。记录百分表初始值，预压三次。

3）正式加载。每一加载循环自σ_1=1.0MPa 开始，每级压应力为 1.0MPa，持荷 3min，读取百分表读数，至$[\sigma]$为止，然后卸载至压应力为 1.0MPa。10min 后进行下一加载循环。加载过程连续进行三次。

以承载支座四角所测得的变位平均值作为各级荷载下试样的累计压缩变形Δ_c，按试样橡胶层的总厚度δ_i求出在各级试验荷载作用下试样的累计压缩应变ε_i。

每一块试样的抗压弹性模量E为三次加载过程所得的三个结果的算术平均值。但单项结果和算术平均值之间的偏差不应大于算术平均值的 10%，否则该试样应重新试验一次。

橡胶支座在一定的压力作用下，其竖向变形主要由两个因素决定。一是支座中间橡胶片与加劲钢板接触面的状态，即橡胶与钢板粘接质量，如果粘按牢固，橡胶的侧向膨胀受到钢板的约束减少了支座的竖向变形，反之则增大竖向变形。同批支座中，个别支座受压后变形量比同类支座相比差异较大，说明在支座加工时，胶片与钢板的粘接处存在缺陷，达不到极限抗压强度时会有巨响。第二个起决定作用的因素是支座受压面积与其自由膨胀侧面积之比值，常称之为形状系数。

（2）极限抗压强度检验

由于桥梁橡胶支座极限抗压强度很大，因此部颁标准规定了 70MPa（矩形支座）和 75MPa（圆形支座）作为橡胶支座的极限抗压强度，极限抗压强度检验可在抗压弹模试验完成后按每分钟 1.0MPa 的加荷速率加载至压应力达到极限抗压强度为止，并随时观察，支座完好无损，其指标为合格。

（3）抗剪弹性模量检验

由于梁体受温度、收缩徐变以及车辆制动力等环境条件产生的水平位移将使支座产生剪切变形，而橡胶支座水平位移量的大小主要取决于橡胶片的净厚度，也就是说，支座的剪切位移是靠胶层的变形产生的，我国交通部行业标准规定了橡胶支座的剪切模量检验办法。

橡胶支座抗剪弹性模量试验是以正压力为容许压应力，并在抗剪过程中保持不变的情况下，采用 2 块支座用中间钢拉板推或拉组成双剪装置，橡胶支座的顶面或底面必须以实桥设计（钢筋混凝土梁、钢梁）图纸一致，而且中间钢拉板的对称轴应和加压设备中轴处在同一垂直面上，剪切变形量的量测一般采用 2 个大标距的位移传感器或百分表，正压力和剪切力一般采用力传感器进行量测控制。正式试验前应进行预载，以控制安装偏差和消除初应力，正式加载时，施加水平力至剪应力 τ =0.1MPa 后持荷 5min，然后卸载至剪应力为 0.1MPa 后记录位移计初始值。

正式加载时每一加载值循环自 τ =0.1MPa 开始，每级剪应力增力 0.1MPa，持荷 1min，读取位移计读数，至 τ =1.0MPa 为止，然后卸载剪应力为 0.1MPa。10min 后进行下一循环。加载过程连续进行三次。

将各级水平荷载下位移计所测出的试样累积为水平变形式 Δs，按试样橡胶层的总厚度 δ_i 求出在各级试验荷载作用下试样的累计剪切应变 γ_i。

每两个检验支座所组成试样的综合剪弹性模量 G 为这组试件三次加载所得到的三个结果的算术平均值。但各单项结果与算术平均值之间的偏差不应大于算术平均值的 10%，否则该试样应重新进行一次试验。

（4）允许剪切角检验

允许剪切角试验方法同抗剪弹性模量试验一样，并可与抗剪弹性模量试验同时完成。试样的允许剪切角可按式（13-5）计算：

$$\tan\alpha = \frac{\tau_{\max}}{G} \tag{13-5}$$

式中：$\tan\alpha$ ——试样橡胶片允许剪切角正切值；

$\tau_{\max}$ ——试验时最大切应力（MPa）；

G ——试样抗剪弹性模量（MPa）。

（5）摩擦系数检验

摩擦系数试验，除要求必须对四氟板与不锈钢板进行检验外，对橡胶与混凝土、橡胶与钢板间摩擦系数试验可按需要或用户要求进行检验。

将试样按规定摆好，对准中心位置。施加压应力至[σ]，并在整个摩擦系数试验过程中保持不变。逐级均匀施加水平力，每级间隔 30s 增加水平剪应力为 0.2MPa，至支座试样与混凝土板、钢板、不锈钢板试样接触面间发生滑动时为止，记录此时水平剪应力。试验过程连续进行三次。

（6）允许转角检验

在外部荷载作用下，支座在发生竖向压缩的同时，由于梁体的挠曲作用还产生转动。支座转动时，一侧的橡胶被压缩，而另一侧则逐渐被抬起。随着转角的增大，支座各层间的橡胶将由压力大的区域逐次向压力小的地方“转移”，但这种转移因受上下钢板的约束影响，只能进行到一定程度。如果竖向压缩回弹变形值大于其总压缩量，支座边缘必将出现脱空现象。这是检验橡胶支座的厚度在梁体端部在可能出现最大转角的作用下能否满足设计要求的必要条件。

允许转角检测时，在距支座中心 600mm 处，安装使支座产生转动的千斤顶和测力传感器，并在假定梁体的四角安置位移传感器或百分表。首先进行预压，将压应力缓缓增至[σ]，维持 5min 然后卸载至力为 1.0MPa。如此反复预压三遍。正式加载。施加压力至[σ]，停 5minn 读数。维持[σ]不变，用油压千斤顶对中间工字梁施加一个向上的力 P，使其达到预期转角的正切值（偏差不大于 5%），停 5min 后，读取千斤顶力 P 及百分表的读数。

（7）判定规则

1）试样的抗压弹性模量与规定值的偏差在±20%范围之内时，则认为是满足要求的。

2）试样的抗剪弹性模量与规定值的偏差在±15%范围之内，容许剪切角正切值符合规定，则认为是满足要求的。

3）在 70MPa（矩形支座）或 75MPa（圆形支座）的压应力时，橡胶层未被挤坏，中间层钢板未断裂，四氟板与橡胶未发生剥离，则认为试样的极限抗压强度是满足要求的。

4）试样的摩擦系数符合规定时，则认为是满足要求的。

5）试样的容许转角正切值，混凝土、钢筋混凝土桥在 1/300，钢桥在 1/500 时，试样边缘最小变形值大于或等于零时，认为试样容许转角是满足要求的。

6）三块（或三组）试样中，有两块（或两组）不能满足要求时，则认为该批产品不合格。若有一块（或一组）试样不能满足要求时，则应重新抽取三块（或三组）试样进行试验，若仍有一块（或一组）不能满足要求时，则也认为该批产品不合格。

二、桥梁橡胶伸缩装置检验

1. 桥梁橡胶伸缩装置的作用及分类

桥梁橡胶伸缩装置的主要作用是满足桥梁上部结构变形的需要，并保证车辆通过桥面时平稳。桥梁橡胶伸缩装置按照伸缩体结构不同可划分为四类。

（1）纯橡胶式伸缩装置

伸缩体完全由橡胶组成的（包括异型钢梁高度不大于 50mm 与密封橡胶带组成单缝）称为纯橡胶式伸缩装置。它适用于伸缩量不大于 60mm 的公路桥梁工程。

（2）板式伸缩装置

伸缩体由橡胶、钢板或角钢硫化为一体的称为板式伸缩装置。它适用于伸缩量小于 60mm 的公路桥梁工程。

（3）组合式伸缩装置

伸缩体由橡胶板和钢托板组合而成的称为组合式伸缩装置。它适用于伸缩量不大于 120mm 的公路桥梁工程。

（4）模数式伸缩装置

伸缩体由异型钢梁与单元橡胶密封带组合而成的称为模数式伸缩装置。它适用于伸缩量为 80～2000mm 的公路桥梁工程。

2. 桥梁橡胶伸缩装置技术要求

桥梁橡胶伸缩装置除使用的材料、工艺应符合我国的现行规范外，成品力学性能外观质量及解剖检验等应符合交通部颁布的现行标准。

（1）成品力学性能试验

伸缩装置成品力学性能试验应符合规范要求见表 13-1。

表 13-1　伸缩装置成品力学性能试验要求

<table>
<tr><th colspan="2" rowspan="2">项目</th><th colspan="2" rowspan="2">模数式</th><th colspan="2" rowspan="2">梳齿板式</th><th colspan="2">橡胶式</th><th rowspan="2">异型钢单缝式</th></tr>
<tr><th>板式</th><th>组合式</th></tr>
<tr><td colspan="2">1. 拉伸、压缩时最大水平摩阻力/（kN/m）</td><td colspan="2">≤4</td><td colspan="2">≤5</td><td>＜18</td><td>≤8</td><td></td></tr>
<tr><td rowspan="4">2. 拉伸、压缩时变位均匀性/（mm）</td><td>每单元最大偏差值</td><td colspan="2">−2～2</td><td colspan="2"></td><td></td><td></td><td></td></tr>
<tr><td rowspan="3">总变位最大偏差值 e</td><td>e≤480</td><td>−5～5</td><td>e≤80</td><td>±1.5</td><td></td><td></td><td></td></tr>
<tr><td>480＜e≤800</td><td>−10～10</td><td>e＞80</td><td>±2.0</td><td></td><td></td><td></td></tr>
<tr><td>e＞800</td><td>−15～15</td><td></td><td></td><td></td><td></td><td></td></tr>
<tr><td colspan="2">3. 拉伸、压缩时最大垂直变形/（mm）</td><td colspan="2">1～2</td><td colspan="2">0.3～0.5</td><td>−3～3</td><td>−2～2</td><td></td></tr>
<tr><td rowspan="3">4. 相对错位后拉伸、压缩试验（满足 1. 2. 项要求）</td><td>纵向错位</td><td colspan="7">支撑横梁倾斜角度不大于 2.5°</td></tr>
<tr><td>竖向错位</td><td colspan="7">相当顺桥向产生 5%坡度</td></tr>
<tr><td>横向错位</td><td colspan="7">两支撑横梁 3.6m 范围内两端相差 80mm</td></tr>
<tr><td colspan="2">5. 最大荷载时中梁应力、横梁应力、应变测定、水平力（模拟制动力）试验</td><td colspan="7">满足设计要求</td></tr>
<tr><td colspan="2">6. 防水性能</td><td colspan="7">注满水 24h 无渗漏</td></tr>
</table>

（2）成品尺寸偏差及外观质量检验

橡胶伸缩体的尺寸偏差应满足表 13-2 的要求。在自然状态下，伸缩装置中使用的单元密封橡胶带尺寸（不包括锚固部分）偏差应满足表 13-3 的要求。橡胶伸缩装置、密封橡胶带的外观质量应满足表 13-4 的要求。

表 13-2　橡胶伸缩体的尺寸偏差（mm）

长度范围	偏差	宽度范围	偏差	厚度范围	偏差	螺孔中距偏差
l=1000	−1，+2	a≤80	−2.0，+1.0	t≤80	−1.0，+1.8	<1.5
		80<a≤240	−1.5，+2.0	t>80	−1.5，+2.3	
		a>240	−2.0，+2.0			

表 13-3　单元密封橡胶带尺寸（不包括锚固部分）偏差（mm）

宽度范围	偏差	厚度范围	偏差
a=80	+3	b ≥7	0，+1.0
	0	b_1 ≥4	0，+0.3
a<80	+2	b ≥6	0，+0.5
	0	b_1 ≥3	0，+0.2

表 13-4　橡胶伸缩装置、密封橡胶带的外观质量要求

缺陷名称	质量标准	缺陷名称	质量标准
骨架钢板外露	不允许	气泡、杂质	不超过成品表面积的 0.5%，且每处不大于 25mm^2，深度不超过 2mm
钢板与粘结处开裂或剥离	不允许		
喷霜、发脆、裂纹	不允许		
明疤缺胶	面积不超过 30mm×5mm，深度不超过 2mm，缺陷每延米不超过 4 处	螺栓定位孔歪斜及开裂	不允许
		连接榫槽开裂、闭合不准	不允许

伸缩装置的异型钢、型钢、钢板等外观羸光洁、平整。表面不得有大于 0.3 mm^2 的凹坑、麻点、裂纹、结疤、气泡和杂质，不得有机械损伤。上下表面应平行，端面应平整，长宽大于 0.5mm 的毛刺应清除。

（3）成品解剖检验

板式伸缩装置成品解剖检验，每 200 块或每批任取一块，将其沿垂直方向锯开，进行规定项目检验，检验结果应符合表 13-5 的要求。

表 13-5　板式橡胶伸缩装置解剖检验结果要求

名称	质量要求
锯开后钢板、角钢位置	钢板、角钢位置要求准确，其平面位置偏差为±3mm，高度位置偏差应在−1～2mm 之间
钢板与橡胶黏结	钢板与橡胶黏结应牢固且无离层现象

3. 桥梁橡胶伸缩装置检验原则

1）桥梁橡胶伸缩装置的检验，除投产鉴定、质量监督机构定期检测和出厂检验外，高等级公路桥梁大修或大中桥往往在施工阶段仍需进行逐个检查外观及几何尺寸，必要

时还应进行成品力学性能检验。

2）成品力学性能试验，原则上要求试验设备能对整体组装后的伸缩装置成品进行力学性能试验，如试验设备所限，可对纯橡胶式、板式和组合式伸缩装置截取 1m 试样进行试验，而对模数式伸缩装置取样应不小于 4m，并具有 4 个单元的组装试样进行力学性能试验。

3）成品力学性能试验应在专用的试验平台上完成，两边用定位螺栓或其他的有效方法将伸缩装置试样与锚固板联结，然后使试验装置模拟拉伸、压缩与纵向、竖向、横向错位，实测拉、压过程中水平摩阻力、变位均匀性。

4）对模数式伸缩装置试样按实际荷载测定中梁、横梁及其他重要构件应力、应变值，有条件时应对试样进行震动冲击试验。

5）对单组、多组模数式伸缩装置橡胶密封带，应进行防水试验。

6）所有形式伸缩装置应作零部件安装、更换方便性试验。

7）伸缩装置的平面、厚度等外形尺寸，应用标定的钢尺、游标卡尺、平整度仪、水准仪测量。每延米纯橡胶式、板式、组合式伸缩装置试样平面尺寸除测量四边长度外，还应测量对角线尺寸。测量厚度时应在四边测量 8 点，取其平均值，其偏差应满足相应的标准规定。模数式伸缩装置偏差除应满足相应的标准规定外，还应每 2 米长度内取一点，并取其各点的平均值。

4. 判定规则

1）成品力学性能试验应满足规定要求。

2）几何尺寸及外观应满足规定要求。

3）解剖检验应满足规定要求。

4）黏结剂、聚四氟乙烯材、硅脂应满足规范的有关规定。

5）使用钢板、型钢、异型钢材、螺栓等钢件和不锈钢板应满足有关材料的技术要求。

6）检验不合格时，应再取双倍试样对不合格项目进行复试，复试后仍有项目不合格，则该批产品为不合格，不合格产品不得使用。

课后小结

桥梁工程实测项目包括桥面中线偏位、桥宽、桥长、引道中心线与桥梁中心线的衔接、桥头高程衔接。一般桥梁检测包括一般检测和特殊检测。一般检测指外观检查、线形检测等。特殊检测包括无损检测、静载试验、动载试验等。无损检测又包括混凝土强度检测、裂缝检测、钢筋锈蚀、碳化等。具体包括板式橡胶支座和盆式橡胶支座检测；伸缩装置的技术要求和整体性能试验；桥涵混凝土结构、钢筋混凝土结构或预应力混凝土结构或构件的试验检测；钻芯法、回弹法、超声法对水泥混凝土构件试验检测；预应力钢材、预应力钢绞线锚具和连接器检测等。

思考与练习

一、选择题

1．橡胶支座检验时环境温度和相对湿度要求是（　　）。

A．（18±5）℃，（60±5）%　　B．（23±5）℃，（65±5）%

C．（23±5）℃，（60±5）%　　D．（20±5）℃，相对温度≥90%

2．钢绞线常规检验的标距长度一般不小于（　　）cm。

A．60　　B．70　　C．80　　D．50

3．每批热轧带肋钢筋拉伸试验和冷弯试验的试件数量分别为（　　）。

A．2 和 1　　B．2 和 2　　C．1 和 2　　D．1 和 1

4．钢筋拉伸和冷弯检验，如有某一项试验结果不符合标准要求，则从同一批中任取（　　）倍数量的试样进行该不合格项目的复核。

A．2　　B．3　　C．4　　D．1

5．在热轧钢筋的冷弯试验中，弯心直径与钢筋直径之比（　　），弯心角度与钢筋直径（　　）。

A．不变，无关　　B．变化，有关　　C．变化，无关　　D．不变，有关

6．在热轧钢筋电弧焊接头拉伸试验中，（　　）个接头试件均应断于焊缝之外，并应至少有（　　）个试件是延性断裂。

A．3，2　　B．2，1　　C．3，3　　D．2，2

7．Ⅰ类锚具的静载锚固性能符合（　　）。

A．$\eta_a \geqslant 0.95$，$\varepsilon_{apu} \geqslant 2.0\%$　　B．$\eta_a \geqslant 0.90$，$\varepsilon_{apu} \geqslant 1.70\%$

C．$\eta_g \geqslant 0.95$　　D．$\eta_a \geqslant 0.90$

8．已测出简支梁两支点的竖向位移分别为 1.2mm 和 1.6mm，跨中竖向位移为 9.4mm，则跨中挠度为（　　）mm。

A．6.1　　B．8.0　　C．9.4　　D．8.2

9．在测定成桥后的索力时，常采用（　　）。

A．张拉千斤顶测定法　　B．压力传感器测定法

C．振动测定法　　D．电阻应变测定法

10．在锚具的疲劳试验中，加卸载次数为（　　）。

A．2×10^6 次　　B．50 次　　C．根据需要确定　　D．2×10^5 次

11．下列哪类型的钢筋（丝）需做反复冷弯试验（　　）。

A．热轧钢筋　　B．钢绞线　　C．矫直回火钢丝　　D．刻痕钢丝

12．锚夹具静载锚固试验提供的试验结果有（　　）。

A．锚固效率　　B．达到实测极限应力时的总应变

C．锚口摩阻损失　　D．疲劳强度

13．热轧钢筋试验项目包括（　　）。

A．屈服强度　　B．极限强度　　C．松弛率　　D．伸长率

14．钢筋闪电对焊接头试验项目包括（　　）。

A．拉伸试验　　B．冷弯试验　　C．伸长率　　D．外观检查

二、填空题

1．无损测强法主要有：_______、_______、_______、成熟度法、射线法等。

2．混凝土构件外形检测项目有_______、_______、_______、_______等。

3．板式桥梁橡胶支座的检验项目有_______、_______、_______、_______等。

4．桥涵钢筋混凝土结构或构件的试验检测项目有_______、_______、_______、_______等。

5．桥涵预应力混凝土结构或构件的试验检测项目有_______、_______、_______、_______等。

6．在洛氏硬度为60±2的钢钻上，回弹仪的率定值应为_______。

7．锚具、夹具和连接器工程中常规检验项目有_______、_______和静载锚固试验。

8．直径小于28mm的二级钢筋，在冷弯试验时_______应为3d，弯曲角度为180°。

9．钢筋冷弯到规定角度时，弯曲处不得发生_______、_______或断裂等现象为合格。

10．橡胶支座的常规检验项目有外观、解剖、_______、_______。

三、判断题（对者打“√”，错者打“×”）

1．在钢筋拉伸试验中，若断口恰好位于刻痕处，且极限强度不合格，则试验结果作废。（　　）

2．热轧钢筋的试件应从任意两根中分别切取，即在每根钢筋上切取一个拉伸试件，一弯曲试件。（　　）

3．所有钢筋都应进行松弛试验。（　　）

4．在锚具疲劳性能试验中，预应力筋因锚具影响发生疲劳破坏的面积不应大于试件总截面的10%。（　　）

5．静载锚固试验主要是检验预应力钢筋的锚固性能。（　　）

6．普通橡胶支座无需测试摩擦系数。（　　）

7．测定钢绞线伸长率时，其标距不小于60cm。（　　）

四、简答题

1．简述桥梁工程质量评定方法与检查项目。

2．简述桥梁支座的作用和分类。

3．板式橡胶支座的力学性能有哪些？如何检测？

4．简述板式橡胶支座的设计参数要求、质量检验控制环节、检测方法。

5．简述盆式橡胶支座检测方法。

6．如何判定板式桥梁橡胶支座是否合格?

7．锚具、夹具、连接器的检测项目与技术要求都有哪些？

8．简述桥梁支座的作用。

9．简述橡胶伸缩装置的分类及技术要求。

10．简述伸缩装置整体性能试验检测方法。

11．简述钢绞线的分类，技术要求，力学性能的检验方法。

12．简述预应力连接器检测方法。

第十四章

桥梁荷载试验

学习目标　1．知识目标

（1）掌握静态与动态荷载试验的基本原理。

（2）了解桥梁静载试验的主要仪器设备。

（3）掌握桥梁荷载试验加载方案设计。

（4）了解桥梁静载试验。

（5）了解桥梁动载试验。

2．能力目标

（1）知道桥梁荷载试验的试验方案。

（2）知道桥梁静载试验的加载方式及试验规定。

（3）了解桥梁动载试验的主要类型及试验方法。

（4）能参与桥梁荷载试验，能进行结构现状调查。

课时建议　4 课时

学习引导　目前交通事业在我国飞速发展，交通量逐年增大，车辆荷载也随之增加，这就导致桥梁结构的破损发展速度加快、使用年限不断减少。图 14-1 和图 14-2 这两张图都是由于桥梁结构在使用过程中自身的损坏，严重程度不言而喻。通过本章的学习，掌握如何进行桥梁荷载试验及注意事项。

图 14-1　桥梁结构的破损（一）

图 14-2　桥梁结构的破损（二）

第一节　桥梁结构的考察、试验设计与设备

一、桥梁荷载试验目的

桥梁荷载试验分为静载试验和动载试验。桥梁荷载试验是对桥梁结构工作状态进行直接测试的一种检定手段。试验的目的、任务和内容通常由实际的生产或科研需要所决定。一般桥梁荷载试验的目的有以下三点。

1. 检验桥梁设计与施工的质量

对于一些新建的大、中型桥梁或者具有特殊设计的桥梁，在设计施工过程中必然会遇到许多新问题，为保证桥梁建设质量，施工过程中往往要求做施工监控。在竣工后一般还要求进行荷载试验，以检验桥梁整体受力性能和承载力是否达到设计文件和规范的要求，并把试验结果作为评定工程质量优劣的主要技术资料和依据。

2. 判断桥梁结构的实际承载力

旧桥由于构件局部发生意外损伤，使用过程中产生明显病害，设计荷载等级偏低等原因，有必要通过荷载试验判定构件损伤程度及承载力、受力性能的下降幅度，确定其运营荷载等级。同时，旧桥荷载试验也是改建、加固设计的重要依据。

3. 验证桥梁结构设计理论和设计方法

对于桥梁工程中的新结构、新材料和新工艺，应通过荷载试验验证桥梁的计算图式是否正确，材料性能是否与理论相符，施工工艺是否达到预期目的。对相关理论问题的深入研究，往往也需要大量荷载试验的实测数据。

二、荷载试验的准备工作

荷载试验正式进行之前应做好以下准备工作。

1. 试验孔（或墩）的选择

对于多孔桥梁中跨径相同的桥孔（或墩）可选 1～3 孔具有代表性的桥孔（或墩）进行加载试验。选择时应综合考虑以下因素：

1）该孔（或墩）计算受力最不利；

2）该孔（或墩）施工质量较差，缺陷较多或病害较严重；

3）该孔（或墩）便于搭设脚手架，便于实测。

2. 搭设脚手架和测试支架

脚手架和测试支架应分开搭设互不影响，并应具有足够的强度、刚度和稳定性。

3. 静载试验加载位置的放样和卸载位置的安排

依照桥梁破损程度及部位选取关键部分作为静载试验加载位置，依照加载位置通过计算得出卸载位置。

4. 试验人员组织及分工

明确各试验人员的具体任务，做好人员组织工作。

5. 其他准备工作

安全设施、供电照明设施、通信联络设施、桥面交通管制等工作。

三、试验对象的考察

1. 技术文件和资料的收集

应收集和研究有关的设计原始资料、设计计算书、施工、监理及养护等方面的技术资料，需对桥梁结构进行实地考察以检查结构物的设计质量和施工质量，并需详细了解结构物的使用情况和当前技术状况或主要存在问题，在经过必要的检算其后方可拟订试验大纲或方案。

2. 桥梁结构现状调查

1）用直观或量测的方法确定结构各部分的几何形状及相互位置偏差。

2）确定墩台的空间位置和距离、记录有无沉降、隆起、倾斜和转动等。

3）观察桥梁圬工部分的外表质量。

4）考察现有的损伤、裂缝、蜂窝、麻面、钢筋外露、混凝土保护层不够的地方、漏水的地方等。

5）用非破损检验的方法确定结构或构件混凝土实际强度是否与设计文件相符。

6）考察支座的位置、尺寸、有无损伤、活动支座是否灵活、排水是否符合要求、伸缩缝工作情况是否良好。

7）实测结构材料的实际强度及弹性模量等重要的物理力学性能指标。

四、加载方案设计

1. 桥梁荷载试验的试验方案

（1）试验荷载工况的确定

为了满足鉴定桥梁承载力的要求，荷载工况选择应反映桥梁设计的最不利受力状态，简单结构可选 1～2 个工况，复杂结构可适当多选几个工况，但不宜过多。进行各荷载工况布置时可参照截面内力（或变形）影响线进行。以下为常见桥型的荷载工况：

1）简支梁桥试验荷载工况。主要工况：跨中最大正弯矩工况。附加工况：1/4 截面最大正弯矩工况；支点最大剪力工况；桥墩最大竖向反力工况。

2）连续梁桥试验荷载工况。主要工况：主跨支点最大负弯矩工况；主跨跨中最大正弯矩工况。附加工况：边跨最大正弯矩工况；主跨桥墩最大竖向反力工况；主跨支点最大剪力工况。

3）悬臂梁桥（T 形刚构桥）试验荷载工况。主要工况：墩顶支点最大负弯矩工况；锚固孔跨中最大正弯矩工况。附加工况：墩顶支点最大剪力工况；锚固孔跨中最大正弯矩工况；桥墩最大竖向反力工况。

4）连续刚构桥试验荷载工况。主要工况：主跨墩顶最大负弯矩工况；主跨跨中最大正弯矩工况。附加工况：墩顶支点最大剪力工况；边跨最大正弯矩工况；桥墩（台）最大反力工况。

5）无铰拱桥试验荷载工况。主要工况：拱顶最大正弯矩工况；拱脚最大负弯矩工况。附加工况：拱脚最大水平推力工况；1/4 截面最大正弯矩和最大负弯矩工况；1/4 截面正负挠度绝对值之和最大工况。

6）两铰拱桥试验工况。主要工况：拱顶最大正弯矩工况；拱脚最大水平推力工况。

附加工况：1/4 截面最大正弯矩和最大负弯矩工况；1/4 截面正负挠度绝对值之和最大工况。

7）斜拉桥试验荷载工况。

主要工况：主梁跨中最大正弯矩工况；主梁墩顶支点最大负弯矩工况；主塔塔顶纵桥向最大水平变位与塔脚截面最大弯矩工况。

附加工况：中孔跨中附近拉索最大拉力工况；主梁最大挠度工况；辅助墩最大竖向反力工况。

（2）试验荷载等级的确定

控制荷载的类型有汽车和人群（标准设计荷载）、挂车或履带车（验算荷载）、需通行的特殊重型车辆等三类。分别计算设计时所采用的控制荷载或由试验目的所决定的荷载对结构控制截面产生的内力（或变形）的最不利值并进行比较，取其中最不利者对应的荷载作为控制荷载。

荷载试验应尽量采用与控制荷载相同的荷载，而组成控制荷载（标准设计荷载）的车辆是由运管车辆统计而得的概率模型。当客观条件所限，采用的试验荷载与控制荷载有差别时，为保证试验效果，在选择试验荷载的大小和加载位置时采用静载试验效率 η_q 或动载试验效率 η_d 进行控制，计算公式如式（14-1）、式（14-2）所示。

$$\eta_q = \frac{S_s}{S(1+\mu)} \tag{14-1}$$

$$\eta_d = \frac{S_d}{S} \tag{14-2}$$

式中：η_q——静载试验效率；

S_s——静载试验荷载作用下控制截面最大计算内力值；

S——控制荷载作用下控制截面最不利内力计算值；

μ——冲击系数，平板挂车、履带车、重型车辆，取 $\mu = 0$；

η_d——动载试验效率；

S_d——动载试验荷载作用下控制截面最大计算内力值。

以上公式中，η_q 可采用 0.8～1.05，当桥梁的调查、检验工作比较完善而又受到加载设备能力所限时，η_q 值可采用底限；当桥梁的调查、检算工作不充分，尤其是缺乏桥梁计算资料时，η_q 值应采用高限，总之应根据前期工作的具体情况来确定。值得注意的是，η_q 值不宜小于 0.95。

η_d 值一般取 1，η_d 不仅取决于试验车型及车重，而且取决于实际跑车时的车间距。因此，在动载试验跑车时应注意保持车距，并采用实际测定跑车时车间距作为修正 η_d 的计算依据。

（3）加载分级与控制

1）分级控制的原则。当加载分级较为方便时，可按最大控制截面内力荷载工况均分为 4～5 级。当使用载重车加载，车辆称重有困难时也可分成 3 级加载。当桥梁的调查和验算工作不充分，或桥况较差，应尽量增多加载分级。如限于条件，加载分组较少时，应注意每级加载时，车辆荷载应逐辆缓缓驶入预定加载位置，必要时可在加载车辆未到达预定加就位置的分次对控制测点进行读数监控，以确保试验安全。在安排加载分级时，应注意加载过程中其他截面内力亦应逐渐增加，且最大内力不应超过控制荷载作用下的最不利内力；根据具体条件决定分级加载的方法，最好每级加载后卸载，也可逐级加载，达到最大荷载后逐级卸载。

2）车辆荷载加载分级的方法。逐渐增加加载车辆数；先上轻车后上重车；加载车位于内力影响线的不同部位；加载车分次装载重物。以上各法亦可综合采用，以方便加载分级实施。

3）加卸载的时间选择。主要是考虑温度变化对试验引起的影响，加载试验时间以晚上 22:00 至早晨 6:00 为宜。

4）加载分组的计算。根据各荷载工况的加载分级，技弹性阶段计算结构各测点在不同荷载等级下的理论计算变位（或应变），以便对加载试验过程进行分析和控制。计算采用的材料弹性模量，如已做材料试验的用实测值，未做材料试验的可按规范规定取值。

（4）加载设备的选择

1）可行式车辆。可选用装载重物的汽车或平板车，也可就近利用施工机械车辆。采用车辆加载优点很多，如便于调运和加载布置，加卸载迅速等。采用汽车荷载既能做静载试验又能做动载试验。这是常采用的一种方法。

2）重物直接加载。一般可按控制荷载的着地轮迹先搭设承载架，再在承载架上堆放重物或设置水箱进行加载。该方法准备工作量大，加卸载所需周期一般较长，且试验时温度变化对测点的影响较大，因此宜于安排在夜间进行试验。

（5）加载重物的称量

1）称重法。当采用重物直接在桥上加载时，可将重物称重后按逐级加载要求分堆置放，以便加载取用。当采用车辆加载时，可将车辆开上称重台称重。

2）体积法。如采用水箱加载，可通过测量水体积来换算水的重力。

3）综合计算法。根据车辆出厂规格确定空车轴重（注意考虑车辆零配件的更换和添减，汽油、水、乘员重力的变化）。再根据装载重物的重力及其重心将其分配至各轴。装载物最好采用外形规则的物体整齐码放或采用松散均匀料在车厢内摊铺平整，以便准确确定其重心位置。

无论采用何种方法确定加载重力，均应做到准确可靠，其称量误差最大不得越过5%，最好能采用两种称量方法互相校核。

2. 测点的布置

（1）主要测点的布设

布设的测点不宜过多，但要保证观测质量。有条件时，同一测点可用不同的测试方法进行校对。一般情况下，对主要测点的布设应能控制结构的最大应（应变）和最大挠度（或位移）。常用桥梁体系的主要测点布设位置如下：

1）简支梁桥。能测量跨中挠度和截面应力（或应变）、支点沉降的位置。

2）连续梁桥。能测量跨中挠度、支点沉降、跨中和支点截面应力（或应变）的位置。

3）悬臂梁桥。能测量悬臂端挠度、支点截面应变、支点沉降的位置。

4）拱桥。能测量跨中、跨径 1/4 处的挠度和应力、拱脚截面应力的位置。

挠度测点一般布置在桥中轴线位置。截面抗弯应变测点设置在截面横桥向应力可能分布较大的部位，且应沿截面上、下缘布设，横桥向测点设置一般不少于 3 处，以控制最大应力的分布。

（2）附加测点的布设

根据桥梁调查和检算工作的深度，综合考虑结构特点和桥梁目前状况等可适当加设以下测点：

1）在挠度沿桥长或沿控制截面桥宽方向分布的位置上选择测点。

2）在应变沿控制截面桥宽方向分布的位置上选择测点。

3）在应变沿截面高度分布的位置上选择测点。

4）能测量组合构件的结合面上、下缘应变的位置上选择测点。

5）能测量墩台的沉降、水平位移与转角，连拱桥多个墩台的水平位移的位置上选择测点。

6）能测量剪切应变的位置上选择测点。

7）能测量其他结构薄弱部位应变的位置上选择测点。

8）裂缝的监测点。

一般应实测控制截面的横向应力增大系数。当结构横向联系构件质量较差，连接较弱时，则必须测定控制截面的横向应力增大系数。简支梁跨中截面横向应力增大系数的测定，既可采用观测跨中沿桥宽方向应变变化的方法，也可采用观测跨中沿桥宽方间挠度变化的方法来进行计算或用两种方法互校。

对于剪切应变测点一般采取设置应变花的方法进行观测，为了方便，对于梁桥的剪应力也可在截面中性轴处主应力方向设置单一应变测点来进行观测。梁桥的实际最大剪应力截面应设置在支座附近而不是支座上，即设在自梁底支承线与水平成 45° 方向斜线与截面中性轴的交点上。

（3）温度测点的布设

选择与大多数测点较接近的部位设置 1～2 处气温观测点。此外，可根据需要在桥梁主要测点部位布置一些构件表面温度观测点，尤其对于温度敏感的大跨径索支承体系桥梁，宜沿跨径长度方向多设置一些气温观测点。

第二节　静载试验仪器设备

桥梁静载试验时需测结构的反力、应变、位移、倾角、裂缝等物理量，应选择适当的仪器进行量测。常用的仪器有百分表、千分表、位移计、应变仪、应变计（应变片）、精密水准仪、经纬仪、倾角仪、刻度放大镜等。这些测试仪器按其工作原理可分为机械测试仪器、电测仪器、光测仪器等。机械式仪器具有安装与使用方便、迅速、读数可靠的优点，但需要搭设观测脚手架，而且使用试验人员较多，观测读数费时，不便于自动记录；电测仪表安装调试比较麻烦，影响测试的精度的因素也较多，但测试记录仪较方便，便于数据自动采集记录，操作安全。荷载试验应根据测试内容和量测值的大小选择仪器，试验前应对测试值进行理论分析估计，选择仪器的精度和量测范围，同时满足《公路旧桥承载能力鉴定方法》中对仪器精度和量测范围的要求，本节介绍将几种常用的仪器设备。

一、机械式位移计

机械式位移计包括百分表、千分表及张线式位移和挠度计等，其构造和工作原理基本相同，主要区别在于精度和量程不同。

百分表和千分表等多功能仪表与其他附属装置配套后可用于量测位移、应变、应力、倾角等。

1. 百分表的使用方法

使用时，百分表装在表座上（目前大都采用磁性表座），表架安装在临时专门搭设的支架上，支架应具有一定的刚度，并与被测结构物分开。

将测杆触头抵在测点上，借助弹簧的使用，使其接触紧密。当测点沿（或背向）测杆方向发生位移时，推动（或放松）测杆，使测杆的平齿带动小齿轮、小齿轮又与和它同轴的大齿轮一起转动，最后使指针齿轮和指针旋转，经过一系列放大之后即在表盘上指示出位移值。

2. 注意事项

1）使用时，只能拿取外壳，不得任意推动测杆，避免磨损机件，影响放大倍数。注意保护触头，触头上不得有伤痕。

2）安装时，要使测杆与待测位移的方向一致，或者与待测物体表面保持垂直，并注意位移的正反方向和大小，以便调节测杆，使百分表有适宜的测量范围。

3）百分表架要安设稳妥，表架上各个螺丝要拧紧，当夹住百分表的轴颈时，不可夹得过紧，否则会影响测杆移动。

4）百分表安装好，可用铅笔头在表盘上轻轻敲击，看指针摆动情况。若指针不动或绕某一固定值在小范围内左右摆动，说明安装正常。

5）百分表长期使用或经过拆洗修理后，必须进行标定，标定可在专门的百分表、千分表校正仪上进行。千分表与百分表使用方法完全相同。

3. 用位移计测挠度与变位

用位移计测挠度或某点的位移时，要注意位移的相对性，位移计的定点（表壳）和动点（测杆）必须分别和相对位移的两点连接。

应用位移计量挠度与变位时，应注意下列问题：

1）作为固定位移计的不动点支架必须有足够的刚度。采用磁性或万能百分表架时，表架连杆不可挑出大长。因为位移计测杆顶住测点时，有一定的反力压在连杆上，如果连杆或支架柔性较大，就会在该压力作用下产生变形。这样，当结构变形时，仪表就不动或跳动，反映不出测点的真正位移值。

2）位移计测杆与所量测的位移方向完全一致，测点表面需经一定处理，如在混凝土、木材等表面粘贴小块玻璃片或金属薄片等，以避免结构变形后，由于测点垂直于百分表测杆方向的位移，而使位移计产生误差。如果上述方式还不足以消除误差，则不应将位移测杆直接顶住测点，而须采用其他方式。

3）位移计使用前后要仔细检查测杆上下活动是否灵活。由于灰尘落入或表架颈拧过紧等都会影响杆上下运动的灵活性。

4. 用位移计测应变

应变是结构上某区段纤维长度的相对变化，应变仪就是用来测定这个长度变化的仪器。

采用特制的夹具将位移计安装在结构表面测定应变，具有精度高、量程大的特点。当应变值变化范围很大或需用大标距测定应变时，采用这种装置是非常合适的。固定位移计和顶杆的夹具，可用钢、铜或铝合金等制成，按照选定的标距以粘贴或预埋的方式固定在结构需量测应变的部位上。

粘贴是最常用的固定方式。在混凝土结构上贴夹具时，应先将混凝土表面用砂轮打磨，除去泥灰再用细砂布略为磨光，用丙酮等擦净后用胶粘剂将夹具按选定的标距粘牢，待胶粘剂固化后，即可安装位移计进行量测。

位移计应变量测装置主要用于量测结构构件的轴向应变。常用的量测标距对于混凝土为10～20m，砖石砌体则更大。

受荷载后会发生曲率变化的构件，不宜用位移计应变量测装置来测定其表面的应变。因为位移计测杆与构件表面之间有一段距离，当构件发生曲率变化时，所测得的应变有时是虚应变（又称视应变），同时顶杆与位移计测杆接触点发生移动影响量测。因此，仅当构件截面变形满足平截面假定，且曲率变化很小时，才能从所测得的虚应变值，推算出实际应变。

二、手持式应变仪

当需要在现场较长期连续地观测结构的应变时，一般的应变仪不适用，手持式应变仪则比较适用，如图14-3所示。

此仪器的主要部分是位移计，它固定在一根金属杆上，其测杆则自由地顶在另一金属杆的突出部分上、两金属杆之间用两片富有弹性的薄钢片相连，因而能平行地相对移动，每根金属杆的一端带有一个尖形插轴，两插轴间的距离 L 即仪器的标距。后二次读数差即为结构在区段 L 内的变形 ΔL，除以标距 L 即得杆件的应变值。

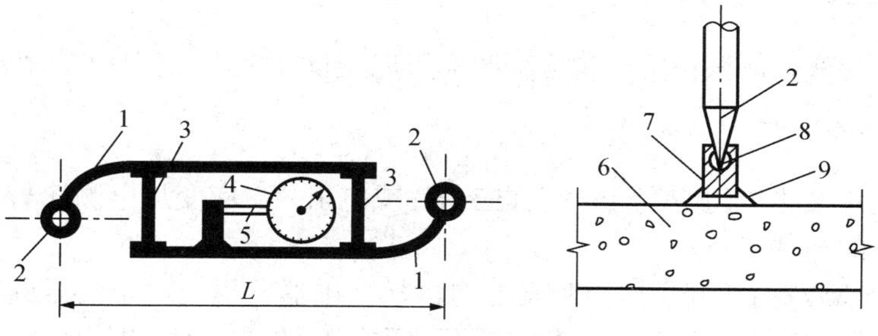

图 14-3　手持式应变仪

1-刚性金属杆；2-插足；3-薄钢片；4-位移计；5-位移计测杆；6-试件；7-小金属块；8-孔穴；9-粘贴剂

手持式应变仪操作简单，但量测的精度会随操作人员和每次操作方式的改变而改变，所以，量测时不宜更换使用者，并使仪器与试件表面垂直。每次对仪器施加的压力要尽量相等，并使仪器插入时应在同一孔穴，以减小量测误差。

三、水准管式倾角仪

水准管式倾角仪的原理是利用高灵敏度的水准管来测定结构节点、截面或支座处转角，如图 14-4 所示。水准管安置在弹簧片上，一端铰接于基座弹簧片另一端上升，但被测微计的微调螺丝顶住。将仪器用夹具装在测点后，用微调螺丝使水准管的气泡调平居中，结构变形后气泡漂移，再转动微调螺丝使气泡重新居中，度盘上前后两次读数差即代表该测点的转角。这种仪器最小读数有的可达 1″～2″，量程为 30°。

这种仪器的优点是尺寸小，精度高，使用简便。缺点是受外界温度影响很大，且不宜受阳光曝晒，以免水准管爆裂。

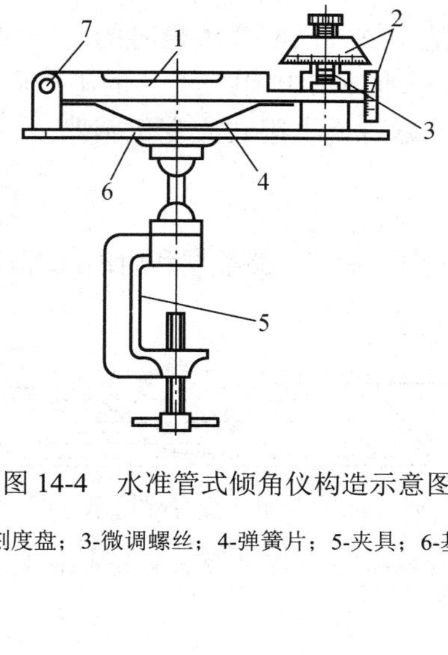

图 14-4　水准管式倾角仪构造示意图

1-水准管；2-刻度盘；3-微调螺丝；4-弹簧片；5-夹具；6-基座；7-活动铰

四、电阻应变仪

用电阻式应变仪测试桥梁结构应变时需用应变仪和电阻应变片（应变计）配合使用。

1. 电阻应变片简述

电阻应变片又称电阻应变计，简称应变片或电阻片。应变片电测法与其他测试方法比较，有如下的一些优点。

1）灵敏度高。由于利用电阻片将非电器转换电器，再经电子仪器进行放大、显示和记录，所以能获得很高的放大倍数，从而达到很高的灵敏度。电阻应变仪可以精确地分辨出 1×10^{-6} 应变，这个应变的量级对于钢材而言相当于 0.2MPa 的应力。

2）电阻片尺寸小且粘贴牢固。这个特点十分重要，当前某些工程结构（如船体、桥梁、飞机、桁架等）进行全面的应力分析时，往往要测量数十个点甚至数百个点的应力，电阻片很容易大量粘贴使用。对于结构十分紧凑以至其他测量仪表（如杠杆引伸仪）根本无法安装的情况下，电测法就能发挥很大的作用。尺寸大小另一个重要意义在于可以用来测量局部应力。现在电阻片的标距甚至可以小于 1mm，这对于应力集中的测量比较合适。

3）电阻片质量小。这是一个突出的优点，使得电测不仅可以作静态应力的测量，而且可以在动态应力分析方面发挥独特作用。对一系列重要的动力学参数（如加速度、振幅、频率、冲击力及爆炸压力等）能够比较精确地进行试验研究。同时应变片的基长可以制作得很短，并且有很高的频率响应能力。因此，在应变梯度较大的构件上测量时仍能获得一定的准确度，在高频率应变测量中具有很好的动态响应。

4）可以在高温（800～100℃）、低温（-100～70℃）、高压（上万个大气压）、高速旋转（几千转/mm～几万转/mm）、核辐射等特殊条件下使用。

此外，由于应变片输出是电信号，就易于实现测量数字化和自动化。应变片已在试验应力分析、断裂力学、静（动）态试验、航天工程中都有广泛的用途。

应变片电测法在用于对结构物表面应变测量时的主要缺点是粘贴工作量大、重复使用困难等。为克服这些缺点，人们利用电阻应变片的工作原理通过某种转换器间接地测定出被测量的数值，这种转换器称为电阻式应变传感器。

2. 电阻应变片的构造

电阻应变片主要由敏感元件、基底、覆盖层和引出线等几部分组成，如图 14-5 所示。

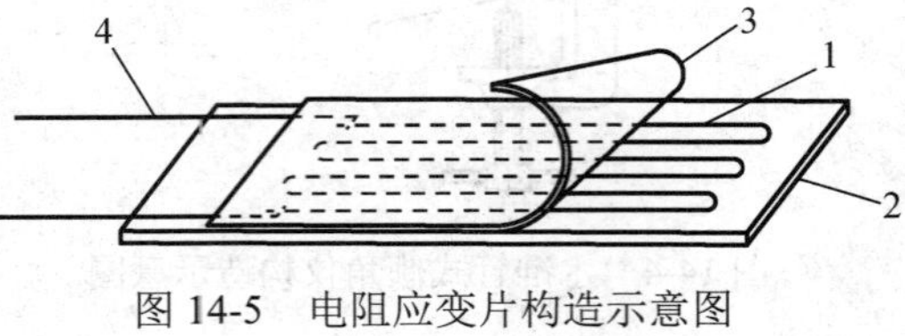

图 14-5　电阻应变片构造示意图

1-敏感丝栅；2-基底；3-覆盖层；4-引出线

1）敏感丝栅是应变片的主要元件，一般由康铜、镍铬合金制成。

2）基底和覆盖层起定位和保护应变片几何形状的作用，也起到与被测试试件之间电绝缘作用。纸基常用厚度 0.015～0.02mm、机械强度高、绝缘性能好的纸张制作。胶基则用性能稳定、绝缘度高、耐腐蚀的聚合胶制成。其他有特殊要求的应变片，可采用不同的材料做成基底。

3）引出线是用以连接导线的过渡部分，一般为直径约 0.15～0.30mm 的金属丝。

4）黏结剂把丝栅基底和覆盖层牢固地粘结成一个整体。

3. 金属应变片的工作原理

金属应变片的工作原理在于导体的“电阻应变效应”。所谓电阻应变效应是指导体或半导体在机械变形（伸长或缩短）时，其电阻随其变形而发生变化的物理现象金属导体产生电阻应变效应，主要是因为电阻丝的几何尺寸改变引起阻值的变化。

4. 电阻应变片的选用

选用应变片时应根据应变片的初始参数及试件的受力状态、应变梯度、应变性质、工作条件、测试精度要求等综合考虑。

第三节　静载试验方法及评价

桥梁静载试验主要是通过测量桥梁结构在静力荷载作用下各控制断面的应力及结构变形，它是检验桥梁性能及工作状态（如结构的强度、刚度）最直接、最有效的办法。

在静载试验前对桥梁空间构模，试验前计算出各控制断面的内力影响线，根据影响线进行静力加载计算，计算结构在试验荷载作用下相应测试断面应力和变形，并进行动力计算。通过静力计算结果与荷载试验结果进行比较，从而判定结构承载能力是否满足设计荷载安全运营要求。

一、静载试验基本原则

静载试验设计采用三轴载重汽车（重 300kN）加载，根据等效加载原理进行布载，三轴载重汽车轴重、轴距及平面布置见图 14-6 所示，试验各工况下所需加载车辆的数量和轮位布置，将根据设计标准活荷载产生的某工况下的最不利效应值按式（14-3）所定原则等效换算而得，即

$$0.85 \leqslant \eta = \frac{S_{\mathrm{s}}}{S(1+\mu)} \leqslant 1.05 \tag{14-3}$$

式中：符号意义同前。

试验荷载采用内力等效的原则计算确定，使试验荷载效率满足上述规定，具体轮位布置按照各断面在最不利荷载作用下的空间有限元静力分析结果确定。

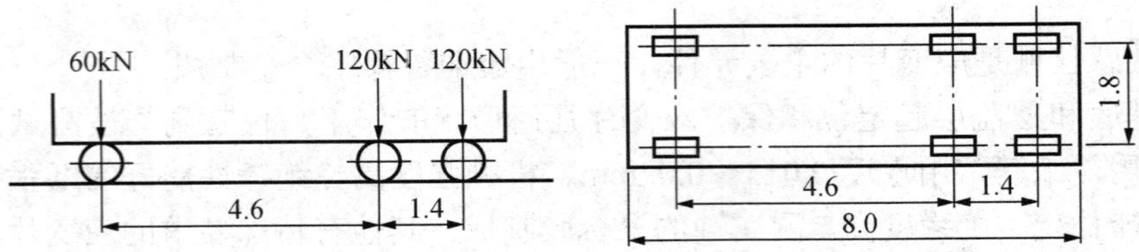

（a）轴距及轴重图　　（b）平面图

图 14-6　加载车辆简图（单位：m）

二、加载方式及试验规定

1. 加载方式

对试验荷载分级施加，以测试荷载效应与荷载的变化关系以及防止桥梁结构意外损伤。一般将荷载按加载汽车数量分级。荷载逐级递加，达到最大荷载后一次卸载。加载试验每工况重复至少一次。试验前在桥面预先画出轮位，加载时汽车应准确就位，卸载时车辆应退出结构试验影响区，车速不大于 5km/h。每次加载或卸载的持续时间取决于结构变位达到稳定标准所需的时间。试验时取数个关键测点，监测其测读数，只有该级荷载阶段内结构变位相对稳定后才能进入下一个荷载阶段。

全部测点在每次加载或卸载后立即读数一次，并在结构变位稳定后进入下一级荷载前再读数一次。对本试验选跨中断面挠度测点每 5min 读数一次，以观测结构变位是否达到稳定。一旦结构变位达到稳定，测读完各测点读数后即可进入下一级加载。

2. 试验规定

1）静力试验选择在气温变化不大和结构温度趋于稳定的时间段内进行。试验过程中在量测试验荷载作用下结构响应的同时相应地测量结构表面温度。

2）静力试验荷载持续时间，原则上取决于结构变位达到相对稳定所需要的时间，只有结构变位达到相对稳定后，才能进入下一荷载阶段。

3）全部测点在正式加载试验前均应进行零级荷载读数，以后每次加载或卸载后应即读数一次。试验时选在结构变位较大的测点，每隔 5min 观测一次，以观测结构变位是否达到相对稳定。

3. 静载试验的终止

若在加载试验过程中发生下列情况之一，立即终止加载试验：

1）控制测点应力超过计算值并且达到或超过按规范安全条件反算的控制应力时。

2）控制测点变位超过规范允许值时。

3）由于加载试验使结构出现非正常的受力损伤或局部发生损坏，影响桥梁承载能力和今后正常使用时。

4. 结果分析与承载能力评定

现场试验结束后应先采用统计学的方法对试验数据进行必要的取舍与修正，整理后的试验数据即可用来对桥梁的、承载能力进行评定。

通常将试验结果与理论分析的结果进行比较，对结构的工作状况、强度、刚度及稳定性进行全面分析，评价出桥梁的实际承载能力。

第四节　结构动载试验

桥梁动载试验是为了反映结构的动力刚度、桥梁结构在运营荷载作用下结构动力响应和桥梁舒适度。桥梁结构的动力特性，如固有频率、阻尼系数和振型等，只与结构本身的固有性质有关，是结构振动系统的基本特征；另一方面，桥梁结构在实际动荷载作用下，结构各部位的动力响应，如振幅、动应力、动位移、加速度以及反映结构整体动力作用的冲击系数等，不仅反映了桥梁结构在动荷载作用下的受力状态，也反映了动力作用对驾驶员和乘客舒适性的影响。结构在运营期间一旦有较大的损伤（如梁体开裂、基础状态恶化等），结构的动力参数（如频率、阻尼等）将会出现较大的变化。

动载试验主要用于综合了解结构自身的动力特性以及结构抵抗受迫振动和突发荷载作用的能力，以判断结构的实际工作状态和实际承载能力，同时也为使用阶段结构评估积累原始数据。

根据桥梁的结构形式确定动载测点布置位置，布置加速度传感器、动位移、动应变测点。动载试验分为脉动试验和强迫振动试验两部分，以分别获取桥梁的自振特性和行车响应特性，其中强迫振动试验分为跑车试验、跳车试验和刹车试验。

一、脉动试验

脉动试验原理是通过在桥上布置高灵敏度的传感器，长时间记录结构在环境激励下（如风、水流、机动车、人的活动等）引起的振动，然后进行谱分析，求出结构自振特性的一种方法。它假设环境激励为平稳的各态历经过程，在中低频段，环境振动的激励谱比较均匀，在环境激励的频率与桥梁的自振频率一致或接近时，桥梁容易吸收环境激励的能量，使振幅增大；而在环境激励的频率与桥梁自振频率相差较大时，由于相位差较大，有相当一部分能量相互抵消，振幅较小。对环境激励下桥梁的响应信号进行多次功率谱的平均分析，可得到桥梁的各阶自振频率，再利用各个测点的振幅和相位关系，可求得各阶频率相应的振型，利用幅频图上各峰值处的半功率带宽确定模态阻尼比，用测试仪器，依据输出信息分析，采用子空间法，获得桥的模态性能。桥梁动载测点如图 14-7 所示。

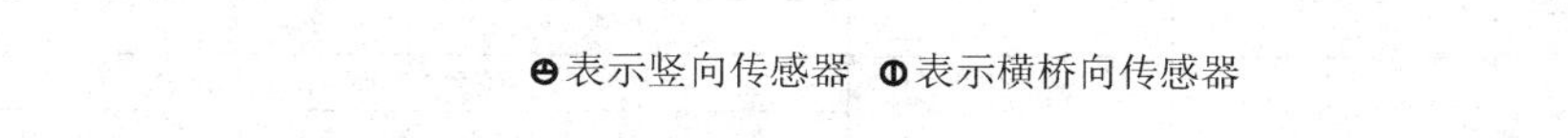

⊖表示竖向传感器　⦶表示横桥向传感器

图 14-7　桥梁动载测点

二、强迫振动试验

强迫振动试验是利用试验车辆对桥梁施以动力荷载，测量桥梁动力响应，即桥梁的应频率、振幅、动应变、动挠度及冲击系数等，并对测得的桥梁动力响应值进行分析，获得桥梁的动力响应特性。强迫振动试验分为跑车试验、刹车试验和跳车试验三种工况。

1. 跑车试验

采用两辆试验载重汽车同侧并排以 10km/h、20km/h、30km/h、40km/h、50km/h 的速度在桥面上行驶，测量桥梁结构在行车状态下的振幅、动应变、动挠度及冲击系数，每种车速至少重复一次。

2. 刹车试验

利用一辆试验载重汽车以 20km/h 速度分别匀速行驶至主跨跨中、1/4 跨处刹车，测量梁体各测点振幅和梁体在顺桥向冲击荷载下的强迫振动频率，重复一次。

3. 跳车试验

利用一辆试验载重汽车以 20km/h 速度分别行使至主跨跨中、1/4 跨处越过高 10cm 的三角形木后停车，测量梁体各测点振幅和梁体在竖桥向冲击荷载下的强迫振动频率，重复一次。

强迫振动试验测试工况及内容见表 14-1。

表 14-1 强迫振动试验测试工况及内容

项目		工况	测试内容及车速
跑车		1	振幅、强迫振动频率、动应力
			车速 10km/h
		2	振幅、强迫振动频率、动应力
			车速 20km/h
		3	振幅、强迫振动频率、动应力
			车速 30km/h
		4	振幅、强迫振动频率、动应力
			车速 40km/h
		5	振幅、强迫振动频率、动应力
			车速 50km/h
跳车	跨中	2	振幅、强迫振动频率
			障碍 10cm　车速 20km/h
	1/4 跨	1	振幅、强迫振动频率
			障碍 10cm　车速 20km/h
刹车	跨中	1	振幅、强迫振动频率
			车速 20km/h
	1/4 跨	2	振幅、强迫振动频率
			车速 20km/h

三、动载试验的数据整理与分析

桥梁结构的动力特性（如结构的固有频率、阻尼系数和振型等），它们只与结构本身的固有性质有关（如结构的组成形式、刚度、质量分布和材料的性质等），而与荷载等其他条件无关。结构的动力特性是结构振动系统的基本特性，是进行结构动力分析所必需的参数。

对于比较简单的结构，一般只需结构的一阶频率；对于较复杂的结构动力分析，还应考虑第二、第三甚至更高阶的固有频率及相应的振型。对于系统的阻尼特性只能通过试验的方法来确定。桥梁在实际的动荷载作用下，结构各控制部分的动力响应，如振幅、频率、速度和加速度及反应结构整体动力作用的冲击系数等，除了可用来分析结构在动荷载作用下的受力状态外，还可用来验证或修改理论计算值，并作为结构设计的依据。

课 后 小 结

桥梁荷载试验是对桥梁结构物工作状态进行直接测试的一种鉴定手段。通过现场加载试验以及对试验观测数据和试验现象的综合分析，检验本桥设计与施工质量，确定工程的可靠性，为竣工验收提供技术依据。通过学习掌握静载试验的基本原理，知道桥梁荷载试验的试验方案；了解桥梁静载试验的主要仪器设备，静载试验的加载方式、方案设计及试验规定；掌握桥梁静载试验方法步骤；了解桥梁动载试验的主要类型及试验方法，能参与桥梁荷载试验，进行结构现状调查。

思考与练习

一、选择题

1．静载试验效率系数可用范围为（　　）。

A．0.9～1.0　　B．0.8～1.05　　C．0.85～1.0　　D．1.0～2.0

2．桥梁静测实验：主测点布设应能控制结构最大应力（应变）和最大挠度（或位移），对连续梁桥静载实验主要测点应布设在（　　）。

A．跨中挠度　　B．支点沉降　　C．跨中和支点截面应变

3．桥梁静载实验数据修正，包括（　　）。

A．测值修正　　B．温度修正　　C．支点沉降修正

4．桥梁荷载实验分析评定其承载能力，进行结构工作状况评定应做工作包括（　　）。

A．计算校验系数　　B．实测值与理论关系曲线

C．相对残余变位（或应变）　　D．动载性能　　E．裂缝

5．桥梁荷载试验加载、卸载时间最好选择在（　　）。

A．8:00～16:00　B．16:00～23:00　C．22:00～6:00　D．10:00～17:00

6．桥梁结构静载性能分析，主要包括（　　）。

A．结构的强度及稳定性分析　　B．结构的刚度分析

C．结构的抗裂度分析　　D．结构的裂缝宽度分析

7．桥梁动载试验的测试仪器主要包括（　　）。

A．测振传感器　B．光线示波器　C．磁带记录仪　D．信号处理机

二、填空题

1．桥梁荷载试验的主要内容有______、______、______、______等。

2．桥梁静载试验的主要仪器有______、______、______、______等。

3．静载试验效率应在______范围之内。

4．当静载加载分级较为方便时，按最大控制截面内力荷载工况要可分为______级。

5．桥梁静载试验的______和测试支架应分别搭设　。

6．桥梁动载试验一般有______试验、车辆制动及跳车试验。

7．桥梁荷载试验按破坏情况可分为破坏性试验和______。

8．桥梁荷载试验根据荷载性质可分为静载试验和______。

9．桥梁结构静载试验的加载设备可根据加载要求及具体条件选用，一般有两种加载方式，即可行式车辆加载和______。

10．桥梁静载试验效率一般为______。

三、判断题（对者打“√”，错者打“×”）

1．桥梁动载试验效率一般为1。（　　）

2．桥梁荷载试验时，应选择温度较稳定时的时段进行。（　　）

3．桥梁动载试验常需进行三个方面的试验：荷载的动力特性、结构的动力特性和结构动力响应。（　　）

4．旧桥通过荷载试验可以评定出其营运状况（等级）。（　　）

5．应变片可在800℃的高温下使用。（　　）

6．桥梁静载效率系数与挠度校验系数含义相同。（　　）

7．静载锚固试验主要是检验预应力钢筋的锚固性能。（　　）

8．桥梁荷载试验时，工况选择应反映桥梁的最不利受力状态。（　　）

9．静载试验效率系数与实际加载车辆重量有关。（　　）

10．桥梁荷载实验在描述试验值与理论值分析比较时，引入结构检验系数，其等于试验荷载作用下量测的应力状态值与试验荷载作用下理论计算应力值之比，值越大，表明结构刚度较大，材料强度较高。（　　）

11．桥梁荷载工况选择应反映桥梁设计的最不利受力状态。（　　）

12．桥梁荷载试验时，为保证仪器支架的稳定，可与人行脚手架联成整体。

（　　）

13．梁荷载试验的荷载分级一般可分为4～5级。（　　）

14．桥梁静载效率系数与挠度检验系数含义相同。（　　）

15．静载检测桥梁的温度修正，对应变宜采用构件表面的温度。（　　）

16．旧桥通过荷载试验可以评定出其营运荷载等级 。（　　）

17. 通常桥梁的动载试验主要测定桥梁荷载的动力特性、测定桥梁结构的动力特性、测定桥梁在动载作用下的响应。（　　）

18．桥梁荷载试验时，为保证结构安全，其荷载工况不能置于可能产生最大挠度位置。（　　）

19．桥梁荷载试验应选择温度较稳定的时间进行。（　　）

20．桥梁静载检测的温度修正，对挠度宜采用构件表面的温度。（　　）

21．桥梁荷载试验方案设计时，各荷载工况布置时，一般参照截面内力（或变形）影响线进行。（　　）

四、简答题

1．桥梁荷载试验的主要内容有哪些？

2．桥梁荷载试验的目的是什么？

3．桥梁荷载试验的一般程序是什么？

4．常见的梁式桥和拱式桥静载试验时应考虑哪些加载工况？

5．桥梁静载试验的主要仪器都有哪些？

6．桥梁静载试验的加载方式是什么？

7．桥梁动载试验的方法都有哪些？

8．静载试验加载过程主要观测内容及终止加载的条件是什么？

第十五章

隧道工程施工检测

学习目标 1．知识目标

（1）能描述公路隧道检测涉及的材料检测、施工检测、环境监测内容。

（2）了解隧道施工检测的项目、检测设备。

（3）能描述隧道施工监控量测的内容及意义。

（4）了解隧道施工检测各项目的数据处理。

（5）能描述隧道喷射混凝土、锚杆施工质量检测的内容与方法。

（6）能描述防水卷材、土工布的性能检测的内容与方法。

（7）能描述围岩周边位移及拱顶下沉的监控量测方法。

2．能力目标

（1）能进行常规的隧道施工质量检测。

（2）能够对量测数据进行处理与分析，编制检测报告。

（3）能进行隧道监控量测。

课时建议 4课时

学习引导 隧道是铁路、道路、水渠、各类管道等遇到岩、土、水体障碍时开凿的穿过山体或水底的内部通道，是“生命线”工程。其中，交通隧道是主要的隧道类型，包括铁路隧道、公路隧道、地铁隧道等。自隧道建设伊始，渗漏水问题就是不可回避的老大难问题。据统计，至2002年底，我国共有铁路隧道5711座，总延长2833km出现渗漏，其中严重渗漏水的隧道有1620座、

23400处，占总座数的28.4%。至2002年年底，共有公路隧道1700座，总延长704km出现渗漏，其中严重渗漏水隧道达500余座，约占总座数的30%。我国北京、上海和广州的城市地下铁道中，渗漏水情况已在30%左右。中铁西南研究院对广州、沈阳等铁路局管辖的地区部分隧道进行抽样调查：隧道结构渗漏水达50.4%，有的区段高达94%，严重渗漏水的约占调查数量的1/3。

渗漏水被建筑业界称为隧道工程的第一大顽疾，"十隧九漏"的说法在隧道养护人员中也是广为流传，渗漏水堪称工程质量的"大蛀虫"。渗漏水只是隧道病害之一，最常见病害主要有：衬砌渗漏、衬砌开裂、限界受侵和衬砌结构同围岩结合不密实等。因此，有必要对隧道施工时进行质量检测，以达到隧道设计、施工等要求，并减少隧道运营时的各种病害。

施工检测的内容十分丰富、可概括为两个方面，即施工质量检测和施工监控量测，具体如图15-1所示。有关隧道施工检测的知识将在本书后面的学习任务中详细讲述。

- 施工检测
  - 施工质量检测
    - 开挖质量检测
    - 支护质量检测
    - 防排水检测
    - 衬砌质量检测
  - 施工监控量测
    - 围岩变形量测
    - 支护受力量测
    - 衬砌受力量测

图15-1　隧道工程施工检测

第一节　超前支护与预加固围岩施工质量检测

一、超前支护的方法选择

对于在自稳时间短的软弱破碎岩体，浅埋软岩和产生严重偏压、岩溶流泥地段，砂土层、砂卵（砾）石层、断层破碎带以及大面积淋水或涌水地段修筑隧道，由于开挖后围岩的自稳时间小于完成支护所需的时间，往往会发生开挖面围岩失稳，或由于初期支护的强度不能满足围岩稳定的要求以及大面积淋水、涌水而导致洞体围岩丧失稳定而产生坍塌、冒顶等。为了避免上述情况的发生应在隧道开挖前或开挖中采用辅助施工措施和锚喷支护相结合的加强手段，来保证施工的安全和工程长期运营的稳定。常用的辅助施工方法一般可分为对地层预支护（超前支护）和预加固两大类。主要方法有地表砂浆锚杆或地表注浆加固；超前锚杆或超前小钢管支护；管棚钢架超前支护；超前小导管预注浆；超前围岩深孔预注浆，各方法的比较如表 15-1 所示。

表 15-1　注浆材料分类

超前支护的方法	适用条件	注意事项
地表砂浆锚杆或地表注浆加固	浅埋、洞口地段和某些偏压地段	锚固砂浆在达到设计强度的 70%以上后才能进行下方隧道洞体的开挖
超前锚杆或超前小导管支护	浅埋松散破碎的地层内	①应保证前后两组支护纵向大于 100cm 搭接 ②自稳时间在 12 ～14h 时，必须先支护，后开挖
管棚钢架超前支护	极破碎的地层、塌方体、岩堆等地段	①管棚钢架纵向搭接长度大于 3m ②其长度为 10～45m、直径选用 80～180mm，钢管中心间距一般为 30～50cm
超前小导管预注浆	自稳时间很短（12h 以内）的砂层、砂卵（砾）石层、断层破碎带、软弱围岩浅埋地段或处理塌方等地段	所加固地层范围较小（一般注浆每段为 3～5m，浆液扩散范围 0.4～0.5m），一般还需辅以钢架支撑，以稳固围岩
超前围岩深孔预注浆	断面较大、有压地下水及地下水丰富的地层、不允许有过大沉陷的各类地下工程	深孔预注浆一般可超前开挖面 30～50m，可以形成有相当厚度的和较长区段的筒状加固区，从而使得堵水的效果更好

隧道施工所采用辅助的施工方法，应根据隧道所处的地质和水文地质条件、隧道长度、埋置深度、施工机械装备、工期和经济等方面综合考虑决定。

二、注浆材料性能及其选择

1. 注浆材料分类

注浆是指将注浆材料按一定配合比制成的浆液压入围岩或衬砌与围岩之间的孔隙中，经凝结、硬化后形成具有一定强度的低透水性的结合体，起到防水和加固作用的一种施工方法。

（1）注浆材料的分类

浆液材料通常划归两大类，即水泥浆液和化学浆液。按浆液的分散体系划分，以颗粒直径为 0.1μm 为界，大者为悬浊液（如水泥浆液）小者为溶液（如化学浆液）。注浆液一般采用水泥浆液，只有在碰到流砂层、粉砂、细砂冲积层，才采用可灌性好的化学浆液注浆。

（2）注浆材料的要求

一种理想的注浆材料，应满足以下要求：

1）浆液黏度低，渗透力强，流动性好，能进入细小裂隙和粉、细砂层。这样浆液可达到预想范围，确保注浆效果。

2）可调节并准确控制浆液的凝固时间，以避免浆液流失，达到定时注浆之目的。

3）浆液凝固时体积不收缩，能牢固黏结砂石；浆液结合率高，强度大。

4）浆液稳定性好，长期存放不变质，便于保存运输，货源充足，价格低廉。

5）浆液无毒、无臭，不污染环境，对人体无害，非易燃、易爆之物。

2. 注浆材料的主要性质

（1）黏度

黏度是表示浆液流动时，因分子间互相作用，产生的阻碍运动的内摩擦力，用简易黏度计测定。NDJ-79 型旋转黏度计如图 15-2（a）所示。

（2）渗透能力

渗透能力即渗透性，指浆液注入岩层的难易程度。对于悬浊液，渗透能力取决于颗粒大小；对于溶液，则取决于黏度。根据试验，砂性土孔隙直径（*D*）必须大于浆液颗粒直径（*d*）的 3 倍以上，浆液才能注入，渗透能力通常用渗透仪测定，如图 15-2（b）所示。

（3）凝胶时间

凝胶时间是指参加反应的全部成分从混和时起，直到凝胶发生，浆液不再流动为止的一段时间。其测定方法，凝胶时间长的用维卡仪，如图 15-2（c）所示；一般浆液通常采用手持玻璃棒搅拌浆液，以手感觉不再流动或拉不出丝为止，来测定凝胶时间。

（4）渗透系数

渗透系数是指浆液固化后结石体透水性的高低，或表示结石体抗渗性的强弱。

（5）抗压强度

注浆材料自身抗压强度的大小决定了材料的使用范围，大者可用以加固地层，小者则仅能堵水。在松散砂层中，浆液与介质凝结之结合体强度，对于在流砂层中修建隧道或凿井是至关重要的。

（a）NDJ-79 型旋转黏度计　　（b）渗透仪　　（c）维卡仪计

图 15-2　注浆材料检测常用仪器

三、施工质量检测

1. 超前锚杆

（1）基本要求

1）锚杆材质、规格等应符合设计和规范要求。

2）超前锚杆与隧道轴线外插角宜为 5°～10°，长度应大于循环进尺，宜为 3～5m。

3）超前锚杆与钢架支撑配合使用时，应从钢架腹部穿过，尾端与钢架焊接。

4）锚杆插入孔内的长度不得短于设计长度的95%。

5）锚杆搭接长度应不小于1m。

（2）实测项目

长度、孔位、钻孔深度、孔径。

（3）外观鉴定

锚杆沿开挖轮廓线周边均匀布置，尾端与钢架焊接牢固，锚杆入孔长度符合要求。

2. 超前钢管

（1）基本要求

① 钢管的型号、规格、质量等应符合设计和规范要求。

② 超前钢管与钢架支撑配合使用时，应从钢架腹部穿过，尾端与钢架焊接。

（2）实测项目

长度、孔位、钻孔深度、孔径。

（3）外观鉴定

钢管沿开挖轮廓线周边均匀布置，尾端钢架焊接牢固，入孔长度符合要求。

3. 注浆效果检查

检查方法有三种：分析法、检查孔法、无损检测法（例如地质雷达、声波探测仪），无损检测通过对注浆前后岩体声波、波速、振幅及衰减系数进行检测。

第二节　开挖质量检测

对于隧道开挖质量的控制，一般包括开挖断面规整程度（目测）和断面尺寸及超欠挖控制（激光断面仪）两个方面。

一、开挖质量标准

1. 基本要求

1）不良地质段开挖前应做好预加固、预支护。

2）当前方地质出现变化迹象或接近围岩分界线时，必须用地质雷达、超前小导坑、超前探孔等方法先探明隧道的工程地质和水文地质情况，才能进行开挖。

3）应严格控制欠挖。当石质坚硬完整且岩石抗压强度大于30MPa，并确认不影响衬砌结构稳定和强度时，允许岩石个别凸出部分（$1m^2$内不大于$0.1m^2$）突入衬砌断面，锚喷支护时突入不大于3cm，衬砌时不大于5cm。拱脚、墙脚以上1m内严禁欠挖。

4）隧道开挖轮廓应按设计要求预留变形量，预留变形量大小根据监控量测信息进行调整。

5）隧道爆破开挖时应严格控制爆破震动。

6）洞身开挖在清除浮石后应及时进行初喷支护。

7）超挖部分必须回填密实，超挖控制标准为

$$\text{平均线性超挖值}=\frac{\text{超挖面积}}{\text{爆破设计开挖断面周长（不包括隧底）}} \tag{15-1}$$

最大线性超挖值系指最大超挖处至设计开挖轮廓切线的垂直距离。

2. 爆破效果要求

开挖轮廓圆顺，开挖面平整。周边炮眼痕迹保存率可按式（15-2）计算；炮眼痕迹保存率要满足表15-2的规定。

$$\text{周边炮眼痕迹保存率}=\frac{\text{残留有痕迹的炮眼数}}{\text{周边眼总数}}\times 100\% \tag{15-2}$$

表15-2　炮眼痕迹保存率标准

围岩条件	硬岩	中硬岩	软岩
炮眼痕迹保存率（%）	≥80	≥70	≥50

对于松散岩层，软岩周边主要应以满足平整圆顺即可认为合格。

二、超欠挖测定方法

测定超欠挖量应根据现场条件采用切实可行的测定方法。一般可采取下列方法：①由出渣量或衬砌混凝土量推算；②通过激光投影仪直接测定开挖面面积；③用断面测定仪量测，也可参照表15-3选取。

极坐标法（断面仪法）精度高、速度快，效率高，应首先采用。

表15-3　超欠挖量测定方法

测定方法及采用的测定仪			测定发概要
测量断面的方法	直接测量开挖断面面积的方法	以内模为参照物直接测量法	以内模参照物、用直尺直接测量超欠挖量
		使用激光束的方法	利用激光射线在开挖面上定出基点，并由该点实测开挖断面
		使用投影机的方法	利用投影机将基点或隧道基本形状投影在开挖面上，然后据此实测开挖断面面积
	非接触观测法	三维近景投影法	在隧道内设置摄影站，采用三维近景摄影方法获取立体像对，在室内利用立体测图仪进行走向和测绘，得出实际开挖轮廓线
		直角坐标法	利用激光打点仪照准开挖壁面各变化点，用经纬仪测出各点的水平角和坚直角，利用立体几何的原理，计算出各测点距坐标原点的纵横坐标，按比例画出断面图形
		极坐标法（断面仪法）	以某物理方向（如水平方向）为起算方向，按一定间距（角度或距离）依次一一测定仪器旋转中心与实际开挖轮廓线的交点之间的矢径（距离）及该矢径与水平方向的夹角，将这些矢径端点依次相连即可获得实际开挖的轮廓线

第三节　初期支护施工质量检测

初期支护的类型有锚杆支护、喷射混凝土支护、喷射混凝土与钢筋网联合支护、喷射混凝土与锚杆及钢筋网联合支护、喷钢纤维混凝土支护、喷钢纤维混凝土锚杆联合支护以及上述几种类型加设钢架而成的联合支护。其类型及参数应根据围岩的性质及状态、地下水情况、隧道净空尺寸及其埋深等条件确定。

锚杆是用金属或其他高抗拉性能的材料制作的一种杆状结构。可用某些机械装置和粘结介质，通过一定的施工操作，将锚杆安设在地下工程的围岩或其他工程结构体中。由于锚杆具有“悬吊作用”“减跨作用”“组合梁作用”“加固拱作用”等而使围岩得到加固。喷射混凝土是将一定比例的水泥、河砂、碎石并掺有速凝剂拌和料用压缩空气通过混凝土喷射机高速喷射到岩面上形成的混凝土层。喷射混凝土的喷射工艺有：干喷［图 15-3（a）］、湿喷［图 15-3（b）］和潮喷三种。

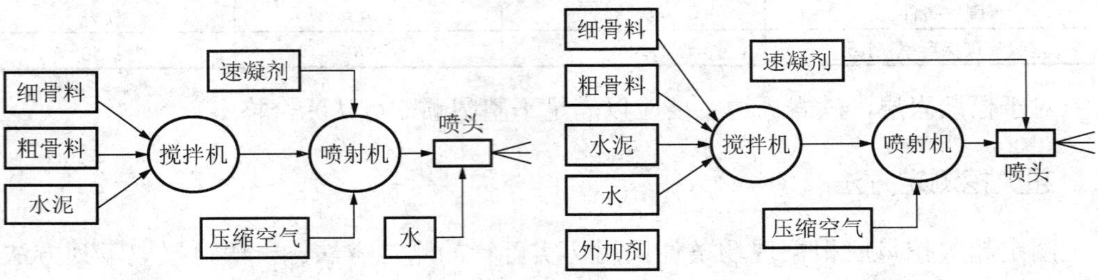

图 15-3　喷射混凝土施工工艺流程图

潮喷工艺与干喷工艺相近，在干喷的拌和料中适量加水即为潮喷。喷层凝固后具有“支撑作用”“填补作用”“黏结作用”“封闭作用”从而使围岩得到加固，围岩自身的强度得到保护。由于实际工程中常将锚杆与喷射混凝土结合使用，所以统称锚喷支护。

一、锚杆加工质量与安装尺寸检查

1. 锚杆加工质量检查

锚杆加工质量检查主要包括：锚杆材料（抗拉强度-拉伸试验、延展性与弹性-材料试验）；杆体的规格（卡尺或直尺测量）要保证锚杆直径均匀、一致；加工质量（焊接质量和车丝质量）。

2. 安装尺寸检查

1）锚杆位置。允许孔位偏差为±50mm，特别注意锚杆间距与排距的尺量。

2）锚杆方向。尽量与围岩壁面和岩层主要结构面垂直，注意目测拱顶钻孔的垂直度。

3）钻孔深度。钻孔深度允许孔深偏差为±50mm，采用带有刻度的塑料管或木棍等插孔量测。

4）孔径与孔型。孔径大于杆体直径 15mm 时，可认为孔径符合要求。

二、锚杆拉拔力测试

1. 拉拔设备

锚杆拉拔试验的常用设备为中空千斤顶、手动油压泵、油压表千分表，如图 15-4 所示。

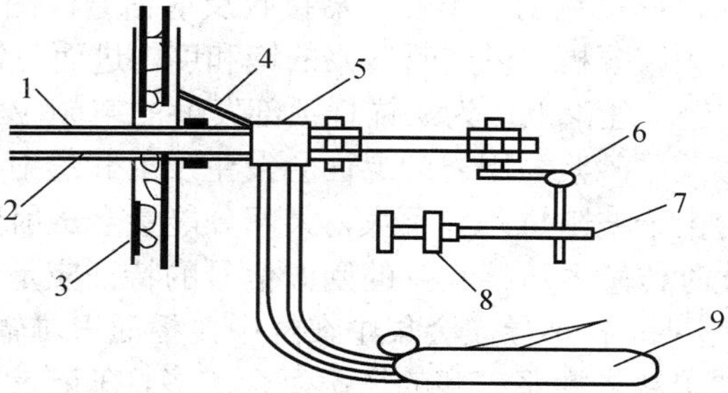

图 15-4　拉拔设备

1-锚杆；2-充填砂浆；3-喷射混凝土层；4-反力板；5-中空千斤顶；6-千分表；7-固定梁；8-支座；9-手动油压泵、油压表

2. 注意事项

1）安装拉拔设备时，应使千斤顶与锚杆同心，避免偏心受拉。

2）加载应匀速，采用分级加载时，每级荷载增长值应在 10kN 以下，加载的时间间隔不应小于 2min（一般为 5min）。

3）如无特殊需要，可不做破坏性试验，拉拔到设计拉力或预计极限强度的 80%即可停止加载。顺便指出，用中空千斤顶进行锚杆拉拔试验，一般都要求做破坏性试验，测取锚杆的最大承载力。一方面检验锚杆施工质量，另一方面为调整设计参数提供依据。

4）千斤顶应固定牢靠，要有必要的安全保护措施。特别应注意的是，试验时操作人员要避开锚杆的轴线延长线方向，在锚杆的测向并远离锚杆尾部的位置上加压读数，测位移时停止加压。

3. 试验要求

1）按锚杆数的 1%且不少于 3 根做抗拔力试验。

2）同组锚杆抗拔力的平均值应大于或等于设计值。

3）单根锚杆的抗拔力不得低于设计值的 90%。

三、砂浆锚杆砂浆注满度检测

对于砂浆锚杆，施工检测中应重点注意砂浆注满度或密实度。理论上，只要锚固的水泥砂浆长度大于锚杆钢筋直的 40 倍，直至拉拔到钢筋劲缩锚杆也不会丧失锚固力。1978 年瑞典的 H.F.Thurner 提出用测超声波能量损耗来判定砂浆灌注质量的原理，并研制了 Boltometer Version 锚杆质量检测仪。

1. 检测原理与方法

砂浆饱和度检测的基本原理是利用波在杆中传播的动力学特性。在锚杆顶端施加一瞬态激振力，由布设在锚杆顶端的一个传感器接收反射信号（图 15-5），通过对所接收的反射信号进行时域、频域分析，以判断砂浆的饱和度，进而对锚杆的锚固质量进行评价。对于砂浆饱和度问题，理论上认为从锚杆顶部发射的声频应力波经杆体向四周传播（图 15-6），在锚杆与砂浆、砂浆与围岩的界面会发生反射和透射。当锚杆、砂浆和围岩三者之间接触紧密时，由于波阻抗差异不大，大部分能量会透射到围岩体中去，只有小部分能量反射回来。此时传感器所接收到的回波信号的特征应是波形较简单、能量相对较弱；当砂浆浇灌不密实时，各种导波会集中在杆中传播而很难辐射到杆外的介质中去，此时波在杆中的传播现象较之灌浆密实的情况复杂的多，在记录上表现为反射波能量很强且波形很复杂。由此，可以根据反射波振幅大小判定水泥砂浆的饱满程度。

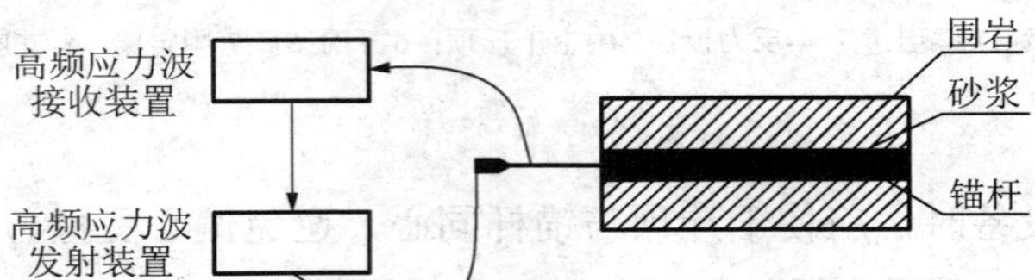

图 15-5　锚杆检测方法示意图

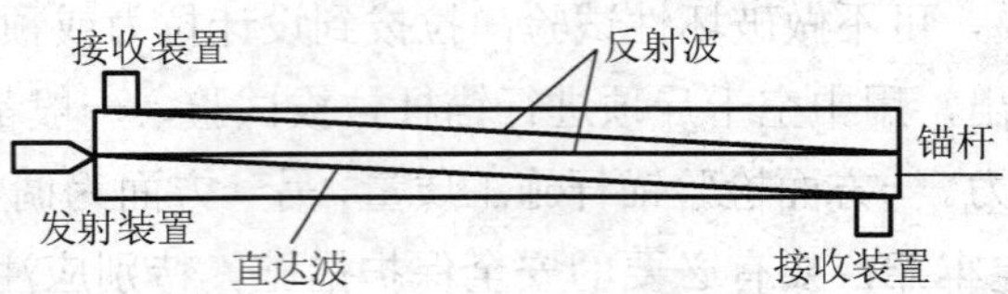

图 15-6　锚杆波速的测定

2. 检测仪器

M-7 锚杆检测仪为数字数显，仪器可以显示锚杆的长度、振幅值和砂浆密实度、级别。

3. 测量方法

首先，在施工现场按设计参数，对不同类型的围岩，各设 3～4 组标准锚杆，每组 1～2 根。例如，有水泥砂浆密实度为 90%、80%、70%共 3 组锚杆，可定密实度大于 90%为 a 级，80%～90%为 b 级，70%～80%为 c 级，密实度小于 70%为 d 级（可根据设计由业主规定，最多可定 4 个级别）。然后，在这些标准锚杆上测定反射波振幅值（若每组有一根以上锚杆则取平均值），这些值即作为检测其他锚杆的标准。这些标准值在进行其他锚杆的监测前储入仪器，在检测其他锚杆时可由测量仪器自动显示被检锚杆的长度与砂浆密实度的级别。

四、端锚式锚杆施工质量无损检测

目前隧道工程上除大部分采用全长锚固的水泥砂浆锚杆外，同时还沿用着树脂锚杆、快硬水泥药包锚杆和楔缝锚杆等端锚式锚杆。这些锚杆的共同特点是在性能上可迅速承载；在构造上带有螺栓和托板；在施工上操作简便。在一些不良地质条件下，隧道开挖后钢支撑难以及时支护，喷射混凝土不易迅速形成承载结构时，可采用上述的端锚式锚杆快速加固围岩。

1．检测原理

对于带有螺栓和托板的端锚式锚杆来说，托板和螺母安装后，可通过拧紧压在托板上的螺母使锚杆杆体受拉，拉力的大小与螺母的拧紧程度有关，拧紧程度又与加在螺母上的力矩有关，所以锚杆上的拉力取决于加在螺母上的力矩。利用锚杆拉力与所加力矩之间的关系，可通过给待检测锚杆螺母施加力矩，来间接确定锚杆的锚固质量。由于作用在螺母上的力矩除取决于锚杆拉力外，还与螺母和托板之间的摩擦力有关，因此，为了利用螺母上的力矩来检测锚杆的拉力，必须事先在实验室进行试验，建立力矩-锚固力关系，然后据此关系检测锚杆的锚固质量以及锚杆上的预应力。表 15-4 是对某种端锚式直径ϕ16 锚杆试验得到的力矩－锚固力对应关系。

表 15-4　直径ϕ16 锚杆扭力矩－锚固力关系

扭力矩（N·m）	16	32	40	66	80	96	112
锚固力（kN）	5	10	15	20	25	30	35

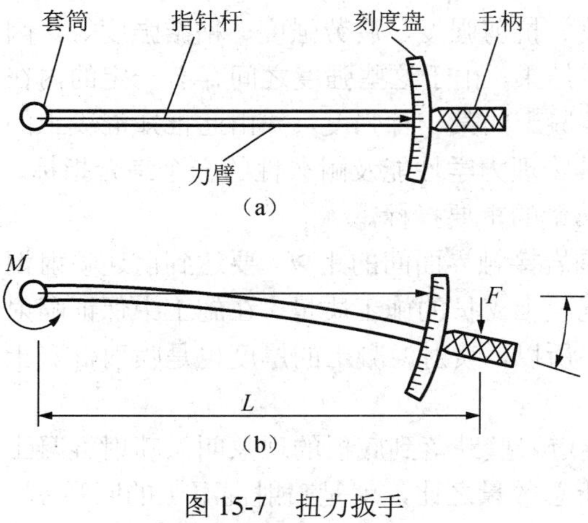

图 15-7　扭力扳手

2．检测工具

锚杆螺母扭力矩的量测工具为扭力扳手。扭力扳手是机械装配和机械修理中常用的工具，它由力臂、刻度盘、指示杆和套筒组成，如图 15-7（a）所示。力臂为具有一定刚度或弹性的圆杆标有扭力矩的刻度盘固定在力臂上，在扳手的另一端，固定了一根指示杆。使用时，在力壁的手柄上施加力 F，这时会在扳手的另一端出现反力矩 M 与工作力矩 Fl 平衡。在 F 达到最大值 F_{max} 时，M 也达

到最大值 M_{max}。在 F_{max} 的作用下，具有弹性的力臂本身要产生变形，使钢杆变曲，弯曲的大小可同转角反映。由于指示针不受力，它不产生任何变形，所以在力臂杆和指示杆之间就出现了角度差，指针偏离最初的零度位置，由指针在刻度盘上的位置可读出力臂杆转角的大小。通过实验室标定，可建立起力臂最大转角 α_{max} 和反力矩 M_{max} 的关系，并据此关系标识刻度盘，便可从刻度盘上直接读出反力矩 M_{max} 之值，如图 15-7（b）所示。

3. 检测方法

1）将套筒套在待检测锚杆的螺母上，并将扭力扳手主体与套筒联接。

2）左手轻按扭力扳手套筒端，右手扳动手柄，同时读取扭力矩的最大读数，并作记录。

3）根据扭力矩和锚杆拉力之间的对应关系，确定锚杆的拉力。随着扭力矩的增加，锚杆所受的拉力也增加，最终可能出现两种现象：一种是由于锚固质量欠佳，锚固强度较小，锚固端出现滑移；另一种是锚固强度很大，螺栓丝扣处产生颈缩。出现这两种现象都使锚杆失去或减小承载能力，所以相应的试验为破坏性试验。在工程上更常见的是事先确定锚杆应有的锚固力，当测试过程中发现锚杆的锚固力达到要求时，便停止测试，锚杆仍完好地工作。

扭力扳手还可作为一种锚杆安装工具，据其可对锚杆施加给定量值的预应力，从而既能最大限度地对围岩进行主动加固，又能保护锚杆初期锚固强度不遭破坏。

五、喷射混凝土质量检测

1. 质量检验指标

喷射混凝土是指将水泥、砂、石子、外加剂和水按一定的配合比和水灰比拌和而成的混和物，以风压为动力快速喷至岩体表面而形成的人造石材。喷射混凝土的质量检验指标主要有喷射混凝土的强度和喷射混凝土的厚度。此外，还应采取措施减少喷射混凝粉尘、回弹率。

喷射混凝土强度包括抗压强度、抗拉强度、抗剪强度、疲劳强度、粘结强度等。因此，喷射混凝土强度应是这些强度指标的综合结果。由于这些强度之间存着一定的内在联系，这就有可能在具体试验中只检测喷射混凝土的某一种强度，并由此推知混凝土的其他强度。其中喷射混凝土抗压强度是表示其物理力学性能及耐久性的一个综合指标，所以工程实际往往把它作为检测喷射混凝土质量的重要指标。

喷射混凝土的厚度指混凝土喷层至隧道围岩接触界面间的距离。要达到前述喷射混凝土支护的作用原理和效果，关键是要确保混凝土支护的施工质量。在施工中保证喷射混凝土的厚度是确保喷射混凝土质量的前提。所以，喷射混凝土的厚度也是喷射混凝土质量检验的一个重要指标。

喷射混凝土施工过程中，部分混凝土由隧道岩壁跌落到底板的现象叫做喷射混凝土的回弹。回弹下来的混凝土数量与喷射混凝土总数量之比，就是喷射混凝土的回弹率。

喷射混凝土施工过程中、回弹率也是检验喷射混凝土施工质量的一项检测指标。

喷射混凝土支护工程质量必须做到内坚外美。外观上，无漏喷、高鼓、裂缝、钢筋网（或金属网）外露现象，做到混凝土表面平整密实，断面轮廓符合要求；从内部看喷射混凝土抗压强度和厚度必须达到设计要求。

2. 影响喷射混凝土质量的因素

（1）影响喷射混凝土强度的因素

为保证喷射混凝土质量，必须严把混凝土原材料质量关及施工作业质量关。

1）原材料。水泥是喷射混凝土最重要的原材料，必须严把好水泥进库检查关及使用前检验关。对水泥强度、安定性、凝结时间进行抽样检查，合格者准予使用，不合格者不准进场和用于施工；为保证喷射混凝土强度，减少粉尘和混凝土硬化后的收缩，减少材料搅拌时水泥的飞扬损失，砂的细度模数、含水率、含泥量及石子颗粒级配、最大粒径等质量指标必须符合《锚杆喷射混凝土支护技术规范》（GB 52086—2011）中的有关规定；喷射混凝土用水必须是无杂质的洁净水，污水、pH 小于 4 的酸性水均不得使用；所采用的速凝剂应保证初凝时间不大于 5min，终凝时间不大于 10min。

2）施工作业。确保配合比正确、喷射前冲洗岩面、喷射中控制水灰比和喷射距离、喷射后洒水养护。

（2）影响喷射混凝土厚度的因素

实际工程中，如果喷射混凝土的厚度达不到设计要求，会引起喷层开裂和剥落，甚至影响工程的安全使用。从喷射混凝土施工技术和施工管理方面分析，影响喷射混凝土厚度的因素主要有：

1）爆破效果。如果光爆效果差，隧道断面成形不好，导致超挖处混凝土喷层过厚，而欠挖处喷层又过薄。

2）回弹率。由于向隧道拱部喷射混凝土时回弹量大，施工操作困难，导致拱部混凝土喷层达不到设计厚度。

3）施工管理。如果施工管理不严，没有采取诸如拉线覆喷、埋设标准桩等严格控制喷层厚度的措施，则容易造成厚度不足。

4）喷射参数。喷射混凝土的风压、水压、喷头与喷面的距离、喷射角度、喷射料的粒径等，不仅影响喷射混凝土的强度，而且还影响对喷层厚度的控制。

此外，缺乏方便、可靠的喷层厚度检测手段和方法，难以对喷层厚度进行有效的质量监督和控制，也是喷射混凝土厚度质量失控的一个重要原因。

3. 质量检测方法

（1）抗压强度试验

1）检查试块的制作方法。

① 喷大板切割法。在施工的同时将混凝土喷射在 45cm×35cm×12cm（可制成 6 块）或 45cm×20cm×12cm（可制成 3 块）的模型内，在混凝土达到一定强度后，加工成

10cm×10cm×10cm 的立方体试块，在标准条件下养护至 28d 进行试验（精确到 0.1MPa）。

② 凿方切割法。在具有一定强度的支护上，用凿岩机打密排钻孔，取出长约 35cm、宽约 15cm 的混凝土块，加工成 10cm×10cm×10cm 的立方体试块，在标准条件下养护至 28d 进行试验（精确到 0.1MPa）。

2）检查试块的数量。

隧道（两车道隧道）每 10 延米，至少在拱部和边墙各取一组式样，材料或配合比变更时另取一组，每组至少取 3 个试块进行抗压强度试验。

3）满足以下条件者为合格，否则为不合格。

① 同批（指同一配合比）试块的抗压强度平均值，不低于设计强度或 C20。

② 任意一组试块抗压强度平均值不得低于设计强度的 80%。

③ 同批试块为 3～5 组时，低于设计强度的试块组数不得多于 1 组；试块为 6～16 组时不得多于两组；17 组以上，不得多于总组数的 15%。

④ 检查不合格时，应查明原因并采取措施，可用加厚喷层或增设锚杆的办法予以补强。

（2）喷射混凝土厚度的检测

1）检查方法和数量。

① 喷层厚度可用凿孔或激光断面仪、光带摄影等方法检查。凿孔检查时，宜在混凝土喷后 8h 以内，用短针将孔凿出，发现厚度不够时可及时补喷。如混凝土与围岩黏结紧密，颜色相近而不易分辨时，可用酚酞试液涂抹孔壁，碱性混凝土即呈现红色。

② 每 10 延米至少检查一个断面，再从拱顶中线起每隔 3m 凿孔检查一个点。

2）合格条件。

① 每个断面拱、墙分别统计，全部检查孔处喷层厚度应有 60%以上不小于设计厚度，平均厚度不得小于设计厚度，最小厚度不应小于设计厚度的 1/2。在软弱破碎围岩地段，喷层厚度不应小于设计规定的最小厚度。钢筋网喷射混凝土的厚度不应小于 6cm。

② 当发现喷射混凝土表面有裂缝、脱落、露筋、渗漏水情况时，应予修补，凿除重喷或进行整治。

（3）喷射混凝土与围岩黏结强度试验

1）检查试块的制作方法。

① 成型试验法。在模型内放置面积为 10cm×10cm×5cm 且表面粗糙度近似于实际情况的岩块，用喷射混凝土掩埋。在混凝土达到一定强度后，加工成 10cm×10cm×10cm 的立方体试块，在标准条件下养护至 28d，用劈裂法进行试验。

② 直接拉拔法。在围岩表面预先设置带有丝扣和加力板的拉杆，用喷射混凝土将加力板埋入，喷层厚度约 10cm，试件面积约 30cm×30cm。（周围多余的部分应予清除）。经 28d 养护进行拉拔验。

2）强度标准。喷射混凝土与岩石的黏结力，Ⅲ级及以上围岩不低于 0.8MPa，Ⅳ级围岩不低于 0.5MPa。

（4）喷射混凝土粉尘、回弹检查

《锚杆喷射混凝土支护技术规范》（GB 50086—2011）规定：回弹率应予以控制，拱部不应大于25%，边墙不应大于15%。

（5）其他试验

当有特殊要求时，对喷射混凝土的抗拉强度、弹性模量等项目应进行试验。

4. 施工质量评判

（1）匀质性

喷射混凝土强度的匀质性，可用现场 28d 龄期同批 n 组试块抗压强度的标准差 S_n 和变异系数 V_n 表示。

$$S_n=\sqrt{\frac{1}{n-1}\sum_{i=1}^{n}(R_{\mathrm{i}}-\overline{R_n})^2}\quad\text{（MPa）}\tag{15-3}$$

式中：n——同批试块的组数；

R_{i}——第 i 组试决的强度代表值（MPa）；

$\overline{R_n}$——同批 n 组试块强度的平均值，$\overline{R_n}=\frac{1}{n}\sum_{i=1}^{n}R_{\mathrm{i}}$（精确到 0.1MPa）

$$V_n=\frac{100S_n}{\overline{R_n}}\quad\text{（\%）}\tag{15-4}$$

因为喷射混凝土由非匀质材料组成，在施工中影响混凝土强度的因素较多，强度离散性较大。将喷射混凝土施工质量判别条件列于表 15-5。

表 15-5　喷射混凝土的匀质性指标

施工控制水平	评价项目	优	良	及格	差
母体的离散	标准差 S_n（MPa）	＜4.5	4.5～5.5	5.5～6.5	＞6.5
	变异系数 V_n（%）	＜15	15～20	20～25	＞25
一次实验的离散	标准差 S_n（MPa）	＜2.2	2.2～2.7	2.7～3.2	＞3.2
	变异系数 V_n（%）	＜7	7～9	9～11	＞11

（2）抗压强度

同批试件组数 $n \geqslant 10$ 时，试件抗压强度平均值不低于设计值；任一组试件抗压强度不低于 0.85 设计值。

同批试件组数 $n<10$ 时，试件抗压强度平均值不低于 1.05 设计值；任一组试件抗压强度不低于 0.9 设计值。

《公路工程质量检验评定标准》（JTG F80—2004）规定：实测项目中，喷射混凝土抗压强度评为合格时得满分；不合格时得零分，且相应分项工程为不合格。

六、钢支撑施工质量检测

1. 钢支撑的分类

根据钢材种类的不同，目前我国隧道施工中常用的钢支撑可分类如下：

- 钢支撑
  - 格栅
    - 矩形断面格栅
    - 三角形断面格栅
  - 型钢支撑
    - H形钢支撑
    - 工字形钢支撑
    - U形钢支撑
  - 钢管支撑

（1）钢格栅

钢格栅是目前工程上用量最大的钢支撑，它由钢筋焊接而成，截面可分为矩形和三角形。主筋材料采用Ⅱ级或Ⅰ级钢筋，直径一般不小于 22mm。为了便于施工，每副钢格栅一般分成 3～5 节，用法兰、螺栓连接之后并焊接。钢格栅的特点是初期可作为普通钢架支撑及时支护围岩，后期可与模注或喷射混凝土形成刚度较大的支护结构。

（2）型钢支撑

用于加工钢支撑的型钢有 H 形钢、工字型钢和 U 形钢，它们都是在施工现场或工厂用专用弯曲机冷弯成形的。

（3）钢管支撑

钢管支撑通常用于隧道局部不良地质地段围岩的加固，钢管直径在 10cm 左右，现场常用灌砂冷弯法加工。钢管支撑的特点是钢管的力学特性对称，后期灌浆使钢支撑的承载能力显著增加。

2. *施工质量检测*

钢支撑一般都用在围岩条件较差的区段，因其质量欠佳导致围岩片帮冒顶、坍塌失稳的工程实例屡见不鲜。因此，必须重视钢支撑的加工与安装质量的检测，防患于未然，确保施工安全。

（1）加工质量检测

1）加工尺寸检测。钢架加工尺寸应符合设计要求。隧道的开挖断面是一定的，钢架的尺寸应与之相配套。如果其尺寸与设计尺寸稍有出入，就可能给施工带来不便，同时，还将影响安装质量，降低使用效果。主要检测：①检测钢拱架与连接件的形状、尺寸；②检查所用材料型号；③检查连接件眼孔配合情况；④检查钢架分节位置，应便于施工安装、有利于钢架受力并与开挖方法适应。

钢架加工尺寸采用随机抽查方法，对于检测已成型的部件和构件可用靠模比较和钢尺测量。

2）强度和刚度抽检。钢支撑必须具备足够的强度和刚度。如果地质条件复杂，钢架用量较大，应对钢架的强度和刚度进行抽检。主要检测：①将一定数量的钢架样品放到试验台上进行加载试验，建立荷载与变形的关系，分析计算钢架的强度与刚度；②检查型钢有无冷弯褶皱、翘曲现象；③检查钢架锈蚀、硬伤现象。

3）焊接质量检查。钢支撑加工时广泛应用焊接，焊接质量是加工质量的重要组成部分，对于钢格栅焊接尤其重要。检测时，要注意是否有假焊，焊缝长度、深度是否符合要求。

（2）安装质量检测

1）安装就位检测尺寸。对于不同类别的围岩别的，设计中钢支撑有具体的安装间距，施工中容易将此间距拉大。因此，在实际工程中应注意检测：①用钢卷尺测量钢架排距，其误差不应超过设计尺寸5cm；②注意测量钢架拱顶标高，要求钢架不得侵入二次衬砌空间5cm；③测量钢架拱脚、墙脚到隧道中线的水平距离，其误差应满足贯通误差；④测量钢架平面的偏斜度和倾斜度。

对于就位检查，通常是每十榀钢架抽检一榀，可用全站仪直角坐标法检测。

2）连接与固定检查。钢架之间必须用纵向钢筋连接，架脚必须放在牢固的基础上。钢架应尽量靠近围岩，当钢架与围岩之间的间隙过大时应设垫块。目前钢架一般都作为衬砌骨架，所以，施工过程中尤其要检查钢架与锚杆的连接，要保证焊接密度与焊接质量，最终使锚杆、钢架和衬砌形成整体承载结构。因此检查内容：①检查钢架脚是否安放在稳固的基础上；②检查钢架背后垫块数量以及楔紧程度的情况；③检查钢架间连接筋的布设与焊接质量情况；④检查钢架与锚杆的连接情况。

七、地质雷达法探测初期支护背部空洞

地质雷达法探测初期支护背部空洞该方法已广泛应用于检测支护（衬砌）厚度、初衬及二衬背后的回填密实度、内部钢架、钢筋等分布情况。

1. 地质雷达法的原理

地质雷达，简称GPR，是一种对地下的或物体内不可见的目标或界面进行定位的电磁技术。其工作原理为高频电磁波以宽频带脉冲形式，通过发射天线被定向送入地下，经存在电性差异的地下地层或目标体反射后返回地面，由接收天线接收。因此，可根据接收到波的旅行时间（亦称双程走时）、幅度与波形资料，可推断介质的结构。其检测原理如图15-8所示。

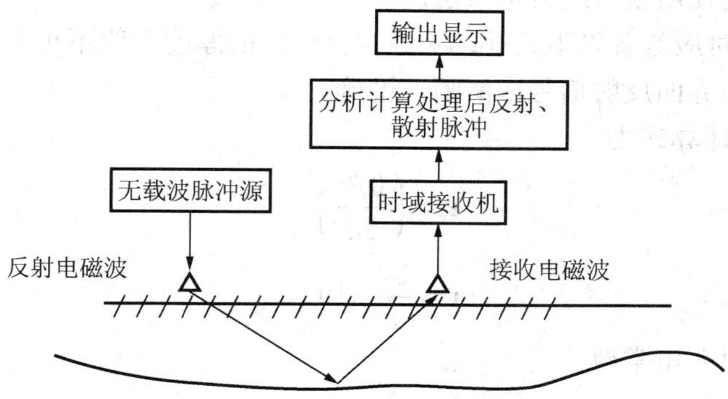

图15-8　地质雷达检测原理示意图

2. 现场检测技术

（1）测线布置

1）隧道施工过程中质量检测以纵向布线为主，横向布线为辅。纵向布线的位置应

在隧道拱顶、左右拱腰、左右边墙和隧底各布 1 条，如图 15-9 所示；横向布线可按检测内容和要求布设线距，一般情况线距 8～12m；采用点测时每断面不小于 6 个点。检测中发现不合格地段应加密测线或测点。

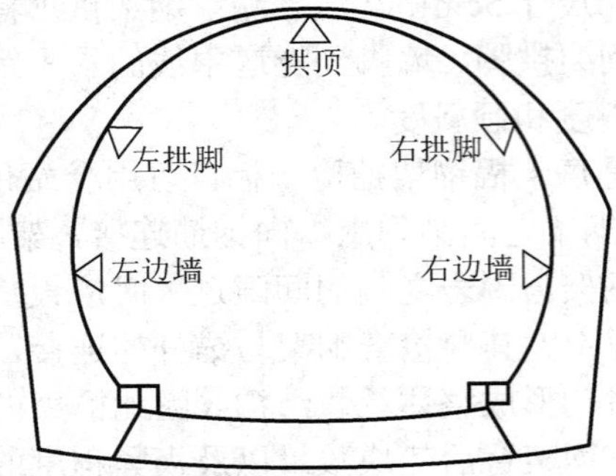

（"△"为测线位置）

图 15-9　隧道衬砌地质雷达测线位置示意图

2）隧道竣工验收时质量检测应纵向布线，必要时可横向布线。纵向布线的位置应在隧道拱顶、左右拱腰和左右边墙各布 1 条；横向布线线距 8～12m；采用点测时每断面不少于 5 个点。需确定回填空洞规模和范围时，应加密测线或测点。

3）三车道隧道应在隧道拱顶部位增加 2 条测线。

4）测线每 5～10m 应有一里程标记。

（2）介质参数标定

1）检测前应对衬砌混凝土的介电常数或电磁波速做现场标定，且每座隧道应不少于 1 处，每处实测不少于 3 次，取平均值为该隧道的介电常数或电磁波速。

2）标定方法：①在已知厚度部位或材料与隧道相同的其他预制件上测量；②在洞口或洞内避车洞处使用双天线直达波法测量；③钻孔实测。

3）求取参数时应具备以下条件：①标定目标作的厚度一般不小于 15cm，且厚度已知；②标定记录中界面反射信号应清晰、准确。

4）标定结果计算式为

$$\varepsilon_r = \left(\frac{0.3t}{2d}\right)^2 \tag{15-5}$$

$$v = \frac{2d}{t} \times 10^9 \tag{15-6}$$

式中：ε_r——相对介电常数；

v——电磁波速（m/s）；

t——双程旅行时间（ns）；

d——标定目标体厚度或距离（m）。

（3）测量时窗

测量时窗由下式确定：

$$\Delta T = \frac{2d\sqrt{\varepsilon r}}{0.3} \bullet a \tag{15-7}$$

式中：ΔT ——时窗长度（ns）；

a ——时窗调整系数，一般取 1.5～2.0；其他参数意义同式（15-6）。

（4）扫描样点数

扫描样点数由下式确定：

$$S = 2\Delta TfK \times 10^{-3} \tag{15-8}$$

式中：S ——扫描样点数；

ΔT ——时窗长度（ns）；

f ——天线中心频率（MHz）；

K ——系数，一般取 6～10。

纵向布线应采用连续测量方式，扫描速度不得小于 40 道（线）/s；特殊地段或条件不允许时可采用点测方式，测量点距不宜大于 20cm。

3. 检测成果解释与评价

原始数据处理前应回放检验，数据记录应完整、信号清晰，里程标记准确。不合格的原始数据不得进行处理与解释。

数据处理应符合：确保位置标记准确、无误；确保信号不失真，有利于提高信噪比。

1）界面根据反射信号的强弱、频率变化及延伸情况确定。

2）衬砌背后回填密实度判定特征。①密实：信号幅度较弱，甚至没有界面反射信号；②不密实：衬砌界面反射信号同向轴呈绕射弧形，且不连续较分散；③空洞：衬砌界面反射信号强，三振相明显，在其下部仍有强反射信号，两组信号时程差较大。

3）衬砌内部钢架、钢筋位置分布的主要判定特征：①钢架：分散的月牙形强反射信号；②钢筋：连续的小双曲线形强反射信号。

第四节　防排水材料及施工质量检测

一、隧道防排水的基本原则及结构类型

渗漏水是隧道最常见的病害，它对行车安全、机电设备、通讯线路以及衬砌结构等都有不同程度的影响。

1. 隧道防排水的基本原则及要求

我国隧道防排水的基本原则是：防、排、截、堵相结合，因地制宜，综合治理。

隧道防排水设计应对地下水妥善处理，洞内外应形成一个完整畅通的防排水系统，当采取防排水工程措施时，应注意保护自然环境。

我国高速公路、一级公路和二级公路隧道防排水应满足下列要求：①拱部、边墙、

路面、设备箱洞不渗水；②有冻害地段隧道衬砌背后不积水，排水沟不冻结；③洞内排水系统不淤积、不堵塞，确保排水畅通；④行车横通道、人行横通道等服务通道拱部不滴水，边墙不淌水。

2. 隧道防排水结构主要类型

目前，我国隧道防排水技术根据“是以排为主，还是以堵为主”的指导思想区分，主要有三种类型：①水密形防水，从围岩、结构和附加防水层入手，体现以防为主的防水，又称全包式防水；②泄水型或引流自排型防水，从疏水、泄水入手，体现以排为主的防水，又称半包式防水；③防排结合的控制性防排水。

按不同的衬砌类型所对应的技术分类可以分成四类：①复合式衬砌排水结构；②单层式衬砌排水结构；③连拱隧道中隔墙排水结构；④明洞防排水结构。

二、防水材料的主要性能检测

隧道防水的做法是将隧道衬砌修成复合式衬砌，采用夹层防水板。隧道开挖后用锚喷将岩面整平，在岩面上铺设一层土工布或 PE 泡沫垫层，然后在铺设一层防水板。防水板多为合成高分子卷材，种类繁多，目前工程上使用较多的有聚乙烯—醋酸乙烯—沥青共聚物（ECB）、低密度聚乙烯（LDPE）、EVA（聚乙烯—醋酸乙烯）等。

对于高分子防水卷材性能检测项目主要包括：①外观质量检查；②长度、宽度、厚度、平直度和平整度量测；③拉伸性能试验；④热处理尺寸变化率试验；⑤低温弯折性能试验；⑥抗渗性能试验；⑦抗穿孔性能试验；⑧剪切状态下的黏合性能试验；⑨热老化处理试验等。其检测按相应的规范执行。如《氯化物乙烯防水卷材》(GB 12953—2003)，常见隧道用高分子防水卷材性能要求见表 15-6。

表 15-6　隧道用高分子防水卷材性能要求

项目	技术性能						
	EVA	ECB	LDPE	PVC	PE	EPDM	SBS
拉伸试验（MPa）≥	15	10	16	12	10	7.5	2
断裂伸长率（%）≥	500	450	500	250	400	250	150
不透水性 24h（MPa）≥	0.2	0.2	0.2	0.2	0.2	0.3	0.3
低温弯折性（℃）≤	−35	−35	−35	−35	−35	−40	−30
热处理尺寸变化率（%）≤	2.0	2.5	2.0	2.0	2.0	2.0	2.0

土工织物也称土工布，是透水性的土工合成材料，因其具有过滤、排水、隔离、加筋、防渗和防护等作用，在隧道工程中作为防水卷材的垫层和排水通道被广泛使用。土工布对隧道工程比较重要的工程特性有物理特性、力学特性和水力特性。

1. 土工织物物理特性试验

（1）单位面积质量试验

对一般土工合成材料，试样面积为 10cm×10cm，裁剪和测量精度为 1mm，试样数量不得少于 10 块。将裁剪好的试样按编号顺序逐一在天平上称量，并细心测读和记录，读数应精确到 0.01g，并按下式计算每块试样的单位面积质量 M（g/m^2）

$$M=m/A \tag{15-9}$$

式中：m——试样质量（g）；

A——试样面积（m^2）。

（2）厚度试验

对一般土工合成材料，试样面积为 10cm×10cm，裁剪和测量精度为 1mm，试样数量不得少于 10 块。将裁剪好的试样按编号顺序逐一在厚度试验仪（或无侧限抗压强度试验仪）作用 2kPa 压力下测厚度。

2. 土工织物物理特性试验

（1）条带拉伸试验

抗拉强度及其应变是土工织物主要的特性指标，条带拉伸试验适用于土工合成材料的宽条拉伸试验和窄条拉伸试验。

1）抗拉强度。土工织物或小孔径土工网的抗拉强度 T_s 可用下式计算：

$$T_s = P_t / B \tag{15-10}$$

式中：T_s——抗拉强度（N/m 或 kN/m）；

P_t——实测最大拉力（N 或 kN）；

B——试样宽（m）。

2）计算延伸率。最大负荷下延伸率 ε_p 计算式为

$$\varepsilon_p = \frac{L_f - L_0}{L_0} \times 100\% \tag{15-11}$$

式中：ε_p——延伸率；

L_0——初始长度（mm）；

L_f——对应最大拉力时的试样长度（mm）。

3）分别计算拉伸强度及延伸率的平均值，标准差 σ 及变异系数 C_v。

（2）撕破强力试验

土工织物的撕裂强度是指试样在撕裂过程中抵抗扩大破损裂口的最大拉力，也称撕破强度。公路行业采用梯形法测定土工织物的撕裂强度。

在试验过程中，撕裂力可能有几个峰值和谷值，也可能是单一上升而只有一个最大值，取最大值作为撕裂强度，单位以 N 表示。

1）CBR 顶破强力试验。顶破强度是反映土工织物抵抗垂直织物平面的法向压力的能力。顶破强力试验中常用试验有 CBR 顶破试验和圆球顶破试验。

2）刺破强力试验。刺破强度是反映土工织物抵抗小面积集中荷载，如抵抗有棱角的石子、支护用钢构件端头等的能力。刺破强度试验用一刚性顶杆以规定的速率垂直顶向土工合成材料的平面，测试试样被刺破时的最大力。

3. 土工织物水力特性试验

（1）隧道用土工布必须具的特性。

1）保土性。防止被保护围岩、衬砌的颗粒随水流流失。

2）渗水性。保证渗流水通畅排走。

3）防堵性。防止材料被细土粒堵塞失效。

（2）土工织物的渗透特性

1）垂直渗透系数试验。确定土工织物在法向水流作用下的透水特性。

2）水平渗透系数试验。测定土工织物和塑料排水板沿其平面方向输导水流的特性。

4. 防水混凝土抗渗性能试验

防水混凝土一般分为普通水泥防水混凝土、外加剂防水混凝土和膨胀水泥防水混凝土，如表 15-7 所示。

表 15-7　隧道工程常用防水混凝土的种类及其特性

种类	普通防水混凝土	外加剂防水混凝土外加剂类型				
		引气剂	减水剂	三乙醇胺	氯化铁	明矾石膨胀剂
抗渗压力（MPa）	>3.0	>2.2	>2.2	>3.8	>3.8	>3.8
主要技术指标	水灰比：0.5～0.6；坍落度：30～50mm；水泥用量≥320kg/m^3；粗集料粒径≤40mm	含气量 3%～6%；水泥用量≥250～300kg/m^3	加气型减水剂，可以为缓凝、促凝和普通型的减水剂	可单独掺用三乙醇胺，也可以与氯化钠、亚硝酸配合	液体中氯化铁含量≥0.4kg/L，掺量一般为水泥质量的 3%	必须掺入 32.5 级以上的普通矿渣、火山灰和粉煤灰水泥，不得单独代替水泥，外掺量为水泥质量的 20%
适用范围	一般地下防水工程	抗冻性能要求高	含筋率高或薄壁结构	要求早强及抗渗要求高	水中结构	有后浇缝

图 15-10　抗渗仪

（1）防水混凝土的一般要求

隧道工程防水混凝土的抗渗等级不得小于 P6，有冻害地段及最冷月平均气温低于-15℃时，不小于 P8。

防水混凝土结构应满足：①裂缝宽度不大于 0.2mm，并不贯通；②迎水面主钢筋保护层厚度不应小于 50mm；③衬砌厚度不应小于 30cm。

防水混凝土抗渗等级分为：P2、P4、P6、P8、P10、P12，试件的抗渗等级应比设计要求提高 0.2MPa。

（2）混凝土抗渗性试验

主要用于检测混凝土硬化后的防水性能以测定其抗渗等级，可参与抗渗仪进行试验，如图 15-10 所示。抗渗等级可分三种：①设计等级；②试验等级（提高 0.2MPa）；③检验等级。

1）试验制备。试件制备中，试件形状有两种，即圆柱体，直径、高度均为 150mm；圆台体，上底直径 175mm，下底 185mm 高 165mm。

2）抗渗等级计算公式为

$$P = 10H - 1 \tag{15-12}$$

式中：P——混凝土抗渗等级；

H——第三个试件顶面开始有渗水时的压力（MPa）。

三、排水系统施工质量检查

一般来说，山岭隧道的防排水系统属排水型，即地下水从围岩渗出，经管路系统排出洞外。这一点与要保证地下水位稳定、地下水不能外排的水密型地铁隧道防水工程不同。山岭隧道常见排水系统及地下水流向关系可以概括为：围岩→环向排水管→纵向排水管→横向排水管→中央排水管→洞外出水口。山岭隧道复合式衬砌的排水系统一般具有图 15-11 所示的构造。

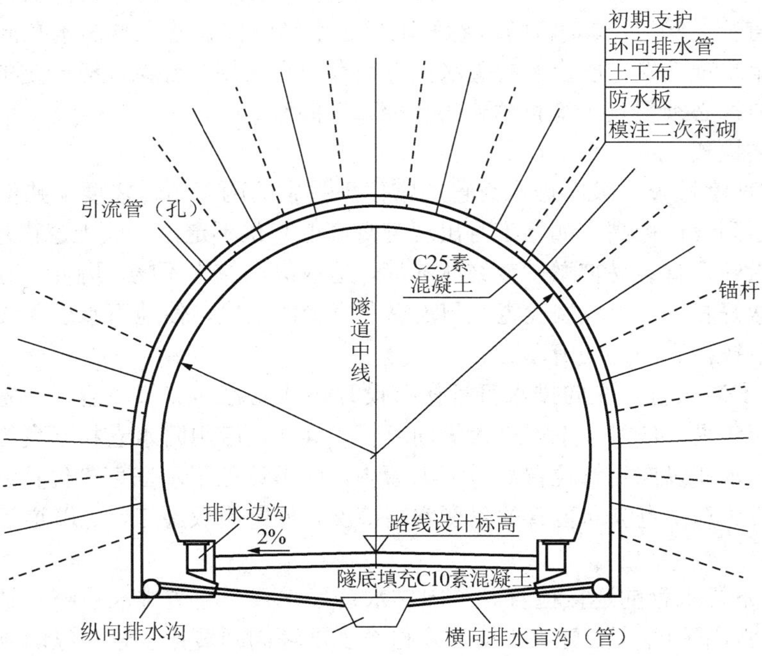

图 15-11　山岭隧道复合式衬砌的排水系统构造示意图

1. 环向排水管

（1）外观检查

目前工程上使用的环向排水管通常为涂塑弹簧外裹玻璃纤维布或塑料滤布。检查弹簧管质量时，首先检查玻璃纤维布或塑料滤布是否套紧；其次检查弹簧涂塑层是否均匀，涂层有无老化；然后用直尺量测弹簧管的直径，检查其是否与设计尺寸一致；最后从轴向和横向用力压弹簧管。观察其是否有较大的塑性变形，孔径是否有异常变化。

（2）安装检查

施工检查中首先要按要求布设环向弹簧排水管，要保证基本间距，局部涌水量大时还应适当加大其密度。其次，安装时弹簧排水管应尽量紧贴渗水岩壁，尽量减小地下水由围岩到弹簧排水管的阻力。第三，弹簧排水管布置时沿环向应尽量圆顺，尤其在拱顶部位不得起伏不平。第四，弹簧排水管安装时应先用钢卡等固定，再用喷射混凝土封闭。最后应检查弹簧排水管与下部纵向排水盲管的连接，确保弹簧排水管下部排水畅通。

2. 纵向排水管

（1）外观检查

1）纵向排水盲管材质及规格检查。塑料制品若保存不当极易发生老化，可目测管材的色泽和管身的变形；轻轻敲击观察管体是否变脆；用卡尺或钢尺量管径与管壁，检测其是否与设计要求相符。

2）管身透水孔检查。纵向排水管主要有两个作用：一是将环向排水管下流之水经其排至横向盲管（沟）；二是将防水卷材阻挡之水经纵向盲管上部透水孔向管内疏导。为了实现其第二项功能，盲管上的透水孔必须有一定的规格并保证有一定的间距。在纵向盲管安装前，必须用直尺检查钻孔的孔径和孔间距。

（2）安装检查

1）安装坡度检查。纵向排水盲管通常位于衬砌的两下角，需要从路面水平下挖一定深度才能达到设计标高。如施工时出现管身高低起伏不定，平面上忽内忽外的现象，隧道建成后纵向盲管容易被淤砂或结冰封堵，造成纵向排水不畅。因此，施工中一定要为纵向盲管做好基础，用坡规检查、测定纵向盲管的坡度，使地下水进入纵向盲管后再一定的坡度下按指定的方向流动。

2）包裹安装检查。纵向排水盲管在布设时必须注意其细部构造。首先应用土工布将纵向排水管包裹，使泥沙不得进入纵向盲管。其次，应用防水卷材半裹纵向盲管，使从上部下流之水在纵向盲管位置尽量流入管内，而不让地下水在盲管位置纵横漫流。因此，施工时要认真检查纵向盲管的包裹安装情况，杜绝粗放施工，为隧道后期排水创造条件。

3）与上下排水管的连接检查。纵向排水盲管在整个隧道排水系统中是一个中间环节，起到承上启下的作用。施工中应注意检查上部环向弹簧排水管与纵向排水盲管的连接。一般采用环向排水管出口与纵向盲管简单搭接的方式，避免两管之间被喷射混凝土隔断。其次还应注意检查纵向排水盲管与横向盲管的连接。一般采用三通管连接，三通管留设位置应准确，接头应牢靠，防止松动脱落。

3. 横向盲管

对横向盲管的检查，主要是接头应靠牢、密实，保证纵向盲管与中央排水管间水路畅通，严防接头处断裂，由纵向盲管排出之水在路面下漫流，造成路面翻浆冒水，影响行车安全；其次是在横向盲管上部应有一定的缓冲层，以免路面荷载直接对横向盲管施压，造成横向盲管破裂或变形，影响其正常的排水能力。

4. 中央排水管

（1）外观检查

中央排水管位于路面下部中央，通常有预制混凝土管段构成。其作用主要有：一是集中排放由上游管路流来的地下水；二是通过其上部的众多小孔（ϕ12mm 左右）疏排路面下的各种积水。中央排水管的外观检查包括：

1）预制管段的规整性。用钢尺量测管段直径，观察管身是否变形或有严重裂缝，检查管身上部透水孔是否畅通。

2）管壁的强度。检查混凝土强度是否满足设计与施工要求。

（2）施工检查

1）中央排水管基础检查。中央排水管因隧道所在地区的不同，埋置深度在 0.5～2.0m 之间。施工时先挖基槽，整平基础，然后在铺设管段，最后回填压实。施工中应特别注意检查基础的坡度，不仅总体坡度应符合要求，而且局部的几个管段间也应符合要求，尽量避免高低起伏。

2）管段铺设检查。管段铺设时，首先要保证将具有透水孔的一面朝上。管段逐个放稳后，再用水泥砂浆将段间接缝密封填实。待砂浆凝固后，应逐段进行通水试验，发现漏水，及时处理。之后用土工布覆盖管段透水孔，在横向盲管出口出主意与中央排水管的连接方式。回填时注意保护管段的稳定及其上部透水性。

第五节　衬砌混凝土施工质量检测

混凝土衬砌是隧道的主要承载结构，是隧道防水工程的最后一道防线，也是隧道外观美的直接体现者。因此，隧道混凝土衬砌质量的好坏对隧道的长期稳定、使用功能的正常发挥以及外观美均有很大影响。目前我国隧道混凝土衬砌常见的质量问题有局部裂缝和内部缺陷、聚凝土强度不够、衬砌厚度不足等。

加强对混凝土衬砌各道施工工序的检查，是防止隧道混凝土出现部裂缝和内部缺陷、聚凝土强度不够、衬砌厚度不足等质量问题的有效措施。

一、衬砌混凝土施工的条件

1. 开挖轮廓线要求及检测

隧道开挖后，围岩壁面凹凸不平。如果出现超欠挖，或者围岩变形较大，使隧道轮廓局部严重凹凸不平，壁面不够平顺，若不予处理，就会造成衬砌混凝土厚度不足或衬砌背后出现不密实区。因此在衬砌混凝土浇筑之前，或用尺量，或用隧道断面仪对衬砌施工前的隧道毛洞实际轮廓进行检测。如果凸出部分基面已侵入衬砌断面，则应在浇筑前进行处理，以保证衬砌混凝土厚度。

2. 隧道围岩稳定性要求

在一般情况下，二次衬砌应在围岩和初期支护变形稳定后施作。复合式衬砌采用仰拱超前时，应根据对围岩和支护变形规律的监控量测结果确定二次衬砌的施作时间。变形基本稳定应符合隧道周边位移速度有明显减缓趋势，其中，Ⅰ～Ⅳ级围岩趋于稳定的参考值是：周边位移速率小于0.2mm/d，拱顶下沉速率小于0.15mm/d。

3. 基础地基承载能力要求及检测

基础施工检查的重点是基坑及地基承载能力检查。首先基坑的基本尺寸应符合设计要求。在不良地质条件下，基坑开挖可能会遇到种种困难，这是应采用锚喷支护或其他措施，加强对外壁围岩的支护，保证基坑基本尺寸。其次，浇筑混凝土前，应清理基坑内的浮渣，排清基坑内的积水。当地质条件发生不利变化时，还应注意检查基底承载力。基础在浇筑前，还应检查排水管铺设情况是否畅通，外壁面上的防水板是否密实，止水带预埋位置是否准确，预留长度是否合适等。

二、衬砌混凝土浇筑施工检测

1. 模板检查

（1）拱架应有足够的刚度

拱架是模板的依托，一般来说其强度不会存在大的问题，但其整体刚度常常引起衬砌质量问题。拱架的刚度可由计算或试验来检验，拱架的整体刚度可通过单个拱架的型钢号或架间距来调整。

（2）拱架应有规整的外形

拱架在使用前应先在样台上试拼，各架间的轮廓径向尺寸差不宜大于10mm；前后两端的拱架外形应尽量一致，最大径向尺寸差不大于 5mm，以免前后两环衬砌间出现错台。

（3）模板长度和宽度均不宜过大

模板长度过大容易造成块板刚度不足，宽度较大不利于衬砌的弯曲过渡。其长度一般可取100cm，最大不应超过150cm；其宽度一般为50cm，并配置若干块较窄的模板，宽为30cm。

（4）拱架和模板设置位置应准确

架设时应按隧道中线和标高就位，反复校核，在施工允许误差范围内尽量减少误差。

（5）挡头板安装可靠，封堵严实

挡头板按衬砌断面制作，安装时要注意止水带两侧以及与初期支护间的密实，固定应可靠。

2. 混凝土浇筑检查

检查衬砌混凝土配合比、强度和坍落度，应根据有关规范进行。衬砌混凝土浇筑检查主要靠现场直观进行，其重点环节有：

1）角落部位与钢筋密度大部位的振捣。这些部位由于振捣较为困难，施工质量不易保证，若稍有不慎，就可能出现蜂窝麻面，较低衬砌强度，给渗漏水提供通道。

2）拱顶部位浇筑。拱顶部位的混凝土浇筑是衬砌施工的难点之一，无论是送料还是振捣都相当困难，到了顶面混凝土拌和料还会出现沉析现象。这时旁站监督检查极为重要。

3）水平施工缝后浇处理。由于各种各样的原因，经常出现衬砌混凝土到某一高度时，浇筑作业不得暂时停止。如果间歇时间过长，超过了前浇混凝土的终凝时间，则不可避免地要在此位置上出现水平施工缝。实践证明，水平施工缝对隧道衬砌整体强度影响较大，特别是对衬砌防渗漏影响极大，许多已建隧道的渗漏水发生在水平缝上。因此，在后浇混凝土施工之前，必须清楚先浇基面上的杂物，必要时还应凿除不干净、不密实的表层，作适当处理后再重新浇筑混凝土。施工质量也只能靠现场观察来检查。

三、拆模检查

在衬砌混凝土达到一定强度之后才能拆除衬砌模板。施工中常常为了加快工程进度而提前拆模，造成低强度混凝土过量承载，致使衬砌出现裂缝。适宜的拆模时间应根据实际采用的混凝土强度-时间（龄期）关系曲线确定。

《公路隧道施工技术规范》（JTG F60—2009）规定拆除拱架、墙架和模板，应符合以下要求：

1）不承受外荷载的拱、墙，混凝土强度应达到5.0MPa。

2）承受围岩压力的拱、墙以及封顶和封口的混凝土应达到设计强度，满足设计要求。

衬砌拆模后，立即对衬砌表面的蜂窝麻面面积进行测量。如果蜂窝麻面面积不超过总表面积的0.5%，其深度不超过10mm，则属正常；否则应对混凝土水灰比、配合比进行检测调整，或采取其他技术措施加以预防。

四、衬砌厚度的检测

隧道施工中，对二次衬砌厚度的检查，可在灌注混凝土之前进行。其检测方法是：可以在架设好模板灌注混凝土之前，用量尺检查衬砌厚度。在分段灌注的中部和端部两个断面内，对衬砌厚度所需的空间进行检测（精确到1cm），测点的间距为2m。

检测结果应在断面图上标注。在某些地质条件复杂而又必须保证衬砌厚度的地段，为确认衬砌尺寸符合要求，可以采用摄影照片或激光断面仪检测。当对衬砌厚度有疑问时，可用凿孔检测，但检测后孔眼应用水泥砂浆填塞；若衬砌背后设有塑料板防水层，为避免穿越防水层，则不宜采用凿孔的检测方法，而应采用其他方法检查二次衬砌的厚度。

五、养护检查

衬砌混凝土拆模后应及时养护，并应遵守下列规定：

1）普通混凝土 7d，掺外加剂的 14d。采用硅酸盐水泥、普通硅酸盐水泥或矿渣硅酸盐水泥拌制的混凝土养护时间不得少于 7d，有抗渗要求的混凝土养护时间不得少于 14d。

2）采用加覆盖物或洒水方式养护。

3）在寒冷地区，应做好衬砌保温工作。混凝土内部温度与环境温度差不得超过 20℃；混凝土的降温速率最大不应超过 3℃/d。

第六节　隧道施工监控量测

隧道施工过程中，使用各种仪器设备和量测元件，对地表沉降、围岩与支护结构的变形、应力、应变进行量测，据此来判断隧道开挖对地表环境的影响范围和程度、围岩的稳定性和支护的工作状态，统称为监控量测。它是保证工程隧道的重要措施，也是判断围岩和衬砌是否稳定，保证施工安全，指导施工顺序，进行施工管理，提供设计信息的主要手段。

一、监控量测项目

量测项目的确定主要是依据围岩条件、工程规模及支护方式。量测项目通常分为必测项目 A 和选测项目 B。必测项目 A 指施工时必须进行的常规量测，用来判别围岩稳定及衬砌受力状态，指导设计施工的经常性量测，这类量测方法简单、可靠，对修改设计和指导施工起重要作用。选测项目 B 是指在重点和有特殊意义的隧道或区段进行补充的量测，用来判断隧道开挖过程中围岩的应力状态、支护衬砌效果，这类量测技术较复杂、费用较高。通常根据实际需要，选取部分项目进行量测。量测项目及其要求如表 15-8 所示。

表 15-8　量测项目及要求

序号	量测项目	类别	要求掌握的主要内容
1	地质观察	A	①开挖面围岩的自立性（无支护时围岩的稳定性）；②岩质、断层破碎带、褶皱等情况；③支护衬砌变形、开裂情况；④核对围岩类别；⑤洞口浅埋段地表建筑物变形、下沉、开裂情况
2	净空变形	A	根据变形值、变形速度、变形收敛情况等判断：①围岩稳定性；②初期支护设计和施工方法的合理性；③模筑二次衬砌时间
3	拱顶下沉	A	监视拱顶的绝对下沉值，了解断面变化情况，判断拱顶的稳定性，防止塌方
4	地表下沉	A/B	判断隧道开挖对地表产生的影响及防止沉陷措施的效果，推测作用在隧道上的荷载范围

续表

序号	量测项目	类别	要求掌握的主要内容
5	围岩内部变形	B	了解隧道周边围岩松弛区范围，判断锚杆设计参数的合理性
6	锚杆轴力	B	根据锚杆应变分布状态，确定锚杆轴力大小，用以判断锚杆长度和直径是否合适
7	围岩压力和两层衬砌间压力	B	了解围岩形变压力和两层衬砌间接触压力的大小和分布规律，检验支护衬砌受力情况
8	衬砌、钢架应力	B	根据衬砌和钢架应力情况，判断衬砌和钢架设计参数是否正确，进一步推求围岩压力大小和分布规律
9	锚杆拉拔试验	B	根据拉拔力确认锚杆锚固方法及其长度的合理性
10	底部鼓起量测	B	判断是否需要仰拱和仰拱的效能
11	围岩弹性波测试	B	①校核围岩类别；②了解松弛区范围；③探明岩体强度、节理裂隙和断层情况、岩石变质程度

量测手段的选用，应根据量测项目和国内仪器的现状来选用。一般应选择简单、可靠、耐久、成本低的量测手段，并要求被测的物理量概念明确，量值显著，量测范围大，测试数据便于分析，易于实现对设计、施工的反馈。在通常的情况下，选择机械式手段与电测式手段相结合使用。

二、监控量测断面及测点布置

1. 断面布置

进行测试的断面有两种：一是单一的测试断面；二是综合的测试断面。在隧道工程测试中各项量测内容与手段，不是随意布设的。把单项或常用的几项量测内容组成一个测试断面。了解围岩和支护在这个断面上各部位的变化情况，这种测试断面即为单一的测试断面。另一种把几项量测内容有机地组合在一个测试断面里，使各项量测内容、各种量测手段互相校验，综合分析测试断面的变化，这种测试断面称为综合测试断面。

应测项目按一定间隔设置量测断面，常称为一般量测断面。由于各量测项目要求不同，其量测断面间隔亦不相同。在应测项目中，原则上净空位移与拱顶下沉量测应布置在同一断面上，量测断面间距视隧道长度、地质条件和施工方法等确定。具体可参考表 15-9。

表 15-9　净空位移、拱顶下沉的测试断面间距

量测位置	量测断面间距（m）
洞口附近	10
埋深小于 2*B*	10
施工进展 200m 前	20（土砂围岩减少到 10）
施工进展 200m 后	30（土砂围岩减少到 10）

注：*B* 为隧道开挖宽度。

对于土砂、软岩地段的浅埋隧道要进行地表下沉量测，沿隧道纵向布置测点的间距可视地质、覆盖层厚度、施工方法和周围建筑物的情况确定。其量测断面间距可按表 15-10 选用。

表 15-10　地表下沉测试断面间距

覆盖层厚度 H	测点间距（m）
$H<B$	5～10
$B<H<2B$	10～20
$H>2B$	20～50

注：当施工初期、地质变化大、下沉量大、周围有建筑物时取最低值。

2. 测点的布置

在测试断面上测点的布置，主要是依据断面形状、围岩条件、开挖方式、支护类型等因素进行布置。在量测中，可根据具体情况决定布设数量，进行适当的调整。

（1）净空位移量测的测线布置

由于观测断面形状、围岩条件、开挖方式的不同，测线位置、数量亦有所不同，没有统一的规定，具体实施中可参考图 15-12 所示。

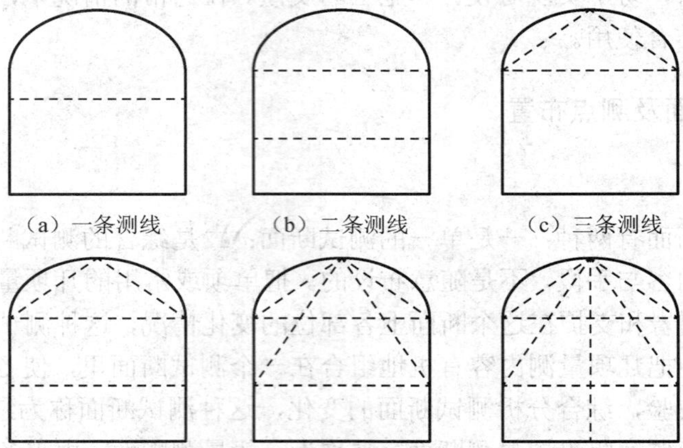

（a）一条测线　（b）二条测线　（c）三条测线

（d）五条测线　（e）六条测线　（f）七条测线

图 15-12　净空位移测线布置

拱顶下沉量测的测点，一般可与净空位移测点共用，这样既节省了安设工作量，更重要的是使测点统一，测试结果能够互相校验。

（2）围岩内部位移测孔的布置

围岩内部位移测孔的布置，除应考虑地质、隧道断面形状、开挖等因素外，一般应与净空位移测线相应布设，以便使两项测试结果能够相互印证，协同分析与应用。一般每 100～500m 设一个量测断面，测孔布置见图 15-13 所示。

（3）锚杆轴力量测的布置

量测锚杆要依据具体工程中支护锚杆的安设位置、方式而定，如局部加强锚杆，要在加强区域内有代表性的位置设量测锚杆。全断面系统锚杆（不包括仰拱），量测锚杆在断面上布置可参见图 15-12 方式进行。

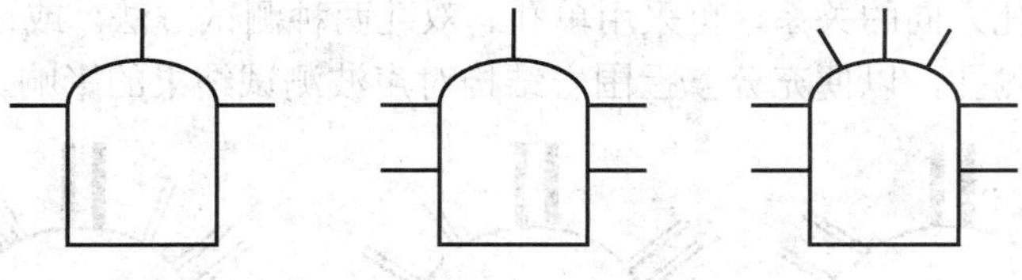

图 15-13　围岩内部位移测孔布置

（4）喷层（衬砌）应力量测布置

喷层应力量测，除应与锚杆受力量测孔相对应布设外，还要在有代表性部位设测点，如拱顶、拱腰、拱脚、墙腰、墙脚等部位，并应考虑与锚杆应力量测作对应布置。另外，在有偏压、底鼓等特殊情况下，则应视具体情形，调整测点位置和数量，以便了解喷层（衬砌）在整个断面上的受力状态和支护作用，见图 15-14 所示。

（5）地表、地中沉降测点布置

地表、地中沉降测点，原则上主要测点应布置在隧道中心线上，并在与隧道轴线正交平面的一定范围内布设必要数量的测点，见图 15-15 所示。并在有可能下沉的范围外设置不会下沉的固定测点。

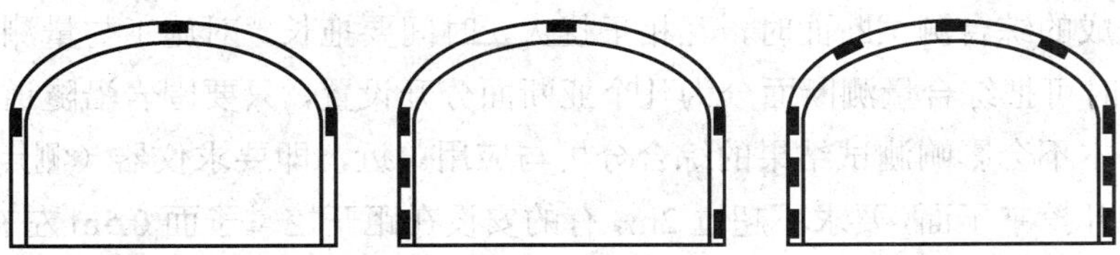

图 15-14　喷层应力量测点布

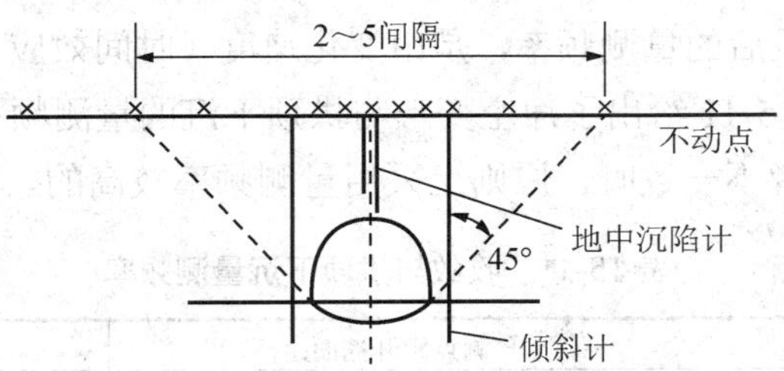

图 15-15　地表下沉量测范围及地中沉降测点布置

（6）围岩压力量测测点布置

围岩压力量测的测点一般埋设在拱顶、拱脚和仰拱的中间，其量测断面一般和支护衬砌间压力以及支护、衬砌应力的测点布置在一个断面上，以便将量测结果相互印证。

（7）声波测孔布置

声波测孔宜布置在有代表性的部位，如图 15-16 所示。另外，还要考虑到围岩层理、节理的方向与测孔方向的关系，可采用单孔、双孔两种测试方法。或在同一部位，呈直角相交布置三个测孔，以便充分掌握围岩结构对声波测试结果的影响。

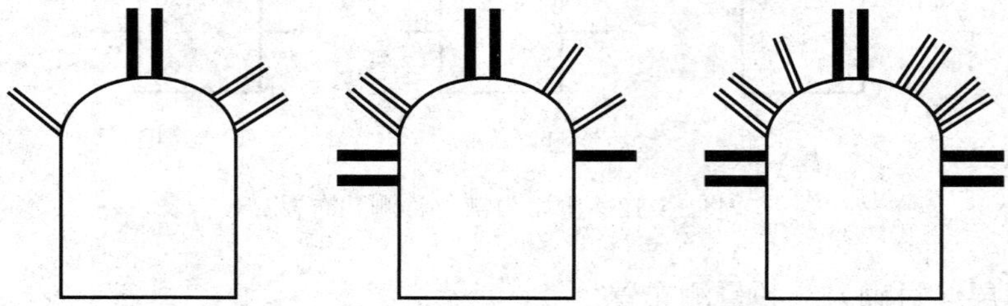

（a）五测孔　（b）九测孔　（c）十三测孔

图 15-16　声波测试孔布置

三、量测仪器（测点）的安设与量测频率

1．量测仪器（测点）的安设

各项量测内容的仪器（测点）安设，一要快，二要近。快，即要求在开挖爆破后 24h（最好 12h）内，在下一循环爆破前完成全都埋设，并测取初读数。在安设由多项内容、多种手段组成的综台测试断面时，互相干扰大，时间要拖长，对施工与量测结果都有不利影响。这时可把综合量测断面分为几个亚断面分开设置，只要围岩沿隧道轴线方向变化不大，基本不会影响测试结果的综合分析与应用。近，即要求仪器（测点）埋设时，要尽量靠近开挖掌子面，要求不超过 2m，有的安设在距开挖掌子面 0.5m 左右的断面上，观测效果更好，不过需要加强仪器（测点）的保护。

2．量测频率

仪器（测点）安设后的量测频率，是由变化速度（时间效应）与距工作面距离（空间效应）确定的，表 15-11 给出了净空变形与拱顶下沉的量测频率与位移速度、距工作面距离的关系。若两者不一致时，原则上采用量测频率较高的。

表 15-11　收敛与拱顶下沉量测频率

位移速度（mm/d）	测点距开挖面距离	量测频率
>10	（0～1）B	1～2 次/d
10～5	（1～2）B	1 次/d
5～1	（2～5）B	1 次/d
<1	>50	1 次/d

地表沉陷量测采用 1 次/1～2d 的测试频率。

位移测试的终止日期，一般在位移值基本稳定后再以 1 次/2d 的频率量测 1～2 周。位移长期不稳定的，要继续量测到位移速率小于 1mm/d 为止。

四、量测数据分析与应用

量测所得到的信息目前可通过理论计算（反分析）和经验方法两种途径来实现反馈。这里，简要介绍根据对量测数据的分析来修正设计参数和调整施工措施的一些准则。

1. 地质预报

地质预报就是根据地质素描来预测预报开挖面前方围岩的地质状况，以便考虑选择适当的施工方案调整各项施工措施，包括：

1）在洞内直观评价当前已暴露围岩的稳定状态，检验和修正初步的围岩分类。

2）根据修正的围岩分类，检验初步设计的支护参数是否合理，如不恰当，则应予修正。

3）直观检验初期支护的实际工作状态。

4）根据当前围岩的地质特征，推断前方一定范围内围岩的地质特征，进行地质预报，防范不良地质突然出现。

5）根据地质预报，并结合对已作初期支护实际工作状态的评价，预先确定下循环的支护参数和施工措施。

6）配合量测工作进行测试位置选取和量测成果的分析。

2. 净空位移分析与应用

如前所述，净空位移是围岩动态的最显著表现，所以隧道工程现场量测主要以净空位移作为围岩稳定性评价及围岩稳定状态判断的指标。

一般而言，坑道开挖后，若围岩位移量小，持续时间短，其稳定性就好；若位移量大，持续时间长，其稳定性就差。以围岩位移作为指标来判断其稳定状态，则有赖于对实际工程经验的总结和对位移量测数据的分析。

1）判断标准用围岩的位移来判断其稳定状态，关键是要确定一个“判断标准”（或称为“收敛标准”）即是判断围岩稳定与否的界限，它包括三个方面：位移量（绝对或相对）、位移速率和位移加速度。

2）根据以上判断标准，如果围岩位移速度不超过允许值，且不出现蠕变趋势，则可以认为围岩是稳定的，初期支护是成功的；若表现出稳定性较好，则可以考虑适当加大循环进尺。

浅埋隧道暗挖法施工时，应特别注意对拱顶下沉及地表下沉量的控制，其控制标准可参见表 15-12。

表 15-12　量测数据管理基准参考值

指标内容	日本、法国、德国规范综合值	推荐基准值	
		城市地铁	山岭隧道
地面最大沉陷	50mm	30mm	60mm
地面沉陷槽拐点曲率	1/300	1/500	1/300
地层损失系数	5%	5%	5%
洞内边墙水平收敛	20～40mm	20mm	（0.1～0.2）B%
洞内拱顶下沉	75～229mm	50mm	（0.3～0.4）B%

注：B 为开挖洞室最大跨度（m）。

如果位移值超过允许值不多，且初期支护中的喷射混凝土未出现明显开裂，一般可不予补强；如果位移与上述情况相反，则应采取处理措施，如在支护参数方面，可以增强锚杆，加钢筋网喷混凝土、加钢支撑、增设临时仰拱等；施工措施方面，可以缩短从开挖到支护的时间，提前打锚杆、提前设仰拱、缩短开挖台阶长度和台阶数、增设超前支护等。

3）二次衬砌（内层衬砌）的施作时间。按新奥法施工原则，当围岩或围岩加初期支护后基本达成稳定后，就可以施作二次衬砌。

注意：在流变性和膨胀性强烈的地层中，单靠初期支护不能使围岩位移收敛时，就宜于在位移收敛以前，施作模筑混凝土二次衬砌，做到有效地约束围岩位移。

3. 围岩内位移及松动区分析与应用

与净空位移同理，如果实测围岩的松动区超过了允许的最大松动区（该允许松动区半径与允许位移量相对应），则表明围岩已出现松动破坏，此时必须加强支护或调整施工措施以控制松动范围，如加强锚杆（加长、加密或加粗）等，一般要求锚杆长度大于松动区范围。如果与以上情形相反，甚至锚杆后段的拉应力很小或出现压应力时，则可适当缩短锚杆长度或缩小、锚杆直径或减小锚杆数量等。

4. 锚杆轴力分析与应用

根据量测锚杆测得的应变，即能算出锚杆的轴力，见式（15-13）：

$$N = \frac{\pi}{8} D^2 E(\varepsilon_1 + \varepsilon_2) \tag{15-13}$$

式中：N——锚杆轴力；

D——锚杆直径；

E——杆的弹性模量；

ε_1、ε_2——测试部位对称的一组应变片量得的两个应变值。

锚杆轴力是检验锚杆效果与锚杆强度的依据，根据锚杆极限强度与锚杆应力的比值 K（安全系数）即能作出判断。锚杆轴应力越大，则 K 值越小。一般认为锚杆局部段的 K 值稍小于 1 是允许的，因为钢材有一定的延性，根据实际调查发现锚杆轴应力在洞室断面各部位是不同的，表现如下：

1）同一断面内，锚杆轴应力最大者多数在拱部 45° 附近到起拱线之间。

2）拱顶锚杆，不管净空位移值大小如何，出现压应力的情况是不少的。

锚杆的局部段 K 值稍小于 1 的允许程度应该是不超过锚杆的屈服强度。若锚杆轴应力超过屈服强度时，则应优先考虑改变锚杆材料，采用高强钢材。当然，增加锚杆数量或锚杆直径也可获得降低锚杆轴应力的效果。

5. 围岩压力分析与反馈

由围岩压力分布曲线可知围岩压力的大小及分布状况，围岩压力的大小与围岩位移量及支护刚度密切相关。围岩压力大，即作用于初期支护的压力大，这可能有两种情况：一是围岩压力大但变形量不大。这表明支护时机，尤其是支护的封底时间可能过早或支护刚度太大，可作适当调整，让围岩释放较多的应力；另一种情况是围岩压力大且变形量也很大，此时应加强支护，限制围岩变形，控制围岩压力的增长。当测得的围岩压力很小但变形量很大时，则应考虑可能会出现围岩失稳。

6. 喷层应力分析与反馈

喷层应力是指切向应力，因为喷层的径向应力总是不大的。喷层应力与围岩压力及位移有密切关系，喷层应力大的原因有两个：一是围岩压力和位移大；二是由于支护不足。

在实际工程中，一般允许喷层有少量局部裂纹，但不能有明显的裂损或剥落、起鼓等。如果喷层应力过大或出现明显裂损，则应适当增加初始喷层厚度；如果喷层厚度已较厚时，则不应再增加喷层厚度，而应增强锚杆、调整施工措施、改变封底时间等。

7. 地表下沉分析与反馈

对于浅埋隧道，可能由于隧道的开挖而引起上覆岩体的下沉，致使地面建筑的破坏和地面环境的改变。因此，地表下沉的量测监控对于地面有建筑物的浅埋隧道和城市地下通道尤为重要。

如果量测结果表明地表下沉量不大，能满足限制性更求，则说明支护参数和施工措施是适当的。如果地表下沉量大或出现增加的趋势，则应加强支护和调整施工措施，如适当加喷混凝土、增设锚杆、加钢筋网、加钢支撑、超前支护等，或缩短开挖循环进尺、提前封闭仰拱、甚至预注浆加固围岩等。

另外，还应注意对浅埋隧道的横向地表位移观测，横向地表位移带发生在浅埋偏压隧道工程中，其处理较为复杂，应加强治理偏压的对策研究。

8. 声波速度分析与反馈

围岩的声波速度综合地反映了岩体的物理力学特征和动态变化，根据 $v_p - L$（波速与孔深）曲线可以确定围岩松动区的范围，工程中应注意将此结果与围岩内位移量测资料相对照，综合分析和判断围岩的松弛情况，以便给修正支护参数和调整施工措施提供依据和指导。

课后小结

隧道常见质量问题包括隧道渗漏、衬砌开裂、限界受侵、衬砌结构同围岩结合不密实、通风、照明不良。隧道质量检测内容包括材料检测、施工检测、环境检测。

要熟悉隧道施工质量检测内容，掌握隧道监控量测必测项目内容。能进行常规的隧道施工质量检测和隧道监控量测，能通过隧道质量检测和监测判定隧道质量优劣。

思考与练习

一、选择题

1．隧道辅助施工方法一般分为（　　）。

A．地层预加固　　B．预支护（超前支护）

C．施工监控量测　　D．施工质量检测

2．地表砂浆锚杆或地表注浆加固适用于（　　）。

A．浅埋　　B．洞口地段　　C．深埋　　D．某些偏压地段

3．管棚钢架超前支护适用于（　　）。

A．极破碎的地层　B．塌方体　　C．岩堆地段　　D．某些偏压地段

4．超前小导管预注浆适用于（　　）。

A．自稳时间短的砂层　　B．砂卵（砾）石层

C．断层破碎带　　D．软弱围岩浅埋地段或处理塌方地段

二、填空题

1．隧道施工质量检测有_______、_______、_______、_______等。

2．隧道施工监控量测有_______、_______、_______等。

3．公路隧道常见质量问题有：_______、_______、_______、_______、_______、_______等。

4．隧道质量检测主要内容有_______、_______、_______等。

5．钢支撑的形式有_______、_______、_______等。

6．注浆材料有_______、_______、_______等类型。

7．检验喷射混凝土质量的主要指标有_______、_______、_______等。

8．隧道常用施工方法有_______、_______、_______、_______、_______等。

三、判断题（对者打“√”，错者打“×”）

1．影响喷射混凝土强度的因素是原材料的质量，而与喷射施工作业质量无关。

（　　）

2．为使坑道轮廓平整、减少超欠挖、降低围岩的扰动以及锚喷支护的需要，可采用光面爆破和预裂爆破技术。（　　）

3．隧道衬砌外观鉴定要求混凝土表面密实，任一延米面积内蜂窝麻面面积不超过5%，深度不超过20mm。（　　）

4．无论哪类围岩选择支护方式时，应优先采用构件支撑作为坑道开挖的初期（临时）支护。（　　）

5．洞口各项工程相互关联，故应全面考虑、妥善安排、减少干扰，进洞前尽快完成，以便为洞身施工创造条件。（　　）

6．隧道现场监控量测，包括隧道施工阶段与营运阶段控制测量和监控测量。（　　）

7．盾结构法是一种集施工开挖、支护、推进、衬砌 、出土等多种作业于一体的大型暗挖隧道施工机械。（　　）

8．洞内顺坡和反坡排水时可在二侧挖排水沟,排水沟坡必须满足自流要求。（　　）

9．隧道工程施工可分为洞口工程、洞身工程、防水排水工程、附属设施工程。（　　）

10．洞身开挖工程的开挖方法主要是新奥法、矿山法。（　　）

11．严格控制断面的开挖，可少量欠挖。（　　）

四、简答题

1．隧道防排水系统质量检测的主要内容有哪些?

2．简述砂浆锚杆砂浆注满度的检测原理。

3．简述端锚式锚杆无损检测的原理与方法。

4．超欠挖量的测定方法有哪些？简述激光断面仪测定的方法。

5．简述工程上常用的喷射混凝土强度检测方法。

6．简述喷射混凝土厚度的检测方法。

7．隧道施工中常用的防水材料有哪些？其性能检测试验有哪些？

8．怎样进行喷射混凝土施工质量的评判?

9．简述监控量测项目分析及量测结果的应用。

10．现场监控量测的项目有哪些？常用什么方法量测？

11．简述地质雷达探测衬砌背部空洞的原理。

12．什么叫收敛量测？收敛量测有何意义？如何量测？

13．施工围岩分类有何特点？其分类的评定指标有哪些？

14．锚喷支护的工艺和受力机理有何特点？

15．隧道施工方法的选择需要考虑哪些问题？

附　　录

附表 1　正态分布概率系数表 $\left(\int_{k_q}^{\infty}\frac{1}{\sqrt{2\pi}}e^{-\frac{\pi^2}{2}}\mathrm{d}x=\beta\right)$

K_q	0.00	0.01	0.02	0.03	0.04	0.05	0.06	0.07	0.08	0.09
0.0	0.5000	0.4960	0.4920	0.4880	0.4840	0.4801	0.4761	0.4721	0.4681	0.4641
0.1	0.4602	0.4562	0.4522	0.4483	0.4443	0.4404	0.4364	0.4325	0.4286	0.4247
0.2	0.4207	0.4168	0.4129	0.4090	0.4052	0.4013	0.3974	0.3936	0.3897	0.3859
0.3	0.3821	0.3783	0.3745	0.3707	0.3669	0.3632	0.3594	0.3557	0.3520	0.3483
0.4	0.3446	0.3409	0.3372	0.3336	0.3300	0.3264	0.3228	0.3192	0.3156	0.3121
0.5	0.3085	0.3050	0.3015	0.2981	0.2946	0.2912	0.2877	0.2843	0.2810	0.2776
0.6	0.2743	0.2709	0.2676	0.2643	0.2611	0.2578	0.2546	0.2514	0.2483	0.2451
0.7	0.2420	0.2389	0.2358	0.2327	0.2296	0.2266	0.2236	0.2206	0.2177	0.2148
0.8	0.2119	0.2090	0.2061	0.2033	0.2005	0.1977	0.1949	0.1922	0.1894	0.1867
0.9	0.1841	0.1814	0.1788	0.1762	0.1736	0.1711	0.1685	0.1660	0.1635	0.1611
1.0	0.1587	0.1562	0.1539	0.1515	0.1492	0.1469	0.1446	0.1423	0.1401	0.1379
1.1	0.1357	0.1335	0.1314	0.1292	0.1271	0.1251	0.1230	0.1210	0.1190	0.1170
1.2	0.1151	0.1131	0.1112	0.1093	0.1075	0.1056	0.1038	0.1020	0.1003	0.0985
1.3	0.0968	0.0951	0.0934	0.0918	0.0901	0.0885	0.0869	0.0853	0.0838	0.0823
1.4	0.0808	0.0793	0.0778	0.0764	0.0749	0.0735	0.0721	0.0708	0.0694	0.0681
1.5	0.0668	0.0655	0.0643	0.0630	0.0618	0.0606	0.0594	0.0582	0.0571	0.0559
1.6	0.0548	0.0537	0.0526	0.0516	0.0505	0.0495	0.0485	0.0475	0.0465	0.0455
1.7	0.0446	0.0436	0.0427	0.0418	0.0409	0.0401	0.0392	0.0384	0.0375	0.0367
1.8	0.0359	0.0351	0.0344	0.0336	0.0329	0.0322	0.0314	0.0307	0.0301	0.0294
1.9	0.0287	0.0281	0.0274	0.0268	0.0262	0.0256	0.0250	0.0244	0.0239	0.0233
2.0	0.0228	0.0222	0.0217	0.0212	0.0207	0.0202	0.0197	0.0192	0.0188	0.0183
2.1	0.0179	0.0174	0.0170	0.0166	0.0162	0.0158	0.0154	0.0150	0.0146	0.0143
2.2	0.0139	0.0136	0.0132	0.0129	0.0125	0.0122	0.0119	0.0116	0.0113	0.0110
2.3	0.0107	0.0104	0.0102	0.00990	0.00964	0.00939	0.00914	0.00889	0.00866	0.00842
2.4	0.00820	0.00798	0.00776	0.00755	0.00734	0.00714	0.00695	0.00676	0.00657	0.00639
2.5	0.00621	0.00604	0.00587	0.00570	0.00554	0.00539	0.00523	0.00508	0.00494	0.00480
2.6	0.00466	0.00453	0.00440	0.00427	0.00415	0.00402	0.00391	0.00379	0.00368	0.00357
2.7	0.00347	0.00336	0.00326	0.00317	0.00307	0.00298	0.00289	0.00280	0.00272	0.00264
2.8	0.00256	0.00248	0.00240	0.00233	0.00226	0.00219	0.00212	0.00205	0.00199	0.00193
2.9	0.00187	0.00181	0.00175	0.00169	0.00164	0.00159	0.00154	0.00149	0.00144	0.00139
K_q	0.0	0.1	0.2	0.3	0.4	0.5	0.6	0.7	0.8	0.9
3	0.00135	0.0^3968	0.0^3687	0.0^3483	0.0^3337	0.0^3233	0.0^3159	0.0^3108	0.0^3723	0.0^3481
4	0.0^4317	0.0^4207	0.0^4133	0.0^5854	0.0^5541	0.0^5340	0.0^5211	0.0^5130	0.0^6793	0.0^6479
5	0.0^6287	0.0^6170	0.0^7996	0.0^7579	0.0^7333	0.0^7190	0.0^7107	0.0^8599	0.0^8332	0.0^8182
6	0.0^9987	0.0^9530	0.0^9282	0.0^9149	$0.0^{10}777$	$0.0^{10}402$	$0.0^{10}206$	$0.0^{10}104$	$0.0^{11}523$	$0.0^{11}260$

注：① 表中数字为 β 值。

② 0^3968 即为 0.000968。

附表 2　t 分布概率系数表

n	双边置信水平			单边置信水平		
	99%	95%	90%	99%	95%	90%
	$t_{0.995}/\sqrt{n}$	$t_{0.975}/\sqrt{n}$	$t_{0.95}/\sqrt{n}$	$t_{0.995}/\sqrt{n}$	$t_{0.975}/\sqrt{n}$	$t_{0.95}/\sqrt{n}$
2	45.012	8.985	4.465	22.501	4.465	2.176
3	5.730	2.484	1.686	4.201	1.686	1.089
4	2.921	1.591	1.177	2.270	1.177	0.819
5	2.059	1.242	0.953	1.676	0.953	0.686
6	1.646	1.049	0.823	1.374	0.823	0.603
7	1.401	0.925	0.734	1.188	0.734	0.544
8	1.237	0.836	0.670	1.060	0.670	0.500
9	1.118	0.769	0.620	0.966	0.620	0.466
10	1.028	0.715	0.580	0.892	0.580	0.437
11	0.955	0.672	0.546	0.833	0.546	0.414
12	0.897	0.635	0.518	0.785	0.518	0.393
13	0.847	0.604	0.494	0.744	0.494	0.376
14	0.805	0.577	0.473	0.708	0.473	0.361
15	0.769	0.554	0.455	0.678	0.455	0.347
16	0.737	0.533	0.438	0.651	0.438	0.335
17	0.708	0.514	0.423	0.626	0.423	0.324
18	0.683	0.497	0.410	0.605	0.410	0.314
19	0.660	0.482	0.398	0.586	0.398	0.305
20	0.640	0.468	0.387	0.568	0.387	0.297
21	0.621	0.455	0.376	0.552	0.376	0.289
22	0.604	0.443	0.367	0.537	0.367	0.282
23	0.588	0.432	0.358	0.523	0.358	0.275
24	0.573	0.422	0.350	0.510	0.350	0.269
25	0.559	0.413	0.342	0.498	0.342	0.264
26	0.547	0.404	0.335	0.487	0.335	0.258
27	0.535	0.396	0.328	0.477	0.328	0.253
28	0.524	0.388	0.322	0.467	0.322	0.248
29	0.513	0.380	0.316	0.458	0.316	0.244
30	0.503	0.373	0.310	0.449	0.310	0.239
40	0.428	0.320	0.266	0.383	0.266	0.206
50	0.380	0.284	0.237	0.340	0.237	0.184
60	0.344	0.258	0.216	0.308	0.216	0.167
70	0.318	0.238	0.199	0.285	0.199	0.155
80	0.297	0.223	0.186	0.266	0.186	0.145
90	0.278	0.209	0.175	0.249	0.175	0.136
100	0.263	0.198	0.166	0.236	0.166	0.129

附表 3　相关系数检验表(γ_{β})

$n-2$	显著性水平 β		$n-2$	显著性水平 β		$n-2$	显著性水平 β	
	0.01	0.05		0.01	0.05		0.01	0.05
1	1.00	0.997	15	0.606	0.482	29	0.456	0.355
2	0.990	0.950	16	0.590	0.468	30	0.449	0.349
3	0.959	0.878	17	0.575	0.456	35	0.418	0.325
4	0.917	0.811	18	0.561	0.444	40	0.393	0.304
5	0.874	0.754	19	0.549	0.433	45	0.372	0.288
6	0.834	0.707	20	0.537	0.423	50	0.354	0.273
7	0.798	0.666	21	0.526	0.413	60	0.325	0.250
8	0.765	0.632	22	0.515	0.404	70	0.302	0.232
9	0.735	0.602	23	0.505	0.396	80	0.283	0.217
10	0.708	0.576	24	0.496	0.388	90	0.267	0.205
11	0.684	0.553	25	0.487	0.381	100	0.254	0.195
12	0.661	0.532	26	0.478	0.374	200	0.181	0.138
13	0.641	0.514	27	0.470	0.367	300	0.148	0.113
14	0.623	0.497	28	0.463	0.361	400	0.128	0.098

参考文献

金桃，张美珍．2013．公路工程检测技术[M]．北京：人民交通出版社．

张宇峰，朱晓文．2009．桥梁工程试验检测技术手册[M]．北京：人民交通出版社．

罗骐先，王五平．2010．桩基工程检测手册[M]．北京：人民交通出版社．

陈建勋．2010．公路工程试验检测人员考试用书-隧道[M]．北京：人民交通出版社．

彭立敏，刘小兵．2011．隧道工程[M]．长沙：中南大学出版社．

王运周，曲劲松．2013．隧道及地下工程技术[M]．北京：人民交通出版社．

王建华．2009．桥涵工程试验检测技术[M]．北京：人民交通出版社．

董祥．2011．道桥检测技术[M]．北京：机械工业出版社．

郑桂兰．2011．道路检测技术[M]．北京：机械工业出版社．

张超，郑南翔，王建设．2009．路基路面检测技术[M]．北京：人民交通出版社．

钱进．2010．公路工程现场检测技术[M]．北京：人民交通出版社．

王加弟，朱芳芳．2010．路基路面工程检测技术[M]．北京：人民交通出版社．

梁新政，丁武洋．2009．路基路面试验检测技术手册[M]．北京：人民交通出版社．

张宇峰，朱晓文．2009．桥梁工程试验检测技术手册[M]．北京：人民交通出版社．

罗骐先，王五平．2010．桩基工程检测手册[M]．北京：人民交通出版社．

杨晓丰，李云峰．2007．路基路面检测技术[M]．北京：人民交通出版社．

中华人民共和国行业标准．2011．公路工程质量检验评定标准（JTG F80/1—2012）[S]．北京：人民交通出版社．

中华人民共和国行业标准．2008．公路路基路面现场测试规程（JTG E60—2008）[S]．北京：人民交通出版社．

中华人民共和国行业标准．2014．公路路基设计规范（JTG D30—2015）[S]．北京：人民交通出版社．

中华人民共和国行业标准．2014．公路工程技术标准（JTG B01—2014）[S]．北京：人民交通出版社．

中华人民共和国行业标准．2012．公路排水设计规范（JTG/T D33—2012）[S]．北京：人民交通出版社．

中华人民共和国行业标准．2009．公路工程无机结合料稳定材料试验规程（JTG E51—2009）[S]．北京：人民交通出版社．

中华人民共和国行业标准．2011．公路工程沥青及沥青混合料试验规程（JTG E20—2011）[S]．北京：人民交通出版社．

中华人民共和国行业标准．2006．公路沥青路面设计规范（JTG D50—2006）[S]．北京：人民交通出版社．

中华人民共和国行业标准．2011．公路沥青路面施工技术规范（JTG F40—2011）[S]．北京：人民交通出版社．

中华人民共和国行业标准．2011．公路水泥混凝土路面设计规范（JTG D40—2011）[S]．北京：人民交通出版社．

中华人民共和国行业标准．2014．公路水泥混凝土路面施工技术规范（JTG /T F30—2014）[S]．北京：人民交通出版社．